司法書士記述式対策

不動産登記法
フレーム・コントロール

申請個数と申請順序の判断テクニック

伊藤塾講師
蛭町 浩
Hiroshi Hirumachi

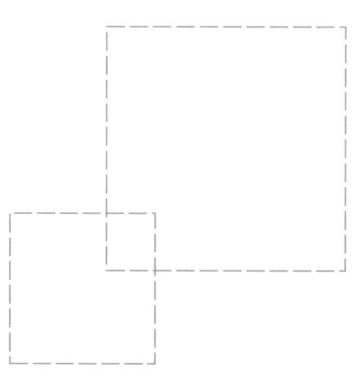

弘文堂

はしがき

「フレーム・コントロールって何だ」と見慣れぬ言葉に驚き，本書を手にされた方が多いことと思います。これは，筆者の造語であり，不動産登記の書式の試験で基準点を超えるためのキー・テクノロジーです。

ご承知のように不動産登記の書式は，連件申請の出題形式をとっており，申請の個数と申請順序の判断に失敗すれば，個々の登記がどんなに正確に処理できていたとしても０点となってしまう特質をもっています。このことは，申請の個数と申請順序を判断することができなければ，合格点はおろか，基準点を超えることすらできないことを意味します。

しかし，受験生のみなさんは，本当にこのことを真剣に意識して書式の勉強をしているでしょうか。この問題は，どんなに正確に書式の雛形を覚えたとしても解決されるものではなく，また，どんなにたくさんの答練をこなしたとしても，解決が確約されるものではありません。

本書は，申請の個数と申請順序という答案全体の枠組み（全体フレーム）のほか，連件申請を構成する個々の登記の答案の枠組み（個別フレーム）の判断を，体系だって解明した本邦初の書式のテキスト兼問題集となっています。

また，「不動産登記の勉強をするには実体法（民法）の勉強が不可欠だ」ということは，実務家だけでなく，合格者が口を揃えて強調することです。しかし，この場合の実体法とは，択一式試験用に勉強する民法と同じなのかどうか，異なるとしてその具体的な内容はどのようなものなのかについて，いっさい言及されていないのが実情です。

この問題は，何も不動産登記法だけにかぎった話ではなく，民事訴訟法を含め，おおよそ手続法を勉強する際に一般的に問題となる話なのです。民事訴訟法を勉強する場合，実体法である民法を裁判規範としての民法としてとらえ直すのと同様，不動産登記法を勉強する場合も，民法を登記実体法としての民法としてとらえ直す必要があります。

本書は，不動産登記を処理するために必要十分な登記実体法としての民法の内容を具体的に明らかにしています。それが明らかにならないかぎり，フレーム・コントロールができないからです。

このようにフレーム・コントロール（略してＦコン）とは，登記実体法として

の民法と申請の個数と申請順序を決めるための手続ルールを使って，不動産登記の書式の答案の枠組みを判断することを意味し，決して細かな書き方を覚えるようなものではありません。

しかし，Ｆコンこそが，法律家である司法書士が登記事件に関わることを要請する本質なのであり，登記事件における司法書士の存在意義であり，司法書士の腕のみせどころなのです。また，だからこそ，司法書士にとっての登記事件は，絶対に代書ではないと断言できる理由なのです。

本書は，124の事例を使ってＦコンの全貌を明らかにしています。これは，書式の試験が知識を知っているか否かでなく，それを使って具体的な事件を解決できるか，すなわち知識が使えるか否かを問う点において，択一式試験とは決定的に異なることに対応するものです。

また，各事例には参考答案例が掲げられています。これをうまく使えば，本書は実に124問もの問題を収録した他に類例のない書式の問題集として活用することが可能となります。

どうか，本書を上手に活用し，Ｆコンの観点から不動産登記の書式を見つめ直し，書式の問題が実に興味深く，実に面白い事例問題であることに目覚めていただきたいと願っています。

いつもながら司法書士制度に熱い声援をくださった弘文堂編集部長の北川陽子氏，細やかな心配りと素敵な笑顔で背中を押してくださった法学館出版編集課長の阿部真由美氏，粘り強く校正作業を担ってくれた中間省略登記の分析と規範化をめざす正橋史人司法書士，知性溢れる司令塔である髙橋知規氏，剣で心を磨き仕事・母上の介護・子供たちへの指導と八面六臂に飛び回る心優しき剣豪である法学館第三教務課長の小坂宣也氏に，この場を借りて改めてお礼を申し上げます。

2015 年　　　　　　　　フィギュア男子の若き天才が，自身の壁を超え，
　　　　　　　　　　　　前人未踏の世界記録を出した朝，渋谷にて

　　　　　　　　　　　　　　　　　　　　　　蛭　町　　浩

本書の使い方

1 記述式初学者にとって本書を学習するメリット

　記述式初学者にとって本書は，記述式学習の入門書として機能します。不動産登記法をひととおり学習した受験生にとっても，いざ記述式対策の学習をしようとした場合，問題演習から始めると難度が高く，何をどうしたらよいかがわからなくなってしまいがちです。しかし，本書を読み進めることにより，不動産登記法の知識をおさらいしつつも，記述式試験の原理原則を理解しながら，学習を進めることが可能となります。本書では，124個の比較的簡単な事例を用いて，**適切に枠（フレーム）を埋める力**を身につけることができ，かつ，その事例の参考答案例として，申請書の様式例も記載されているので，本書自体が124の問題が収録されている**記述式対策基礎問題集**および**主要様式例集**として活用することが可能です。本格的な問題演習に取り掛かる前段階の記述式問題の入門書として活用してください。

2 記述式既習者にとっての本書を学習するメリット

　本書を用いて学習することにより，記述式試験の得点が飛躍的に上がる可能性があるのは，むしろ既習者といえます。既習者は，**様式例の暗記**を通じて，すでに答案に**何を書くべきか（手続判断の力）**を把握しています。また，答練等の**問題演習**を通じて，事例を読み解き，**法律関係を判断する力（実体判断の力）**もかなり身についていると思われます。しかし，それでも記述式試験において，点数がよいときと悪いときがあり，「いったいどの程度の問題演習をすれば得点が安定するのだろうか」と思っている受験生も多いことでしょう。この要因は，**適切に枠（フレーム）を埋める力**が体系的に身についていないことに起因します。これは，従来型の学習方法では養成することができないものであるので仕方がないことでもあります。本書を読み進めると，既習者にとっては，「当然知っている」という部分と「ここまで深くは知らなかった」という箇所がでてきます。それぞれを改めて学習し直し，演習を通じて「適切に枠（フレーム）を埋める力」を習得してください。体系的に「適切に枠（フレーム）を埋める力」を身につければ，記述式は安定した得点をとることができるようになるでしょう。

3　フレーム・コントロールとは

　本書では，**申請の個数および申請順序**を正確に判断することを**フレーム・コントロール**（略称「Ｆコン」）とよんでいます。本書は，この**Ｆコンの力**を身につけるための指南書といえます。この力は，従来型の学習では養うことができない力です。それゆえ，まさに本書は従来の記述式の学習法を変える画期的な指南書といえるでしょう。なお，文脈によっては，「適切に枠（フレーム）を埋める力」，「申請の個数および申請順序を正確に判断する力」などということがありますが，これらはどちらもＦコンの力のことをさしています。

　なお，記述式問題を解くためには，①実体判断（民法等の知識を用いて事例を実体法的に判断），②架橋判断（①を前提に，どのような種類の登記を申請すべきかという判断），③手続判断（登記申請書に何を書くべきかの判断），の３つの判断をしているということは理解できると思います。Ｆコンの力とは，大づかみで架橋判断の力ととらえてください。

4　法令名等の表記

　本文中に比較的多く使用した法令については，以下のとおり略記しました。

　不動産登記法（平成16年法律第123号）⇒法
　不動産登記令（平成17年政令第379号）⇒令
　不動産登記規則（平成17年法務省令第18号）⇒規
　不動産登記法令別表⇒令別表
　不動産登記法令別表第22項申請情報⇒令別表22申
　不動産登記法令別表第22項添付情報⇒令別表22添
　民法⇒民
　登録免許税法⇒登免税
　会社法⇒会社
　破産法⇒破産
　農地法⇒農地
　農地法施行規則⇒農地規
　不動産登記記録例（平成21年２月20日民二第500号通達）⇒記録例
　司法書士法⇒司書

5　条文の表記

　法令名に続くアラビア数字は，条文（番号）を表します。また，各項に対応してローマ数字ⅠⅡⅢ……を，各号に対応して①②③……を付しました。たとえば，「法23Ⅰ①」は「不動産登記法（平成16年法律第123号）第23条第4項第1号」を意味します。

6　判例・先例の表記

　判例については，①最高裁を「最」，大審院を「大」，②判決を「判」，決定を「決」，③元号の明治・大正・昭和・平成をそれぞれ「明・大・昭・平」，年月日を「○．○．○」と略記しました。たとえば，「最判昭32.11.14」は，「最高裁判所判決昭和32年11月14日」を意味することになります。先例については，発出年月日・先例番号・先例の種類で表記しました。したがって，「昭34.12.18民三回」は，「昭和34年12月18日民事局第三課長回答」を意味します。

7　事例における登記記録および申請情報の様式例の表記

　事例における登記記録および申請情報の様式例の表記については，特に住所が題材となる場合を除いて，住所の表示は省略しています。また，添付情報の表示には，たとえば「登記原因証明情報」のように概括的な記載に加え，括弧書で「（戸籍謄抄本）」のように具体的な書類も記載しています。ただし，あくまでも例示列挙としての表記です。また，「住所証明情報」「印鑑証明書」のように，それぞれ「住民票の写し」「印鑑証明書」と内容が決まっているような場合，括弧書は「(B)」などと，だれのものが必要かを記載しています。

8　参考文献

【書籍】

　畑村洋太郎『創造学のすすめ』（講談社，2003）

　幾代通『不動産登記法』（有斐閣，第4版，1994）

　山野目章夫『不動産登記法』（商事法務，初版増補，2014）

　河合芳光『逐条　不動産登記令』（金融財政事情研究会，2005）

　我妻榮『民法講義V₂』（岩波書店，1957）

　清水響編著『Q＆A不動産登記法』（商事法務，2007）

　登記研究編集室編『実務からみた不動産登記の要点Ⅰ』（テイハン，第4刷，

2002)

登記研究編集室編『増補　不動産登記先例解説総覧』（テイハン，1999）

幾代通・宮脇幸彦・貞家克己編『不動産登記先例百選』（有斐閣，第2版，1982）

吉野衛『注釈不動産登記法総論　上』（金融財政事情研究会，新版，1982）

野田愛子・若林昌子・梶村太市・松原正明編『家事関係裁判例と実務245題』（判例タイムズ，2002）

新井克美・後藤浩平編著『新版　詳解説例　不動産登記添付情報（下）』（日本加除出版，2008）

登記制度研究会編「不動産登記総覧9」（新日本法規出版）

日本法令不動産登記研究会編『事項別　不動産登記のQ＆A200選』（日本法令，6訂版，2013）

青山正明編著『新訂　民事訴訟と不動産登記一問一答』（テイハン，2008）

椿寿夫編集『新版　代位弁済―その実務と理論―』（経済法令研究会，1995）

七戸克彦監修，日本司法書士会連合会・日本土地家屋調査士会連合会編『条解　不動産登記法』（弘文堂，2013）

岡口基一『要件事実入門　初級者編』（創耕舎，2015）

法務省法務総合研究所編『実務解説　権利の登記』（日本加除出版，1995）

日本法令不動産登記研究会編『わかりやすい不動産登記の申請手続』（日本法令，3訂版，2010）

『商社・メーカーのための新根抵当設定書式と登記手続』（商事法務研究会，1972）

貞家克己・清水湛『新根抵当法』（金融財政事情研究会，1973）

法務省法務総合研究所編『対話式不動産登記　ケーススタディ40選』（日本加除出版，1997）

村田渉・山野目章夫編著『要件事実論30講』（弘文堂，第3版，2012年）

【雑誌・ムック】

『登記研究』（テイハン）

『登記情報』（金融財政事情研究会）

『登記先例解説集』（金融財政事情研究会）

『登記インターネット』（民事法情報センター）

『民事法情報』（民事法情報センター）

『ジュリスト』（有斐閣）

なお，文中において雑誌やムックの記事の内容の表記は，たとえば，「(『登記研究』125号112頁)」とするのを原則としていますが，雑誌のなかで特定の記事の内容を表記する必要がある場合については，「(藤原勇喜「遺言と不動産登記をめぐる諸問題（下）」『登記インターネット』2巻10号72頁)」というように，執筆者（寄稿者）と記事の表題も記載しています。また，論文や記事に番号が振られている書籍については，「(吉永順作「80 変更・更正の仮登記の可否」『不動産登記先例百選』153頁)」，「(「質疑応答7598」『登記研究』592号185頁)」のように，表題の前または後に番号を振り原典の検索に役立つように記載しています。

CONTENTS

序章　学習開始にあたり……1
  1　司法書士試験の特色と合格点………1
  2　記述式試験の位置づけと書式の試験との関係………2
  3　書式の試験の出題形式の変遷………5
  4　従来型の書式の学習モデルとその問題点………7
  5　新たな書式の学習モデル………10
  6　本書の目的と考え方………12

第1部
書式を解くための不動産登記制度の原理・原則　19

第1章　登記制度とは何なのか………20
  1-1　公示制度の構造………20
　 7　取引調査の必要性と問題点………20
　 8　公示制度の必要性………22
　 9　公示方法………22
　 10　公示の原則………23
　 11　公信の原則………25
　 12　公示制度の構造………25
  1-2　不動産登記制度の構造………26
　 13　不動産登記制度の意義………26
　 14　不動産登記における「公示方法」………27
　 15　不動産登記制度における「公示の原則とその実現手段」………32

第2章　申請手続とは何なのか………36
  2-1　登記の記録手続と登記官の審査………36
　 16　登記の記録手続の構造………36
　 17　登記官の審査の構造………37
  2-2　登記の申請手続………38
　 18　申請手続の意義と構造………38
　 19　必要十分な登記事項の主張………38
　 20　登記事項の真実性の立証………43
　 21　登録免許税の納付………50

第3章　書式の試験とは何なのか………51
　　22　書式の試験の位置づけ………51
　　23　書式の問題を解くために必要な能力とは何か………51

第4章　書式の問題はいかに解かれるべきか………52
　4－1　書式の問題を解く際の心構え………52
　　24　書式の問題と択一の問題の相違点………52
　4－2　書式の問題の解き方………53
　　25　実体判断………54
　　26　架橋判断………57
　　27　手続判断………62
　4－3　書式の問題の解き方とFコン・Dコンとの関係………62
　　28　書式の問題の解き方とFコン・Dコンとの関係………62

第2部
フレーム・コントロール Step1 ─個別フレームの判断─ 65

第1章　法律構成および原因関係の判断（基本）………66
　1－1　Fコンの基礎概念………66
　　29　Fコンの構造………66
　　30　民法と登記実体法との関係………67
　1－2　法律構成の判断………68
　　31　法律構成の判断の考え方………68
　1－3　原因関係の判断………70
　　32　原因関係の判断の考え方………70

第2章　登記の種類の判断（基本）………73
　2－1　総論………73
　　33　原因関係と登記の種類の関係………73
　　34　登記の種類と申請手続の骨格との関係………77
　2－2　特定移転登記………78
　　35　特定移転登記の「登記の種類の判断」方法………78
　　36　特定移転登記の「申請手続の骨格」（個別フレーム）………81
　　37　所有権の登記の基本事例………83

CONTENTS

  38 抵当権の登記の基本事例..........85
  39 特定移転登記の「登記の種類の判断」の論点..........90
 2−3 包括移転登記..........95
  40 包括移転登記の「登記の種類の判断」方法..........95
  41 包括移転登記の「申請手続の骨格」（個別フレーム）..........97
  42 包括移転登記の「登記の種類の判断」の論点..........98
 2−4 保存登記..........104
  43 保存登記の「登記の種類の判断」方法..........104
  44 保存登記の「申請手続の骨格」（個別フレーム）..........108
  45 保存登記の「登記の種類の判断」の論点..........110
 2−5 設定登記..........114
  46 設定登記の「登記の種類の判断」方法..........114
  47 設定登記の「申請手続の骨格」（個別フレーム）..........115
  48 設定登記の「登記の種類の判断」の論点..........117
 2−6 変更登記..........119
  49 変更登記の「登記の種類の判断」方法..........119
  50 変更登記の「申請手続の骨格」（個別フレーム）..........120
  51 変更登記の「登記の種類の判断」の論点..........122
  52 差押え，仮差押え，仮処分登記..........130
 2−7 抹消登記..........130
  53 抹消登記の「登記の種類の判断」方法..........130
  54 抹消登記の「申請手続の骨格」（個別フレーム）..........132
  55 抹消登記の「登記の種類の判断」の論点..........133
 2−8 更正登記..........139
  56 更正登記の「登記の種類の判断」方法..........139
  57 更正登記の手続要件..........140
  58 更正登記の「申請手続の骨格」（個別フレーム）..........142
  59 更正登記の「登記の種類の判断」の論点..........144
 2−9 名変登記..........150
  60 名変登記の「登記の種類の判断」方法..........150
  61 名変登記の「申請手続の骨格」（個別フレーム）..........152
  62 名変登記の「登記の種類の判断」の論点..........153
  63 名変登記の可否判断..........155
  64 名変登記の要否の判断..........157
 2−10 抹消回復登記..........165
  65 抹消回復登記の「登記の種類の判断」方法..........165

66　抹消回復登記の「申請手続の骨格」（個別フレーム）……166
　　67　抹消回復登記の「登記の種類の判断」の論点となる事例……167

第3章　法律構成の判断に論点がある法律関係（応用）……170
　3－1　遺言相続における遺言書の解釈……170
　　68　遺言相続の法律関係への対応……170
　　69　「相続させる」旨の遺言の解釈……171
　　70　「遺贈する」旨の遺言の解釈……177
　　71　遺言相続から法定相続への再構成……186
　3－2　共有物分割協議と遺産分割協議の区別……190
　　72　共有物分割協議と遺産分割協議の区別……190
　　73　代償分割の代償物の法律構成……196
　　74　抵当債務の共同相続人の1人への集中……200
　3－3　弁済と代位弁済の区別……204
　　75　債務者による弁済……204
　　76　第三者による代位弁済……212
　　77　共同抵当の次順位者の代位……216
　3－4　放棄のバリエーション……219
　　78　単独行為による権利の放棄……219
　　79　契約による権利の放棄……229
　3－5　その他……232
　　80　根抵当権の消滅請求と抵当権消滅請求の区別……232

第4章　申請手続の骨格の修正（応用）……235
　4－1　総説……235
　　81　事実とその分類と申請手続の骨格の修正……235
　4－2　一般承継人による登記……236
　　82　登記義務者の一般承継人による登記……236
　　83　登記権利者の一般承継人による登記……240
　4－3　判決による登記……244
　　84　判決による登記……244
　4－4　代位による登記……250
　　85　代位による登記……250
　4－5　所有権に関する仮登記の本登記……255
　　86　所有権に関する仮登記の本登記……255

CONTENTS

第3部
フレーム・コントロール Step2 ― 全体フレームの判断 ― 261

第1章 申請個数の判断……262
- 1－1 総説……262
  - 87 Ｆコン Step2 の位置づけ……262
- 1－2 申請省略による申請個数減少の例外……263
  - 88 元本確定登記の省略……263
- 1－3 数個の法律関係を1個の原因関係と評価する申請個数減少の例外……277
  - 89 遡及効の遺産分割型……277
  - 90 遡及効の相続放棄型……289
  - 91 代襲相続と数次相続……296
  - 92 取得時効と占有者の相続……301
  - 93 無権代理と他人物売買……306
  - 94 直接移転取引……311
  - 95 共有の形成と不分割特約……315
- 1－4 数個の原因関係を1個の原因関係と評価する申請個数減少の例外……317
  - 96 遺産分割までの中間処分の省略……317
  - 97 中間過剰相続登記の許容……322
  - 98 その他の中間省略登記の許容……327
- 1－5 1個の法律関係を数個の原因関係と評価する申請個数増加の例外……328
  - 99 代物弁済……328
  - 100 混同……331
  - 101 対抗できない権利の抹消……337
- 1－6 一申請情報申請の判断……343
  - 102 申請の個数の原則と例外……343
  - 103 複数不動産の一申請……344
  - 104 複数登記の一申請……348
  - 105 複合事案の一申請の判断……359
  - 106 名変登記の一申請の判断……361
  - 107 必要的一申請……366

第2章　申請順序の判断……368

2−1　総説……368
108　申請の順序の判断の流れ……368

2−2　原因関係の発生順序による整理……368
109　原因関係の発生順序による整理（暫定順序）……368
110　申請の順序についての問題の指示……379

2−3　登記の連続性の判断……381
111　登記の連続性の判断……381
112　主体における登記の連続性の判断（申請当事者の連続性）……383
113　客体における登記の連続性の判断（登記の目的の連続性）……396
114　行為における登記の連続性の判断（登記原因の連続性）……405

第3章　連件申請パターン……415

3−1　総説……415
115　連件申請パターンの意義……415

3−2　実体的要件をみたすための連件申請パターン……415
116　実体的要件をみたすための連件申請……415

3−3　手続的制約をみたすための連件申請パターン……429
117　手続的制約をみたすための連件申請……429

3−4　中間省略登記禁止の原則からくる連件申請パターン……455
118　中間省略登記禁止の原則からくる連件申請……455

事項索引……476

問題一覧

事例 1 ─ 売買契約 ─ 83
事例 2 ─ 債権譲渡 ─ 85
事例 3 ─ 会社分割と登記の種類の判断 ─ 90
事例 4 ─ 敷地権付き区分建物の売買契約 ─ 93
事例 5 ─ 合併と登記の種類の判断 ─ 98
事例 6 ─ たすきがけ保存 ─ 99
事例 7 ─ 相続人不存在 ─ 102
事例 8 ─ 判決保存と登記の種類の判断 ─ 110
事例 9 ─ 包括遺贈と登記の種類の判断 ─ 112, 435
事例 10 ─ 及ぼす変更登記 ─ 117
事例 11 ─ 債務者更改 ─ 122
事例 12 ─ 免責的債務引受契約 ─ 124
事例 13 ─ 債権額の減少変更 ─ 126
事例 14 ─ 転抵当の設定 ─ 128
事例 15 ─ 仮処分による失効 ─ 133, 439
事例 16 ─ 合意解除 ─ 137
事例 17 ─ 相続放棄による更正登記 ─ 144
事例 18 ─ 推定相続人名義の登記を相続開始後に更正することの可否 ─ 147
事例 19 ─ 設定者兼債務者の住所の錯誤 ─ 153, 447
事例 20 ─ 登記原因の更正と名変登記の可否 ─ 155
事例 21 ─ 所有権以外の権利の抹消と名変登記の要否 ─ 157
事例 22 ─ 相続による移転登記と名変登記の要否 ─ 159
事例 23 ─ 行政区画の変更と名変登記の要否 ─ 161
事例 24 ─ 抹消登記の前提となる債務者の変更登記の要否 ─ 163
事例 25 ─ 抹消回復登記 ─ 167, 432
事例 26 ─ 遺産分割方法の指定 ─ 171
事例 27 ─ 遺贈と解釈すべき例外 ─ 175
事例 28 ─ 特定遺贈 ─ 177
事例 29 ─ 割合的包括遺贈 ─ 179, 433
事例 30 ─ 清算型遺贈 ─ 182, 456
事例 31 ─ 相続分の指定と解釈する例外 ─ 184
事例 32 ─ 遺言無効の法定相続による補充 ─ 186
事例 33 ─ 共有物分割協議 ─ 192
事例 34 ─ 遺産分割協議 ─ 193
事例 35 ─ 代償物譲渡型 ─ 197
事例 36 ─ 代物弁済型 ─ 198
事例 37 ─ 相続債務の集中 ─ 200, 475
事例 38 ─ 相続債務の遺産分割 ─ 202
事例 39 ─ 債務者による全額弁済 ─ 205
事例 40 ─ 債務者による一部弁済 ─ 207
事例 41 ─ 共有者の1人の債権の弁済 ─ 209
事例 42 ─ 代位弁済 ─ 212

事例 43	― 一部代位弁済 ―	214
事例 44	― 抵当権の放棄 ―	220
事例 45	― 債権放棄 ―	221
事例 46	― 及ぼさない変更 ―	222
事例 47	― 抵当権の持分放棄 ―	224
事例 48	― 債権持分放棄 ―	225
事例 49	― 連帯債務者の1人の債務免除 ―	227
事例 50	― 抵当権のみの放棄 ―	229
事例 51	― 順位の放棄 ―	231
事例 52	― 根抵当権の消滅請求 ―	233
事例 53	― 合併と弁済の関係 ―	237
事例 54	― 相続と弁済の関係 ―	241, 429
事例 55	― 判決による登記の中間省略登記 ―	248
事例 56	― 代位による相続登記 ―	253
事例 57	― 所有権に関する仮登記の本登記 ―	258
事例 58	― 確定期日の到来 ―	263
事例 59	― 6か月以内の合意の登記なし ―	267
事例 60	― 根抵当権者の差押え ―	269
事例 61	― 個人の設定者の破産 ―	270
事例 62	― 第三者の差押えと元本確定の覆滅効果 ―	273
事例 63	― 第三者による担保不動産収益執行の差押え ―	275
事例 64	― 遺産分割協議 ―	278
事例 65	― 相続人間の相続分の売買 ―	280
事例 66	― 第三者への相続分の譲渡 ―	283, 434
事例 67	― 遺留分減殺 ―	285, 432
事例 68	― 相続放棄 ―	289
事例 69	― 寄与分協議 ―	292
事例 70	― 代襲相続 ―	296
事例 71	― 数次相続 ―	298
事例 72	― 相続人の時効援用 ―	301
事例 73	― 無権代理人の本人相続 ―	306
事例 74	― 他人物売買 ―	309, 455
事例 75	― 買主の地位譲渡方式 ―	311
事例 76	― 第三者のための契約方式 ―	313
事例 77	― 権利の一部移転と不分割特約 ―	315
事例 78	― 寄与分協議と遺産分割協議の関係 ―	317
事例 79	― 相続分譲渡と遺産分割協議 ―	319
事例 80	― 生前売買と誤ってなされた相続登記の評価 ―	322
事例 81	― 2号仮登記と誤ってなされた相続登記の関係 ―	325
事例 82	― 債務者による代物弁済 ―	328, 416
事例 83	― 所有権の移転による混同 ―	331, 417
事例 84	― 混同例外 ―	333
事例 85	― 第三者の権利の消滅による混同 ―	335, 417
事例 86	― 所有権の時効取得 ―	337, 427

事例 87	― 買戻権行使による消滅 ― 340, 428
事例 88	― 複数不動産の一申請の判断 ― 345, 442
事例 89	― 共同担保の要件緩和 ― 347
事例 90	― 極度額の増加および債務者の減少の混在 ― 349
事例 91	― 仮登記を本登記した抵当権への弁済 ― 350
事例 92	― 買主が複数の場合の一申請 ― 353
事例 93	― 売主が複数の場合の一申請 ― 355, 443
事例 94	― 相続の場合の特殊性 ― 357
事例 95	― 複合事案の一申請 ― 359
事例 96	― 住所移転後の行政区画変更 ― 362, 446
事例 97	― 氏名の変更，住所の更正 ― 364, 446
事例 98	― 設定者兼債務者の死亡と指定債務者の合意 ― 369, 450
事例 99	― 買戻特約付売買契約 ― 374, 438
事例 100	― 通常の決済立会における連件申請 ― 376, 424
事例 101	― 移転登記と名変登記の関係 ― 391, 445
事例 102	― 記入登記で登記権利者の名変登記が問題となる例外 ― 394, 447
事例 103	― 一部移転と及ぼさない変更との関係 ― 398, 449
事例 104	― 所有権更正と及ぼす変更登記 ― 400, 449
事例 105	― 遺留分減殺請求後の共有物分割 ― 405, 453
事例 106	― 更正登記を前提とする債権額の増加変更 ― 408, 453
事例 107	― 仮登記原因の更正登記を前提とする仮登記の本登記 ― 411, 454
事例 108	― 担保権の設定と順位の変更 ― 418
事例 109	― 順位譲渡 ― 420
事例 110	― 登記賃借権が抵当権に優先する同意 ― 422
事例 111	― 全部譲渡後の共同根抵当権の追加設定による連件申請 ― 425
事例 112	― 巻き戻し抹消 ― 430
事例 113	― 敷地権付き区分建物の一部移転にかかる連件申請 ― 435
事例 114	― 名変登記を伴う仮処分による失効の同時抹消 ― 439
事例 115	― 一部譲渡と優先の定め ― 443
事例 116	― 根抵当権者の死亡と指定根抵当権者の合意 ― 451
事例 117	― 特別縁故者への分与 ― 457
事例 118	― 特別縁故者不存在確定 ― 459
事例 119	― 合併後の弁済 ― 462
事例 120	― 時効援用後の占有者の死亡 ― 464
事例 121	― 1号仮登記と誤ってされた相続登記 ― 466
事例 122	― 委任の終了と誤ってされた相続登記 ― 468
事例 123	― 債権二重譲渡の登記処理 ― 470
事例 124	― 第三者の差押えによる元本確定と債権譲渡 ― 473

学習開始！　その前に……
合格後を意識した学習

　本書は，記述式対策の第一人者であり，書式の達人とよばれている蛭町浩講師が研究・開発したテキストを元にして書籍化したものです。伊藤塾には，このような蛭町講師等が開発したテキストや講義が満載です。「蛭町浩ってどんな人かな」「伊藤塾の講義を体験してみたい」「直近合格者の勉強方法を知りたい」，「伊藤塾テキストを見たい」……。そう思ったら，**伊藤塾の司法書士試験科ホームページ**にアクセスしてください。**無料でお得な情報**が溢れています。

パソコン・スマホより　→　http://www.itojuku.co.jp/shiken/shihoshoshi/index.html

（伊藤塾ホームページにある情報の一例）

無料体験講座
合格者の声 ─ 合格体験記・合格者メッセージ ─
合格後の活躍 ─ 実務家レポート ─
講師メッセージ
塾長雑感（伊藤真塾長エッセイ）
伊藤塾の書籍紹介

　講座は，受験生のライフスタイルに合わせ，**在宅（通信）**受講と**通学（校舎）**受講，**インターネット**受講を用意しています。どの受講形態でも**学習フォローシステムが充実**しています。

序章　学習開始にあたり

1　司法書士試験の特色と合格点

（1）　司法書士試験の特色

　司法書士試験は，試験に合格すれば**即，開業**できる建前が，特色であり魅力となっている国家試験である（司書4①）。しかも，受験資格は，学歴などの制限がいっさいなく，試験科目はすべて法律科目であり（司書6Ⅱ），英語や数学といった中学・高校までの学習の積み上げがものをいう科目が含まれていないため，思い立てばいつからでも，何歳からでも勉強を始めることができるという意味で，きわめて**平等性の高い試験**となっている。

　ただし，試験に合格即，開業の建前から，司法書士試験は**実務色の濃い試験**となっている。司法書士には，その公共性の高さから正当の事由がなければ依頼を拒めないという，依頼を受ける義務が課せられており（司書21，75Ⅰ。違反は100万以下の罰金），合格した時点で最低限の実務能力がなければ，この義務を果たせないからである。

　実務色が濃い試験というのは，試験科目となっている法令を，単に教養的に問うのではなく，司法書士の業務を行ううえでの**実務能力**の観点から問うという意味である。そのため，大学で法学を学んだ経験があったとしても，それがただちに受験勉強には繋がらず，その反面，大学で法学を学んだ経験がなくとも，それが何のハンデにもならず，平等性をいっそう高める結果となっている。

（2）　司法書士の業務と試験で問われるもの

　さて，司法書士がどのような業務を行うのかについては，司法書士法に規定されている（司書3，29Ⅰ，司書施規31）。そこには，登記または供託に関する手続を代理することや裁判所または検察庁に提出する書類を作成することなどさまざまな業務が規定されているが，これら司法書士の業務を一言で要約すれば，**法的問題を解決する仕事**といえるであろう。

　「法的問題」とは，権利や法律関係の存否をめぐる問題をいう。司法書士は，事実に法を適用し，依頼人を取り巻く権利または法律関係の有無を判断し，それに応じて最適な手続を選択し，それを履行することで，依頼人の利益を実現すると共にそれを通して公共の利益を実現する仕事をしているのである。したがって，司法書士の業務を行ううえでの実務能力とは**法的問題の解決能力**を意

味することになる。

(3) 司法書士試験の構造と受験勉強の段階性

　司法書士の業務の本質を上記のように理解すれば，実務色が濃い司法書士試験では，法的問題を解決するために必要な法的知識と，その法的知識を使って現実に問題を解決する法的スキルとが，最低限の実務能力として問われることになる。

　より具体的には，毎年1回7月に実施されている司法書士試験において（司書6Ⅰ），午前の部の試験として，2時間の試験時間で，実体法（憲法，民法，刑法，会社法および商法）の知識35問が択一式試験の形式で問われ（1問3点で105点満点），午後の部の試験として3時間の試験時間で，手続法（民事訴訟法，民事執行法，民事保全法，供託法，不動産登記法，商業登記法，司法書士法）の知識35問が択一式試験の形式で（1問3点で105点満点），不動産登記法，商業登記法各1問が記述式試験の形式で（合計70点）問われている。

　司法書士試験に合格するには，この午前および午後の択一式試験，午後の記述式試験について，各試験ごとに設定されている基準点（午前択一・約8割，午後択一・約7割，記述式・約5割5分）をクリアしたうえで，合計280点満点のうち約8割にあたる合格点を獲得できなければならない。

　これが司法書士試験の構造であり，この構造を前提とすれば，受験勉強の基本モデルは，第1段階として択一式試験および記述式試験の基準点をクリアするために基本学習を行い，第2段階として基準点合計と合格点までの点差（平均約18点，択一式試験で約6問分）を，いかに埋めるかという観点から基本学習をブラッシュアップする学習へと展開する流れとなる。

2　記述式試験の位置づけと書式の試験との関係

(1) 記述式試験の位置づけ

　合計280点満点の7割5分を占める実体法・手続法の択一式試験は，主に法的知識の有無を問うものである。択一式試験は，大学入試のセンター試験や他の国家試験でも使われている出題形式であるから，それがどのようなものであるのかは，比較的容易にイメージすることができるであろう。

　これに対して，合計280点満点の2割5分を占める記述式試験は，主に実体法および手続法の知識を使って，現に法的問題が解決できるか否かの法的スキルを問うものであり，実体法と手続法をあわせて問うという意味で総合問題で

あり，知識を使うスキルが問われるという意味で応用問題だとして位置づけられるものとなっている。

（2）　記述式試験の内容

　記述式試験という表現から，ごく自然にイメージされるのは論述式試験であろう。しかし，司法書士試験の記述式試験は，論文試験とはまったく異なる形態をとっている。それは，司法書士が行う業務を素材として，処理すべき事件の事実関係を示し，その事件を現に処理できるか否かを問う模擬の事件処理の形態である。

　たとえば，もっともイメージしやすい訴訟業務を例にとれば，民法や民事訴訟法の法的知識の有無は，択一式試験で問うことができる。しかし，それらの法的知識を使って現に訴訟業務ができるか否かは，原告の代理人として的確な訴状を作成できるか否か，被告の代理人として訴状に記載された請求原因を認否し，反論としての抗弁を主張する準備書面を作成できるか否かを問えば，より端的に法的知識を使って現実の法的問題を解決できるか否かの法的スキルの有無を問うことができるという発想である。ちなみに，司法書士試験の合格者を対象とした認定司法書士となるための「法務大臣認定考査」は，このような発想での問題が出題されている。

　さて，記述式試験の形態が模擬の実務であるとすれば，その素材は，本来，司法書士の業務内容に属するものであれば，それが訴訟業務であっても，登記業務であっても，供託業務であってもその出題素材を問わず，年度ごとに出題素材が変化したとしても一向にかまわないはずのものである。

　しかし，昭和54年の第1回試験から今日まで出題素材は，一貫して登記業務が使われている。これは，昭和54年に全国統一認可試験から国家試験へ移行した当時，登記業務こそが司法書士を象徴する業務であったという歴史的な経緯を反映したものであるが，それだけにとどまらない。現在，司法書士の業務範囲は，認定司法書士に許される簡裁訴訟代理等関係業務（簡易裁判所の訴訟代理業務）をはじめとして，成年後見業務に象徴される財産管理業務など，国家試験移行当時に比較して大きく拡大し，その様相も多様化し，激しく変化しているが（司書施規31参照），それでも司法書士のアイデンティティー（他の資格者とを区別する指標）として登記の専門家であることが強く意識されており，その意識は，今後も変わらないと考えられていることの現れといえるであろう。その意味で，登記業務が記述式試験の素材であることは，今後も維持されるもの

（3） 記述式試験と書式の試験との関係

　司法書士が行う「登記業務」は，登記申請を代理することで，適法な登記を実現し，これにより当事者の**権利保全**を図りつつ，登記制度のもつ**公示機能**を果たすだけでなく，司法書士の関与した登記については，登記にまつわる紛争を未然に防止する**紛争予防機能**が期待されている。

　登記業務における紛争予防機能は，平成17年改正前の旧不動産登記法の時代から**申請書主義**によってその実現が図られてきた（改正により登記原因証明情報の必要的提供により〔法61〕，その機能が補充され，現在では申請書主義と登記原因証明情報の2本柱でそれを支えている）。

　申請書主義とは，申請書という書面に適法申請のためのすべての要素を記載し，登記後に申請書を登記所に保管し（規17等），その登記に関する紛争が生じた場合には，申請書を証拠として活用することで，その登記に関する紛争を解決する制度をいう。

　この申請書主義を前提とすれば，訴訟業務における訴状や準備書面の作成と同様に，具体的な事件を示し，それに基づく**申請書（現在は申請情報）**を作成させれば，適法申請に必要な要素のほか，当事者の**権利保全**，登記制度のもつ**公示機能**および**紛争予防機能**を実現できる能力を有するか否かを，より端的に問えることになる。

　そこで，記述式試験では，処理すべき登記事件を示し，それに基づく登記の申請書の作成を問う出題形式が採用されているのである。実務上，申請書は一定の様式例に従って作成され，その様式例のことを一般に「書式」とよぶことから，記述式試験は昭和54年の国家試験への移行当初の段階から**書式の試験**というニックネームでよばれてきた。本書でも，通例に従い記述式試験を「書式の試験」とよぶことにする。

（4） 書式の試験の重要性

　最初に指摘したとおり，書式の試験は，合計280点満点の2割5分の点数比重にすぎない。しかし，午前の部の択一式試験の基準点が約8割（書式の得点が56点から70点に引き上げられ，総合得点が280点満点に変更された平成21年からの平均値）に達している現状を考えれば，択一式試験の得点に更に加点して合格点を確保することは相当に困難であるといわざるをえない。これに対して，書式の試験の基準点は約5割5分（平成21年からの平均値）とハードルが低く，

それを8割に引き上げることで合格点までの得点差約18点（平成21年からの平均値）を埋めることは、やり方次第ではあるが無理がない。

そのため書式の試験は、基準点合計から合格点までの差を埋める合格のための切り札となっており、点数比重だけでは計れない合格のための貢献度が認められることになる。

3　書式の試験の出題形式の変遷

2（2）のとおり、書式の試験は、昭和54年の第1回から現在まで、一貫して主に申請書の作成を問う出題形式をとっている。しかし、これまでの時間経過のなかで、司法書士がおかれていた状況やそれを反映した解釈や法改正の状況を反映し、その出題形式にも変遷が見られる。以下それを概観する。

ちなみに、登記法科目については、択一式試験と書式の試験の双方を実務家試験委員である司法書士が作成していることは、よく知られた事実である。

（1）　単件申請の白紙への記載

昭和54年（1回）から昭和56年（3回）までの3年間は、白紙（当時はB列4番）を答案用紙として使い、1通の申請書を作成させる「単件申請」の出題形式がとられていた。

これは、当時の実務さながらに、申請書の作成能力を問う出題形式といえるものである。そのため、一見すると司法書士の補助者や事務員として実務を体験した受験生が圧倒的に有利であるかのように思える。

しかし、登記は実体を映す鏡であり、法的判断の結果を申請書のかたちで表現するものであるため、日常の業務では経験することが少ない事実関係を事件に加えれば、実務経験だけでその内容を決定することができず、結果として、実務経験の差が試験結果に決定的な影響を与えるものとはなっていなかった。

（2）　単件申請形式の変化

昭和57年（4回）には、答案用紙である白紙をA欄とB欄に区分しての出題形式に変更されている。

A欄には、これまでどおり1通の申請書の作成を要求しつつ、非本質である住所と不動産の表示については「住所　省略」の要領で具体的な記載を除外している。

B欄には、代理権限証書および印鑑証明書について、1通ごとに、たとえば「抵当権者の株主総会の議事録」、「甲野商事株式会社の代表取締役の印鑑証明

書」のように，その文書を特定するに足りる表示を記載させている。昭和39年先例（昭39.11.30民三953課長依命通知）により不動産登記の実務は，補正を減少させる工夫として添付書面を**概括記載**する取扱いとなっているが，添付書面の概括記載では「だれから申請代理の依頼を受けるべきなのか」についての受験生の認識や，添付書面について「だれのどのような文書なのか」を依頼人に説明する能力を問うことができないため，それらを問う出題形式への変更といえるものである。

　この当時の裁判例のなかには，弁護士法72条との関係で，司法書士は専門的法律知識ではなく一般常識的な法律判断のみが期待され，その法律的な判断は，法律常識的な整序事項にかぎられ，鑑定（法律上の専門知識に基づき法律的意見を述べること）を伴う法律判断は，司法書士の業務に属さないとする**代書論**があった（高松高判昭54.6.11）。

　しかし，その論法は，到底実務の実態を正しく反映しているものとはいいにくいため，昭和56年には，登記代理を事実関係の確認，説明，助言からなる**前段事務**と代理申請を現に行う**後段事務**に分けてとらえる前沢六雄司法書士の「前沢試論」，木茂隆雄・木茂鐵司法書士の「公証登記主義」のほか，訴訟業務についての松永六郎司法書士の「補佐人論」が公表されており，上記の出題形式はその思いの一端が発露したものと評価できるものである。

(3) 連件申請への移行
① 移行初期の事情

　昭和58年（5回）から「連件申請」の出題形式が採用され，答案用紙は，申請書の記載事項のうち指定された事項についての空欄に解答事項を記載する形態での出題に変更され，これが今日まで続く出題形式となっている。

　単件申請は，1個または数個の登記を1通の申請書で処理する申請形態であるのに対し，**連件申請**は，同時に数個の登記を申請し，その申請に申請人が順序を付した申請形態をいう。連件申請では，それを構成する個々の登記申請の内容もさることながら，申請の個数と申請順序の判断を誤れば，申請する登記の全部が却下されるおそれがあり，**申請の個数と申請順序の判断**が答案の運命を決めるきわめて重要な判断ポイントとなっている。

　この出題形式の変化は，この当時から徐々に担保金融が活発化し始め，連件申請の複雑化の萌芽が見られるようになり，登記代理の解釈論は，連件申請のエッセンスが凝縮されている**立会の業務**を対象とするものへとシフトしつつあ

り，そのような実務の動向を反映したものである。

ただ，連件申請に移行した昭和58年（5回）から平成4年（14回）までの11年間は，答案用紙の解答事項からどの欄にどの登記を記載すべきかが推測できる出題であった。出題者の問題意識が，まだ連件申請を構成している個々の登記申請の内容を問う点に力点があり，それに比して申請の個数と申請順序の判断の重要性についての意識が薄かったことに加え，よもや受験生が答案用紙をヒントとして申請の個数と申請順序を判断することを想定していなかったことによるものと思われる。

② 答案用紙の無個性化

平成5年（15回）の出題以後は，答案用紙の記載事項を「登記の目的，登記原因，登記事項，申請人，添付情報および登録免許税額」のように無個性化し，申請すべき登記の申請順序を厳しく問う出題形式へと変化した。

これは，答案用紙がヒントとなるような出題では，連件申請の処理が主流となっている実務への対応力を問う出題として不十分との批判に応えるだけでなく，試験委員の側でも，実務処理の本質が個々の登記申請の内容の面よりも，申請の個数と申請順序の判断にあることが明確に意識されるようになったことによる出題形式の変化と考えられる。

③ その後の変化と近年の傾向

その後，民法施行100周年にあたる平成10年（20回）から，申請書の作成に加えて，それ以外の能力（事実の確認，説明，助言に関する前段事務に関する能力）を問う出題が開始されたため，一時，出題される連件申請の件数自体は減少した。

しかし，平成23年（33回）から徐々に申請件数が増加する傾向にあるだけでなく，平成25年（35回）から申請すべき登記がない場合には，登記の目的欄に「登記不要」と記載することが要求され，申請順序だけでなく，申請の個数を含めて申請の個数と申請順序の判断が更に厳しく問われるようになっているのが近年の出題傾向となっている。

4　従来型の書式の学習モデルとその問題点

書式の出題形式は，3とおり変遷したが，その時々で書式の学習方法がどのように考えられて従来型の学習モデルが確立されてきたのか，その書式の学習方法の変遷と従来の学習モデルの問題点を検討する。

4　従来型の書式の学習モデルとその問題点

（1）　単件申請の時代の学習方法

出題形式が単件申請の時代には，申請書の様式例（雛形）を覚えるという素朴な学習方法が適切な学習方法として信じられていた。出題形式が白紙に申請書を作成させるものであるため，申請書の様式例（雛形）を覚えれば対応できるという，ごく自然で素朴な発想による学習法である。

（2）　連件申請への移行と従来型学習モデルの形成

単件申請の時代における学習方法は，出題形式が昭和58年に連件申請に移行した後も，多くの受験生にとっては適切な勉強法と考えられていた。平成4年の出題までは答案用紙に申請する登記ごとの個性があったため，個々の登記の申請書の雛形が正確に記憶されていれば，答案用紙の形状から，容易に申請順序を決めることができたことに加え，申請の個数までは厳しく問われていないため，それ以上に書式の学習方法を見直す必要性が感じられなかったからである。

このような受験生の意識を背景に，指導機関は書式の学習方法として，まず，第1段階として単件申請の時代と同様，個々の登記の申請書の様式例（雛形）を学習し，次いで，第2段階として申請の個数と申請順序の判断を，問題演習をとおして学習していく流れで，従来型の学習モデルを確立していった。

（3）　従来型の学習モデルの問題点

1　（3）で指摘したとおり，司法書士試験が基準点に達しなければ，合計点が合格点を超えたとしても不合格となる構造となっており，その構造に対応して，第1段階で基準点を超えるための基本学習を行い，第2段階で基準点から合格点までの点数差を埋める学習を行う2段階の段階的な学習を行うべきことになる。

連件申請による出題形式の本質は，**申請の個数および申請順序の判断を誤れば**，連件申請を構成する個々の登記申請の内容がいかに完璧であっても**欄ズレにより，0点となる**点にある。現に，平成20年（30回）の試験では，受験生の多くが申請の個数と申請順序の判断に失敗したことで欄ズレとなり，不動産登記の書式の試験の得点が0点でありながら商業登記の書式の得点により基準点を超えた者を合格者とせざるをえなかったという異常事態が発生しており（**0点事件**），欄ズレによる0点の現実から絶対に目をそらすことはできないのである。

従来型の学習モデルでは，第1段階で個々の登記の申請書の様式例（雛形）を

中心とした学習をすることになるが，それをどのように充実させたところで，直接に申請の個数および申請順序の判断方法を学習するわけではないため，基準点をクリアできる保障はなく，第１段階の基本学習の目標を達成することができない。

　また，書式の学習の第２段階において，問題演習をとおして申請の個数および申請順序の判断を学習することになるが，そもそも申請の個数および申請順序はどのようなルールに基づいて判断すべきものかを体系だって学習しないため，一体，何問ぐらいの問題をこなせば確実にそれが判断できるようになるのかが曖昧なままであり，いたずらに大量の問題演習に依存する学習（答練地獄）に陥りやすい傾向が生まれることになる。しかも，大量の問題演習を重ねたところで書式の点数が安定する保障はないため，ますます書式の学習に迷いを生じさせる事態を招くという問題を生じさせている。

　結果として，従来の学習モデルでは，連件申請の出題形式の本質である欄ズレによる０点を，第１段階の学習でも，第２段階の学習でも防ぐことができず，相当量の学習をこなしたところで，約５割５分にすぎない基準点を超えるという第１段階の学習目標すら達成できないことが最大の問題点となっている。

　また，従来型学習モデルでは，第１段階で個々の登記の申請書の様式例（雛形）を覚えることが学習の中心となっている。この方法は，書式の試験の解答が申請書の作成を求めるものであるため，ごく自然で素朴な発想であり，受験生にとっても，いかにも書式の勉強をしたという感じがする学習法である。

　しかし，申請書は，本来，**実体判断**，**架橋判断**，**手続判断**の３つの判断プロセスを経て，事実に法を適用した**結果**を記載するものであり，判断プロセスや事実と結果との結びつきを無視して単に様式例（雛形）を覚えるのみでは，事実関係が変化した場合に，申請書のどの箇所をどのように修正して対応すべきかが明確にならず，応用力に欠けるという問題点がある。

　なにより，かりに，第１段階の申請書の様式例（雛形）の暗記が書式の正しい学習方法だとすれば，司法書士が行う登記代理の業務が，様式例（雛形）を覚えれば対応できる「代書」そのものに成り下がる。さすがに，司法書士が行う登記代理の業務は，このようなことでは対応ができないのであり，この観点からも，ただ様式例（雛形）を暗記する学習方法には問題があることになる。

　これに加えて，本来，書式の試験は，事例型問題の典型として具体性に富み，模擬の登記業務として非常に興味深い学習対象となるはずのものであるが，申

請書の様式例（雛形）を覚えることが第1段階の学習として位置づけられていることで，書式の学習が，ただ面倒なだけの暗記ものという無味乾燥なイメージになりがちな点も従来型の学習方法の問題点のひとつといえよう。

上記のとおり，従来型の書式の学習モデルの問題点は，競争試験として受験生の集団に占める自身の位置づけを把握するための「答練」を必須アイテムとした「旧司法試験」の学習モデルを下敷きとして，書式の試験の出題形式が単件申請から連件申請へと移行しているにもかかわらず，連件申請の本質に対して深い考察を加えることなく，様式例（雛形）の暗記と問題演習という何ら理論的な根拠のない相当古い時代に確立した学習モデルから抜けきれていない点にある。これは，指導機関が，従来の学習モデルを淘汰する新たな書式の学習モデルを提案してこなかったことが大いに影響しての結果といわざるをえない。

5　新たな書式の学習モデル

	学習の第1段階	学習の第2段階
従来の学習モデル	個々の登記の申請書の様式例の暗記を中心して学習する。	過去問やそれと同等の模擬問題を使って，申請の個数や申請順序を学習する。
新たな学習モデル	フレーム・コントロールによって，登記の種類ごとの申請手続の構造，申請の個数および申請順序を学習し，答案のフレーム（骨組み）をドラフト（設計）できるようにする。	ディテール・コントロールによって，法的判断，適法申請の本質3要素の決定方法を学習し，フレーム・コントロールでドラフトした答案に具体的な情報を流し込むことで書式の点数を積み増せるようにする。

（1）　第1段階の学習（フレーム・コントロール）

試験の構造を反映して書式の学習の第1段階は，基準点をクリアするための基本学習とならなければならない。

上記のとおり，不動産登記の書式の出題形式が連件申請であるため，申請の個数および申請順序を判断できなければ欄ズレにより0点となり，基準点を超えることが絶対にできないことになるため，第1段階の基本学習においてこそ，申請の個数および申請順序の判断方法を学習しなければならないことになる。申請の個数および申請順序は，答案全体の枠組みに相当するものであり，これを本書では，全体フレームとよぶことにする。

しかし，書式の基準点は，平均5割5分にすぎないものの，全体フレームだけでは基準点を超えることが心許ない。そこで，第1段階では，「連件申請」を構成する個々の登記申請の内容について，構造的なミスを生じさせないよう

個々の登記の適法申請の本質3要素の枠組みである**申請手続の骨格**をあわせて学習する必要がある。これは，答案を構成する個々の登記の答案の枠組みに相当するものであり，これを本書では**個別フレーム**とよぶことにする。

このように書式の学習の第1段階の学習目標である基準点のクリアには，全体フレームである申請の個数および申請順序の判断方法と，個別フレームである個々の登記の申請手続の骨格を学習することが必要であり，これらを学習することで書くべき答案をドラフト（設計）できるようになるため，この学習を本書では**フレーム・コントロール**（以下「**Fコン**」という）とよぶことにする。

（2） 第2段階の学習（ディテール・コントロール）

第1段階で学習するFコンにより答案の全体フレームと個別フレームが判断できるようになれば，適法申請の本質3要素を具体的に決定し，すでに決定しているフレームに流し込むかたちで，答案内容を確定していくことになる。したがって，第2段階の学習は，手続法令を使って**適法申請の本質3要素の具体的な決定**を行うための**手続判断**が学習の対象となる。

また，司法書士が業務として行う「登記代理」は，**3**で指摘したとおり，代理申請を現に行う後段事務のほか，事実の確認，説明，助言を行う前段事務を含んでおり，その典型は，ほとんどの申請で司法書士が行っている登記原因証明情報の原案の作成である。これをするには，少なくとも登記原因証明情報の内容となる要件事実が理解されていなければならず，それを判断するには法的判断の基本を学習することが必須となる。登記原因証明情報の内容となる要件事実は，原因関係について申請時点における現存性を判断する法的判断に使った事実そのものだからである。また，法的判断の方法が習得できれば，今後，発展的な出題として登記できない事実とその理由の判断も無理なく行えることになるため，第2段階の学習対象として「法的判断」を加えることになる。

これら第2段階の学習は，答案内容の細部を決定するためのものであるため，この学習を本書では**ディテール・コントロール**（以下「**Dコン**」という）とよぶことにする。

書式の学習をこのような2段階ですることに対応して，連件申請の書式の問題の解き方もこの学習順序に対応して，まず，第1段階でFコンによって答案のフレーム（枠組み）をドラフト（設計）し，第2段階でDコンによってその枠組みに肉付けするかたちで，答案をつくる要領でこれを解くことになる。

体的に決定するための手続判断に関するものであるため，Ｆコンを説明した書籍としては，本書が本邦初のものとなっている。

本書は，4部から構成されている。第1部では，書式の試験を理解し，Ｆコンを学習するために最低限の知識となる不動産登記制度の原理・原則を説明すると共に，書式の試験で求められている能力とは何か，本来，書式の試験はどのように解くべきなのかについて説明する。

第2部，第3部では，Ｆコンの技術を説明する。Ｆコンは，5で述べたとおり，全体フレームとして申請の個数および申請順序の判断と，個別フレームとして個々の登記の申請手続の骨格が学習対象となるが，説明の順序としては，個別フレームである申請手続の骨格の判断方法を説明し，その後に全体フレームとして申請の個数と申請順序の判断方法を説明するのが自然であるため，第2部で個別フレームの判断方法をＦコンのStep 1として説明し，第3部で全体フレームの判断方法をＦコンのStep 2としてそれぞれ説明する。

この第2部，第3部では，Ｆコンについての主要論点を，124個の事例を用いて説明している。各事例には，それが書式の試験の過去問を根拠とするものであれば「過問（出題年度）」，それが先例，判例を根拠とするものであれば「先例，判例」，実例を根拠とするものであれば「実例」，通説的な解釈によるものは無印の要領で，設例の根拠を示しており，学習の目安として活用できるようにしている。

また，各事例の末尾には，参考・答案例を示している。これは，本来，Ｄコンの領域の問題であるが，これにより本書は，Ｆコン論点を網羅した他に類例のない書式問題集として活用することも可能となっている。なお，事例は15頁にあるように，青い枠で問いが示されている。同色の別枠で（事実関係）のみが示されている場合には，直前の問いの登記記録例を前提として検討してほしい。

書式の試験は，法的知識の有無ではなく，それが「使えるか否か」が問われており，単に法的知識の使い方を理解しただけでは足りず，それを使って短時間に問題を解かなければならない。そのためには，たとえば，野球の素振りのような反復練習（過剰学習）が不可欠となる。ひととおりの学習が終わった後，事例を問題集として使い，より早くより正確に処理ができるように反復練習を重ねていただきたい。

できるかぎり第1部から順に読み進めるほうがよいが，第1部の書式を解くための不動産登記制度の原理・原則は，すでに書式の学習をしたことがあるな

加えて，一申請の判断を行い「**物件**」欄に対象となる不動産を，たとえば甲土地であれば，「甲」の要領で，甲土地および乙土地であれば「甲乙」の要領で記載する。

最後に，暫定順序の判断，登記の連続性の判断を行い「**順序**」欄に最終的に申請する順序を記載する。「順序」は最後に判断するのがポイントとなる。

事例を学習する場合，次頁**2**の**スコア用紙**をコピーし，自分でスコアを付けながら事例を考えるようにしてほしい。

1 事例見本

① 【事例119 ─合併後の弁済─】 過問 （S61, H2, H20） 連件

> 問　次の事実について，FコンStep1（法律構成の判断，原因関係の判断，登記の種類の判断），FコンStep2（申請の個数と申請順序の判断）の判断をしなさい。
> （甲土地の登記記録）
> 甲区2番　所有権移転　所有者 A
> 乙区1番　抵当権設定　債権額 金3,000万円　債務者 A　抵当権者 株式会社X
>
> （事実関係）
> 1　債務者は，抵当権者に対して，平成28年7月1日，1番抵当権の被担保債権の全額を弁済した。
> 2　平成28年4月1日，消滅会社を株式会社Xとし，存続会社を株式会社Yとする吸収合併の効力発生日が到来したため，同年4月4日，管轄商業登記所において所定の登記を完了させた。

② **スコア**

順序	法律構成の判断	原因関係の判断		登記の種類の判断	物件
		民177の効果	法3の権利変動		
2	事1 ─ 弁済	消滅	消滅	抹消登記	甲
1	事2 ─ 吸収合併	変更	移転	包括移転登記	甲

③ 【その他　記入例】　＊事例119とは関係ない記述である。

▽包括遺贈	（無効）			
▲相続・元本確定	（手続事実）			
	（是正原因）			
	（名変原因）			

6　本書の目的と考え方

2 スコア用紙

○事例番号【　　】演習日　平　年　月　日　演習時間（　　）分

順序	法律構成の判断	原因関係の判断		登記の種類の判断	物件
		民177の効果	法3の権利変動		

問題点
_____
_____

○事例番号【　　】演習日　平　年　月　日　演習時間（　　）分

順序	法律構成の判断	原因関係の判断		登記の種類の判断	物件
		民177の効果	法3の権利変動		

問題点
_____
_____

(3) 本書の考え方

さて，本書は，書式の試験の本質に迫ることによって，新たな書式の学習モデルを構築し，それを受験生に提案するものである。物事の**本質**とは，その物事を成り立たせている必要・十分にして最小限のものをいう。いかなる仕事であっても，それをもっとも効率的に行うには，その仕事の本質を正しく把握することが，その出発点とならなければならない。物事の本質に迫るための手法には，さまざまなものが考えられるが，本書では，**構造的理解**という考え方を用いている。

構造とは，ある物事を，成り立たせている**要素と要素間の相互関係**をいい，それにより構造は，ある種のはたらき，すなわち**機能**をもつことになる（畑村洋太郎『創造学のすすめ』19頁〔講談社〕）。

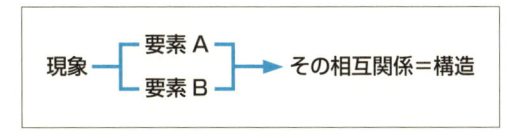

現象 ─┬─ 要素 A ─┐
　　　└─ 要素 B ─┴→ その相互関係＝構造

物事を構造的に理解するということは，その物事を構成している要素を分析し，要素間の相互関係を考え，その物事がそれによりいかなる機能を果たしているのかを解明することを意味する。

司法書士試験の受験勉強で学習対象となる**試験で問われる法的現象**は，あらかじめ法令で法規範が定められており，その解釈についての判例，先例，実例，通説が存在するため，そもそもこれを構造的に理解することは，自然現象の構造を解明するのに比して，きわめて容易である。

また，構造的理解という考え方を使うことで，問題を解くという行為は，問題に含まれる要素を分析し，要素間の相互関係を考えることで，問題の構造を把握する作業としてとらえることができるようになる。

本試験では，一見すると，はじめて見る問題のように思えるものや，あるいは複雑そうに思える問題が出題されることがある。しかし，実務能力の基本を問うという試験の目的に照らせば，通常，そ

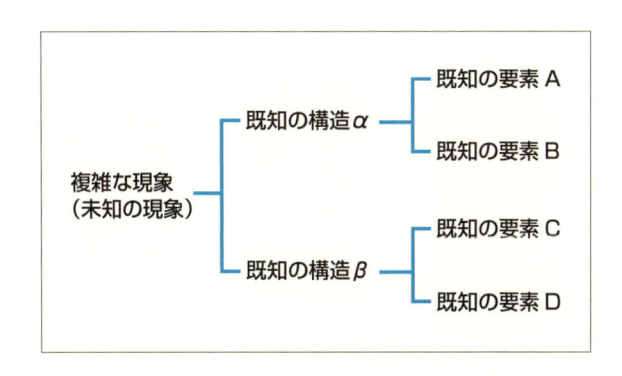

複雑な現象（未知の現象）─┬─ 既知の構造α ─┬─ 既知の要素 A
　　　　　　　　　　　　　│　　　　　　　　└─ 既知の要素 B
　　　　　　　　　　　　　└─ 既知の構造β ─┬─ 既知の要素 C
　　　　　　　　　　　　　　　　　　　　　　└─ 既知の要素 D

のような問題であっても複数の既知の構造の複合体となっていることが多い。当然，それぞれの構造は，既知の要素から成り立っているため，問題がどのような構造の複合体なのかを分析し，それぞれの構造を構成する要素に分解できれば，結局，自分のもっている知識やスキルに還元して，それらの問題を解くことが可能となる。まさに問題を解くことは，自分のもっている知識やスキルで問題を**解きほぐす**イメージとなる。

　問題を，自分のもっている知識やスキルに還元して解くことを「**問題を引きつけて解く**」とよぶことにすれば，構造的な理解という考え方に慣れ，このアプローチを身につけることで，どんな問題であっても，問題を引きつけて解くことが可能となり，どんな問題に対しても，必ず解けるという自信をもって臨めることになり，これが構造的理解という考え方の最大のメリットとなる。

◆第1部◆

書式を解くための
不動産登記制度の原理・原則

ここから，不動産登記に関する前提知識を確認していく。
第1章は前提知識であるため，
不動産登記をひととおり学習しているならば，
第2章に進んでしまってかまわない。
また，読み進めていて内容が難しく感じた場合も，
先に第2章以降の学習を進めてしまってかまわない。
その場合は，ひととおり学習した後，
第1章を読み直してほしい。
本章のような，制度の原理原則に関わるような部分は，
全体を学習してから読み進めるほうが
理解の深度が高まるというようなことは
往々にしてあることだからである。

第1章
登記制度とは何なのか

1-1 公示制度の構造
7 取引調査の必要性と問題点
(1) 物の取引の意味
　我々の生活は，**物**を使うことで営まれている。**物**とは，法的に**有体物**をさし（民 85），土地およびその定着物である**不動産**とそれ以外の物である**動産**とに分類されている（民 86）。

　物を**取引**する場合，法的には物それ自体を対象とするのではなく，物に関する債権や物権といった**財産権**（以下「権利」という）を取引の対象にしていることになる（民 555 参照）。したがって，「物の取引」とは，売り買いや貸し借りのように当事者の意思に基づいて権利を変動（発生，変更，消滅）させる行為を意味することになる。

(2) 権利の存在形態とその認識方法
　我々が目で見てとらえることができる物に対し，その物を置き換えた**権利**は，人の思考の産物であり，目で見ることも手で触ることもできない**観念的な存在**である。これは，だれが，どのような内容の権利を，どれくらいの分量をもっているのかが，我々の五感では直接に認識できないことを意味する。

　そこで，法は，我々が認識可能な**事実**と結びつけて**権利**を規定している。たとえば，「あ」という事実があれば「A」という権利が発生し，「い」という事実があれば「A」という権利が消滅するといった具合である。

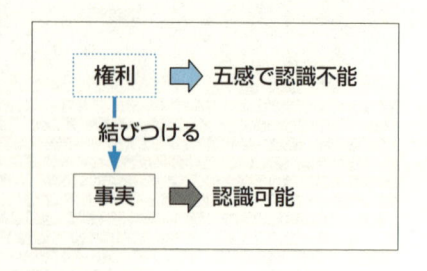

　これにより「あ」，「い」という事実を原因として，Aという権利の**権利変動**という結果が生ずるという関係が認められることになる。このとき，権利の発生，移転，消滅という権利変動の結果を総称して**法律効果**といい，それを引き起こす「あ」，「い」という原因となる事

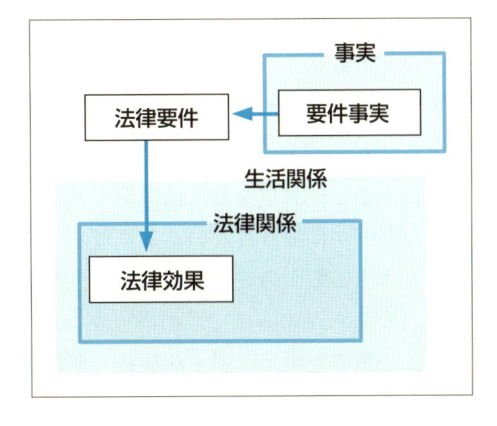

実を総称して**法律要件**といい，法律効果を発生させるため必要・十分な法律要件を法の解釈で絞り込んだものを**要件事実**という。

また，我々を取り巻いている生活関係のうち法律効果を含む生活関係だけを特に**法律関係**という。

これを前提として，我々は，要件事実に着目し，過去のある時点で権利の発生が認められれば，そ

れ以後，その権利の発生効果が否定（消滅など）されないかぎり，その権利は現在でも存在しているという考え方（これを**権利不変の公理**または**権利の永続性**という）を前提として，要件事実から得られる**法律効果を組み合わせる**ことで，権利の存否を認識できることになる。この権利や法律関係の判断方法を**法的判断**といい，権利や法律関係の存否を判断するための唯一の方法として位置づけられている。

たとえば，上記の例でいえば，「あ」という要件事実があれば，「A」という権利が発生し，それ以後に「い」という事実がなければ，権利不変の公理により「A」という権利は消滅していないことになるため，「A」という権利が現在でも存在していると判断できることになるのである。

（3） 取引調査の必要性と問題点

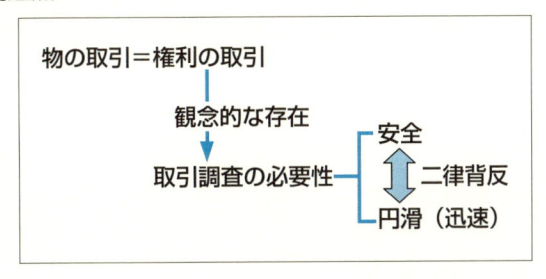

さて，民事法の世界では，ローマ法以来，「何人も自己の有する権利以上の権利を処分することができない」という大原則が支配している。したがって，適法に権利の取引をするには，最低限，取引の対象となる権利について，**だれ**が，どれくらいの**分量**をもっているのかという法律関係（権利関係）を知るための**取引調査（権利調査）**が必要となる。

この取引調査では，法的判断のための材料となる要件事実の存否を調査する

ことになり、そこから得られる法律効果を組み合わせて上記の法律関係を判断することになる。

その際、安全な取引を行うことに力点をおけば、取引調査を慎重に行わなければならないことになり、その分、迅速な取引が犠牲になる。他方、迅速な取引を行うことに力点をおけば、取引調査を簡略化しなければならず、その分、安全な取引が保障されないことになる。

このように取引の安全と迅速とは、二律背反する関係にあり（取引調査のジレンマ）、なんらかの方法で取引調査を合理化しなければ、安全かつ迅速な取引を行うことができず、取引を活発化して経済をより発展させることができないことになる。

8　公示制度の必要性

上記した取引調査の問題点は、取引の対象となる権利が観念的な存在であり、我々が五感をもって権利を直接に認識できないことに起因するものである。

そこで、観念的な存在である権利をなんらかの方法で目で見えるようにして（これを権利の「可視化」または「外形化」という）、それに着目して取引調査を行うことで、取引調査を合理化し、

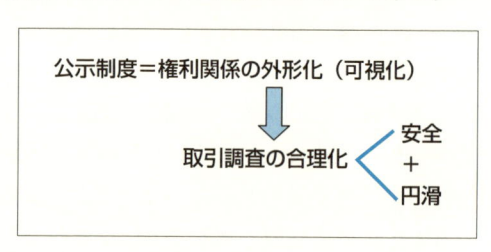

> 公示制度＝権利関係の外形化（可視化）
> ↓
> 取引調査の合理化　　安全
> 　　　　　　　　　　＋
> 　　　　　　　　　　円滑

取引の安全と迅速を共に実現する制度が考案されることになり、これを公示制度という。

公示制度は、上記のような役割から、当事者以外の広く取引に関わる一般公衆の利益に寄与する制度として公的側面を有するものとなる。これは、公示制度が発案され、整備されるようになるには、ある程度の社会の成熟が必要であることを意味する。

9　公示方法

古い時代の所有権の取引は、占有を使って公示すれば足りていた。人と物との関係が緊密で、占有している者が所有者であることが多く、だれが所有者なのかを意識する必要性が乏しかったからである。

しかし、取引が活発化すれば、取引が広域にわたって行われることになり、

その分，物と人との関係が希薄となり，占有が観念化し，所有者がだれなのかが，占有によって当然には明らかにならなくなる。また，取引の活発化に伴い社会が発展すれば，取引当事者以外の第三者に不測の損害を与えないような社会的な配慮が意識されるようになり，占有に代わる公示方法が望まれることになる。

特に，非占有担保である抵当制度が考案され，それが発展することで，不動産の譲受人と抵当権を設定した債権者との間の優先劣後が厳しく争われれば，占有以外の公示方法が強く求められることになる。

そこで，不動産の特定要素と権利関係を文字によって可視化し，これを公簿に記録し，公簿を公開することで，その公簿に着目して取引し，取引の安全と迅速を確保する登記制度がつくられることになる。

公示制度において，権利関係を可視化（外形化）するための手段を公示方法という。公示方法は，上記のような変遷を経て，物をもっていることで権利関係を公示する占有（民178），文字により権利関係を公示する登記（民177）または登録（道路運送車両4等）のほか，権利関係を証券に化体して公示する証券化（手形75，76等），権利の発生・譲渡について電子記録を要件とする電子化（電子債権2Ⅰ）などさまざまな手段が考えられている。

10 公示の原則
(1) 公示の原則とその実現手段

さて，公示制度がその制度目的を実現するには，公示の対象となる権利に権利変動が生じた場合，それに対応して公示方法が備えられ，すでに公示が備えられている権利であれば，その公示内容が変更されなければならない。この建前を公示の原則という。

公示制度は，取引の安全・迅速を実現する手段として当事者以外の第三者の利益に資するという公的側面を有するものの，本来，取引の当事者にとっては，何のメリットもデメリットも与える制度ではない。

そこで，公示の原則を実現するためには，公示方法を備えることについて，取引当事者になんらかのメリット，デメリットを示し，それを動機として公示の原則の実現を図ることが必要となる。

その手段として公示を備え，公示内容を変更することについて，それを履行しなかった場合に公的側面から一定の制裁を課すか，私的側面から公示を履行

することに実体私法上の効力を付与することが考えられる。

これらにより公示の原則が実現されれば，公示方法に現れていない権利変動は，これを無視して取引を行うことが可能となり，これが公示の原則の効力となる。

（2） 権利変動を生じさせる法律要件の在り方

公示の原則を実現する手段として私的側面から公示の履行に実体上の効力を与えるという手法は，権利変動を生じさせる法律要件の内容を，いかなるものとして規定するのかという問題と密接に関係する。

物の占有は，素朴であるが権利者である蓋然性が高い外形であり，ローマ法やゲルマン法では，占有が権利を有することの決定的な証拠として取り扱われた。この場合，占有を公示方法として機能させるには，権利取引をする際に占有を取得する物の引渡しを権利変動の法律要件に組み込むことが効果的となる。そこで，ローマ法やゲルマン法では，物の引渡しが権利変動の効力発生要件となる引渡主義が行われていた。

しかし，その後，取引の活発化により，物を現実に引き渡すことが煩わしくなると，公証人が証書を作成し，証書を相手に交付する書面による引渡しを認めるようになり，占有が観念化していった地域や時代もある。

また，物の譲渡に争いが生ずれば，最終的には裁判で決着をつけることになるため，あらかじめ譲受人が訴えを起こし，譲渡人がそれを認めることで勝訴判決をつくり（請求認諾による仮装訴訟），それを物の引渡し（＝占有）に代わる外形として権利変動の効力発生要件とした地域や時代もある。

さらに，「人が義務づけられるのは，みずからの意思によりそれを望んだからだ」という私的自治の思想が浸透し，人の意思活動の重要性に着目し，何ら形式をも伴わない意思の合致のみを権利変動の法律要件とする地域や時代もある。

このように公示を履行することに実体上の効力を結びつける手法は，地域や時代によってさまざまな様相を呈しているが，これをまとめると，権利変動を生じさせる法律要件には，意思の合致の他に公示方法を備えることを権利変動の効力発生要件として規定する形式主義と，意思の合致のみを権利変動の効力発生要件として規定する意思主義とが考えられてきたことになる。

また，公示方法を備えることを権利変動の効力発生の要件とする効力要件主義と，公示方法を備えることを当事者以外の第三者に権利変動を主張するための要件とする対抗要件主義とが考えられてきたことになる。

いずれの手法をとるにせよ，当事者が公示を履行する手段として実体上の効力を与えることで，公示制度は私的側面を有することになる。

11 公信の原則

たとえば，Aが所有し占有していた動産を，Bが盗んで占有している場合のように，真の権利者がAであるのに，なんらかの事情により無権利者のBが権利者として公示されている場合，公示を信頼しBを権利者と信じて取引をしたCは，本来，適法に権利を取得することができない。「何人も自己の有する権利以上の権利を処分することができない」との原則に照らし，Bが無権利者である以上，Cが権利を取得する余地がないからである。これを無権利の法理といい，この結論は，真の権利者Aを保護し，真の権利者のための静的安全の保護に寄与する。

しかし，この結論では，公示制度を信頼して取引した取引者Cを法的に保護することができず，取引者を保護する動的安全の保護を図ることはできない。これでは，公示制度が不完全な場合や特に取引の安全を保護すべき局面では，公示制度によって取引の安全を確保することができないことになる。

そこで，法が公示どおりの権利の存在を擬制し，公示を信頼し善意で取引を行った者を保護する建前が考案され，これを公信の原則という（民192，手形16Ⅱ）。また，この場合の公示方法がもつ効力を公信力という。公信の原則は，権利と公示が不一致となる局面において，真の権利者の落ち度を問わず，取引者を保護し，取引の安全を確保する例外的な制度として位置づけられている。

しかし，真の権利関係が公示と一致する状態を維持できれば，公信の原則を採用しなくとも公示制度によって取引の安全を確保することが可能である。

また，権利外観法理を使えば，真の権利者の落ち度を要件に加え，公示を信頼した善意の第三者を保護する（民94Ⅱ）ことが可能となり，静的安全と動的安全を調和させたかたちで問題を解決することが可能である。

その結果，例外制度としての公信の原則は，公示制度における必須の構成要素にはあたらないことになる。

12 公示制度の構造

以上の検討から，公示制度は，公示方法と公示の原則を構成要素とし，公示に与えられる実体私法上の効力の取得を動機として，当事者が公示方法を具備

```
公示制度の構造 ─┬─ 公示方法
                │   （権利関係の外形化）
                │      実体上の効力付与        ┐ 調査の合理化 ─┬─ 取引の安全・迅速
                │                              │                │   （公的側面）
                └─ 公示の原則                  ┘                └─ 国民の権利保全
                    （権利関係と公示の一致）                         （私的側面）
```

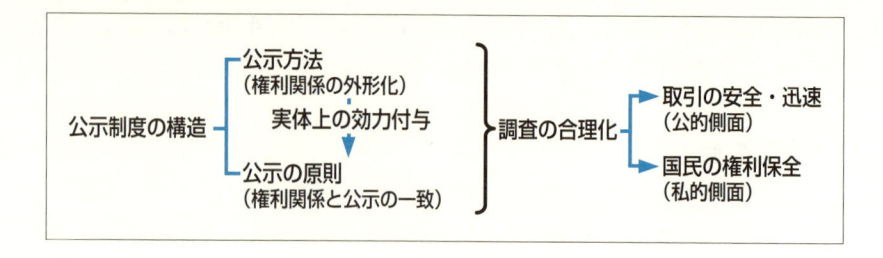

することで，公示の原則が実現される**構造**となっている。

公示制度は，その構造から公示方法に着目して取引することにより取引調査を合理化し，権利取引の安全，迅速（円滑）を図るという**公的機能**を実現しつつ，公示方法を具備することで得られる実体的効力により国民の権利保全を図る**私的機能**を実現する制度となっている。

1-2 不動産登記制度の構造

13 不動産登記制度の意義

(1) 不動産の意義

民法上，**不動産**は**土地**と**その定着物**と定義されている（民86Ⅰ）。土地の定着物のうち（定着性），壁や屋根を有し（外気遮断性），目的とする用途に供しうる状態（用途供与性）の物を**建物**という（規111）。

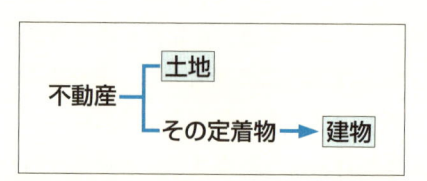

```
不動産 ─┬─ 土地
        └─ その定着物 → 建物
```

わが国は，母法国のフランス，ドイツと異なり，建物が土地とは別個の不動産と観念されているため，不動産登記制度では，不動産を土地または建物と定義し（法2①），その権利関係を公示の対象としている。

(2) 公示制度の必要性とその構造

不動産取引では，他人を介することなく直接に，権利者のみが排他的（独占的）に，物を支配（使用，収益，処分）する絶対権としての**物権**が取引の中心となる。物権取引は，排他性ゆえに物権者しか物権を処分することができず，権利関係が明らかでなければ第三者が不測の損害を被る可能性が高く，他の財産権の取引よりも公示制度を整備する必要性が高い。

この要請を受け，不動産登記制度は，不動産取引の公示制度として位置づけられ，公示方法である登記に着目して取引を行うことで，取引調査を合理化し，不動産取引の安全・迅速（円滑）を図りつつ，国民の権利保全に寄与する制度となっている（法1）。

その結果，不動産登記制度の構造は，前記1－1で確認した公示制度と同様，公示方法と公示の原則を構成要素とするものとなっており，以下，不動産登記制度の構成要素について，その内容と特色を概観する。

14　不動産登記における「公示方法」
（1）　占有と登記の棲み分け

物権の公示方法として，古くから占有が使われてきた（10（2）参照）。占有は，だれが物を所持しているのかに着目し，物の所持者を権利者ととらえて取引を行う素朴な公示方法だからである。

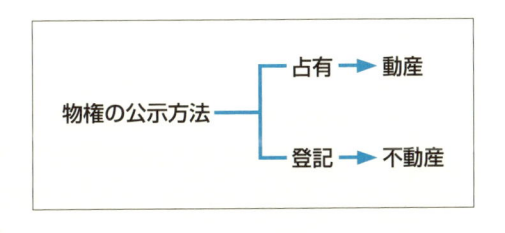

```
物権の公示方法 ─┬─ 占有 → 動産
                └─ 登記 → 不動産
```

占有は，代理占有が認められることで（民181），占有者の占有が所有権に基づくものか，他の権利に基づくものかを含め，複雑な権利関係を公示できないという難点がある。また，占有を移さずに設定できる抵当権を公示できないという限界がある。

そこで，抵当制度の創設を契機に，国家機関が文字を用いて権利関係を可視化（外形化）し，それを登記簿に記録して公開する新たな公示方法として登記制度が整備されることになる。

これにより，物権の公示方法は，国家機関を介さず，簡易で低コストだが，複雑な権利関係を公示することができない占有と，国家機関を介し，複雑で高コストだが，抵当権を含めて複雑な権利関係を公示できる登記とに大別されることになる。

どの財産権を，どの公示方法で公示すべきかの問題は，法政策の問題であり，わが国では，高額財産である不動産の公示方法としてコストに見合う登記が（民177），動産の公示方法として占有が（民178），使い分けられている。

（2）　不動産登記という公示方法の構造

不動産登記は，国家機関（登記所の登記官）が不動産の物理的現況と不動産の

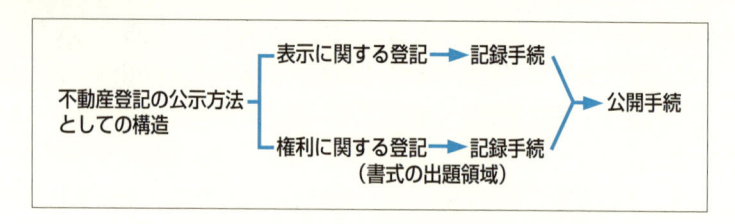

```
                        ┌─ 表示に関する登記 ─→ 記録手続 ─┐
不動産登記の公示方法 ─┤                                      ├─→ 公開手続
としての構造         └─ 権利に関する登記 ─→ 記録手続 ─┘
                        (書式の出題領域)
```

権利関係とを文字によって可視化(外形化)する公示方法である。また,それらを「登記簿」という公簿に記録し,登記簿の登記記録を公開し,登記簿に着目して取引を行うことで取引調査を合理化する公示方法である。

したがって,公示の対象の観点からは,その構成要素を,不動産を特定するために不動産の物理的現況を記録した表示に関する登記(法2③)と,不動産の権利関係を記録した権利に関する登記(法2④)の2つの要素からなる制度ととらえることができることになる。

また,公示に関する手続の観点からは,その構成要素を,登記簿に記録すべき情報(以下「登記すべき事項」または「登記事項」という)を収集し,それを登記簿に記録する記録手続と,記録した登記事項を公開する公開手続の2つの要素からなる制度ととらえることができることになる。

書式の試験は,もっぱら「権利に関する登記」の「記録手続」を対象としているため,本書では特に断らないかぎり,権利に関する登記の記録手続を念頭において説明する。

(3) 登記簿の構造

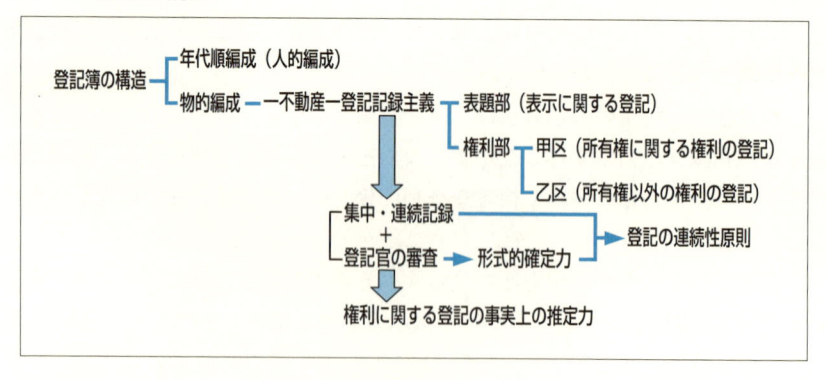

```
                ┌─ 年代順編成(人的編成)
登記簿の構造 ─┤                                    ┌─ 表題部(表示に関する登記)
                └─ 物的編成 ─ 一不動産一登記記録主義 ─┤
                                                    └─ 権利部 ┬─ 甲区(所有権に関する権利の登記)
                                                              └─ 乙区(所有権以外の権利の登記)
                            ↓
                ┌─ 集中・連続記録
                │      +              ─→ 形式的確定力 ─→ 登記の連続性原則
                └─ 登記官の審査
                            ↓
                権利に関する登記の事実上の推定力
```

① 物的編成主義と一不動産一登記記録主義

登記簿の編成方法には,客体である不動産ごとに登記記録を設ける物的編成

主義と取引の証書をそのまま受付順にファイルする年代順編成主義（わが国では人的編成主義とよばれることがある）とがある。

現行の不動産登記制度は，物的編成主義を採用し，それを前提として1つの不動産について1つの登記記録を設けて登記事項を記録する一不動産一登記記録主義を採用している（法2⑤）。したがって，登記簿は，不動産ごとの登記記録を構成要素とし，それらを記録している公簿という構造となっている（法2⑨）。

② 登記記録の構造

1つの登記記録は，表示に関する登記事項を記録する表題部と，権利に関する登記事項を記録する権利部を構成要素とする構造となっている（法12）。また，権利部は，所有権に関する登記（所有権のほか，所有権に関する仮登記，処分の制限の登記，買戻権の登記）を記録する甲区と，所有権以外の権利（抵当権，根抵当権，地上権，賃借権等）に関する登記を記録する乙区を構成要素とする構造となっている（規4Ⅳ）。

ただ，権利部の登記記録がなければ表題部のみの登記記録が存在し，権利部についても乙区の登記記録がなければ，表題部と甲区のみの登記記録が存在することになる。

③ 土地の登記記録の例（表題部と甲区のみの記録例）

表　題　部（土地の表示）		調製	平成4年9月22日	不動産番号	1234567890123
地図番号	A11-1	筆界特定	余　白		
所　在	甲市乙町一丁目			余　白	
① 地　番	② 地　目	③ 地　積　　m²		原因及びその日付［登記の日付］	
1番2	宅地	321 : 00		①③1番から分筆［昭和45年3月1日］	
余　白	余　白	余　白		昭和63年法務省令第37号附則第2項の規定により移記 平成4年9月22日	

権　利　部（甲区）（所有権に関する事項）			
順位番号	登記の目的	受付年月日・受付番号	権利者その他の事項
1	所有権移転	昭和62年3月1日 第334号	原因　昭和62年3月1日売買 所有者　北川市南海一丁目1番地 　　　　民事義雄
	余　白	余　白	昭和63年法務省令第37号附則第2項の規定により移記 平成4年9月22日

④ 建物の登記記録例（表題部，甲区，乙区の記録例）

表　題　部 (主である建物の表示)	調製	余　白		不動産番号	1234567890323
所在図番号	余　白				
所　　　在	甲市乙町　24番地2			余　白	
家屋番号	24番2				
①　種　類	②　構　造	③床　面　積　m²		原因及びその日付（登記の日付）	
居宅	木造かわらぶき平家建		76：00	平成○年○月○日新築 ［平成○年○月○日］	
表　題　部 (附属建物の表示)					
符合	①種類	②構造	③床　面　積　m²	原因及びその日付（登記の日付）	
1	車庫	木造亜鉛メッキ鋼板ぶき平家建	12：00	［平成○年○月○日］	
所　有　者	甲地乙町一丁目1番1号　甲野一郎				

権　利　部（甲区）(所有権に関する事項)			
順位番号	登記の目的	受付年月日・受付番号	権利者その他の事項
1	所有権保存	平成22年4月1日 第456号	所有者　甲市乙町一丁目1番1号 　　　　甲野一郎
2	所有権移転	平成23年7月7日 第789号	原因　平成23年7月4日贈与 所有者　甲市乙町一丁目1番1号 　　　　甲野花子

権　利　部（乙区）(所有権以外の権利に関する事項)			
順位番号	登記の目的	受付年月日・受付番号	権利者その他の事項
1	抵当権設定	平成22年4月1日 第457号	原因　平成22年4月1日金銭消費貸借　同日設定 債権額　金3,000万円 債務者　甲市乙町一丁目1番1号 　　　　株式会社東京商事 抵当権者　甲市乙町三丁目3番3号 　　　　株式会社関東銀行

（4）登記簿の構造から導かれる登記の効力
① 形式的確定力と登記の連続性原則

　一不動産一登記記録主義の結果，ある不動産に関する登記事項は，1つの登記記録に集中し，連続して記録されることになる。

　また，記録される登記事項は，登記官が行政機関として，その内容を審査した結果を記録し公証するものであるため（法11，同25），登記には，「何人も既登記を無視して行為できない」という拘束力が生じ，わが国ではこの手続的効力を登記の形式的確定力とよんでいる。

さらに，上記した登記事項の集中・連続した記録方法と形式的確定力により，新たな登記事項を記録する場合，その内容は，既存の登記記録と論理的に整合しなければならないことになり，この建前を**登記の連続性原則**という（法25⑥，⑦等）。

② 登記の推定力

　占有という公示方法には，本権を推定する**法律上の推定力**が規定されている（民188）。登記という公示方法には，推定に関する規定が設けられていないが，占有との均衡上，権利に関する登記（表題部の所有者の登記を含む）には，解釈上**事実上の推定力**が認められている（最判昭46.6.29）。占有の推定が法律上の推定であり，しかもそれが権利推定であるのに対して，登記の推定をあえて事実上の推定にとどめているのは，これを法律上の推定と解せば，立証責任が転換し，反論する側で登記が無効である可能性のすべてについて立証責任を負う**悪魔の証明**を負担させることが酷である点に配慮した結果とされている。

　登記の推定力により反証に相当する登記事項を覆す事実が存在しないかぎり，登記記録に記録されたとおりの権利変動（法律関係）があるものとして登記記録を読むことが可能となっている。

(5) 登記した権利の順位

① 原則

　同一の不動産について登記した権利の順位は，法令に別段の定めがある場合を除いて（民339：登記した不動産保存の先取特権および不動産工事の先取特権が抵当権に優先する関係が典型），登記の前後による（法4Ⅰ，民373）。この登記の前後とは，同じ甲区または乙区における権利間では，登記官が権利に関する登記事項を登記記録に記録（登記の実行）するごとに，甲区または乙区ごとに付した記録の順番である**順位番号**の先後によって決定される。また，たとえば，乙区の抵当権と甲区の担保仮登記のように，甲区と乙区にまたがる権利間では，申請の受付年月日および番号の先後によって決定される。

② 付記登記の例外

　すでにされた権利に関する登記を変更または更正する場合，変更または更正の登記事項が元の権利に関する登記と一体となっていることを公示するための工夫が必要となり，この場合，元の権利に関する登記の順位番号を使って「1番付記1号」の要領で順位番号を付して変更または更正登記を記録する。この場合，元の権利に関する登記を**主登記**といい，変更または更正登記を**付記登記**と

いう（法4Ⅱ，規則3）。

この付記登記の権利の順位は，主登記の順位によって決定することになり，上記①の原則に対する例外となっている（法4Ⅱ）。この取扱いは，変更または更正の場合だけでなく，所有権以外の権利の移転，所有権以外の権利を目的とした権利のようにすでになされている権利に関する登記と一体のものとして公示する必要がある場合にも妥当する（規則3）。

③　仮登記の本登記の例外

仮登記を行い，その後，同一の不動産について，仮登記と同一の権利についてする権利に関する登記で，登記記録に当該仮登記に基づく登記が記録されるものを仮登記に基づく本登記という。

この仮登記に基づく本登記の順位は，仮登記の順位によって決定されるため，上記①の原則に対する例外となっている（法106）。

④　順位変更の例外

抵当権，先取特権，質権については，各担保権者が合意し，利害関係人がある場合には，その承諾を得て（民374Ⅰ），順位変更の登記をすることで，順位変更の効力を発生させることができる（民374Ⅱ）。

登記を経ることで順位変更が効力を発生すれば，合意当事者の担保権は，合意した順序で初めから設定されたのと同様の効果が発生する。その意味で，順位変更も登記した権利の順位の決定基準の例外となっている。

ただし，順位変更の効力は，甲区の処分制限登記の名義人や甲区の仮登記名義人，乙区の用益権者や賃借権者との間では，効力が生じないとされており，これらの者との間の優先劣後は，順位変更がなされていない状態のものとして判断することになる。

15　不動産登記制度における「公示の原則とその実現手段」

（1）当事者申請主義の採用

不動産登記制度は，公示制度として不動産の権利変動が生じた場合，それが登記に反映されなければ，公示制度としての目的を実現できないため，公示の原則が支配している。

登記は，占有と異なり，国家機関を介して公示を行う制度であるため，公示の原則を実現するための法政策として，国家機関である登記官が職権で登記を行う職権主義と，当事者の申立てに基づいて登記官が登記を行う当事者主義の

いずれを選択すべきかが，まず問題となる。

権利に関する登記では，原則として，**当事者主義**が採用されている。民法を典型とする民事実体法では，最大限，当事者の自由意思が尊重されるため（私的自治の原則），実体法の宣言する理想を実現するための手続法として位置づけられる登記制度においても，当事者の自由意思を最大限に尊重し，実体法との調和，連続を図る必要があるからである。

登記制度における当事者主義は，**当事者申請主義**として，具体化されている。この名称は，当事者である私人が登記官に対して登記事項の記録を申し立てることを**申請**とよぶことに由来するものである。

当事者申請主義は，①申請するか否かの自由（第1原則・開始の自由），②いかなる内容の登記を申請するか，申請内容の自由（第2原則・内容の自由），③申請をしても，登記が完了するまで手続から中途離脱する自由（第3原則・中断の自由）という3原則のほか，④当事者が審査資料を収集する権限および責任を負担するという4つの内容を要素とし，これが権利に関する登記の**手続原理**となっている。

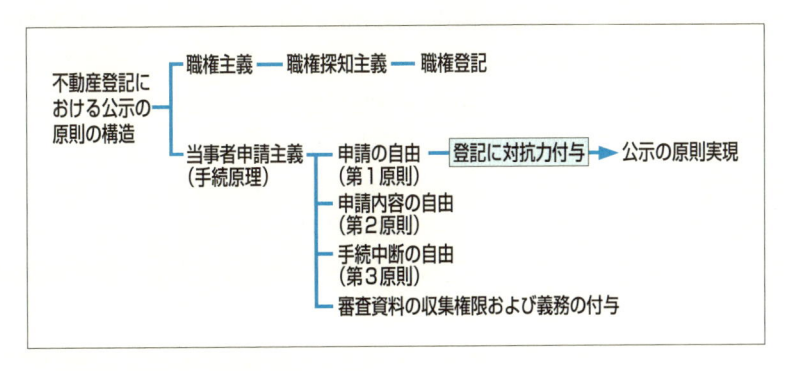

```
不動産登記に ┬ 職権主義 ── 職権探知主義 ── 職権登記
おける公示の │
原則の構造  └ 当事者申請主義 ┬ 申請の自由 ─── [登記に対抗力付与] → 公示の原則実現
         （手続原理）   │（第1原則）
                  ├ 申請内容の自由
                  │（第2原則）
                  ├ 手続中断の自由
                  │（第3原則）
                  └ 審査資料の収集権限および義務の付与
```

（2） 登記に対する実体的効力の付与
① 原則としての対抗要件主義

当事者申請主義が手続原理となったことで，当事者が申請しないかぎり，登記の記録手続が開始されず，公示の原則が実現されないことになる。そこで，公示方法である登記に実体私法上の効力を付与し，当事者の申請を促進する法制策が必要となる。

わが国では，物権変動の法律要件として**意思主義**が採用されている関係上（民176），登記に付与する実体的効力は，対抗要件主義により**第三者対抗力**となっ

ている（民 177）。

本来、物権は、絶対権としてだれに対してもその存在を主張できるものであるが、登記に第三者対抗力が付与されたことで、登記をしないかぎり、当事者以外の第三者に権利変動を主張することができなくなり、物権の絶対効が大きく制約されることになる。これは、未登記であることに厳しい不利益制裁が課せられたことを意味する。

この状態を換言すれば、登記をしてはじめて物権の絶対効が回復され、物権が本来の完全な権利状態となるため、登記は**国民の権利の保全手段**となり、**私的側面**を有することになる。

この公示の原則を実現するための工夫により、権利変動の当事者は、第三者対抗力の取得を動機として、登記を申請することになり、公示の原則がみたされることになる。公示の原則が実現することで、未登記の権利変動を第三者に主張できないことが法的に保障され、未登記の権利変動を無視して登記のみに着目して取引することが可能となり、これが**公示の原則の効力**となっている。

② 例外としての効力要件主義

わが国でも、すべての者との関係で画一的な法律関係を形成し、法律関係を単純化しなければならない局面には、例外的に登記をすることではじめて権利変動の効力が生ずる**効力要件主義（形式主義）**が採用されている。効力要件主義は、1971（昭和 46）年の民法の一部改正（昭和 46 年法律第 99 号）を契機として導入されたものであり、現在では、順位変更（民 374 Ⅱ）、登記した賃借権の抵当権に優先する同意（民 387 Ⅰ）の登記にこの効力が付与されている。

また、すべての不動産について登記をしないと効力が生じない共同根抵当権の債権の範囲、債務者、極度額の変更または全部譲渡、分割譲渡、一部譲渡（民 398 の 17 Ⅰ）、元本の確定前に登記をしないと変更の効力が否定される債権の範囲、債務者の変更（民 398 の 4 Ⅲ）は、効力要件主義を応用した規定の一種となっている。

③ 公信の原則の不採用とその影響

わが国の不動産登記制度は、**公信の原則**を採用していない。現行法を審議する際に「余りに多面にわたる検討が必要であるため、法務省としては現行の枠組みを維持したうえで、そのなかで合理化をしていくことを比較的早い段階で考えて、その意味で公信力については、本格的に検討する以前の段階で採用が難しいことを判断」したことが明言されており（衆議院法務委員会・房村民事局

15 不動産登記制度における「公示の原則とその実現手段」

長発言），旧法時代の判例も，無権利者からの特定承継人は，たとえ登記を完了させたとしても民法177条の第三者には該当しないと判示し，裏側から不動産登記に公信力が付与されていないことを明らかにしている（大判大3.10.2等）。

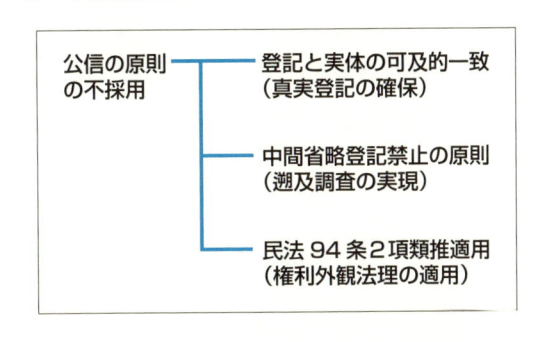

```
公信の原則 ─┬─ 登記と実体の可及的一致
の不採用    │   （真実登記の確保）
            │
            ├─ 中間省略登記禁止の原則
            │   （遡及調査の実現）
            │
            └─ 民法94条2項類推適用
                （権利外観法理の適用）
```

　登記に公信の原則が採用されない結果，なんらかの事情で，権利変動と登記が一致しなければ，登記を信頼して取引を行う善意の第三者を保護できないことになる。これを回避するため，不動産登記制度は，全力をあげて，登記と実体の一致を図ることに努めている。登記と実体が一致しているかぎり，登記に公信力がなくとも，登記によって取引の安全を図ることができるからである。

　また，A→B→C→Dと権利が譲渡された場合，登記に公信力がないため，権利変動過程のどの段階が無効であっても，現在の権利者Dは無権利者となり，取引者は適法に権利を取得できないことになる（無権利の法理）。真に安全な取引をするには，単に現在の権利者であるDについて，CD間の権利変動の調査をするだけでは足りず，過去にさかのぼってすべての権利変動を調査することが必要となる。そこで，登記簿をそのための公的な調査資料として利用できるように権利変動そのものが登記の対象とされ（民177），発生した権利変動をすべて登記する中間省略登記禁止の原則が採用されている。

　さらに，真の権利者が不実の登記に加担するか，それを漫然と放置する等の落ち度がある場合，判例は，民法94条2項を類推適用し，善意の第三者の保護を図っている（最判昭45.9.22）。この判例法理（権利外観法理）は，登記を信頼して取引をする者を法的に保護し，登記によって取引の安全を確保するための手段として，きわめて重要な役割を果たしている。

第2章
申請手続とは何なのか

2-1　登記の記録手続と登記官の審査

16　登記の記録手続の構造

```
登記の記録手続の構造 →　（開始行為）　　（内容行為）　　（終了行為）
　　　　　　　　　　　　登記の申請 ⇒ 登記官の審査 ⇒ 登記官による登記
```

　手続とは，一定の目的に向かって複数の行為が連鎖するさまをいう。民事手続は，一般に開始行為，内容行為，終了行為の3つを構成要素とする構造をとっており，登記の**記録手続**もその例に漏れず，上記3つの行為を構成要素としている。

　すなわち，登記の記録手続は，当事者申請主義により当事者の**申請**が**開始行為**に相当し，申請を受けた登記官の**審査**が**内容行為**に相当し，適法な申請に対応して登記官が登記簿に登記事項を登記すれば，記録手続は目的を達成して終了するため，**登記**が**終了行為**に相当することになる。

　終了行為である登記は，約2億4,000万個の不動産の存在を前提として，年間約1,000万件前後の登記を迅速かつ公平（同種の事案を画一的）に処理できるものでなければならない。この要請をみたすには，その前提となる内容行為である**審査**が，迅速かつ公平に行えるものとして構築されなければならない。また，その前提となる開始行為である**申請**のあり方も，**審査制度**に適合するように構築されなければならない。

　このように手続を構成する要素は，最終目標を達成するため，後の要素が前の要素を制約するかたちで，相互に密接な関連性を有することになる。ここでは，申請の構造を解明するため，それを制約している登記官による審査の構造を概観する。

17 登記官の審査の構造

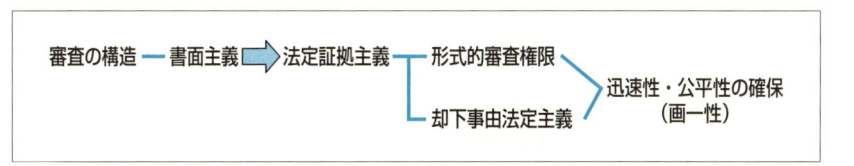

```
審査の構造 ─ 書面主義 ⇒ 法定証拠主義 ┬ 形式的審査権限
                                    └ 却下事由法定主義  → 迅速性・公平性の確保
                                                          （画一性）
```

　登記官の審査をどのような制度として構築すべきかについていくつかの選択肢があるが、わが国では、登記官の審査を書面主義を前提とした法定証拠主義として構築されている。

　書面主義とは、「書面に存しないものは、世界に存しない」との標語に象徴されるように申立て、主張、立証のすべてについて書面を介してしか行わない建前をいう。

　また、**法定証拠主義**とは、あらかじめ証拠方法を法定し、証拠の評価について判断者の自由裁量を許さず、法律上の拘束を受ける建前をいう。これらは、判断者の能力を問わず、迅速に公平（画一的）な結論を導きやすいメリットがある。

　これを前提に登記官には、形式審査権限が付与されている。**形式審査権限**とは、登記官の審査対象が、実体および手続の両面に及ぶものの、審査資料は、原則として登記官自身が管理している登記簿、申請人が提供する申請情報、添付情報に限定される窓口的な審査権限をいう。

　また、登記官の恣意的な判断を防止するため、いかなる事由があれば、申請を却下し、登記をすることができなくなるかをあらかじめ法定する**却下事由法定主義**が採られている（法25①〜⑬、令20）。

　以上のように構築された審査制度を前提として、登記官は、当事者の申請を受け取るとそれを適法なものと推定しつつ、限定された審査資料から却下事由の有無を判断し、却下事由の存在を認定した場合には、当初の推定を覆し、申請を違法なものと判断し、理由を付した決定をもって却下する（法25柱書）。これにより手続は、目的不達成により終了する。

　他方、審査資料から却下事由の存在が認定されない場合には、当初の推定を維持し、申請を適法なものと判断し、登記を実行することになる。これにより手続は、目的達成により終了する。

2-2　登記の申請手続

18　申請手続の意義と構造

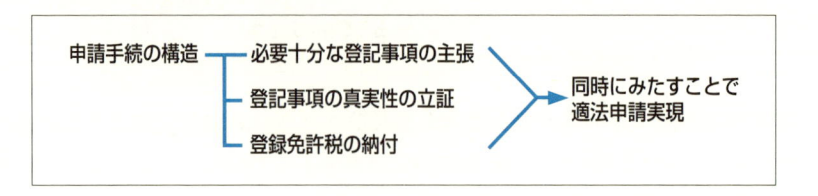

```
申請手続の構造 ─┬─ 必要十分な登記事項の主張 ─┐
                ├─ 登記事項の真実性の立証     ├→ 同時にみたすことで
                └─ 登録免許税の納付           ┘   適法申請実現
```

登記の申請とは，当事者が登記官に対して登記簿に登記事項の記録を要求する申立てであり，公法上の行為と定義することができる。

申請の定義から，適法な申請をするには，当事者が，制度目的に照らして必要十分な登記事項を主張できなければならないことになる。

また，登記には公信力がないため，登記による取引の安全を確保するには，主張する登記事項が実体と一致した真実のものでなければならない。当事者申請主義によってその権能と責務を当事者がその責任をもって負担し，当事者が登記事項の真実性を立証できなければならないことになる。

さらに，登記制度は国家制度として運営されているため，利用者が応分の費用を負担しなければならない。通常は，**手数料**を納付することになるが（民訴137 Ⅰ参照），登記制度では，制度発足当初からの**収税主義**の伝統に従い申請時点で国税（流通税の一種）である**登録免許税**を予納しなければならない（法25⑫）。そのため当事者が，登録免許税額を適正に計算し，納付することも適法申請のための必須の要素となっている。

以上から**申請手続**は，①必要十分な登記事項の主張，②登記事項の真実性の立証，③登録免許税の納付を構成要素とし，これら構成要素が同時にみたされることによって適法な申請が実現できる構造となっている。

本書では，適法な申請手続を構成している3つの要素を**適法申請の本質3要素**とよぶことにする。以下，適法申請の本質3要素を順に説明する。

19　必要十分な登記事項の主張
（1）　当事者申請主義の修正
当事者申請主義により，本来，申請する登記事項の内容は当事者が**自由**に決

```
当事者申請主義（申請内容の自由）
          ↓
制度目的により必要十分な ┬ 物権法定主義
登記事項の主張に修正    └ 登記事項法定主義 ┬ 対象となる権利
                                    ├ 対象となる権利変動
                                    └ 対象となる権利変動の内容
```

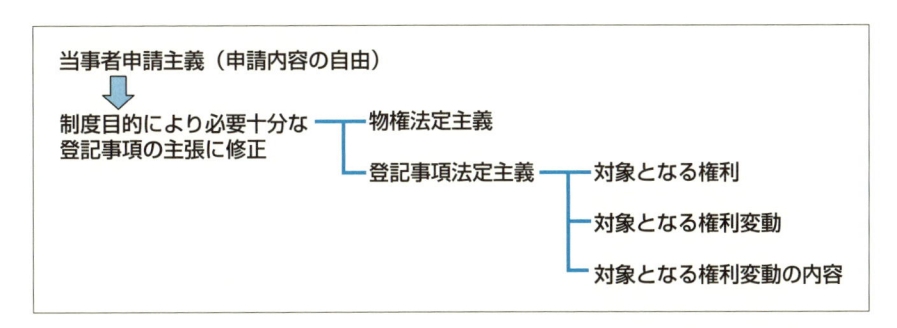

定できるはずである。しかし，この自由は，不動産取引の安全・迅速（円滑）を図り，国民の権利の保全に資するという不動産登記制度目的に照らし（法1），必要十分な内容でなければならないとの制約を受けることになる。

（2） 物権法定主義と登記事項法定主義の採用

民法は，不動産登記制度を効率的に運用できるように物権法定主義（民175）を規定している。物権法定主義とは，封建的な物権秩序を復活させないという趣旨のものと説明されることが多いが，それに加え，登記が文字によって権利関係を公示するものとはいえ，公示する権利内容があらかじめ法定されていれば，より効率的な公示が可能となるだけでなく，公示する権利内容についての誤解が生じにくくなることを狙った制度でもある。

これを前提として，さらに，不動産登記法は，あらかじめ登記すべき事項を法定する登記事項法定主義を採用している（法3）。登記事項法定主義とは，どの権利のどんな内容を登記すれば制度目的の達成に必要，十分なものとなるかを，あらかじめ法定しておくことで，迅速かつ公平に登記を実現しようとする制度である。

これら諸制度により，必要十分な登記事項を主張するには，法定枠内で登記事項を決定すれば足りることになる。

（3） 法定登記事項の内容

① 登記の対象となる権利

登記事項法定主義により登記の対象となる権利は，あらかじめ法定されている（法3）。民法177条が「不動産に関する物権」と規定しているため，登記の対象となる権利は，原則として土地または建物についての物権となる（法3①〜⑦）。この物権には，地上権であることがみなされるみなし物権としての採石権が含まれる（法3⑨）。

19 必要十分な登記事項の主張

ただし，物権であっても占有と密接な関係を有し，占有で公示するのがより妥当な**占有権**と**留置権**が登記の対象から除外されている。

また，物権法定主義により内容を確定できない**入会権**は，登記制度を適用する前提条件を欠くものとして，登記の対象から除外されている（法3反対解釈）。その結果，入会権は，物権の原則どおり，登記なしにその存在を全ての者に主張できる権利となっている。

これらに対し，不動産取引の安全と円滑を図るという制度目的に照らし，物権以外の権利であっても登記の対象となる権利が法定されている。旧民法で物権と位置づけられていた**不動産賃借権**（法3⑧）と，物権取得権として解釈されている**買戻権**（法96）がそれである。

② 登記の対象となる権利変動

不動産登記法は，民法177条が「物権の得喪及び変更」と規定していることを受け，登記の対象となる権利の**権利変動**そのものを登記の対象と規定している（法3）。

具体的には，民法177条の権利の発生のうち，合意による権利の発生を**設定**とし，非合意による権利の発生を**保存**とし，権利の変更のうち主体の変更を**移転**とし，権利内容の変更を**変更**とし，処分の制限を**処分の制限**とし，権利の消滅は，**消滅**として，これら権利変動を登記の対象としている。

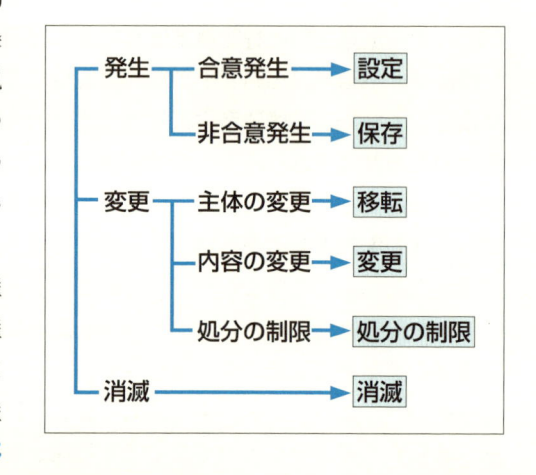

```
発生 ─┬─ 合意発生  → [設定]
      └─ 非合意発生 → [保存]
変更 ─┬─ 主体の変更 → [移転]
      ├─ 内容の変更 → [変更]
      └─ 処分の制限 → [処分の制限]
消滅 ──────────────→ [消滅]
```

これは，民法177条が規定する権利の「得喪及び変更（発生，変更，消滅）」という3つの区分では権利変動を明瞭に公示することができないため，権利の側から権利変動を表現し直すかたちで，3つの区分を6つに細分することでより明瞭な公示を実現するための工夫である。

ただし，所有権の「保存」は，権利変動ではなく，例外的に現在の**所有状態**を登記の対象としている（法76Ⅰ本文参照）。当該登記は，権利部について最初にする登記であり，当該登記をしなければ移転や設定という他の登記ができないため（法25⑤），より容易に登記の申請ができるよう中間省略登記禁止の原

則を緩和するものである。

　本書では，不動産登記法が規定する6つの権利変動に基づく登記を**権利変動の登記**とよぶことにする（法3）。

③　**仮登記の対象となる権利および権利変動**

　不動産取引の安全・円滑を図るという制度目的に照らせば，上記①の登記の対象となる権利の**権利変動を発生させる請求権**は，なんらかのかたちで公示し，その存在を警告するのが妥当となる。そこで，これは仮登記（2号仮登記）の対象とされている（法105②）。**仮登記**とは，対抗力はないが，仮登記に基づいて本登記をすれば，仮登記の順位で権利主張ができる**順位保全効**を有する登記である（法105，同106）。

　同様の趣旨で，上記①の登記の対象となる権利の**権利変動が始期付または停止条件付の場合**，直接の規定はないが**仮登記（2号仮登記）**の対象になると解されている（法105②類推適用）。

　また，上記①の登記の対象となる権利の権利変動の効果が発生しているものの**登記識別情報，第三者の許可・承諾・同意証明情報が提供できず，通常の申請手続ができない場合**，それが可能となるまでの間，それら権利変動の登記請求権を保全することが必要となり，このような権利変動も**仮登記（1号仮登記）**の対象とされている（法105①，規178）。

④　**権利変動の登記事項**

　不動産登記法は，登記の対象となる権利変動について，原則として，ⅰ．登記の目的，ⅱ．登記原因およびその日付，ⅲ．当事者が合意した権利内容，ⅳ．権利者の氏名（名称）および住所を登記事項として法定している（法59）。

　登記の目的とは，どの権利について，どのような権利変動が生じたのかを公示する登記事項であり，登記事項全体のタイトル的な機能を果たすものである。原則的には，権利変動の対象となった権利の種類で登記の対象となる権利を特定し，それに登記の種類を結合し「所有権移転」，「1番抵当権抹消」の要領で記載する。

　登記原因とは，登記が必要となった原因である法律事実または法律行為を公示する登記事項であり，**登記原因の日付**とは，登記の対象となる権利変動が発生した日を公示する登記事項である。実際には，これらを結合して「平成○年○月○日売買」の要領で記載する。

　権利の内容とは，物権法定主義の範囲内で，当事者が合意した内容を公示す

る登記事項である。何が権利の内容として登記事項となるかは、法に規定されている（法78～104の2参照）。

「権利者の氏名（名称）及び住所」は、権利変動の結果、権利を取得した者を公示する登記事項である。

これら権利に関する原則的な登記事項のうち、どの事項を登記すべき事項とすべきなのかは、登記の種類の機能に応じ、必要十分性の観点から登記の種類ごとに判断する。

(4) その他の登記
① 是正登記

登記制度は、国家制度であるが、人が設営する制度として、錯誤または遺漏によって登記の時点から原始的に登記と実体が一致しない誤った登記がなされることを想定しておく必要がある。この場合、登記の誤りを是正するための登記を、本書では、是正登記とよぶことにする。

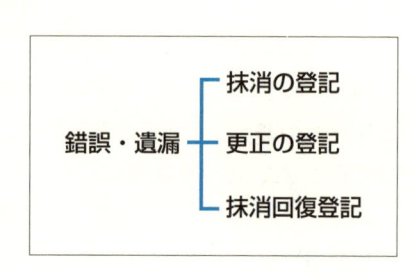

錯誤・遺漏 ─┬─ 抹消の登記
　　　　　　├─ 更正の登記
　　　　　　└─ 抹消回復登記

是正登記には、登記事項のすべてを法律上消滅させる抹消登記（法68）、登記事項の一部を訂正する更正登記（法66）、抹消する記号（下線）を付した登記事項を回復させる抹消回復登記（法72）といった種類の登記が用意されている。

② 名変登記

不動産登記の手続上、人は、氏名（または名称）および住所によって特定されている（法59④、令3①）。登記名義人の住所などが、住所移転などにより現状と一致しないことになった場合であっても、登記名義人の権利義務に変動が生ずるわけではないため、これを権利変動の登記（(3)②）によって登記することはできない。しかし、登記名義人の住所などの変更または更正登記ができなければ、手続上、登記名義人の同一人性が確認できず、たとえば、申請情報の登記義務者の住所などと登記記録の住所などの不合致により登記の申請が却下されるといった不都合が生ずることになる（法25④、⑦）。

そこで、現状の登記名義人の住所などが登記記録と一致していない場合、これを現状に合致させるための変更登記（法2⑮）または更正登記（法2⑯）が許されることになり、これを登記名義人の氏名等の変更または更正登記という（法64）。当該登記は、実務上、「名変登記」と略称されているため、本書でもこの登

記を**名変登記**とよぶことにする。
（5） 不動産登記における3つの登記
以上の検討により，不動産登記制度には，権利変動の登記（（3）②），是正登記（（4）①），名変登記（（4）②）と3つの登記が観念できることになる。

20　登記事項の真実性の立証
（1）　登記事項の立証の必要性と立証責任の負担

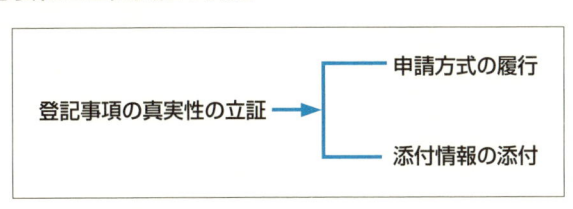

わが国の不動産登記には，公信力がないため，登記によって取引の安全を確保するには，可能なかぎり登記と実体の一致

```
登記事項の真実性の立証 ─┬─ 申請方式の履行
                        └─ 添付情報の添付
```

を図る必要がある。そこで，不動産登記制度は，全力をあげて，真実の登記事項の確保に努めることになり，そのための諸制度は登記制度の信頼性を確保し，制度を存続させるための**制度の心臓部**となっている。

権利に関する登記では，当事者申請主義により審査資料を収集する権能および責務を当事者が負担するため，当事者は，自己の責任をもって，登記事項の真実性を，①申請方式の履行（法60等）および②申請情報（申請書）にあわせて法定証拠である添付情報を提供（法22等）することで立証しなければならない。当事者がその立証に失敗すれば，申請は不適法なものとして却下される（法25⑤，⑨等）。当事者申請主義によりその不利益または危険は，当事者が負担することになるからである。

（2）　申請方式の履行による立証
①　共同申請の原則

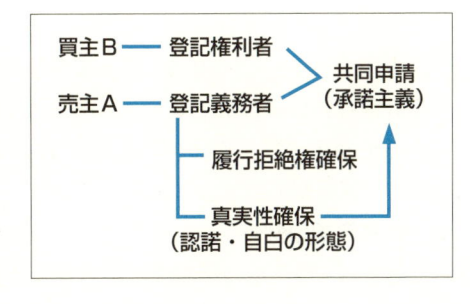

たとえば，AがBに甲土地を売った場合，登記には第三者対抗力が付与されているため（民177），買主Bは，登記を申請することに強い利害関係をもつことになる。この場合，いかにBに有利とはいえ，Bに無断で登記をすることは当事者申請主義の趣旨から許されない。

```
買主B ── 登記権利者 ─┐
売主A ── 登記義務者 ─┼→ 共同申請
                      │   （承諾主義）
              履行拒絶権確保
              真実性確保
              （認諾・自白の形態）
```

20 登記事項の真実性の立証

さりとて，Bのみによる申請を認めれば，権利変動が生じているかぎり，Bが代金を支払っていなくとも申請が可能となり（民176），Aの**履行拒絶権**（民533）の実効性を確保できないことになる。

そこで，買主Bだけでなく，売主Aをも申請に関与させるとすれば，実体上，Aの**履行拒絶権**の実効性が確保できるだけでなく，手続上，Bの申立てである申請を不利益当事者であるAが**請求認諾**するだけでなく，Bの主張する登記原因証明情報の内容となる要件事実を不利益当事者であるAが**自白**する形式となり，登記事項が真実であることの蓋然性を高めることにつながる。

そこで，登記を申請することで登記上，直接に利益を受ける者を**登記権利者**（法2⑫），登記上，直接に不利益を受ける登記名義人を**登記義務者**と定義し（法2⑬），登記の申請は，登記権利者および登記義務者が共同してこれを申請すべきこととした（法60）。この申請方式を**共同申請**といい，共同申請は，権利に関する登記の原則的な**申請方式**となっている。

ここで，登記権利者，登記義務者は，いずれも**手続上の概念**であることに注意しなければならない。これは，形式的審査権限しか行使できない登記官でも当事者がだれであるかを判断できるようにするための工夫である。特に，登記義務者の要件として権利部に権利者として登記されている**登記名義人**（法2⑪）であることを要求しているのは，登記の推定力により登記名義人が実体上の権利者と推定されることを利用し，登記官が処分権者を手続上から判断できるようにすると共に，登記名義人についてしか通知しない登記識別情報を使っての本人確認を可能とするための工夫である。

また，現行法の共同申請は，旧法の「合同申請」を含む概念となっている（法65，同89）。**合同申請**とは，複数名の申請人を登記権利者と登記義務者に区別せず，全員を登記権利者兼登記義務者として共同申請を履行する申請方式をいう。登記原因となる法律行為が合同行為である場合の申請方式として考えだされた申請方式である。合同申請を使って申請しなければならない登記は，ⅰ．共有物不分割特約による変更登記（法65），ⅱ．順位変更による変更登記（法89Ⅰ），ⅱ．順位変更の規定が準用される共有根抵当権者の優先の定めの登記（法89Ⅱ）にかぎられている。

② 単独申請の例外

たとえば，甲土地の所有権登記名義人Aが死亡し，その法定相続人がBである場合，甲土地の所有権を相続人Bが包括承継する（民896）。相続による移転

登記では、相続人Ｂが登記権利者の要件をみたし、被相続人Ａが登記義務者の要件をみたすことになるが、被相続人Ａは、死亡により存在しないため、共同申請を履行することができない。

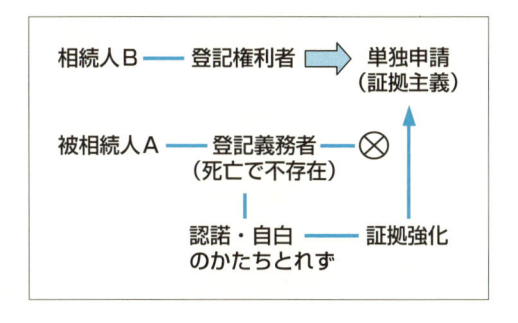

そこで、上記のように共同申請を行うことが不可能な場合や共同申請が可能であっても共同申請をするまでもない場合などを**限定列挙**で規定し（法63Ⅱ、同64、同69、同70等）、例外的に当事者の一方からの申請を認めている。この例外となる申請方式を**単独申請**という。

例外である単独申請は、共同申請のように請求認諾または自白の形式とはならないため、登記事項が真実であることの蓋然性を高めるべく、法定証拠による立証の役割が増大する。これを反映して単独申請は**証拠主義**ともよばれている。

なお、登記原因となる行為が法定解除や権利放棄のような単独行為であっても登記の申請方式は、例外規定に該当しないかぎり、原則である共同申請となる（法60）。登記権利者、登記義務者の概念は、あくまでも手続上の概念であり、必ずしも実体上の法律行為の形態に連動するものではないからである。この点、上記①の合同行為とは区別して知識を整理しなければならない。

③　第三者との間の手続上の利害調整

ⅰ　必要的承諾型による利害調整

たとえば、ＡがＢに甲土地を売り、ＸがＢの取得した甲土地を目的として抵当権を設定し、それらの登記が完了している状況で、ＡからＢへの所有権移転登記を抹消する場合、登記権利者の要件をみたすＡと登記義務者の要件をみたすＢとが共同申請をすれば足りるか否かが問題となる。

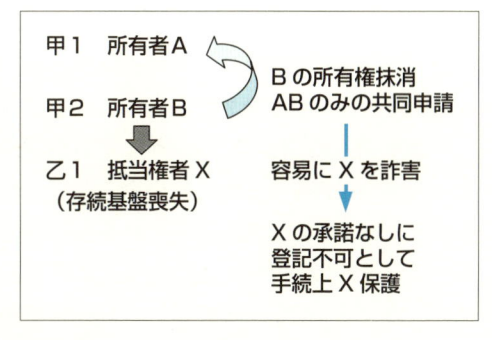

かりにＡＢ間の共同申請で、上記の抹消登記の申請を認めれば、Ｂの所有権

を根拠とするXの抵当権は，権利の基盤を失うことになり，論理上，当然に抹消されなければならないことになる。しかし，これでは，AとBが通謀すれば，容易にXの権利を抹消できることになり，Xの権利が詐害されるおそれが生ずることになる。

そこで，法は，上記Xのように抹消登記が実行されたとしたら損害を被るおそれがある者で，かつ，そのおそれがあることが既存の登記記録から形式的に認定されうる者を登記上の利害関係を有する第三者と位置づけ（大判明43.4.30，大決昭2.3.9），当該第三者の承諾がなければ抹消の登記をなしえないとして登記手続上，第三者の利益を保護し，利害の調整を図っている（法68，同72）。本書では，このような第三者との間の手続上の利害調整を含む申請方式を必要的承諾型とよぶことにする。

ⅱ 任意的承諾型による利害調整

たとえば，Aの所有する甲土地にXが1番抵当権を設定し，その後，Yが2番抵当権を設定し登記を完了させている状況で，Xの有する1番抵当権の利息を2％から4％に変更すれば，当該変更登記は，変更対象となる1番抵当

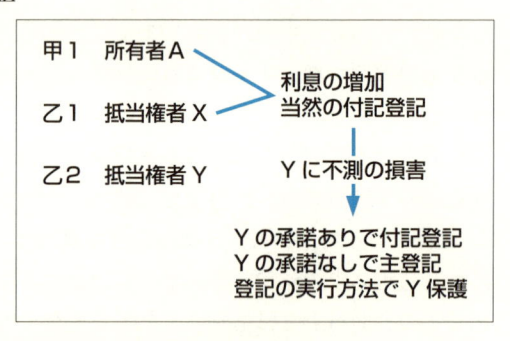

```
甲1   所有者A
                    利息の増加
乙1   抵当権者X     当然の付記登記

乙2   抵当権者Y     Yに不測の損害

                    Yの承諾ありで付記登記
                    Yの承諾なしで主登記
                    登記の実行方法でY保護
```

権の設定登記と一体的に公示する必要から，1番抵当権の設定登記を主登記とする付記登記として登記がなされるべきものとなる（法4Ⅱ，規3）。

しかし，付記登記の権利主張は，主登記の順位で行うことが可能であるため（法4Ⅱ），このままでは，2番抵当権者Yが，設定登記の際に予想していたよりも先順位抵当権者の優先弁済量が拡大することで不測の損害を被ることになる。

そこで，法は，上記Yのように変更（または更正）登記が付記登記で実行されたとしたら損害を被るおそれがある者で，かつ，そのおそれがあることが既存の登記記録から形式的に認定されうる者を登記上の利害関係を有する第三者とし，当該第三者が存在しないかまたは存在しても当該第三者が承諾していれば，原則どおり付記登記で変更（または更正）登記を実行し，他方，当該第三者が存在し，その承諾が得られなければ，主登記で変更（または更正）登記を実行することで，登記手続上，第三者の利益を保護し，利害の調整を図っている（法66）。

この利害の調整方法は，上記 i の場合と異なり，第三者の承諾が得られなくとも登記の申請が可能であり，単に登記の実行方法が変化する点に特色がある。本書では，このような第三者との間の手続上の利害調整の制度を含む申請方式を**任意的承諾型**とよぶことにする。

④　まとめ

このように権利に関する登記の申請方式は，原則である**共同申請**（合同申請を含む）のほか，例外としての**単独申請**がある。

また，記入登記（設定，保存，移転登記）を除く変更または更正登記では，**任意的承諾型**による手続上の利害調整を第三者との間で行い，抹消登記または抹消回復登記では**必要的承諾型**による手続上の利害調整を第三者との間で行わなければならない。

どのような登記について，どんな申請方式をとるべきかは，登記の種類ごとに法定されており，当事者は，あらかじめ法定された申請方式を履行することで登記事項の真実性を立証することになる。

(3)　添付情報の添付による立証

登記官の審査は，書面主義を前提とした法定証拠主義による形式審査である。登記事項の真実性を立証するための証拠方法は，法定された**書証**に限定されており，この法定証拠を不動産登記制度では，**添付情報**とよんでいる（令2①，法22，同61，令7）。当事者は，前記(2)の法定された申請方式を履行するとともに，添付情報を提供（添付）することで登記事項の真実性を立証すべきことになる。

添付情報は，立証対象により，次の3つに分類して整理することができる。

① 　**登記原因を証する添付情報**

登記の申請が必要となった法律事実または法律行為およびそれに基づく権利変動を証明する添付情報には，**登記原因証明情報**と**登記原因についての第三者の許可，同意，承諾証明情報**とがある。

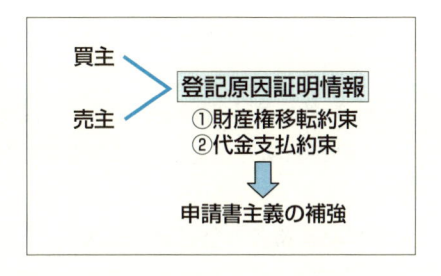

```
買主 ＼
       登記原因証明情報
売主 ／   ①財産権移転約束
          ②代金支払約束
              ↓
          申請書主義の補強
```

i　登記原因証明情報

権利に関する登記を申請する場合，原則として**登記原因証明情報**を添付しなければならない（法61）。

20　登記事項の真実性の立証

　旧法では，特に登記原因に対する信憑性が問題視されていたことを受け，**登記原因の信憑性**を高めるため，登記原因となった法律行為または法律事実とそれに基づく権利変動を判断するための要件事実をその内容とする「登記原因証明情報」の添付を原則化したものである（法61）。これにより，登記後に申請情報と共に登記原因証明情報を登記所に保管し（規17等），後日，登記紛争の証拠として活用することになり，登記原因証明情報は，申請書主義を**補強**し，登記の**紛争予防機能**を実現する手段にもなっている。

ⅱ　登記原因についての第三者の承諾証明情報

　第三者の許可，同意または承諾が登記原因となる法律事実または法律行為についての**成立要件**または**効力発生要件**となっている場合（民398の5，農地法3等），**登記原因についての第三者の許可，同意または承諾証明情報**を添付しなければならない（令7Ⅰ⑤ハ）。

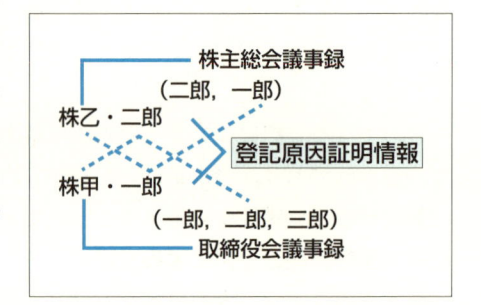

```
                ─── 株主総会議事録
               ╱   （二郎，一郎）
   株乙・二郎 ╳
              ╲ ╳   ┌─────────┐
               ╲ ╳  │登記原因証明情報│
              ╱ ╳   └─────────┘
   株甲・一郎 ╳
               ╲   （一郎，二郎，三郎）
                ─── 取締役会議事録
```

　この場合，登記権利者および登記義務者の自白類似の形式である共同申請だけでは，第三者の許可等の事実の証明としては十分ではなく，その存在を別個の添付情報により直接に証明させることで無効登記を防止する趣旨である。この規定は，制度目的実現のために，成立要件でも効力発生要件でもない会社法356条取引の会社の承認（昭52.11.14民三5691回等），制限能力者の法定代理人の同意（昭22.6.23民甲560通等）についても拡張解釈により適用されている。

②　申請方式の履行を証する添付情報

　申請方式を履行する当事者本人の真正な手続関与を証するため添付情報として，登記義務者については制度固有の本人確認資料である**「登記識別情報」**および一般的な本人確認資料である**「印鑑証明書」**が，登記権利者については**「住所証明情報」**が，登記上の利害関係を有する第三者については**「承諾証明情報」**がある。

ⅰ　登記義務者の登記識別情報

　共同申請は，不利益当事者である登記義務者を手続に関与させ，請求認諾または自白類似の形式をとるものであり，登記義務者をAとすれば，A以外の者がA本人に**成りすまし**て申請することを防止できなければその実効性を発揮

することができない。

そこで，共同申請の場合，登記義務者であるA本人しか知りえない登記識別情報の提供が求められており（法22本文），登記識別情報は，不動産登記制度に固有の本人確認手段として位置づけられている。

ii　登記義務者の印鑑証明書

わが国は印鑑文化の国であり，市区町村長に登録した印鑑（いわゆる「実印」）と印鑑証明書が一般的な本人確認手段として利用されている。実印は，通常，本人しか使用せず本人自身が保管しているため，申請情報または委任状に押印した印影が，添付情報である印鑑証明書の印影と一致すれば，本人しか使用しない実印の使用により，本人の申請関与を蓋然性高く推認できることになる。申請方式が共同申請で，所有権の登記名義人が登記義務者となる場合，印鑑証明書の添付させることで（規49Ⅱ④・同48Ⅰ⑤・同47③イ (1) (2)），上記iの登記識別情報に加えて本人関与をダブルチェックすることが可能となる。

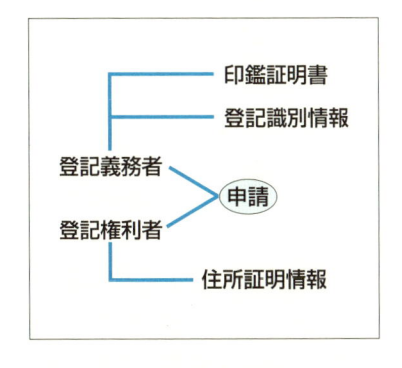

他方，登記義務者が所有権以外の権利の登記名義人である場合には，登記識別情報が提供できない場合にかぎり登記義務者の印鑑証明書を添付すれば足りることになる（規49Ⅱ④・同48Ⅰ⑤・同47③ハ）。登記識別情報を提供できない場合には，本人関与の確認手段を補完する必要があるからである。

iii　登記権利者の住所証明情報

所有権の保存または移転登記を申請する場合，登記名義人となる者について住所証明情報を添付しなければならない（令別表28ニ，同29ハ，同30ロ）。

これは，所有権登記名義人となる者の実在性を明らかにし，無効登記を防止するだけでなく，虚無人名義または他人の氏名の冒用による登記によって固定資産税等の納税義務の免脱を防止する趣旨のものである。

ただし，登記権利者が会社の場合，会社法人等番号を申請情報に記載すれば，住所証明情報の提供を省略できることになる（平27.11.2施行）。ちなみに，この取扱いを受ける場合の申請情報および添付情報の記載の要領は法務省のホームページにより次のとおりとされている。

```
権 利 者    ○○市○○町一丁目５番６号
            株式会社Ｂ
              （会社法人等番号　1234-56-789012）
            代表取締役　甲野一郎
添付情報    登記原因証明情報　登記識別情報　印鑑証明書　住所証明情報
            代理権限証明情報　会社法人等番号
```

③　代理権限を証する添付情報

登記の申請は代理に親しむ行為として**代理人**からすることが認められている。無権代理により本人が手続保障を受けられなくなることを防ぐため，**代理権限証明情報**を添付しなければならない（令７Ⅰ②）。

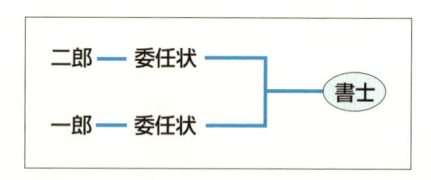

```
二郎 ── 委任状 ┐
               ├─ 書士
一郎 ── 委任状 ┘
```

なお，申請人が法人の場合には，原則として会社法人等番号を提供すれば（申請情報に記載する意味），本人である会社と代表者の関係を証明する資格証明情報の提供は不要となっている（平27.11.2施行，②ⅲの記載要領参照）。

21　登録免許税の納付

わが国の登記制度（旧登記法）は，税金を徴税するための手段として発足した歴史的経緯がある。現行法もその伝統を受け継ぎ，登記には手数料ではなく，国税（流通税）である**登録免許税**が課税されている（法25⑫）。

登録免許税の**課税方式**には，課税標準に一定の税率を乗じて登録免許税を計算する**定率課税**と，課税標準に一定の税額を乗じて登録免許税額を計算する**定額課税**とがある。

定率課税は，さらに不動産の価額を課税標準の額とするものと債権額（極度額）を課税標準の額とするものとに分かれ，定額課税は，課税標準を不動産の個数とするものと権利の件数とするものに分かれている。

申請する登記の登録免許税の課税方式が定率課税か定額課税かは，租税法定主義により原則として「登録免許税法の別表第１」にあらかじめ定められている（登免税９）。

第3章
書式の試験とは何なのか

22　書式の試験の位置づけ

　司法書士の行うべき業務を一言に要約すれば，**法的問題の解決**である（書士3）。法的問題を解決するには，**法的知識**と法的知識を使って問題を解決する**法的スキル**が必要となる。そこで，司法書士試験では，業務を遂行するうえで最低限の実体法および手続法についての法的知識の有無を択一式試験で問い，それら法的知識を使って実際に法的問題を解決することができるか否かの法的スキルを記述式試験である書式の試験で問うている（**1**参照）。

　書式の試験は，実体法および手続法の双方が問われるという意味で**総合問題**であり，法的知識が使えるか否かを問うという意味で**応用問題**として位置づけられるものとなっている（**2**参照）。

23　書式の問題を解くために必要な能力とは何か

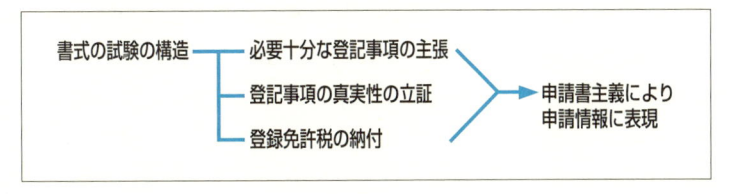

```
書式の試験の構造 ─┬─ 必要十分な登記事項の主張 ─┐
                 ├─ 登記事項の真実性の立証　　├→ 申請書主義により
                 └─ 登録免許税の納付　　　　　┘   申請情報に表現
```

　書式の試験は，模擬の登記申請（司法書士の行う「登記代理」）である。このことは，書式の試験を解くために必要な能力は，適法に登記申請をするのに必要な能力と同じであることを意味する。

　その結果，書式の試験を解くために必要となる能力とは，制限時間内に，①必要十分な登記事項の主張，②登記事項の真実性の立証，②登録免許税の納付という**適法申請の本質3要素**を判断し，それを申請情報に表現する能力であり，それをいかに短期に効率的に習得するかが，書式の試験勉強の目的となる。

第4章

書式の問題はいかに解かれるべきか

4－1　書式の問題を解く際の心構え

24　書式の問題と択一の問題の相違点

(1) プロセス・コントロールの必要性

　一般に，問題を解く際の鉄則は，1度に沢山の事柄を考えないこと＝1度に沢山の情報を処理しないことに尽きる。1度に沢山の情報を処理しようとするからこそ，思考パニックに陥るのであり，それにいたらなくとも，混乱が生じ，勘違い，ケアレスミスといったヒューマンエラーが生ずることになるからである。

　この鉄則を実現するには，判断過程を意図的にコントロールし，1度に1つの事柄を判断するような思考プロセスを確立することが必要となる。本書では，これをプロセス・コントロールとよぶことにする。

　よく書式の問題の解き方は，人それぞれで異なってかまわないという発言を耳にすることがあるが，その意見には賛成できない。書式の試験は，模擬の登記代理であり，専門家として迅速かつ正確に事件を処理しなければならない性質のものである。迅速性はコストに反映し，正確性は信用に反映する。また，それを実現するための一定の判断プロセスを確立し，補助者を含めて少なくとも事務所内の事件処理が，どのような状況のもとでも安定した仕事結果をだせるようにしなければならない。

　したがって，書式の解き方について，どのような判断過程を経て適法申請の本質3要素を決定すればよいのか，何がよりよきプロセス・コントロールなのか，ベストプラクティスを模索すべきであり，だれが判断を行っても同じ結論を導けるような技術として，これを確立すべきことになるからである。

　その結果，書式の学習は，一定の判断プロセスの思考回路を，頭のなかにつくり込むことがその本質となり，これが書式の学習のイメージとなる。

(2) 択一式試験対策とは別の書式の試験対策の必要性

　択一式試験では法的知識の有無が，書式の試験では法的知識を使うための法

的スキルが問われているが，これらは，まったく別の問題として認識すべきである。毎年，択一式試験の高得点者でありながら，書式の試験の基準点を超えられず不合格の憂き目をみる受験生が必ず存在する。この現象は，択一式試験での高得点が示すとおり，法的知識の有無についてまったく問題がないものの，その知識をうまく使えない法的スキルの不足によるものである。

これは，択一式試験が解けることの延長上に書式の試験が解けるという結果があるのではなく，法的知識を習得するための学習とは別に法的知識を使う法的スキルのための学習が必要になることを示唆するものだからである。

（3） 他問自答と自問自答

択一式試験は，問題そのものが問題提起となっており，その問題では何を考え，何を答えなければならないのかが明示されている。そのため法的知識さえあれば，選択肢のなかから最適の解答を選ぶことは，決して難しいものではない。

これに対して書式の試験では，**23** で述べたとおり，やるべきことは適法申請の本質3要素を判断と明白であるものの，問題をどのように解き進めるかは，完全に受験生に丸投げされている。

受験生は問題に示された事実関係について，みずから適切な問題提起をしつつ，問題を解き進めるのでなければ，問題に散りばめられている問題点（書式の論点）を十分に意識することなく，保有しているはずの法的知識を適切に使う機会をもたないまま答案を作成することになりかねない。

書式の問題を解く場合には，自問自答しながら問題を解き進めないかぎり，みずからの保有する法的知識を十分に活かすことができないことを肝に銘じなければならず，これを励行しないかぎり，問題を解き終えた後に「こんな論点なら知っていた」という何とも悔しく，もったいない状態から逃れることはできないことを思い知るべきである。

4−2　書式の問題の解き方

本来，書式の問題は，法的問題として問題に示された事実に法を適用して解かれなければならず，その思考過程は，プロセス・コントロールの観点から実体判断，架橋判断，手続判断の各判断作業を順に行い，各判断プロセスでは，検討すべき論点を一定の順に従って自問自答をしながら問題を解き進めるべき

25 実体判断

ものである。書式の問題の解き方を、もっとも単純な不動産売買の設例を使って説明する。

25 実体判断

> 【基本設例―甲土地の売買契約―】
> （甲土地の登記記録）
> 甲区2番　所有権移転　所有者A
> （事実関係）
>   1　Aは、Bに対し、平成28年7月1日、甲土地を代金1億円で移転する旨を合意した。

（1）法律構成の判断

不動産登記では、権利変動そのものが登記の対象となるため（民177）、**適法申請の本質3要素**は、登記の対象となる権利変動に対応して決定されることになる。そこで、最初に行うべき作業は、**登記の対象となる権利変動**を正確に把握することになる。

この場合の登記の対象となる**権利変動**は、**法律効果**そのものである。法律効果を含む生活関係が「法律関係」であるため、まず、処理すべき事件には、どのような法律関係が含まれているのかが判断できなければならない。

そこで、問題に示されている事実に着目し、当該事実がどのような法律関係の要件事実にあたるのかという観点から、考えられる法律関係を考えることが必要となり、この作業を本書では**法律構成の判断**とよぶことにする。

設例では、事実関係1に「甲土地を代金1億円で移転する」旨を合意した事実が示されている。当該事実は、売買契約の要件事実である①財産権の移転合意、②代金支払合意に**あてはまる**事実であるため（民555）、事実関係1から**売買契約**を法律構成する。

（2）原因関係の判断

法律構成により、事件に含まれる法律関係が判断できたら、次に、法律関係に含まれる法律効果に着目し、それが登記の対象となる法律効果か否かを判断する。本書では、登記の対象となる法律効果を含む法律関係を**原因関係**とよび、法律関係が原因関係にあたるか否かの判断作業を**原因関係の判断**とよぶことにする。

不動産登記は、**権利変動の登記**、**是正登記**および**名変登記**の3つに分類でき

る（**19（5）**参照）。

　ある法律関係が原因関係となるか否かは，それに含まれる「法律効果」が，登記の対象となる権利の権利変動を示すものであれば，それを**権利変動の登記の原因関係**，既登記権利と実体の原始的な不一致を示すものであれば，それを**是正登記の原因関係**，登記名義人の氏名（名称）または住所と実体との不一致を示すものであれば，それを**名変登記の原因関係**と判断する。

　設例では，甲土地が売買の対象とされている。物の取引は法的には財産権の取引を意味するため，これを甲土地の**所有権**を対象とする売買ととらえ直すことになる。売買契約は，財産権を売主から買主に移転することを目的とする契約であるため，甲土地の所有権が売主Ａから買主Ｂに移転する。登記事項法定主義により，所有権は登記の対象となる権利であり（法3），その法律効果は民法177条の**変更**に相当するため，設例の売買契約は，**権利変動の登記の原因関係**と判断できることなる。

（3）　法的判断
①　法的判断の意義

　原因関係の判断により，問題に含まれる法律関係を，原因関係とそれ以外の法律関係とに区別することができたら，原因関係について，それが現に存在するか否かを判断する。権利や法律関係は，時間の経過とそれに伴う状況変化を受けて，常に変動する可能性を秘めたダイナミックな存在であり，申請時点において原因関係が存在しなければ，それに基づいて登記を申請することができないからである。

　原因関係は，法律関係であり，権利と同様に観念的な存在であるため，法的判断を使ってこれを判断することになる。**法的判断**とは，権利不変の公理（権利の永続性）を前提として，法律効果を組み合わせてする判断である（**7（2）**参照）。

②　前提となる権利不変の公理

　法的判断において前提となる**権利不変の公理（権利の永続性）**とは，いったん発生した権利（法律効果）は，同時を含めてそれ以降にその権利（法律効果）を否定する法律効果（消滅，障害，阻止の効果）が発生しないかぎり，通常，現在でも存在するという判断ルールである。

③　法律効果の組合せ

　法的判断における法律効果の組合せとは，まず，ある権利または法律関係の

25　実体判断

存否を判断する場合，それを発生させる要件事実の存在をチェックする。その要件事実が存在しなければ，ある権利または法律関係は初めから存在しないと判断する。

他方，その要件事実が存在すれば，その事実以後に，法律関係の発生効果を否定する法律効果の要件事実が存在するか否かをチェックする。

【法律効果の組合せ】

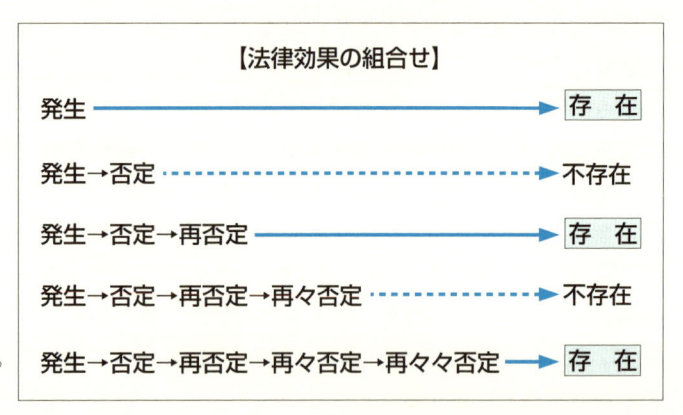

発生 ──────────────→ 存　在
発生→否定 ┈┈┈┈┈┈┈┈→ 不存在
発生→否定→再否定 ──────→ 存　在
発生→否定→再否定→再々否定 ┈┈→ 不存在
発生→否定→再否定→再々否定→再々々否定 ─→ 存　在

否定効果の要件事実が存在しなければ，権利不変の公理により，ある法律関係を発生させる法律効果が現存することになり，その権利または法律関係の現存を判断できることになる。

また，否定効果の要件事実が存在すれば，その事実以後，否定の法律効果を再否定する法律効果の要件事実の存在をチェックする。再否定効果の要件事実が存在しなければ，法律効果の組合せは，**発生効果の否定**で止まり，否定効果が再否定されない結果，ある権利または法律関係は現存しないと判断できることになる。

このように法律効果の組合せとは，ある権利または法律関係を発生させる法律効果の検討から判断を開始し，先行する法律効果が存在するかぎり，次々と先行効果を否定する法律効果を組み合わせて判断を行うことを意味する。

設例では，原因関係が売買契約であるため，最初に，売買契約の法律関係を発生させる要件事実である①財産権の移転合意，②代金支払合意の存在をチェックする（民555）。事実関係１より，その全部が上記の要件事実に**あてはまる**と判断することができる。

次いで，発生効果を否定する要件事実の存在をチェックする。設例には事実関係１しか事実が示されておらず，否定の要件事実が存在しないため，権利不変の公理（権利の永続性）により，設例の原因関係である売買契約の法律関係は，現存すると断定的に判断できることになる。

ちなみに，この法的判断に使った要件事実こそが，登記原因証明情報の内容となる要件事実となる。そのため，登記原因証明情報の内容となる要件事実を正しく指摘することができるか否かは，ひとえに法的判断が正しくできるか否かにかかることになる。

また，ある事実に基づいて登記が申請できるか否かの判断は，法的判断を使っての判断となるため，商業登記の書式の問題のように，将来，登記できるか否かの判断が本格的に問われるようになった場合，法的判断の重要性は今以上に高まることになる。

（4） 実体判断のまとめ

以上検討したとおり，不動産登記は，権利変動そのものが登記の対象となるため，登記の対象となる権利変動を正確に把握することが，すべての作業の出発点となる。まさに登記とは実体を映す鏡なのである。

登記の対象となる権利変動を判断するには，①法律構成の判断，②原因関係の判断，③法的判断という一連の判断が必要となり，これらを順に自問自答しつつ判断していくことになる。これらの判断は，すべて民法等の実体法を使った判断であるため，本書では，これらの判断を総称して実体判断とよぶことにする。

26 架橋判断
（1） 登記の種類の判断

実体判断ができたら，実体判断の成果を手続に乗せることが必要となる。

不動産登記は，原因関係の態様により権利変動の登記，是正登記，名変登記の3つに分類されており（**19（5）**参照），不動産登記法は，これら3つの登記を最適に処理できるように，記入登記，変更登記，更正登記，抹消登記，抹消回復登記という5つの種類の登記手続を規定している。

このうち「記入登記」とは，新たに登記名義人や権利内容を記録する機能をもつ登記手続の種類をいう。記入登記の対象となる権利変動は，設定，保存，移転であり，これら記入原因ごとに最適の登記事項，登録免許税の課税方式が異なることになる。

また，移転では，相続または合併による移転とそれ以外の原因による移転とでは，申請方式が異なることになる（法63Ⅱ）。したがって，記入登記は，設定登記，保存登記，相続または合併による移転のための包括移転登記，それ以外

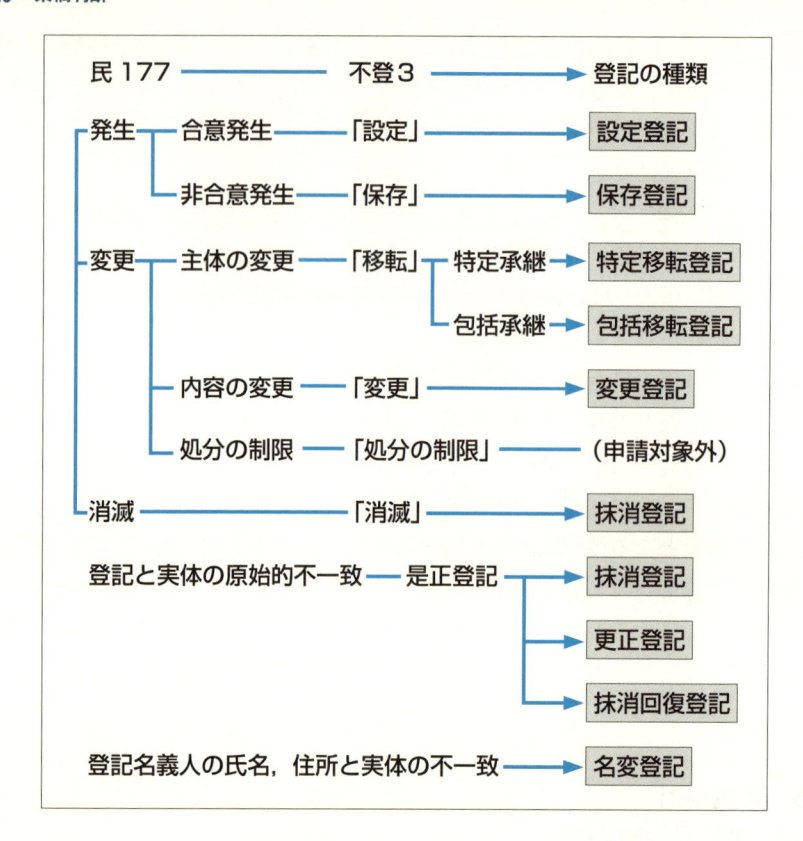

```
民177 ─────── 不登3 ─────→ 登記の種類
  ├ 発生 ┬ 合意発生 ── 「設定」 ────→ [設定登記]
  │      └ 非合意発生 ─ 「保存」 ────→ [保存登記]
  ├ 変更 ┬ 主体の変更 ─ 「移転」 ┬ 特定承継 → [特定移転登記]
  │      │                        └ 包括承継 → [包括移転登記]
  │      ├ 内容の変更 ─ 「変更」 ────→ [変更登記]
  │      └ 処分の制限 ─ 「処分の制限」 ─ （申請対象外）
  └ 消滅 ─────────── 「消滅」 ────→ [抹消登記]

登記と実体の原始的不一致 ── 是正登記 ┬→ [抹消登記]
                                     ├→ [更正登記]
                                     └→ [抹消回復登記]

登記名義人の氏名，住所と実体の不一致 ──→ [名変登記]
```

の移転のための**特定移転登記**の4つの登記手続に細分できることになる。

また，**変更登記**は，登記事項に変更が生じた場合，それを変更する機能をもつ登記手続の種類をいい，**更正登記**は，登記事項に誤りがある場合，一部訂正する機能をもつ登記手続の種類をいう。名変登記は，変更登記または更正登記の一種であるが，申請方式が他の変更登記または更正登記と異なるため（法64），便宜，**名変登記**を別個の種類の登記手続として細分することになる。

さらに，**抹消登記**は，登記事項の全部を法律上消滅させる機能をもつ登記手続の種類をいい，**抹消回復登記**は，誤った更正登記や抹消登記によって抹消する記号（下線）が付された登記事項を再公示する機能をもつ登記手続の種類をいう。

これら9つの登記手続を，本書では，**登記の種類**とよぶことにする。法は，登記の種類ごとに，最適の申請および登記の実行の手続を規定していることに

なるため，登記の種類ごとに**適法申請の本質3要素の枠組み**（法定登記事項の枠組み，申請方式の枠組み，課税方式の枠組み）が決まることになり，登記の種類は，申請手続の**類型**として機能する。

この理解を前提として，登記の種類ごとに法定登記事項の枠組み，申請方式の枠組み，課税方式の枠組みを図解したものを，本書では**申請手続の骨格**とよぶことにする（下図参照）。

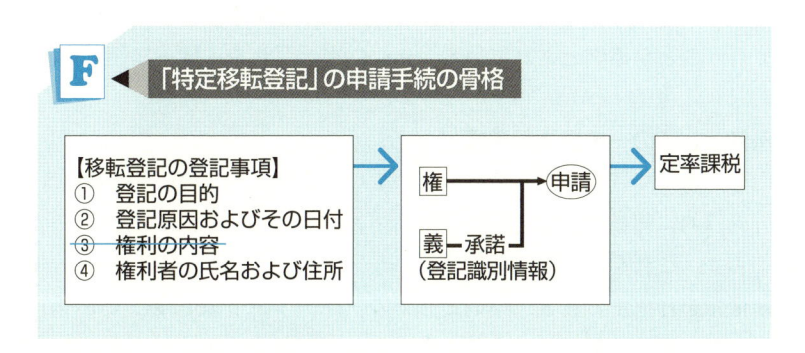

F ◀ 「特定移転登記」の申請手続の骨格

【移転登記の登記事項】
① 登記の目的
② 登記原因およびその日付
③ ~~権利の内容~~
④ 権利者の氏名および住所
→ 権 ┐
　　 ├ 申請
　義 ┴ 承諾
　　（登記識別情報）
→ 定率課税

登記の種類を判断すれば，それに対応して当然に**申請手続の骨格**が決まることになり，適法申請の本質3要素の具体的な内容は，その枠組みに沿って，これを決定すれば足りることになる。

これは，**登記の種類の判断**が的確であり，それに応じた申請手続の骨格がとらえられているかぎり，答案に構造的なミスは生じていないことを意味する。これを裏返せば，登記の種類の判断を誤れば，それに連動して適法申請の本質3要素の枠組みを誤ることになり，この判断ミスは，構造的ミスとして答案の致命傷に繋がりかねないことになる。

結論として，実体判断の成果をどのように手続に乗せるのかといえば，**登記の種類の判断**によってそれを行っていることになる。

設例では，甲土地の売買契約は，権利変動の登記の原因関係であり，その法律効果は民法177条の**変更**に相当し，登記の対象となる権利変動は権利主体の変更として法3条の**移転**となる。

登記の種類は，新たに所有権を取得した買主Bを登記名義人として記録するための**記入登記**となり，移転原因は相続または合併による移転ではないため，**特定移転登記**と判断できることになる。なお，「登記の種類の判断」の詳細は，第2部のFコンStep1でこれを説明する。

（2） 一申請の判断

① 原則としての一件一申請情報主義

登記の対象となる権利変動が複数ある場合，当事者申請主義によって，本来，当事者はそれをまとめて1つの申請情報により申請することも，1つひとつ分けて申請情報を作成して申請することも自由のはずである。しかし，一不動産一登記記録主義を前提に，誤って登記がされることを防止するため上記の原則は修正され，登記の申請は1つの不動産の1つの登記事項を1つの申請情報によって行うことが原則とされている（令4本文）。これを一件一申請情報主義という。

② 例外としての一申請情報申請

ただし，誤って登記がされるおそれが少ないなど，一定の要件をみたす場合には，例外的に複数の登記を1つの申請情報にまとめて申請することが可能とされており，これを一申請情報申請という（令4ただし書，規35⑧～⑩）。

申請情報を作成する場合，原則としての一件一申請情報主義によるのか，例外としての一申請情報申請によるのかによって，申請の個数が決まることになる。この判断を本書では一申請情報申請の判断（以下，単に「一申請の判断」という）とよぶことにする。

一申請の判断は，書式の問題が連件申請として出題される場合には，答案全体のフレームを決めるきわめて重要な判断となる。

設例では，原因関係が甲土地の売買契約1個であり，申請する登記もこれに対応し甲土地の特定移転登記1個である。したがって，一申請の判断は問題とならず，原則どおり一件一申請情報主義によって1個の登記を申請すれば足りることになる。なお，「一申請の判断」の詳細は，第3部のFコンStep2でこれを説明する。

（3） 登記の連続性の判断

上記の一申請の判断によって申請の個数が決定されれば，中間省略登記禁止の原則により，発生した権利変動をすべて登記しなければならないため（民177），申請すべき登記を，原因関係の発生順に整理し，これを暫定的な申請の順序とする。

この暫定的な申請の順序を登記の連続性原則によって検証する。すなわち，申請する登記は，既存の登記記録と主体（申請情報に当事者として記載する登記権利者および登記義務者），客体（申請情報に記載する登記の目的），行為（申請情報

に記載する登記原因およびその日付）のすべてについて論理的に整合しなければならないため，不整合があれば，それを解消できるような前提登記の申請が必要となるか，また，複数の申請をする場合には，不整合を解消できるように申請の順序を修正することが必要となる。

本書では，登記の連続性の原則を使った判断を**登記の連続性の判断**とよぶことにする。この判断は，申請する登記の個数と申請順序を最終的に確定させる判断であるため，書式の問題が連件申請として出題される場合には，答案全体のフレームを決めるきわめて重要な判断となる。

設例では，申請内容となる登記権利者Bは，新たに登記名義人として登記されるため，直接に利益を受ける者との定義をみたし（法2⑫），登記義務者Aは，甲土地の登記名義人として登記義務者の定義をみたし（法2⑬），かつ，申請情報に記載する氏名（名称）および住所が登記記録上の登記名義人のそれと合致するため既存登記と論理的に整合する（法25⑦）。

また，登記の目的となる権利は甲土地の所有権の全部であり，既存の登記記録と論理的に整合し（法25⑥），さらに，原因および日付である平成28年7月1日売買は，既存の登記記録と論理的に整合する（法25⑤）。

その結果，設例では，何らの前提登記を要せず，売買契約による特定移転登記を申請できることになり，特定移転登記1個のみとして，申請の個数と申請の順序を最終決定できることになる。なお，「登記の連続性の判断」の詳細は，第3部のFコン Step 2 でこれを説明する。

（4） 架橋判断のまとめ

前記 **25** の実体判断の成果は，**登記の種類の判断**により，それを手続に乗せることになり，登記の種類に対応した申請手続の骨格により**個々の登記の答案のフレーム**が決まることになる。

また，**一申請の判断**および登記の連続性の判断によって，申請の個数と申請の順序が決定され，これによって**答案全体のフレーム**が決まるため，これらの判断も実体判断の成果を，どのような手続として実現するのかを支える重要な判断となる。

これら一連の判断は，実体法（主に民177）と手続法（主に法3）を使い，実体法と手続法の領域とを**架橋**する役割を果たしているため，本書では，これらの判断を総称して**架橋判断**とよぶことにする。

27　手続判断

　架橋判断により，登記の種類ごとの申請手続の骨格を把握し，申請する個数と申請の順序が決定できれば，最後に，申請手続の骨格を肉付けするかたちで，適法申請の本質3要素を具体的に判断し，それを申請情報として下記様式例の要領で記載する。書式の問題でいえば，この段階で，答案に書くべき具体的な内容が決定されることになる。

　この判断は，不動産登記法令などの手続法を使ってする判断であるため，本書では，この判断を**手続判断**とよぶことにする。

　なお，手続判断の詳細は，**Ｄコン**の問題であり，この点について本書では取り扱わない。

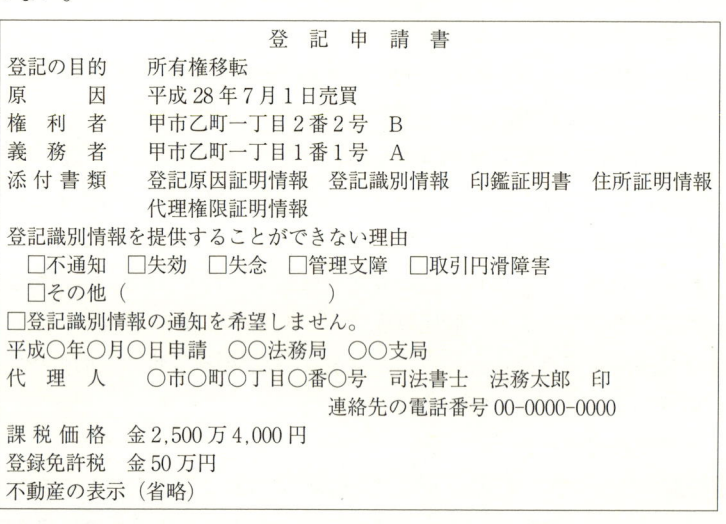

```
　　　　　　　　　　登　記　申　請　書
登記の目的　　　所有権移転
原　　因　　　　平成28年7月1日売買
権　利　者　　　甲市乙町一丁目2番2号　Ｂ
義　務　者　　　甲市乙町一丁目1番1号　Ａ
添付書類　　　　登記原因証明情報　登記識別情報　印鑑証明書　住所証明情報
　　　　　　　　代理権限証明情報
登記識別情報を提供することができない理由
　　□不通知　□失効　□失念　□管理支障　□取引円滑障害
　　□その他　（　　　　　　　　　）
□登記識別情報の通知を希望しません。
平成○年○月○日申請　　○○法務局　　○○支局
代　理　人　　○市○町○丁目○番○号　司法書士　法務太郎　印
　　　　　　　　　　　　　連絡先の電話番号00-0000-0000
課税価格　　金2,500万4,000円
登録免許税　金50万円
不動産の表示（省略）
```

4－3　書式の問題の解き方とＦコン・Ｄコンとの関係

28　書式の問題の解き方とＦコン・Ｄコンとの関係

（1）　連件申請の出題形式に対応する新たな学習方法

　連件申請による出題の本質は，申請の個数と申請順序の判断を誤れば，**欄ズレにより0点**となり，第1段階の学習目標である基準点すらクリアできない点にある。これに対応するための新たな書式の学習モデルは，前記**5**で述べたとおり，ＦコンとＤコンの2段階に分けての学習方法である。

　すなわち，第1段階として，答案の**個別フレーム**に相当する連件申請を構成

する個々の登記の「申請手続の骨格」と，答案の全体フレームに相当する申請の個数および申請順序の判断を学習し，答案をドラフト（設計）できるようにするＦコンを学習する。

　また，第２段階の学習では，手続判断によりＦコンで判断した答案の枠組みに具体的な適法申請の本質３要素を決定して流し込むことで答案内容を確定すると共に，法的判断によって登記原因証明情報の内容となる要件事実を指摘できるようにするＤコンを学習することになるという流れである。

（２）　Ｆコン，Ｄコンと書式の解き方との関係

　書式の学習をＦコンとＤコンの２段階ですることに対応して，連件申請の書式の問題の解き方もこの学習順序に対応して，まず，第１段階でＦコンによって答案のフレーム（枠組み）をドラフト（設計）し，第２段階でＤコンによってその枠組みに肉付けするかたちで，答案を作成する要領でこれを解くことになる。

　これは，4-2 で説明した「実体判断」，「架橋判断」，「手続判断」を順に行う正攻法としての書式の解き方とは，一見すると大きく異なるように思えるが，実は，各判断作業の構成要素に優先順位をつけて，判断作業を再整理したものにすぎない。

　Ｆコンの個別フレームである申請手続の骨格は，架橋判断のうちの登記の種類の判断を行えばそれに連動して当然に決定されるものであるため，その判断は登記の種類の判断そのものである。

　また，登記の種類の判断は架橋判断に位置づけられているため，当該判断を行うための前提となる実体判断のうち当該判断を行うための最低限の判断である法律構成の判断，原因関係の判断を抜き出してそれに加えたものとなっている。

　さらに，Ｆコンの全体フレームである申請の個数および申請順序の判断は，架橋判断のうちの一申請の判断と登記の連続性の判断を抜き出したものである。

　加えて，Ｄコンの学習対象となる「手続判断」は，正攻法の手続判断そのものであり，それに実体判断の法的判断を加えたものにすぎない。

　この整理によって，書式の問題を解くために必要な「実体判断」，「架橋判断」，「手続判断」の各判断作業は，これをＦコンとＤコンに再編成できることになる（次頁参照）。

　また，書式の試験の構造は，これを模擬の登記業務として申請手続の構造と

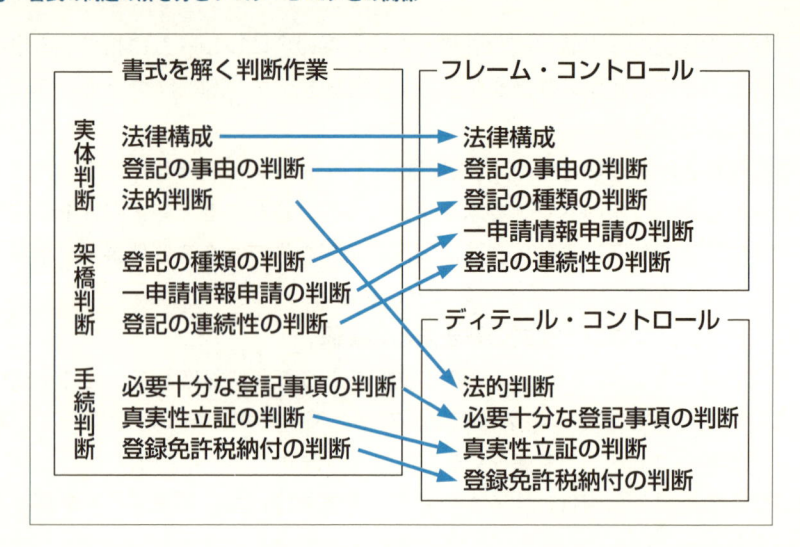

28 書式の問題の解き方とFコン・Dコンとの関係

```
┌─ 書式を解く判断作業 ──┬─ フレーム・コントロール ──┐
│ 実  法律構成 ──────→ 法律構成                      │
│ 体  登記の事由の判断 ──→ 登記の事由の判断          │
│ 判  法的判断              登記の種類の判断          │
│ 断                        一申請情報申請の判断      │
│                           登記の連続性の判断        │
│ 架  登記の種類の判断 ────────────────────┤
│ 橋  一申請情報申請の判断  ┌─ ディテール・コントロール ─┐
│ 判  登記の連続性の判断    │                              │
│ 断                        │                              │
│ 手  必要十分な登記事項の判断 → 法的判断              │
│ 続  真実性立証の判断      → 必要十分な登記事項の判断 │
│ 判  登録免許税納付の判断  → 真実性立証の判断         │
│ 断                        → 登録免許税納付の判断     │
└─────────────────────────────────────────┘
```

同様のものととらえることができるだけでなく，書式の試験を**Fコン**と**Dコン**を**構成要素**とし，Fコンによって答案のフレーム（枠組み）をドラフトし，Dコンによって答案の枠組みに具体的な情報を肉付けして解き進める構造として，これをとらえ直すことが可能となっている。

◆第2部◆

フレーム・コントロール Step 1

―個別フレームの判断―

　答案の枠組み（フレーム）を判断する「フレーム・コントロール」は，「申請の個数と申請順序」という答案全体の枠組み（全体フレーム）を判断する要素と，連件申請を構成する個々の登記の答案の枠組み（個別フレーム）を判断する要素から成り立っている。

　このうち第2部で学習するのが，「個別フレーム」の判断である。不動産登記の「登記の種類」は，申請手続の「類型」となっているため，登記の種類ごとに必要かつ十分な登記事項の主張，その真実性の立証，登録免許税の納付方法といった「適法申請の本質3要素」の概要が共通する。それを図解したものが「申請手続の骨格」であり，これが連件申請を構成する個々の登記の個別フレームそのものとなる。

　そこで，第2部では，個別フレームの判断として「登記の種類の判断」にいたるまでの思考プロセスと個別フレームである「申請手続の骨格」の内容を学習する。

　登記の種類が判断できた時点で，個別フレームである申請手続の骨格が明確に頭のなかに浮かぶようになることを目標に学習してほしい。

第1章

法律構成および原因関係の判断（基本）

1-1　Fコンの基礎概念

29　Fコンの構造

(1) Fコンの構造と学習の流れ

「Fコン」（フレーム・コントロール）は，答案のフレーム（枠組み）をドラフト（設計）する技術である。

個々の登記の答案のフレームを**個別フレーム**といい，これは登記の種類の判断に伴って決定される**申請手続の骨格**がそれに相当するため**登記の種類の判断**によって行うことになる。

また，答案全体のフレームを**全体フレーム**といい，これは申請の個数および申請順序を決定するための**一申請の判断**および**登記の連続性の判断**によって行うことになる。

このように**Fコン**は，**個別フレームの判断**と**全体フレームの判断**を構成要素とする構造となっている。そこで，要素別に学習を進めるため，個別フレームの判断をStep 1として，第2部において**登記の種類の判断**を中心に学習し，全体フレームの判断をStep 2として，第3部において**一申請の判断**および**登記の連続性の判断**を中心に学習していくことにする。

(2) Fコンの前提となる実体判断

Fコン Step 1で学習する**登記の種類の判断**は，本来，**架橋判断**（**26**）に属する判断である。架橋判断は，実体判断を前提とする判断であるため，最低限の**実体判断**を経て行うことが必要となる。登記の種類の判断をするために，最低限しなければならない実体判断は，**法律構成の判断**（**25 (1)**）および**原因関係の判断**（**25 (2)**）である。

法律構成の判断とは，事実に着目し，それがどのような法律関係の要件事実であるのかという観点から，問題に含まれる法律関係を考える判断である。これは，**法律要件論**が問われる領域である。

また，**原因関係の判断**とは，法律構成した法律関係に含まれる法律効果に着

目し，それが登記の対象となる法律効果を含むか否かの観点から，原因関係のみを選別する判断である。これは，**法律効果論**が問われる領域である。

これら一連の判断は，**事実**を**法**に**翻訳**する作業といえるものである。法律要件論である法律構成の判断，法律効果論である原因関係の判断が，車の両輪として翻訳作業を支える要素となっている。

また，原因関係の判断は，申請の個数の判断に密接に関係する。原因関係は，登記の対象となる権利変動を含む法律関係であるため，中間省略登記禁止の原則から，発生した権利変動をすべて登記しなければならず，原則として，1つの原因関係に対して対応する登記は1つとなり，申請の個数は1つとなる。ただし，後に述べるとおり①原因関係が存在しながら申請が省略できる場合，②複数の法律関係を1つの原因関係として評価すべき場合，②中間省略登記が例外的に許される場合など申請の個数が減少する例外や1つの法律関係を複数の原因関係として評価することで申請の個数が増加する例外が存在する。

したがって，原因関係の判断は，Fコン Step2 で扱う**申請の個数**とも密接な関係を有し，きわめて重要な判断として位置づけられることになる（例外を含めて，その詳細は第3部で説明する）。

30 民法と登記実体法との関係

従来，法律構成の判断および原因関係の判断は，民法の学習成果であり，これら一連の作業が正確に行えないのは，**民法の学習不足**と評価されていた。これら一連の判断の根拠法は，主に民法であり，多くの点において，その評価が妥当することは否定できない。

しかし，**逆もまた真であるか**の観点から考えた場合，すなわち，択一式試験の民法を全問正解できる知識・スキルがあれば，誤りなく法律構成の判断および原因関係の判断ができるかと問われれば，その保障はないと答えざるをえない。

登記で問題となる法律関係の中には，①通常の民法の学習領域ではあまり触れられていない法律関係，②民法の学習よりも深く，細やかな場合分けが要求さる法律関係，③先例や実例の知識を前提としなければ判断できない法律関係，④登記の状態を確認しなければ判断できない法律関係など，通常の民法の

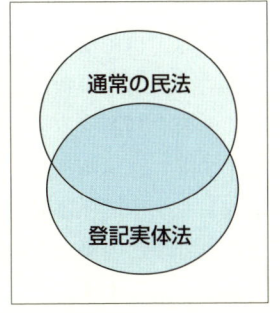

学習領域では、カバーできない法律関係が含まれているからである。

このような現象は、何も登記にかぎった話ではない。たとえば、民事訴訟手続は、実体法に基づいて裁判をしなければならないため（裁3参照）、民法の知識が前提となる。しかし、そこで問題となる民法は、行為規範としての民法ではなく、要件事実論に象徴されるような裁判規範としての民法であり、通常の民法の学習のみでは、十分に対応できない状況となっているからである。

これは、不動産登記を学習する場合、過不足のない対応をするための民法の領域が、通常の民法の学習領域とは別に観念できることを意味し、本書では、このような民法の領域を「**登記実体法**」とよぶことにする。

したがって、不動産登記を正しく処理するには、前提として**民法**の学習が必要となるという話を正確に説明するとすれば、それは単なる民法ではなく、登記実体法としての民法を学習しなければならないことを意味することになる。

本書では、登記実体法としての民法の主要論点を取り上げており、試験対策としては、本書をとおして登記実体法としての民法を学べば足りることになる。

1-2 法律構成の判断

31 法律構成の判断の考え方
（1） 意義
登記の種類を判断する前提となる「**法律構成の判断**」とは、問題に示されている事実に着目し、その事実からどのような法律関係が考えられるのかを、考える判断をいう。

（2） 判断の原則
ある法律関係の存否は、「**法的判断**」によってしか認識できないため（**25（3）**）、法的判断を使って法律構成を行うことになる。まず、事件に含まれる事実関係に着目し、自由な発想で考えられる法律関係を考える。

次いで、自分の考えた法律関係を発生させる要件事実をチェックして法律構成の適否を判断する。

その際、法律関係を発生させる要件事実が存在していなければ、自分が法律構成した法律関係は最初から存在しないことになり、法律構成が誤っていることになる。この場合、再度、他の法律関係を法律構成し直し、要件事実を使って同様の検証をする。

他方，法律関係を発生させる要件事実が存在していれば，法律構成の判断は正しいことになり，次の原因関係の判断に進むことになる。

このようにみずからがした法律構成の適否は，要件事実のチェックにより簡単に検証することが可能である。また，法律構成を誤ったとしても，再度，別の法律構成を考えれば足りるため，法律構成は，自由な発想で行うことのできる試行錯誤の判断となっている。

（3） 検証に使う要件事実の呼称

さて，法的判断に使う要件事実の呼称について，民事訴訟手続では，ある法律関係を発生させる要件事実を請求原因事実，その発生効果を否定する法律効果（消滅，障害，阻止）の要件事実を抗弁事実，抗弁事実の否定効果を再否定する法律効果の要件事実を再抗弁事実，再抗弁事実の否定効果を再々否定する法律効果の要件事実を再々抗弁事実，再々抗弁事実の否定効果を再々再否定する法律効果の要件事実を再々再抗弁事実とよぶのが通例である。

しかし，不動産登記手続では，登記原因証明情報の必要的添付により法的判断を使うことが必須となってから約10年が経過している現在でも，遺憾ながらいまだに要件事実の呼称が実務上確立していない。

ことは，単に要件事実の呼称の問題であるため，民事訴訟手続と同様の呼称を使っても差し支えない。しかし，これに心理的な抵抗を覚える受験生がいないとはかぎらないため，本書では，請求原因事実に相当する要件事実を登記根拠事実，抗弁事実に相当する要件事実を否定事実，再抗弁事実に相当する要件事実を再根拠事実，再々抗弁に相当する要件事実を再否定事実，再々再抗弁に相当する要件事実を再々根拠事実とよぶことにする。

（4） まとめと問題点

以上の検討から法律構成の判断は，本来，事実に着目し，考えられる法律関係を自由に考える作業であるが，法的判断による検証作業を考慮すれば，問題に示されている事実が，どの法律関係の登記根拠事実にあたるのかという観点から，法律構成を行うほうが効率的となる。

このように法律構成の判断は，本来，通常の民法の知識を使って気軽に，簡単にすることができるものである。

ただし，①遺言相続のように遺言書の解釈をしなければ正確に法律構成ができない法律関係，②判断に使う要件事実が類似しており，前提となっている共有の性質がわからなければ正確な法律構成できない法律関係など，登記実体法

を意識して法律構成しなければならない法律関係がある。これら法律構成の判断に論点がある法律関係は、第3章でまとめて説明する。

1-3 原因関係の判断

32 原因関係の判断の考え方
(1) 意義
　法律構成により、事件に含まれる**法律関係**が判断できたら、次に、法律構成の判断で把握した法律関係に含まれる**法律効果**に着目し、それが登記の対象となる法律効果か否かを判断する。本書では、登記の対象となる法律効果を含む法律関係を**原因関係**といい、法律関係が原因関係にあたるか否かの判断作業を**原因関係の判断**という。

　不動産登記は、**権利変動の登記**、**是正登記**、**名変登記**の3つに分類できるため（**19(5)**）、これを前提として、原因関係の判断は、次の要領で行うことになる。

(2) 「権利変動の登記」の判断
　法律構成した法律関係に含まれる**法律効果**が、登記の対象となる権利の権利変動であれば、その法律関係は**権利変動の登記の原因関係**となる。

　より具体的には、まず、①法律関係に含まれる法律効果が民法177条に規定されている権利の「得喪及び変更」、すなわち「**発生，変更，消滅**」の3つの効果のうちのどれに該当するのかを判断する。

　次いで、②それが不動産登記法3条の登記の対象となる権利変動である「**保存，設定，移転，変更，処分の制限，消滅**」の6つのうちの、いずれに該当するのかを判断することで、どのような態様の権利変動の登記の原因関係なのかを判断する。

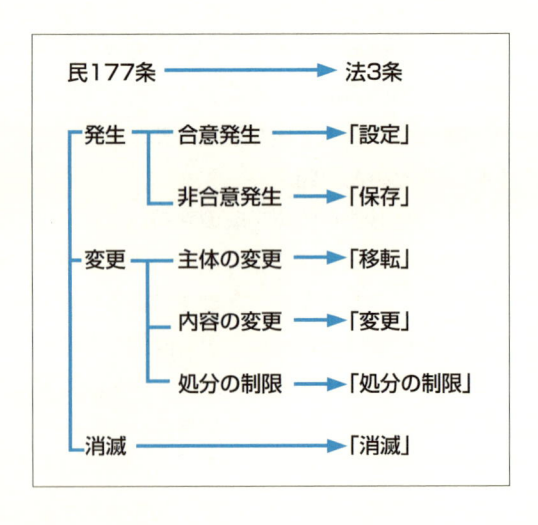

```
民177条　─────────→　法3条

┌発生─┬─合意発生　──→「設定」
│　　　└─非合意発生　→「保存」
│
├変更─┬─主体の変更　→「移転」
│　　　├─内容の変更　→「変更」
│　　　└─処分の制限　→「処分の制限」
│
└消滅　───────────→「消滅」
```

原因関係の判断で，ここまでのレベルの判断をすれば，Ｆコン Step 1 の目的である登記の種類の判断をよりスムーズに行えるようになるため，必ず民法177条，法3条と順に判断を進めることを励行すべきである。くれぐれも売買だから移転のように暗記してはならない。これでは自分にとって未知の法律関係が出題された場合には，お手上げとなってしまうからである。

（3） 是正登記の判断

法律関係に含まれる法律効果が，既登記と実体の原始的な不一致を示すものであれば，その法律関係は，是正登記の原因関係と判断する。

このような法律効果とは，既登記が登記をした時点から実体と食い違いが生じていること（これを原始的不一致という）を示す事実である場合がその典型である。したがって，既登記の原因関係の事実がことさら示されている場合には，その法律効果と既登記を比較してチェックすることが必要となる。

また，法律構成した法律関係に含まれる法律効果が，過去にさかのぼる遡及効である場合には，その遡及効によりすでにされている登記が最初から誤ってされた登記であると評価できる場合もその法律関係は，是正登記の原因関係となる。

（4） 名変登記の判断

① 判断の原則

問題に示されている事実が，登記名義人の氏名（名称）または住所と実体との不一致を示すものであれば，当該事実は名変登記の原因関係となる。

ただし，名変登記の原因関係については，名変登記が許されない例外，名変登記の申請を省略できる例外が認められているため，名変登記の可否および名変登記の要否をチェックして，それが本当に原因関係となるか否かを検証しなければならない。

② 名変登記の可否判断

名変登記は，変更登記または更正登記の一種であるため，名変登記の対象となる登記が，現に効力を有する登記でなければ，本来，名変登記の原因関係となる事実が存在してもそれに基づいて名変登記を申請することができない（詳細は **60（2）**）。

③ 名変登記の要否判断

名変登記は，登記名義人の特定要素を現状に一致させるための手段となる技術的な登記であるため，①所有権以外の権利の抹消登記で登記義務者に名変原

因がある場合，②相続による権利移転の登記で被相続人に名変原因がある場合，③行政区画の変更があった場合には，便宜，名変登記の原因関係が存在しても名変登記の申請を省略することが認められている（詳細は **60（3）**）。

（5） 判断の問題点

このように原因関係の判断は，不動産登記の３つの登記に応じて上記の要領で判断すれば足りる作業であるため，本来，決して難しい判断ではない。

しかし，**29（2）**で述べたとおり，原因関係と申請の個数との間には密接な関係があり，Ｆコン Step 2 の申請の個数の判断に影響することで，全体フレームの判断に影響を及ぼす法律関係，原因関係も存在する。この場合，その判断ミスは，答案にとって致命傷となりかねないため，これらの論点は，第３部第１章の申請の個数の判断でまとめて説明する。

第2章
登記の種類の判断（基本）

2－1　総論

33　原因関係と登記の種類の関係
（1）　不動産登記の3分類と原因関係
　法律構成の判断により事件に含まれている法律関係を把握し，原因関係の判断により原因関係を他の法律関係から選別できたら，判断した原因関係が「権利変動の登記」「是正登記」「名変登記」のいずれの原因関係であるかに着目し，登記の種類を判断する。

　これは，3分類した登記ごとに登記の種類の判断方法が異なるからである。以下，3分類した登記ごとに登記の種類との関係を説明する。

（2）　「権利変動の登記」と「登記の種類」の関係
①　権利変動の登記で問題となる登記の種類
　登記は，その対象，記載内容，登記の形式などさまざまな観点から分類が可能であり，これら分類された登記を広い意味で「登記の種類」という。

　本書では，登記の記載内容に着目して登記を分類した「登記の種類」を問題とする。登記の記載内容に応じて最適な登記の申請および登記の実行のための手続が規定されているからである。

　権利変動の登記では，登記の対象となる権利変動に対応して，「記入登記」，「変更登記」，「抹消登記」の3つの登記の種類が用意されている（幾代通『不動産登記法』55～56頁〔有斐閣，第4版〕，山野目章夫『不動産登記法』44～49頁〔商事法務，初版増補〕）。

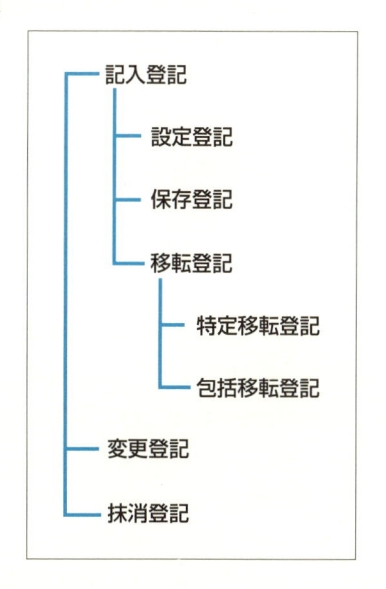

```
─ 記入登記
    ├─ 設定登記
    ├─ 保存登記
    └─ 移転登記
        ├─ 特定移転登記
        └─ 包括移転登記
─ 変更登記
─ 抹消登記
```

② 記入登記

「記入登記」とは，講学上の概念であり，新たな登記原因に基づき，登記名義人などの新たな登記事項を登記簿（登記記録）に記録する登記をいう。

登記の対象となる権利変動のうち非合意による権利の発生（先取特権の発生）およびはじめてする所有権を公示する保存，合意による権利の発生を公示する設定，権利主体の変更を公示する移転が（法3），これに属することになる。その意味で，記入登記はこれを「保存登記」，「設定登記」，「移転登記」の3つの種類に細分できることになる。

さらに，移転登記は，移転原因が相続または合併の場合には，例外的に登記権利者からの単独申請が許されており（法63Ⅱ），それ以外の移転原因の場合には，原則どおり登記権利者および登記義務者からの共同申請によらなければならず（法60），申請方式が異なる。したがって，本書では，移転原因が相続または合併による移転登記を包括移転登記とよび，それ以外の移転原因による移転登記を特定移転登記とよび，移転登記をさらに2つの種類に細分している。

③ 変更登記

「変更登記」とは，（権利主体の変更を除き）既登記に対応する実体関係が後発的に変化した場合に，登記を実体関係に一致させる登記をいう。登記の対象となる権利変動のうち権利内容の変更を公示するための変更（法3），登記事項が変更した場合に当該登記事項を変更させる変更登記（法2⑮）がこれに属することになる。

ただし，債権額（極度額）の増加は，変更対象となる担保権の変更登記として公示されることになるが（法66），当該変更登記は，増加する債権額（極度額）部分について設定登記の実質があるため設定登記の実質を有する変更登記とよばれている。

また，民法376条の転抵当は，処分対象となる担保権の変更登記として公示されるが（規3④），当該変更登記は，転抵当が実質的に担保権を目的とした新たな担保権の設定登記と解することができるものであるため，この変更登記も設定登記の実質を有する変更登記とよばれている。

④ 抹消登記

「抹消登記」とは，既登記の登記事項の全部を法律上消滅させるための登記をいう。登記の対象となる権利変動のうち権利内容の消滅を公示する消滅（法3）が，これに該当する。

ただし、登記の対象となる権利変動が一部消滅である場合、上記の抹消登記の定義から抹消登記を用いて公示することはできず、一部抹消登記という種類の登記も存在しない。

そこで、この場合には、一部消滅原因が後発的に生じたものであれば、登記の種類として変更登記を選択し、一部消滅原因が登記をした時点よりも前に原始的に存在していれば登記の種類として更正登記を選択する。この場合の変更登記または更正登記は、一部抹消登記の実質を有する変更登記または更正登記とよばれている。

⑤ 権利変動の登記の「登記の種類」の判断原則

以上から、権利変動の登記における登記の種類は、記入登記としての保存登記、設定登記、移転登記をさらに細分した特定移転登記、包括移転登記のほか、変更登記、抹消登記の計6つとなる。なお、以下の説明では、記入登記であることが特別の意味をもつ場合を除いて、単に保存登記、設定登記、特定移転登記、包括移転登記と表記することにする。

権利変動の登記の登記の種類の判断は、原則として、原因関係の判断で把握した登記の対象となる権利変動（法3）に着目してこれを行う。ただし、例外的な判断を求められる場合もあり、その詳細については、各登記の種類の箇所で説明する。

（3）「是正登記」と「登記の種類」の関係

① 是正登記で問題となる登記の種類

是正登記では、既登記の登記事項の全部を法律上消滅させる抹消登記、既登記の一部を訂正する更正登記、抹消する記号（下線）が付された登記を回復するための抹消回復登記という3つの登記の種類が用意されている。

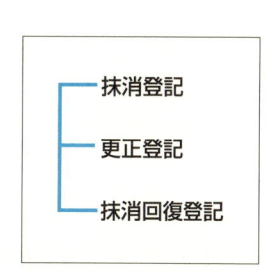

```
┌─ 抹消登記
├─ 更正登記
└─ 抹消回復登記
```

② 判断の原則

是正登記は、登記と実体の原始的不一致の場合にされる登記であるため、誤ってされている登記事項の全部を法律上消滅させて、正しく登記をやり直すというのが原則的な発想となる。したがって、原則的な登記の種類は「抹消登記」となる。

③ 更正登記の例外

しかし、上記の原則的な発想では、抹消の対象となる登記の対抗力がすべて

失われることになり、登記の誤りが軽微な場合には、登記名義人に酷な結果となる。

そこで、①登記と実体とが原始的に不一致であり、②更正の前後で登記の同一性が維持されるという手続要件をみたす場合には、例外的に誤った部分のみを一部訂正する更正登記を選択することが可能となる（法2⑯）。ちなみに、法67条の登記の更正とは、登記官の過誤による登記を是正する登記手続を意味し、更正登記を含みそれよりも広い概念となっている（清水響編著『Q&A不動産登記法』218頁〔商事法務〕）。

これをふまえると、是正登記の種類は、まず、例外である更正登記の手続要件を検討し、原則である抹消登記か、例外としての更正登記か、を選択することが判断の第1歩となる。

④ 抹消回復登記の例外

抹消登記をする場合、独立の順位番号を付して抹消登記が実行されるだけでなく、抹消対象となる登記には、抹消する記号（下線）が付される（規152Ⅰ）。また、変更登記または更正登記をする場合、原則として変更または更正前の登記事項にも抹消する記号（下線）が付される（規150）。

誤って抹消登記または変更もしくは更正登記がされた場合、誤ってされた抹消登記等を抹消するだけでは、抹消する記号（下線）が付された登記事項は復活しない。そこで、抹消する記号（下線）が付された登記事項を回復する手段として「抹消回復登記」が設けられている（法72）。

したがって、是正登記の登記の種類は、第1段階で抹消登記または更正登記のいずれかを選択した後、その対象となる登記が、①不適法にされた抹消登記または変更もしくは更正登記であり、②抹消する記号（下線）が付された登記事項が真の登記事項であるという手続要件をみたす場合には、抹消登記または更正登記に代えて、抹消回復登記を選択すべきことになる。

(4)　「名変登記」と「登記の種類」との関係

① 名変登記で問題となる登記の種類

名変登記の原因関係に対応する登記の種類は名変登記である。名変登記は、変更登記または更正登記の一種であるため、名変登記では、変更登記としての名変登記と「更正登記」としての名変登記と2つの登記の種類が用意されている。

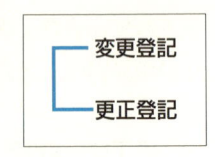

```
┌─ 変更登記
└─ 更正登記
```

② 判断の原則

　名変登記の登記の種類は，名変登記の対象となる登記がされた時点を基準として，登記名義人の表示と現状との不一致が後発的に生じた場合には「変更登記」を，原始的に生じている場合には更正登記を選択する。

　ただ，名変登記は，①管轄登記所が同一であれば，②同一の登記名義人であるかぎり，広く一申請が認められている（規35⑧）。これにより権利変動の登記や是正登記と異なり，変更登記と更正登記が混在する名変登記を一申請することが可能であり，申請すべき名変登記の登記の種類が常に変更登記または更正登記のいずれかに決まるわけではない点に注意しなければならない。

34　登記の種類と申請手続の骨格との関係

　33の検討により，権利変動の登記，是正登記，名変登記を処理するための登記の種類は，設定登記，保存登記，特定移転登記，包括移転登記，変更登記，抹消登記，更正登記，抹消回復登記，名変登記の計9つとなる。

　法は，これら「登記の種類」ごとに最適の申請手続および登記の実行手続を規定している。その結果，登記の種類ごとに適法申請の本質3要素の枠組み（法定登記事項の枠組み，申請方式の枠組み，課税方式の枠組み）が決まることになり，登記の種類は申請手続の類型として機能する。

　これをふまえて，登記の種類ごとに適法申請の本質3要素の枠組みを図解したものが申請手続の骨格である（下図参照）。申請手続の骨格は，登記の種類ごとの申請手続の構造を示すものであり，申請する個々の登記の答案のフレーム，すなわち個別フレームを示すものとなる。Dコン（ディテール・コントロール）では，手続判断をすることで，個別フレームに該当する具体的な情報内容を決定

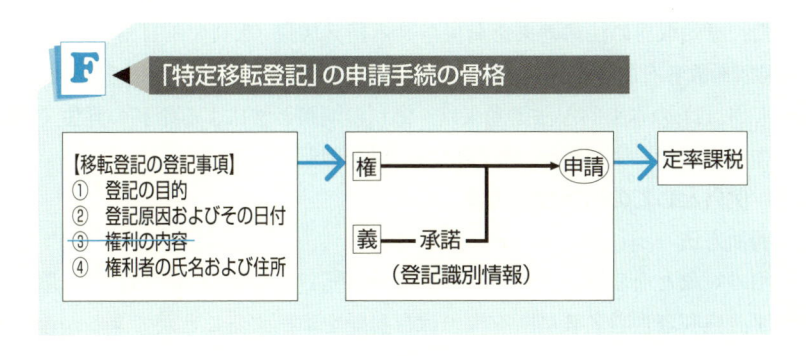

F　「特定移転登記」の申請手続の骨格

【移転登記の登記事項】
① 登記の目的
② 登記原因およびその日付
③ ~~権利の内容~~
④ 権利者の氏名および住所

権　─┐
　　　├─ 申請 → 定率課税
義 ─ 承諾
（登記識別情報）

し，これを個別フレームに流し込むことで答案を完成させることになる。

登記の種類を判断すれば，それに連動して申請手続の骨格が決まることになるため，登記の種類の判断は，**個別フレーム**を決定するための「**核**」となる判断となり，Ｆコン Step 1 の中心的な判断と位置づけられることになる。

なお，Ｆコン Step 1 の学習目標は，**登記の種類**を正確に判断できるようにすることであるが，その際，登記の種類に対応する**申請手続の骨格**が頭の中で，明確にイメージできるように学習しなければならない。これこそが**個別フレーム**そのものだからである。

2－2　特定移転登記

35　特定移転登記の「登記の種類の判断」方法

（1）　原則的な判断方法

権利変動の登記の原因関係のうち，権利の種類を問わず，①登記の対象となる権利変動が**移転**であり（法3），②移転原因が相続または合併以外の場合（法63Ⅱ参照），登記の種類は**特定移転登記**と判断する（売買につき昭59，昭62，平4，平14，平15，平19，平20，平21，平25，平26）。

移転原因が，相続または合併である場合が除かれるのは，これらの場合，申請方式が登記権利者からの単独申請に修正され（法63Ⅱ），登記の種類を「包括移転登記」と判断しなければならないからである。したがって，(部分的)包括移転効果を発生させる**会社分割**（平16，平23），**事業譲渡**の登記の種類は**特定移転登記**となり，また，移転原因が**遺贈**であれば，それが包括遺贈（全部包括遺贈，または割合的包括遺贈）であっても，登記の種類は**特定移転登記**となる（遺贈につき平元，平25，遺留分減殺につき平7，平24）。

また，原始取得の法律効果を発生させる**持分放棄**（大判大3.11.3，民法255による特別縁故者不存在確定につき平22），**取得時効**（大判大14.7.8，明44.6.22民414回，平17）の本来的な法律効果は，権利の**消滅**と法による権利の**発生**であるが，先例，判例により登記の種類は**特定移転登記**となる。

（2）　例外としての保存登記代替

①　判断方法

登記の対象となる権利変動が，所有権の**移転**である場合（法3），移転原因を問わず，権利取得者名義に所有権の**保存登記**を申請することができるか否かの

検討が必要となる。保存登記も権利に関する登記として対抗力を有し（民177），しかも，移転登記よりも簡易（単独申請）かつ低廉な費用（登録免許税等）で対抗力を取得できるため，保存登記が可能なかぎり，司法書士の判断としてはそれを選択すべきことになるからである。この検討は，所有権の移転を処理する場合の基本スキルとなっている。

i 登記記録への着目

まず，A．登記記録に着目し，登記が表題登記にとどまっているか否か，不動産が区分建物かそれ以外の不動産かの区別をチェックする。

所有権の保存登記は，権利部について最初になされるべき登記であり，すでに所有権保存登記がされていれば，重ねてそれを申請する必要がないからである。

また，不動産の種類を確認するのは，法74条2項が区分建物のみを対象とする専用規定となっており，区分建物では，法74条2項から始めて法74条1項を検討するのに対し，それ以外の不動産では法74条1項のみを検討すれば足りるからである。

ii 法74条の当事者適格の満足

次いで，B．登記が表題登記にとどまる場合（権利部が設けられていない場合），権利取得者（現在の所有者）が法74条に規定された所有権の保存登記の当事者適格の要件をみたすか否かをチェックする。所有権の保存登記は，不動産の所有者のうち，容易かつ確実に所有権を証明できる者を当事者適格者として法定しているからである。ちなみに，当事者適格（申請人適格）とは，自己の名をもって申請人となれる資格のことをいう。

法74条所定の当事者適格の要件をみたせば，登記の種類を所有権の保存登記に修正し，要件をみたさなければ，前記 (1) で判断したとおり登記の種類を特定移転登記に確定する。

② 中間省略登記の許容による拡張例外（承継執行の取扱い）

所有権の保存登記は，権利部の最初にする登記として，他の種類の登記と異なり，権利変動そのものではなく（動的公示），法74条の当事者適格の要件をみたす所有者の所有状態を登記の対象としている（静的公示）。権利変動そのものが登記の対象とならないため所有権の保存登記は，中間省略登記となる登記も認めることが制度的に予定されている例外局面となっている。

法74条1項2号には，「所有権を有することが確定判決によって確認された

35 特定移転登記の「登記の種類の判断」方法

者」が所有権の保存登記の当事者適格を有する旨が規定されている。たとえば，誤って無権利者Bが甲建物の表題部所有者として登記されているところ，真の所有者Aが確定判決により所有者と確認された後，Aがその所有権をCに売買（承継取得）した場合，Cは，承継執行文を得ることで，直接C名義に，法74条1項2号の判決による所有権の保存登記を申請することができる（河合芳光『逐条不動産登記令』229頁〔きんざい〕）。

このような取扱いは，たとえば特定移転登記のような他の種類の登記では，中間省略登記に該当して許されないが，上記のとおり所有権の保存登記は，中間省略登記を許容する例外局面であることから認められているのである。

③ 手続的制約からの縮小例外（一部移転の取扱い）

登記の対象となる権利変動が**移転**であり，権利取得者が法74条所定の当事者適格の要件をみたしているとしても手続的制約から権利取得者名義の**保存登記**が申請できず，登記の種類を（**1**）で判断した**特定移転登記**としなければならない局面がある。

i 判決保存の例外

たとえば，甲建物の表題部所有者Aから所有権の一部2分の1を買い受けたBが，Aを被告とする登記手続請求訴訟に勝訴し，「**所有権を有することが確定判決により確認**」することができる者となった場合，原告Bは，法74条1項2号の当事者適格の要件をみたしていることになる。

しかし，所有権の**保存登記**は，公示の明瞭性を確保する観点から権利の一部または持分権について登記することが許されない（昭30.10.15民甲2216回）。権利の一部について保存登記を認めれば，残部の権利がだれに帰属するかが不明となり，すべての権利の起点となる所有権の登記として妥当ではないからである。

この手続的な制約から表題部所有者が共有の場合には，共有者の持分権の全部を対象として保存登記を一申請することができるか否かの検討が必須となる。

所有権の保存登記では，敷地権付き区分建物の法74条2項の保存登記を除いて登記原因およびその日付が登記事項とならないため（法76Ⅰ本文），保存登記の一申請の要件は，登記の目的の同一のみを検討すれば足りることになる（規35⑨）。この場合の登記の目的は，単に登記事項の種類の同一（＝登記の種類の同一）だけでなく，法74条の申請根拠条項が同一であることが含まれると解釈されている。申請条項ごとに所有権の証明の仕方に違いがあり，誤登記を防止

する必要があるからである。

　上記の例では、甲建物の共有者となったBは法74条1項2号が申請根拠条項になるのに対し、他の共有者Aは表題部所有者として法74条1項1号が申請根拠条項となり、ABについて根拠条項が異なることで登記の目的が異なるため一申請が許されない。この場合、Bについては、(1)で判断したとおり登記の種類が特定移転登記と確定できることになる。

　しかし、所有権の保存登記がなされていない状態で移転登記を申請すれば方式違反により申請が却下されてしまうため（法25⑤）、登記の連続性の観点から前提としてAの法74条1項1号による所有権の保存登記の申請が必要となる。結果として上記の事例では、1番目でAのための法74条1項1号による保存登記をBが代位による登記（法59⑦）として申請し、2番目でBの売買による特定移転登記を判決による登記（法63Ⅰ）として連件申請することになる。

ⅱ　区分建物の例外

　たとえば、甲建物が区分建物であり、その表題部所有者AからBが所有権の一部2分の1を買い受けた場合、Bについては法74条2項により当事者適格の要件をみたせることになる。しかし、明瞭公示の観点からBの取得持分権のみの保存登記を申請することができず、共有者全員の保存登記を一申請できるか否かの検討が必須となる。

　他の共有者Aの申請根拠条項は法74条1項1号であり、根拠条項が異なることで登記の目的が異なるため、一申請は許されない（規35⑨）。その結果、Bについての登記の種類は(1)で判断したとおり特定移転登記と確定する。

　この場合、所有権の保存登記を申請しなければBの移転登記の申請は却下されるため（法25⑤）、登記の連続性の観点から、前提としてAの法74条1項1号の所有権の保存登記を申請しなければならず、1番目にAの保存登記を、2番目にBへの売買による特定移転登記を連件申請することになる。

36　特定移転登記の「申請手続の骨格」（個別フレーム）

(1)　法定登記事項の枠組み

　権利に関する登記の法定登記事項は、原則として、①登記の目的（法59①）、②登記原因およびその日付（法59③）、③権利内容（法83、同88等）、④登記権利者の氏名（名称）および住所の4事項である（法59④）。法定登記事項の枠組みは、登記の種類の機能を考慮し、必要十分性の観点から上記の法定登記事項

36 特定移転登記の「申請手続の骨格」（個別フレーム）

F ◀「特定移転登記」の申請手続の骨格

【移転登記の登記事項】
① 登記の目的
② 登記原因およびその日付
③ ~~権利の内容~~
④ 権利者の氏名および住所

権 ─┐
　　├─ 申請 → 定率課税
義 ─ 承諾 ┘
（登記識別情報）

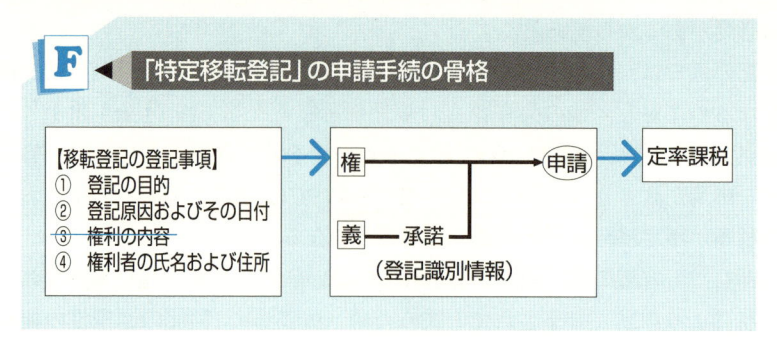

を修正して判断する。

特定移転登記の法定登記事項の枠組みは，ⅰ．登記の目的，ⅱ．登記原因およびその日付，ⅲ．権利者の氏名（名称）および住所のみに修正されることになる（法59，令3）。権利の内容が法定登記事項から除外されるのは，移転登記の機能は，既登記の存在を前提に，権利主体の変更を公示するものであり，権利の内容は既登記から明らかであり，重ねて公示する必要性が認められないからである。

（2） 真実性立証の枠組み

登記事項の真実性は，あらかじめ法定されている申請方式の履行と法定証拠である添付情報の添付（提供）により立証しなければならない。

① 申請方式

申請方式は，例外となる特則が存在しないため，原則どおり登記権利者および登記義務者からする共同申請となる（法60）。なお，記入登記であるため，第三者との間の手続上の利害調整は問題とならない。

② 主要な添付情報

申請方式が共同申請であるため，申請方式の履行に関する主要な添付情報は，登記義務者へのなりすましを防止のための登記識別情報となる（法22）。

なお，権利に関する登記については，原則として登記原因証明情報の添付が必要となるため（法61），以下の説明でもこの点については，当然のこととして特に言及していない。

（3） 登録免許税の課税方式

登録免許税の課税方式は，所有権，用益物権（地役権を除く）および賃借権の移転については不動産の価額を課税標準とした定率課税である。また，担保権の移転については債権額，極度額を課税標準とした定率課税である。

37　所有権の登記の基本事例
【事例１―売買契約―】　過問　（S59 他 11 件　所）

> 問　甲土地の事実について，法律構成の判断，原因関係の判断，登記の種類の判断を行いなさい。
> 　　なお，甲土地の課税標準の額は金6,000万円とする。
> （甲土地の登記記録）
> 甲区２番　所有権移転　所有者　A
> （事実関係）
> １　AおよびBは，平成28年７月１日，甲土地を代金１億円で移転する契約を締結した。

順序	法律構成の判断	原因関係の判断		登記の種類の判断	物件
		民177の効果	法３の権利変動		
1	事１―売買契約	変更	移転	特定移転登記	甲

F　◀　「特定移転登記」の申請手続の骨格

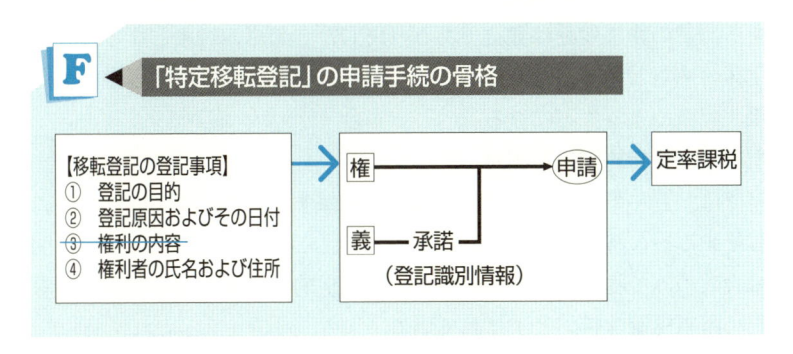

【移転登記の登記事項】
① 登記の目的
② 登記原因およびその日付
③ ~~権利の内容~~
④ 権利者の氏名および住所

権 ─┐
　　├→ 申請 → 定率課税
義─承諾
（登記識別情報）

（１）　法律構成の判断

　事例では，①財産権の移転合意と，②代金の支払合意が事実１に示されているため，**売買契約**を法律構成する（民555）。
　なお，売買契約は，民法の典型契約の１つであり，贈与契約や交換契約と並んで**移転型契約**に分類されている（我妻榮『民法講義Ｖ2』220頁〔岩波書店〕）。移転型契約の目的は，財産権を相手方に移転することであるため，①財産権の移転合意が共通の本質的な要件事実となっている。
　また，移転型契約に属する贈与契約，交換契約から売買契約を区別する要素は，売買代金の支払合意である（民555）。これにより売買契約が他の類似の契約である贈与契約，交換契約から区別できるようになるため，この事実も本質

37 所有権の登記の基本事例

的な意味での要件事実となっている。

（2） 原因関係の判断
① 原則的な判断

売買契約は，民法第3編に規定されている**債権契約**である。他方，物権変動を生じさせる法律要件は物権変動における意思主義として，当事者の意思表示のみ（当事者の意思の合致）と規定されているため（民176），債権契約と物権変動を生じさせる当事者の合意との関係が問題となる。

判例は，物権行為の独自性を否定し，債権行為とは別に物権行為である当事者の合意を要しないとしている（大判大 2.10.25）。これは，売買契約の意思の合致を民法176条の意思の合致として評価できることを意味し，登記の対象となる権利変動は，原則として**債権行為**である売買に着目して判断できることになる。

事例の売買契約の法律効果は，甲土地の所有権の売主Aから買主Bへの移転である。この物権変動は**変更**であり（民177），登記の対象となる権利変動は権利主体の変更として**移転**となるため（法3），売買契約は**権利変動の登記の原因関係**と判断できることになる。

② 所有権留保特約による例外

実務では，買主の代金支払債務の履行を確保するため，代金の支払時に所有権が移転する旨の特約を合意することが多い。この合意は，上記①で説明した意思の合致のみで物権変動が生ずるという原則的な法律効果を修正するものであるため**所有権留保特約**とよばれている。

所有権留保特約が合意されている場合，条件となっている買主の代金支払の事実が確認できなければ，権利変動が発生せず，売買契約を原因関係と判断することができない。したがって，所有権留保特約が合意されている場合，代金の支払の事実を確認し，権利変動の効力発生時点を契約締結時から代金の支払時に修正することになる（昭59，平21，平25）。

（3） 登記の種類の判断

登記の種類は，登記の対象となる権利変動が**移転**であり（法3），移転原因が相続または合併以外であるため（法63Ⅱ），**特定移転登記**となる。

なお，所有権の移転登記を申請する場合には，権利取得者のために**移転登記**に代えて**保存登記**を申請することができるか否かの検討が必須となる。事例の登記記録によれば，甲土地はすでに甲区2番まで登記がされているため，権利

部の登記として最初に申請する保存登記を申請する余地はない。したがって，登記の種類は上記のとおり特定移転登記に確定できることになる。

登記の種類が判断できれば，判断した登記の種類に対応した申請手続の骨格が決まることになり，これが連件申請を構成する個々の登記の個別フレームとなる。したがって，登記の種類を判断した時点で，頭の中には上記の図で示されている申請手続の骨格のイメージが鮮明に浮かんでいなければならない。

ただ，多くの受験生はこの点の意識が十分ではない。極論すれば，FコンStep1の究極の目的は，この申請手続の骨格をイメージすることにあるのであり，たった9つしかない申請手続の骨格をしっかりと記憶し，登記の種類を決定した時点で申請手続の骨格が明確にイメージできるように学習すべきである。

【参考・答案例 ― 事例1（売買による所有権移転登記）】

登記の目的	所有権移転
原　　因	平成28年7月1日売買
申 請 人	権利者B　義務者A
添付情報	登記原因証明情報（A作成の報告式）　登記識別情報（Aの甲区2番） 印鑑証明書（A）　住所証明情報（B）　代理権限証明情報（ABの委任状）
登録免許税	金120万円（＝6,000万円×1,000分の20）

38　抵当権の登記の基本事例

【事例2 ― 債権譲渡 ―】 過問 （H18　確定根）

問　甲土地の事実について，法律構成の判断，原因関係の判断，登記の種類の判断を行いなさい。
（甲土地の登記記録）
甲区2番　所有権移転　所有者A
乙区1番　抵当権設定　債権額　金1億円　債務者A　抵当権者X
（事実関係）
1　XおよびYは，平成28年7月1日，1番抵当権の被担保債権全部を代金5,000万円で移転する契約を締結した。

順序	法律構成の判断	原因関係の判断		登記の種類の判断	物件
		民177の効果	法3の権利変動		
1	事1 ― 債権譲渡	変更	移転	特定移転登記	甲

38 抵当権の登記の基本事例

（1） 法律構成の判断

事実1には，1番抵当権の被担保債権の全部を代金5,000万円で移転する旨の事実が示されているため，**売買契約**を法律構成する。

まず，素朴な疑問として債権を売買契約の目的物とすることができるか否かが問題となる。売買契約の対象となる財産権は，自由に譲渡できるものであれば制限がない。債権は民法466条1項を根拠として自由譲渡性が認められるため，売買契約の対象とすることができる。

また，債権は売買によって移転するか否かが問題となる。この問題は，民法には債権を移転させる制度として債権譲渡が規定されているため，債権譲渡と債権の売買契約とはいかなる関係に立つのかの問題である。

債権譲渡は，物権以外の財産権を変動させる**準物権行為**の典型である。したがって，上記の問題は，債権を移転させるために，売買契約のほかに債権譲渡の合意が必要となるか否かの問題となる。

判例は，準物権行為の独自性を否定しているため（最判昭38.10.24），債権の売買契約を行えば，準物権行為としての債権譲渡を行ったのと同視でき，債権売買は債権譲渡の原因としての意味を有するものとなる。したがって，債権売買の法律関係は，債権を移転させる**債権譲渡**として法律構成ができることになる。

（2） 原因関係の判断

事例の場合，債権譲渡により1番抵当権の被担保債権は，売主Xから買主Yに移転する。しかし，事例の債権譲渡を原因関係として評価するには，これによって物権である抵当権になんらかの物権変動が認められなければならない。

一般に抵当権等の担保権は，債権関係と物権関係の二重構造となっており，原則として債権関係に着目し，債権変動が**附従性**，**随伴性**によって物権関係に影響を与えるか否かの観点から原因関係を判断する。この例外となるのは，民法376条の被担保債権から切り離してする抵当権の処分と，元本確定前は被担保債権との附従性が切断され，移転局面の随伴性が否定されている元本確定前の根抵当権についての判断である。

事例の場合，債権譲渡により1番抵当権の被担保債権がXからYに移転するため，**随伴性**により1番抵当権がXからYに移転するとして原因関係を判断する。この物権変動は**変更**であり（民177），登記の対象となる権利変動は，権利主体の変更として**移転**となるため（法3），債権譲渡は**権利変動の登記の原因**

関係と判断できることになる。

（3） 登記の種類の判断

登記の種類は，登記の対象となる権利変動が移転であり（法3），移転原因が相続または合併以外であるため（法63Ⅱ），特定移転登記となる（個別フレームは **36**〔82頁〕参照）。なお，所有権の移転と異なり，設定登記への代替は問題とならない。

【参考・答案例 — 事例2（債権譲渡による抵当権移転登記）】

登記の目的　　1番抵当権移転
原　　因　　平成28年7月1日債権譲渡
申　請　人　　権利者Y　義務者X
添付情報　　登記原因証明情報（X作成の報告式）　登記識別情報（Xの乙区1番）
　　　　　　代理権限証明情報（XYの委任状）
登録免許税　　金20万円（＝1億円×1,000分の2）

（4） 債権譲渡のバリエーション

債権譲渡の基本的な考え方は上記のとおりであるが，債権譲渡は移転の対象となる債権によって呼び名や法律効果が微妙に変化するため，法律構成の際には，より慎重な検討が必要となる。

① **債権の一部譲渡**（過問）（一部代位弁済H4抵，H13・H27 確定根））

金銭債権は，可分債権であり，たとえば，金1億円の貸金債権のうちXがYに対して金2,000万円分を譲渡することが可能である。この場合には債権一部譲渡の法律関係を法律構成する。この債権一部譲渡によりXは金8,000万円の，Yは金2,000万円のそれぞれ独立した債権者となる。

本来，債権に随伴して抵当権が分割されるはずであるが，民法には抵当権分割の規定がないため，債権一部譲渡に随伴して譲渡額に相当する抵当権の一部が譲受人に移転し，抵当権は共有となる。

この移転登記は，所有権以外の権利の移転登記として元の抵当権に付記登記される（規3⑤）。しかし，付記登記によるとしても，譲渡額がわからなければ，登記上，移転分量を明らかにすることができないため，持分の例外規定として譲渡額が特別登記事項となる（法84，令別表57）。

【参考（債権一部譲渡による抵当権一部移転）】

登記の目的　　1番抵当権一部移転

```
原　　　因　　平成28年7月1日債権一部譲渡
そ　の　他　　譲渡額　金2,000万円
```

② 債権持分の譲渡

　たとえば，複数債権者XYのために1個の抵当権を設定できるか否かは，附従性との関係で判断する。複数債権者XYが債権を共有（多数当事者の債権関係が債権共有の特則）している場合であれば，自己の有する債権以上の抵当権を取得することにならず，複数債権者のために1個の抵当権を設定することが可能となる。

　この原始的抵当権の共有者XまたはYが自己の債権持分をWに譲渡する場合，債権持分譲渡の法律関係を法律構成する。この法律効果は，債権持分がWに移転し，それに随伴して抵当権の持分権が移転することになる。この場合の移転分量は抵当権の持分権の全部であり，それが付記登記によって登記記録上も明確であるため，上記①のような譲渡額の登記を要しないことになる。

【参考（原始共有の債権持分譲渡による抵当権持分移転）】
```
登記の目的　　1番抵当権X持分移転
原　　　因　　平成28年7月1日債権持分譲渡
```

③ 後発共有者の債権譲渡

　上記①の結果，抵当権が後発的にXYの共有となった場合，上記②の抵当権の原始的共有の場合と異なり，共有抵当権者XYは，債権関係としてそれぞれ独立の債権者となっている。この場合，Xがその有する債権の全部金8,000万円をWに譲渡する場合にはXの債権譲渡の法律関係を法律構成する。

　この法律効果は，Xの債権全部が譲受人Wに移転するが，Xは抵当権を共有しているため随伴性によりXの抵当権の持分権がWに移転することになる。この場合も②と同様，移転分量が登記記録上も明確であるため譲渡額の登記を要しない。

【参考（後発共有の債権譲渡による抵当権持分移転）】
```
登記の目的　　1番抵当権X持分移転
原　　　因　　平成28年7月1日債権譲渡
```

④ 連帯債務者の1人の債務にかかる債権譲渡 先例 判例

連帯債務とは，数人の債務者が，同一内容の給付について各自が独立に全部の給付をなすべき債務を負担し，かつ，債務者の1人につき給付があれば他の債務者も債務を免れる多数当事者の債務であり（民432以下），債権・債務の共有の特則である。

抵当権は，複数の連帯債務者の債務をまとめて1個の抵当権で担保することが可能である。複数の債務の債権者が共通であるため付従性に反しないからである。

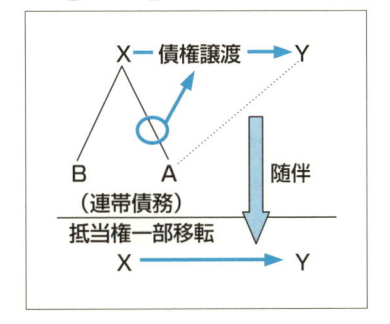

この場合，連帯債務者の1人に対する債権のみを債権譲渡の対象とできるか否かが問題となる。判例は，連帯債務者の1人の債務についてのみ譲渡または差押えの対象にできるとしている（大判昭13.12.22）。債務者ごとに別個の債務が観念できるからである。

この場合，**債権譲渡**の法律関係を法律構成する。しかし，これをそのまま登記原因とすれば，抵当権の被担保債権の全部が債権譲渡の対象となるかのような公示となり妥当ではないため，「債権譲渡（連帯債務者Aにかかる債権）」の要領でその旨を明らかにする。

この場合の法律効果は，債権譲渡に随伴して抵当権の全部ではなく，抵当権の一部が移転するため，抵当権の一部移転の原因関係として判断することになる（平9.12.4民三2155回）。

【参考（連帯債務者の1人の債権譲渡による抵当権一部移転）】

登記の目的　　1番抵当権一部移転
原　　因　　　平成28年7月1日債権譲渡（連帯債務者Aにかかる債権）
登録免許税　　金20万円（＝1億円×1,000分の2）

---

⑤ 対比としての根抵当権

元本確定前の根抵当権は，被担保債権との附従性が完全に否定されており，移転局面での随伴性が否定されているため，被担保債権が債権譲渡され，被担保債権が譲受人に移転しても，随伴性によって根抵当権は移転せず（民398の7Ⅰ前段），債権譲渡の法律関係は，原因関係とはならない。

他方，元本確定後の根抵当権は，被担保債権との附従性および随伴性が完全

に回復するため，被担保債権が債権譲渡され，債権が譲受人に移転すれば，随伴性により根抵当権も移転し，抵当権と同様，権利変動の登記の原因関係となる。

39 特定移転登記の「登記の種類の判断」の論点
(1) 会社分割
【事例3 ― 会社分割と登記の種類の判断―】 過問（H16・H23 所）

> 問 甲土地の事実について，法律構成の判断，原因関係の判断，登記の種類の判断を行いなさい。
> なお，甲土地の課税標準の額は金6,000万円とする。
> (甲土地の登記記録)
> 甲区2番　所有権移転　所有者　株式会社A
> 乙区1番　抵当権設定　債権額　金3,000万円　債務者　株式会社A　抵当権者　X
> (事実関係)
> 1　平成28年7月1日，分割会社を株式会社Aとし，承継会社を株式会社Bとする吸収分割の分割契約に定めた効力発生日が到来したため，同年7月4日，商業登記所において会社分割による変更登記を完了させた。
> 2　分割契約書には，承継権利義務として甲土地の所有権が含まれているが，1番抵当権の被担保債務は含まれていない。

順序	法律構成の判断	原因関係の判断		登記の種類の判断	物件
		民177の効果	法3の権利変動		
1	事1―会社分割 事2―甲地が承継権利義務	変更	移転	特定移転登記	甲

① 法律構成の判断

事実1に株式会社Aを分割会社とし，株式会社Bを承継会社とする吸収分割の効力発生日が到来した事実が示されているため**会社分割**のうちの吸収分割を法律構成する。

② 原因関係の判断

会社分割が原因関係となるか否かは，元本確定前の根抵当権を除いて，分割契約または分割計画に登記の対象となる権利義務が承継対象の権利義務として定められているか否かに着目して判断する。

事例では，事実2に承継権利義務として甲土地の所有権が定められているため，甲土地の所有権は，分割会社である株式会社Aから承継会社である株式会

39 特定移転登記の「登記の種類の判断」の論点

社Bに移転する。この物権変動は**変更**であり（民177），登記の対象となる権利変動は権利主体の変更として**移転**となり（法3），**権利変動の登記の原因関係**となる。

他方，登記記録から分割会社である株式会社Aは，1番抵当権の債務者でもある。しかし，事実2から1番抵当権の被担保債務は，承継権利義務として定められていないため，事例の会社分割は，1番抵当権の債務者変更の原因関係とはならない。

③ 登記の種類の判断

登記の種類は，登記の対象となる権利変動が**移転**であり（法3），移転原因が相続または合併ではないため，**特定移転登記**となる。会社分割の法律効果は，分割契約または分割計画に定められた範囲での部分的包括承継効果であるが，登記の種類が包括移転登記となることはない（**35（1）**）。

なお，事例の甲土地はすでに甲区2番まで登記がされており，保存登記に代替する余地はないため，登記の種類は**特定移転登記**に確定する（個別フレームは**36**〔82頁〕参照）。

【参考・答案例 ― 事例3（会社分割による所有権移転）】

登記の目的	所有権移転
原　　　因	平成28年7月1日会社分割
申 請 人	権利者 株式会社B　義務者 株式会社A
添 付 情 報	登記原因証明情報（分割契約書，※株Bの登記事項証明書）　登記識別情報（株Aの甲区2番）印鑑証明書（株A）　住所証明情報（※株Bの登記事項証明書）　代理権限証明情報（株A，株Bの委任状），会社法人等番号（株A，株B，※の添付は不要）
登録免許税	金120万円（＝6,000万円×1,000分の20，※租税特別措置法を不適用とした場合の例）

---

(2) 比較としての事業譲渡

（事実関係）
1　平成28年7月1日，譲渡会社を株式会社Aとし，譲受会社を株式会社Bとする事業譲渡契約に定めた効力発生日が到来した。
2　上記の事業譲渡契約は，株式会社Aの○○事業（甲土地の所有権を含む）を代金1億円で株式会社Bに譲渡する内容であった。

① 法律構成の判断

かりに，**事例3**の事実関係が上記のとおりである場合，事実1に株式会社A

39　特定移転登記の「登記の種類の判断」の論点

を譲渡会社とし，株式会社Bを譲受会社とする事業譲渡の効力発生日が到来した事実が示されているため**事業譲渡**を法律構成する。

事例3の会社分割は，取引行為である事業譲渡を組織法上の行為に昇華させた制度であるため，事業譲渡と会社分割とは比較対照をすべき法律関係となっている。

事業譲渡の本質は事業の売買等の取引行為であるため，会社分割のような組織法上の行為として債権者保護手続が行われておらず，抵当債務が承継対象となっていてもそれのみでは債務は移転せず，債権者の承諾を確認し，これを**免責的債務引受契約**と法律構成しなければならない。

また，元本確定前の根抵当権は，設定者の承諾がなければ移転できないため（民398の12，同398の13），自由譲渡性が認められず，事業譲渡が直接に移転登記の原因関係とはならない。したがって，根抵当権が承継権利義務に含まれている場合には，譲渡の態様に応じて**全部譲渡契約**，**一部譲渡契約**，**分割譲渡契約**を法律構成して検討しなければならない。

② 原因関係の判断

事例では，事実2に甲土地の所有権を含む○○事業の譲渡である旨が示されているため，甲土地の所有権は，譲渡会社である株式会社Aから譲受会社である株式会社Bに移転する。この物権変動は**変更**であり（民177），登記の対象となる権利変動は権利主体の変更として**移転**となり（法3），**権利変動の登記の原因関係**となる。

なお，事業譲渡は，合併や会社分割と異なり，元本確定前の根抵当権についての特則規定がないため（民398の9，398の10参照），根抵当権の被担保債権を事業譲渡の承継権利義務とした場合には，事業譲渡により当該債権が移転するが，それに随伴して根抵当権は移転せず（民398の7），移転対象の債権は被担保債権から離脱することになる。当該債権を根抵当権の被担保債権とするには，当該債権を特定債権として根抵当権の債権の範囲に加える変更契約が別途必要となる。

③ 登記の種類の判断

登記の種類は，登記の対象となる権利変動が**移転**であり（法3），移転原因が相続または合併（法63Ⅱ）ではないため，会社分割と同様，**特定移転登記**となる（個別フレームは**36**〔82頁〕参照）。

39 特定移転登記の「登記の種類の判断」の論点

【参考（事業譲渡による所有権移転）】
登記の目的　　所有権移転
原　　　因　　平成28年7月1日事業譲渡

（3）保存登記への代替

【事例4 ―敷地権付き区分建物の売買契約―】

問　甲建物の事実について、法律構成の判断、原因関係の判断、登記の種類の判断を行いなさい。
　　なお、甲建物の課税標準の額は金3,000万円とし、甲建物の敷地権部分の課税標準の額は金500万円とする。
（甲建物の登記記録）
表題部（一棟の建物の表示）（中略）
表題部（専有部分の建物の表示）
家屋番号欄　乙町一丁目123番4の56　建物の名称欄　56
種類欄　事務所　構造欄　省略　床面積欄　省略　原因および日付欄　省略
敷地権の表示欄
土地の符号1　敷地権の種類欄　所有権　敷地権の割合欄　10分の1　省略
所有者　A
※　権利部は設けられていない。
（事実関係）
1　AおよびBは、平成28年7月1日、甲建物および敷地権を代金5,000万円で移転する契約を締結した。
2　同日、敷地権者であるAは、Bが不動産登記法所定の登記をすることについて承諾した。

順序	法律構成の判断	原因関係の判断		登記の種類の判断	物件
		民177の効果	法3の権利変動		
1	事1― 売買契約 事2― 敷地権者の承諾	変更	移転	特定移転登記 保存登記（法74Ⅱ）	甲敷

① 法律構成の判断

　事実1にABが甲建物および敷地権を代金5,000万円で移転する契約を締結しているため、**売買契約**を法律構成する。

② 原因関係の判断

　売買契約の法律効果は、甲建物の所有権および敷地権のAからBへの移転である。この物権変動は**変更**であり（民177）、登記の対象となる権利変動は権利主体の変更として**移転**となり（法3）、**権利変動の登記の原因関係**となる。

③ 登記の種類の判断

登記の種類は，登記の対象となる権利変動が**移転**であり（法3），移転原因が相続または合併ではないため**特定移転登記**となる。

所有権の移転登記を処理する局面であるため，保存登記への代替の検討が必要となる。登記記録によれば権利部は設けられておらず保存登記への代替の可能性がある。また，表題部が一棟の建物の表示と専有部分の建物の表示の二重構造となっていることから区分建物であると判断し，法74条2項から買主Bが保存登記の当事者適格を有するか否かを検討する。

買主Bは，表題部所有者Aからの直接の譲受人であり，事実2から敷地権者Aの承諾も得られている。したがって，買主Bは法74条2項を根拠として保存登記の当事者適格を有し，登記の種類は，特定移転登記から**保存登記**に修正することになる（**35（2）**，個別フレームは**44**〔108頁〕参照）。

【参考・答案例 ─ 事例4（移転に代わる敷地権付き区分建物の法74条2項保存登記）】

登記の目的	所有権保存
原　　因	平成28年7月1日売買
申　請　人	所有者B
添付情報	登記原因証明情報（所有権譲渡証明書を含むA作成の報告式）　承諾証明情報（A）　住所証明情報（B）　代理権限証明情報（Bの委任状）
登録免許税	金22万円（＝12万円（3,000万円×1,000分の4）＋10万円（500万円×1,000分の20））

---

④ 保存登記不可の再例外

> （事実関係）
> 1　AおよびBは，平成28年7月1日，甲建物およびその敷地権の2分の1を代金2,500万円で移転する契約を締結した。
> 2　同日，敷地権者であるAは，Bが不動産登記法所定の登記をすることについて承諾した。

かりに，上記**事例4**の事実関係が上記のとおりである場合，法律構成や原因関係の判断は，**事例4**とほぼ同様となる。

登記の種類の判断は，登記の対象となる権利変動が**移転**であり（法3），移転原因が相続または合併ではないため**特定移転登記**となる。

所有権の移転登記を申請すべき場合として保存登記への代替を検討すると，買主Aは，表題部所有者Aからの直接の譲受人として法74条2項により保存

登記の当事者適格を有する。しかし，買主Ｂの持分権のみを対象とした所有権の保存登記を申請することができず（昭 30.10.15 民甲 2216 回），共有者Ａの保存登記との一申請が問題となる（規 35 ⑨）。Ｂの当事者適格が法 74 条 2 項を根拠とするのに対し，Ａの当事者適格は法 74 条 1 項 1 号となり，登記の目的が異なるため，一申請をすることができない。

しかし，表題登記の状態で買主Ｂのための特定移転登記を申請することはできないため（法 25 ⑤），結局，1 番目に法 74 条 1 項 1 号を根拠に売主Ａの所有権保存登記を申請し（建物についてのみ効力を有する），2 番目に買主Ｂのための売買による特定移転登記による所有権の一部移転登記を申請する連件申請となる（35（2）③）。

2－3　包括移転登記

40　包括移転登記の「登記の種類の判断」方法

（1）　原則的な判断方法

権利変動の登記の原因関係のうち，権利の種類を問わず，①登記の対象となる権利変動が移転であり（法3），②移転の原因が相続または合併である場合，登記の種類は包括移転登記と判断する。

移転の原因が相続または合併に限定されるのは，これらの場合，申請方式が例外である登記権利者からの単独申請に修正され（法 63 Ⅱ），それ以外の移転原因を処理する特定移転登記とは申請手続の構造が大きく異なるからである。

ただし，特別縁故者の相続財産分与の登記原因は相続ではないが（申請情報には登記原因を「平成〇年〇月〇日民法第 958 条の 3 の審判」と記載），旧法時代からこれを相続に準ずるものと解し（実質主義の税制上は相続税の対象），登記の種類を包括移転登記とし，登記権利者からの単独申請を認めている（平2）。特別縁故者への分与審判の主文は，「〇〇を分与する」であり，審判主文で直接に登記手続を命ずるものではないため，法 63 条 1 項の判決による登記として単独申請を認めることができず，単独申請を認めるためには，登記原因を相続に準ずるものと解するよりほかにないからである（法 63 Ⅱ）。

（2）　例外としての保存登記代替

①　判断方法

35（2）で述べたとおり，所有権の移転が登記の対象となる権利変動である

40 包括移転登記の「登記の種類の判断」方法

場合，権利取得者名義に所有権の保存登記を申請できるか否かの検討が必須となる。

当該検討は，まず，ⅰ．登記記録に着目し，登記が表題登記にとどまっているか否か，不動産が区分建物かそれ以外の不動産かの区別をチェックする。

次いで，ⅱ．登記が表題登記にとどまる場合，権利取得者が法74条1項1号の相続人その他の一般承継人として所有権の保存登記の当事者適格の要件をみたすか否かをチェックして判断する（**35（2）**①）。

この要件をみたせば，登記の種類を所有権の保存登記と判断し，要件をみたさなければ前記**（1）**で判断したとおり登記の種類を包括移転登記に確定する。

② 中間省略登記の許容による拡張例外

たとえば，表題部所有者Aが死亡し，その相続人が子B，Cであり，その後にCが死亡しその相続人が子Dである場合のように，最終の相続以外の相続が単独相続とならない場合であっても，法74条1項1号を根拠にしてBおよびDを共有者とする所有権の保存登記を申請することができる（たすきがけ保存，平18）。

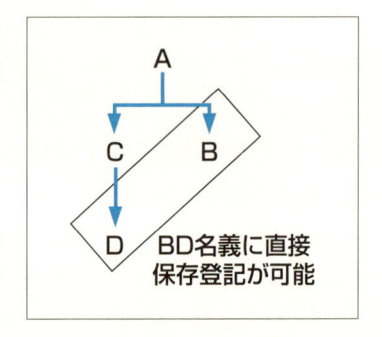

上記の場合，DがCから相続した持分権のみの保存登記は，公示の明瞭性から許されず（昭30.10.15民甲2216回），共有者全員の保存登記を一申請できるか否かの判断が必須となる。Dは表題部所有者Aの相続人Cの相続人として法74条1項1号の要件をみたすことになる。また，他の共有者Bも表題部所有者Aの相続人として法74条1項1号をみたすことになる。したがって，BDの申請根拠条項は同一となり，それゆえに登記の目的が同一となり，一申請の要件をみたせることになる（規35⑨）。

この場合，数次相続の中間省略登記の例外要件をみたしていないが（**事例71**），所有権の保存登記が，中間省略登記を認める例外局面であることから認められる拡張例外となっている。

③ 手続的制約からの縮小例外

たとえば，敷地権付き区分建物である甲建物の表題部所有者Aが死亡しその相続人がBである場合，Bは法74条1項1号の表題部所有者の相続人であるため，Bのために所有権の保存登記を申請することができる。

しかし，この保存登記は，区分建物（専有部分）についてしか効力が及ばず，敷地権についての移転登記の意味をもたない。その結果，当該保存登記をすれば，それにより区分建物と敷地権の登記名義人とが別人となる。この場合，表示に関する登記として敷地権の抹消登記を申請し，その後，敷地権であった土地の利用権についてBの相続による包括移転登記を申請し，さらに，表示に関する登記として敷地権の登記を申請しなければならなくなる。

上記の処理に要するコストと手間，表示に関する登記は司法書士試験の対象外であることを考慮すれば，この場合，1番目に被相続人A名義に法74条1項1号による所有権の**保存登記**を申請し（この保存登記をしても区分建物と敷地権の登記名義人は分裂しない），2番目で相続人Bのために（**1**）で判断した**包括移転登記**（この相続による登記は区分建物だけでなく敷地権についての移転の効力を有する）を申請する連件処理を選択するのが妥当となる。

41　包括移転登記の「申請手続の骨格」（個別フレーム）

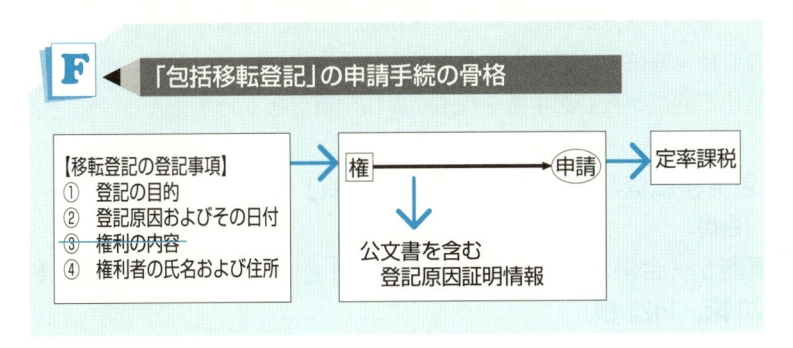

【移転登記の登記事項】
① 登記の目的
② 登記原因およびその日付
③ ~~権利の内容~~
④ 権利者の氏名および住所

権 → 申請 → 定率課税

公文書を含む
登記原因証明情報

（1）　法定登記事項の枠組み

法定登記事項の枠組みは，移転登記として**36**の特定移転登記と同様の理由により，①登記の目的，②登記原因およびその日付，③権利者の氏名（名称）および住所に修正される（法59，令3）。

（2）　真実性立証の枠組み

① 申請方式

申請方式は，例外規定である相続または合併による移転登記に該当するため，登記権利者である相続人（または合併後の会社）からの単独申請となる（法63Ⅱ）。登記義務者である被相続人（消滅会社）が死亡（合併）により存在しないため，

共同申請が不可能であることに加え，包括承継が公文書（戸籍謄抄本，登記事項証明書等）により容易かつ確実に証明できるため単独申請を認めたとしても実害がないからである。なお，記入登記であるため，第三者との間の手続上の利害調整は問題とならない。

② 主要な添付情報

申請方式が単独申請であり，自白類似の形式で登記原因証明情報の証明力を確保できないことから，主要な添付情報となる登記原因証明情報は，戸籍等の公文書を含む文書に制約されることになる（令別表22添）。

なお，申請方式が登記権利者からの単独申請であるため，登記義務者のなりすましを防止する登記識別情報を提供する余地はない。

(3) 登録免許税の課税方式

登録免許税の課税方式は，所有権，用益物権（地役権を除く）および賃借権の移転については不動産の価額を課税標準とした定率課税となり，担保権の移転については債権額，極度額を課税標準とした定率課税となる。

なお，特定移転登記に比して包括移転登記では，税率が低くおさえられている。これは，対抗力の取得が登記申請を促進する動機とならないため，税負担を軽減する観点から登記申請を促進する法政策である。

42　包括移転登記の「登記の種類の判断」の論点
(1)　合併

【事例5 ―合併と登記の種類の判断―】 過問 （H11所, S61・H2・H20抵, H23根）

> 問　甲土地の事実について，法律構成の判断，原因関係の判断，登記の種類の判断を行いなさい。
> （甲土地の登記記録）
> 甲区2番　所有権移転　所有者 A
> 乙区1番　抵当権設定　債権額 金3,000万円　債務者 株式会社A　抵当権者 株式会社 X
> （事実関係）
> 1　平成28年7月1日，消滅会社を株式会社Xとし，存続会社を株式会社Yとする吸収合併契約で定めた効力発生日が到来したため，翌日，商業登記所において合併による変更登記を完了させた。

42 包括移転登記の「登記の種類の判断」の論点

順序	法律構成の判断	原因関係の判断		登記の種類の判断	物件
		民177の効果	法3の権利変動		
1	事1―合併	変更	移転	包括移転登記	甲

① 法律構成の判断

事実1に株式会社Xを消滅会社とし，株式会社Yを存続会社とする吸収合併の効力発生日が到来した事実が示されているため，**合併**のうち吸収合併を法律構成する。

② 原因関係の判断

吸収合併が原因関係となるか否かは，消滅会社の権利義務をチェックして判断する。事例では，登記記録から消滅会社である株式会社Xが1番抵当権の登記名義人として登記されている。1番抵当権の被担保債権は合併により株式会社Xから株式会社Yに移転し，それに随伴して1番抵当権が株式会社Xから株式会社Yに移転する。この物権変動は**変更**であり（民177），登記の対象となる権利変動は権利主体の変更として**移転**となるため（法3），**権利変動の登記の原因関係**となる。

③ 登記の種類の判断

登記の種類は，登記の対象となる権利変動が**移転**であり（法3），移転原因は合併であるため，**包括移転登記**となる（**40**（1），個別フレームは**41**〔97頁〕参照）。

【参考・答案例―事例5（合併による抵当権移転登記）】
登記の目的　　1番抵当権移転
原　　　因　　平成28年7月1日合併
申　請　人　　抵当権者（被合併会社　株式会社X）株式会社Y
添付情報　　　登記原因証明情報（※登記事項証明書）　代理権限証明情報（株Yの委任状）　会社法人等番号（株Y，※の添付不要）
登録免許税　　金3万円（＝3,000万円×1,000分の1）

（2）　保存登記への代替
【事例6―たすきがけ保存―】　過問　（H18）

問　甲建物の事実について，法律構成の判断，原因関係の判断，登記の種類の判断を行いなさい。
　　なお，甲建物の課税標準の額は金3,000万円とする。
（甲建物の登記記録）
表題部　所在　甲市乙町一丁目1番地　家屋番号1番　種類　居宅　構造欄　省

42 包括移転登記の「登記の種類の判断」の論点

> 　　　略　床面積 省略　所有者 A
> ※　権利部は設けられていない。
> （事実関係）
> 1　Aは，平成28年2月1日に死亡した。Aの相続人は配偶者Bと子Cである。
> 2　Cは，同年3月1日に死亡した。Cの相続人は子Dのみである。

順序	法律構成の判断	原因関係の判断		登記の種類の判断	物件
		民177の効果	法3の権利変動		
1	事1—被相続人Aの法定相続	変更	移転	包括移転登記	甲
	事2—被相続人Cの法定相続	変更	移転	包括移転登記	甲
	まとめて数次の相続保存			保存登記（74 Ⅰ①）	甲

① 法律構成の判断

　事実1には，2月1日，Aが死亡した事実が示されており，Aが遺言書を作成していた事実は示されていないため**法定相続**を法律構成する。

　また，事実2には，3月1日，Cが死亡した事実が示されており，Cが遺言書を作成している事実が示されていないため**法定相続**を法律構成する。

② 原因関係の判断

　登記記録から事実1の被相続人Aは，甲建物の表題部所有者として登記されているため，甲建物の所有権が被相続人Aから相続人BCに移転する。この物権変動は**変更**であり（民177），登記の対象となる権利変動は権利主体の変更として**移転**となり（法3），**権利変動の登記の原因関係**となる。

　事実2の被相続人Cは，上記被相続人Aの法定相続人であるため，甲建物について法定相続人Cが相続した持分権が被相続人Cから相続人Dに移転する。この物権変動は**変更**であり（民177），登記の対象となる権利変動は権利主体の変更として**移転**となり（法3），**権利変動の登記の原因関係**となる。

　事例のような数次相続の場合，先例は，最終の相続以外の相続が結果として単独相続であれば，登記原因に数次の相続を併記するかぎり，直接に現在の相続人に中間省略登記することを認めている（明33.3.7民刑260回，昭30.12.16民甲2670通）。事例の場合，最終の相続は被相続人をCとする相続であり，それ以外の相続は被相続人をAとする相続であり，当該相続は法定相続人BCによる共同相続であるため，上記の先例によって2個の原因関係を1個の原因関係として評価できる例外には該当しない（**事例71**参照）。

③ 登記の種類の判断

事例の2個の法定相続の登記の種類は，登記の対象となる権利変動が移転であり（法3），移転原因は相続であるため，包括移転登記となる。

所有権の移転登記を処理する局面であるため，保存登記への代替の検討が必要となる。甲建物の登記記録によれば権利部は設けられておらず保存登記への代替の可能性がある。また，表題部が一棟の建物の表示と専有部分の建物の表示の二重構造となっておらず，通常の建物として，法74条1項各号を使って法定相続の相続人が保存登記の当事者適格を有するか否かを検討する。

被相続人Aの相続人BCは，表題部所有者Aの一般承継人である相続人であるため，法74条1項1号により保存登記の当事者適格を有し，登記の種類は，特定移転登記から保存登記に修正することになる（個別フレームは **44**〔108頁〕参照）。

これに対して，相続人Dは，表題部所有者Aの相続人ではない。しかし，法74条1項1号が保存登記の当事者適格者として表題部所有者の相続人その他一般承継人を規定したのは，一般承継人に所有権が帰属していることを公文書により容易かつ確実に証明できるからであり，被相続人Aの相続人Cの更に相続人であるDに甲建物の所有権（の一部）が帰属していることは公文書で容易かつ確実に証明することができる。したがって，Dを表題部所有者Aの一般承継人と解し，法74条1項1号により保存登記の当事者適格が認められることになる。

Aの相続人BとCの相続人Dの保存登記はいずれも法74条1項1号で同一であり，登記の目的が同一と判断できるためBDの保存登記を一申請することが可能である（規35⑨）。これは，登記の種類が中間省略登記を許容する保存登記であることから認められる例外的な取扱いである（**40（2）**②）。

【参考・答案例 —事例6（数次相続先例の例外となる相続保存）】

登記の目的	所有権保存
原　　因	なし
申　請　人	所有者（被相続人A）持分2分の1　B 　　　　　（被相続人Aの相続人Cの相続人）2分の1　D
添 付 情 報	登記原因証明情報（なし）　所有権証明情報（相続証明書）　住所証明情報（BD）　代理権限証明情報（BDの委任状）
登録免許税	金12万円（＝3,000万円×1,000分の4）

（3） 名変登記への代替
【事例7―相続人不存在―】 過問 （H2所単有，H22所共有）

> 問　甲土地の事実について，法律構成の判断，原因関係の判断，登記の種類の判断を行いなさい。
> 　　なお，甲土地の課税標準の額は金6,000万円とする。
> （甲土地の登記記録）
> 甲区2番　所有権移転　所有者　A
> （事実関係）
> 1　平成28年2月1日，Aが死亡した。Aには相続人が存在しない。
> 2　同年3月1日，管轄家庭裁判所は，Aの相続財産法人について，Bを相続財産管理人に選任した。

順序	法律構成の判断	原因関係の判断		登記の種類の判断	物件
		民177の効果	法3の権利変動		
1	事1―相続人不存在 事2―管理人選任	変更	移転	包括移転登記 名変登記	甲

① 法律構成の判断

　本来，事実1には，A死亡の事実が示されており，Aが遺言をした事実が示されていないため**法定相続**を法律構成するはずである。しかし，事実1には，Aには相続人が存在しない事実が示されているため**相続人不存在**を法律構成する。下記②で説明するとおり，相続人不存在の場合，通常の法定相続とは，法律効果が大きく異なることになるからである。

② 原因関係の判断

　事例のように被相続人をAとする相続について，法定相続人が存在せず，財産全部の包括受遺者も存在しなければ（最判平9.9.12），被相続人Aの相続財産は法人化する（民951）。本来，その法律効果は，相続財産のAから相続財産法人への移転である。この物権変動は**変更**であり（民177），登記の対象となる権利変動は権利主体の変更として**移転**となり（法3），**権利変動の登記の原因関係**となる。

　しかし，先例は，相続財産の法人化を，清算のための法技術上の擬制ととらえ，単に「**○番所有権登記名義人氏名変更**」の登記をすれば足りるとしている。したがって，相続人不存在は，先例によって包括移転登記の原因関係ではなく，**名変登記**の原因関係と判断すべきことになる（昭10.1.14民甲39民事局長通牒，「質疑応答7842」『登記研究』707号193頁）。

③ 登記の種類の判断

登記の種類は，原因関係が名変登記のものであるため**名変登記**となり，名変原因が後発的に生じているため**変更登記**としての名変登記となる（個別フレームは **61**〔152頁〕参照）。

【参考・答案例―事例7（相続人不存在の名変登記代替）】

登記の目的　　２番所有権登記名義人氏名変更
原　　　因　　平成28年2月1日相続人不存在
変更後の事項　登記名義人　亡Ａ相続財産
申　請　人　　申請人　亡Ａ相続財産
添 付 情 報　　登記原因証明情報（戸籍謄抄本等の相続証明書）　代理権限証明情報
　　　　　　　（相続財産管理人Ｂの選任審判書，Ｂの委任状）
登録免許税　　金1,000円（＝甲土地1個×1,000円）

---

④ 保存登記への代替 実例

（甲建物の登記記録）
表題部　所在　甲市乙町一丁目1番地　家屋番号 1番　種類 居宅　構造欄 省略　床面積 省略　所有者 Ａ
※　権利部は設けられていない。

かりに，**事例7**の登記記録が上記のとおりであった場合，権利部が設けられておらず表題登記にとどまるため，保存登記への代替を検討する。相続人不存在は，本来，移転登記を申請すべき場合だからである。

上記の登記記録から表題部が一棟の建物の表示と専有部分の建物の表示の二重構造となっておらず，通常の建物として，法74条1項各号を使って相続財産法人が保存登記の当事者適格を有するか否か検討して判断する。

相続財産法人は，表題部所有者Ａの相続人その他の一般承継人と評価できるか否かが問題となるが，表題部所有者の一般承継人に保存登記の当事者適格を認める趣旨は，公文書によって容易かつ確実に所有権の帰属を証明できる点にある。相続財産法人についても同様のことが可能であることから一般承継人に準じてこれを取り扱えることになる。したがって，登記の種類は，先例のいう名変登記でなく，相続財産法人名義の**保存登記**に修正できることになる（「質疑応答」『登記研究』399号82頁）。

⑤ 相続人不存在の連件パターン 過問

　相続人不存在により相続財産法人と化した相続財産は，被相続人と生計を同じくしていた者，被相続人の療養看護に努めた者，その他被相続人と特別の縁故があった者は，相続人不存在確定後，3 か月以内に家庭裁判所に対して相続財産の全部または一部の分与を請求することが可能であり（民 958 の 3），それが認容されれば，特別縁故者に分与されることになる。

　また，相続財産が被相続人と他の者との共有である場合，特別縁故者が存在せず財産分与の申立てがないか，特別縁故者への分与の申立てが却下されれば，特別縁故者不存在が確定し，相続財産法人化した相続財産である持分権が，他の共有者に帰属する（民 255，最判平元.11.24，平 3.4.12 民三 2398 通）。

　上記いずれの場合であっても，前提として相続財産法人名義への名変登記（保存登記）を申請しなければならず（記録例 228 注，平 2，平 22），相続人不存在にかかる登記の申請は連件申請のパターンの 1 つとなっている。

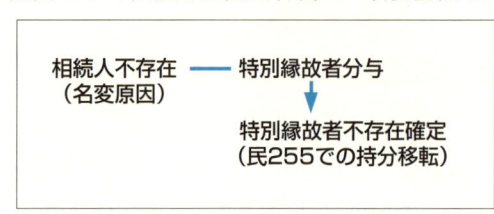

```
相続人不存在 ──── 特別縁故者分与
（名変原因）         ↓
                  特別縁故者不存在確定
                  （民255での持分移転）
```

2−4　保存登記

43　保存登記の「登記の種類の判断」方法

（1）原則的な判断方法

　権利変動の登記の原因関係のうち，登記の対象となる権利変動が非合意による権利の発生である**保存**の場合，または最初にする所有権の登記である場合，登記の種類は**保存登記**と判断する。

　そのうち本書で問題とする**保存登記**は，初めてする所有権の登記，すなわち法 74 条の要件をみたした所有者の所有状態を登記する所有権の**保存登記**である。非合意によって権利が発生する先取特権の保存登記は，書式の論点としては出題されておらず，今後も出題の可能性が低いからである。なお，先取特権の申請手続の骨格は，**設定登記**のものを使用する点に注意を要する。

（2）例外としての所有権移転からの代替

　登記の対象となる権利変動が，所有権の**移転**であり，本来，登記の種類が**特定移転登記**または**包括移転登記**となる場合であっても，**35（2）**，**40（2）**の例

外要件をみたせば，登記の種類は，移転登記ではなく保存登記に修正される。

(3) 保存登記の当事者適格者の判断

所有権の保存登記では，所有者のうち法74条の要件をみたす者だけが，当事者適格（自己の名をもって申請人となりうる資格をいう）を有し，当該登記を申請することができる。以下，どのような者が当事者適格者として規定されているのかを説明する。

① 区分建物とそれ以外の不動産の区別

所有権の保存登記の当事者適格を検討する場合，検討の対象となる不動産が区分建物かそれ以外の不動産かを区別する。これは，法74条2項が区分建物の専用規定となっており，区分建物であれば，法74条2項から検討した後に1項への流れで検討するのに対し，それ以外の不動産は，法74条1項のみが検討対象となるからである。

区分建物かそれ以外の不動産かは，表題部の構造に着目して判断する。区分建物は，下記に示すとおり，表題部が一棟の建物の表示と専有部分の建物の表示を要素とする二重構造となっており，その区別は，容易である。

（甲建物の登記記録）
表題部（一棟の建物の表示）
（中略）
表題部（専有部分の建物の表示）
家屋番号欄　乙町一丁目123番4の56　建物の名称欄　56
種類欄　事務所　構造欄　省略　床面積欄　省略　原因および日付欄　省略
敷地権の表示欄
土地の符合1　敷地権の種類欄　賃借権　敷地権の割合欄　10分の1　省略
所有者　甲野一郎

---

② 法74条1項1号

i　表題部所有者

1号には，「表題部所有者」が当事者適格者として規定されている。表題部所有者は，表題登記を申請する際に，所有権証明情報（令別表4添ハ，同12添ハ）によりみずからの所有権を登記官に証明しており（法29），表題部所有者には，表示に関する登記事項ながら，例外的に推定力が認められるため（幾代通『不動産登記法』458頁および注1〔有斐閣，第4版〕），表題登記の表題部所有者の記載から所有者であることを蓋然性高く推認できるからである。

したがって，この場合には，例外的に保存登記の添付情報として法74条所定の当事者適格をみたすことを証明する所有権証明情報の添付を要しない。すでに表題登記の際に証明済みだからである。

ⅱ　表題部所有者の一般承継人

　また，1号には，「表題部所有者の相続人その他の一般承継人」が当事者適格者として規定されている（平18）。表題部所有者の一般承継であれば，公文書（戸籍，登記事項証明書等）を所有権証明情報として添付させることで，容易かつ確実に，所有者と推定される表題部所有者から一般承継人への所有権の帰属を証明できるからである。

　これに対して，表題部所有者AがBに対して包括遺贈をした場合，包括受遺者Bは，本号によって当事者適格が認められず，直接に保存登記を申請することができない。民法上，包括受遺者は相続人と同一の権利義務を有するが（民990），包括遺贈は，戸籍のような信憑性の高い公文書で所有権を証明できる保障がなく（幾代通前掲書265頁注2，自筆証書遺言を想起せよ），申請手続上，相続人と同視できないからである（「質疑応答」『登記研究』223号67頁）。したがって，1番目で遺贈者Aのための法74条1項1号の「保存登記」を申請し，2番目で遺贈を原因とする特定移転登記（法60）を申請する連件処理となる（昭34.9.21民甲2071通，「質疑応答」『登記研究』484号121頁）。

　また，会社分割による承継会社または設立会社は，会社分割の効果が分割契約または分割計画に基づく部分的な包括承継にすぎず，一般承継人とは解されないため，本号によって当事者適格は認められない。

③　法74条1項2号（判決保存）

　2号には，「所有権を有することが確定判決によって確認された者」が当事者適格者として規定されている（平3）。これは，判決という信憑性の高い資料を所有権証明情報とすることで，原告の所有権の存在が容易かつ確実に証明できるからである。

　ただし，判決で証明できるのが持分権にすぎない場合には，公示の明瞭性の観点から持分権のみの保存登記を申請することは許されず（昭30.10.15民甲2216回），他の共有者である被告と申請根拠条項とが異なり一申請ができないため（規35⑨），1番目で表題部所有者名義の法74条1項1号の保存登記を代位による登記として申請し，2番目で所有権一部移転登記を判決による登記として申請する連件処理となる（**35（2）**③ⅰ）。

この場合の判決は，判決による登記（法63Ⅰ）と異なり給付判決にかぎられず，また，判決による登記と同様，確定判決と同一の効力を有する和解調書（平3），認諾調書，調停調書，家事審判法による審判，確定した執行判決を経た外国判決（民執22⑥）および確定した執行決定を経た仲裁判断（民執22⑥の2）が含まれる（民執22）。

④ **法74条1項3号（収用保存）**

3号には，「収用によって所有権を取得した者」が当事者適格者として規定されている。収用委員会の収用裁決と裁決で定められた権利取得時期までに補償金を払い渡すかまたは補償金等を受け取るべき者が受領を拒むか受領できない場合等は補償金を供託すれば，確実に所有権を取得することができる（土地収用95，100，101）。それを収用委員会の裁決書謄本，補償金の受領書などを所有権証明情報とすることで容易かつ確実に証明できるからである。

ただし，事業者が官公署である場合には，嘱託で保存登記がなされるため登記申請の対象とはならない。

⑤ **法74条2項（区分建物専用規定）**

2項には，区分建物について，「表題部所有者から所有権を取得した者」が当事者適格者として規定されている。区分建物は，敷地利用権に関する土地の登記記録の複雑化を回避するため，表題登記を申請できる者が，区分建物の原始取得者とその一般承継人に限定されている（法47ⅠⅡ）。この場合，表題部所有者から所有権を取得した者に所有権の保存登記の当事者適格を認めなければ原始取得者のための所有権の保存登記を行い，かつ，取得者のための所有権移転登記をしなければ，対抗力を取得できない不都合が生ずることになる。

そこで，この不都合を回避するため，本来必要となるはずの表題部所有者からの保存登記の代わりに取得者からの保存登記を認めるものである。この保存登記は，中間省略登記を認める例外局面の1つとして冒頭省略保存登記とよばれている。

この「表題部所有者から所有権を取得した者」には，会社分割における承継会社（設立会社）が含まれる（「登記簿」『登記研究』703号222頁）。会社分割による登記は売買等と同様，本来，共同申請すべきものであり，冒頭省略保存登記を認める趣旨に適合するからである。

44 保存登記の「申請手続の骨格」（個別フレーム）

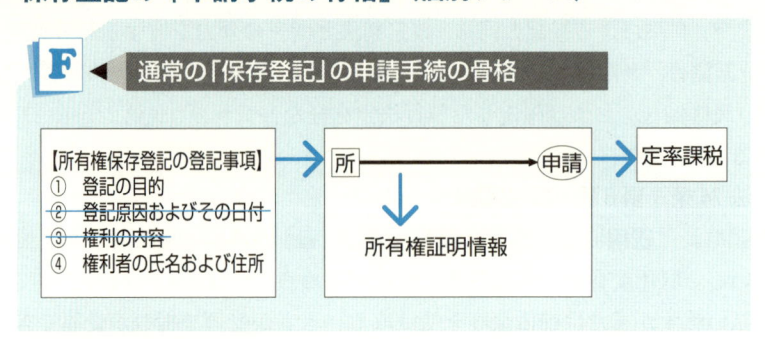

F ◀ 通常の「保存登記」の申請手続の骨格

【所有権保存登記の登記事項】
① 登記の目的
② ~~登記原因およびその日付~~
③ ~~権利の内容~~
④ 権利者の氏名および住所

所 ──→ 申請 ──→ 定率課税
 ↓
所有権証明情報

（1） 法定登記事項の枠組み

① 保存登記の法定登記事項

法定登記事項の枠組みは，①登記の目的，②権利者の氏名（名称）および住所のみに修正される（法59，令3）。

② 登記原因除外の例外と再例外

保存登記の登記事項から登記原因およびその日付が除外されるのは（法76Ⅰ本文），所有権の保存登記が権利変動そのものを登記する原則の例外となっており，表題部所有者からの権利変動を公示するための登記原因およびその日付を登記する必要性がないからである。

ただし，敷地権付き区分建物の法74条2項による保存登記では，原則どおり登記原因およびその日付が登記事項となる（法76Ⅰただし書）。当該保存登記は，区分建物の登記を使って敷地権の移転登記を一体公示（法73）するものであるため，敷地権の移転登記として原則どおり登記原因およびその日付を公示する必要があるからである。

③ 権利内容除外の例外

保存登記の登記事項から権利の内容が除外されるのは，物権法定主義により所有権の内容が民法の規定上明らかであり（民206），かつ，その内容について当事者が自由に合意する余地がなく，当事者の合意内容を登記する必要性が認められないからである。

④ 申請根拠条項

43（3）で述べたとおり，保存登記は，所有者のうち，法74条の規定をみたす者のみに当事者適格を認めているため，「申請人が法74条1項各号に掲げる者のいずれであるか」が，特別の申請情報の内容となっている（令別表28申イ，

同29申）。

（2） 真実性の立証の枠組み
① 申請方式

　申請方式は，特則があるため登記権利者である所有者からの単独申請となる（法74）。所有権の保存登記は，権利部にされる最初の登記であり，申請時点で権利の登記の登記名義人が存在せず（法2⑪），登記義務者の要件をみたせる者（法2⑬）が存在しないため，共同申請によることが不可能だからである。

　なお，記入登記であるため，第三者との間の手続上の利害調整は問題とならない。

② 主要な添付情報

　申請方式が単独申請であるため，申請構造の履行に関する主要な添付情報は，所有権証明情報（**43（3）**参照）となる（令別表28添ロ）。保存登記では，登記原因およびその日付が登記事項とならず，それを証する登記原因証明情報が例外的に添付の対象とならないため（令7Ⅲ①），申請人が当事者適格をみたした所有者であることを証明する情報の提供が必要となるからである（表題部所有者が例外となることつき**43（3）**②ⅰ参照）。

　ただし，敷地権付き区分建物の法74条2項の保存登記では，原則どおり登記原因およびその日付が登記事項となる関係上，登記原因証明情報の添付が必要となる（法61）。この場合の登記原因証明情報は，所有権証明情報を含むものとなっている。

（3） 登録免許税の課税方式

　登録免許税の課税方式は，不動産の価額を課税標準とし，これに一定税率を乗ずる<u>定率課税</u>となる。

　なお，敷地権付き区分建物の法74条2項の保存登記では，一体公示（法73Ⅰ）を実現するため専有部分についての保存登記に敷地権についての移転登記を必要的に一申請するため（法73Ⅲ），専有部分の保存登記の登録免許税と敷地権についての移転登記の登録免許税の双方の納付が問題となる（登免税18）。この場合，専有部分の保存登記は「所有権の保存の登記」の税率である1,000分の4が適用され（登免税別表第1.1.（一）），敷地権については「所有権の移転の登記」「その他の原因による移転の登記」の税率である1,000分の20が適用される（登免税別表第1.1.（二））。

45 保存登記の「登記の種類の判断」の論点

(1) 判決保存と登記の種類の判断

【事例 8 ― 判決保存と登記の種類の判断 ―】

> 問　甲建物の事実について，法律構成の判断，原因関係の判断，登記の種類の判断を行いなさい。
> 　　なお，甲建物の課税標準の額は金 3,000 万円とする。
> （甲建物の登記記録）
> 表題部　所在 甲市乙町一丁目 1 番地　家屋番号 1 番　種類 居宅　構造欄 省略　床面積 省略　所有者 A
> ※　権利部は設けられていない。
> （事実関係）
> 1　A および B は，平成 27 年 4 月 1 日，甲建物を代金 4,000 万円で移転する契約を締結した。
> 2　B は，A に対して，上記 1 に基づく登記の申請手続への協力を請求したが，A がそれに応じないため，平成 27 年 9 月 1 日に上記 1 の売買契約に基づく債権的登記請求権を訴訟物として所有権移転登記手続請求訴訟を提起し，B の請求を全部容認する判決が平成 28 年 6 月 1 日に確定した。
> 3　B および C は，平成 28 年 7 月 1 日，甲建物を代金 3,500 万円で移転する契約を締結した。同日，C は，管轄裁判所の裁判所書記官に対して，承継執行文の付与申立てを行い，判決正本に執行文の付与を受けた。

順序	法律構成の判断	原因関係の判断		登記の種類の判断	物件
		民 177 の効果	法 3 の権利変動		
1	事 1 ― AB 間売買契約 事 2 ― B の勝訴 事 3 ― BC 間売買契約	変更 ― 変更	移転 ― 移転	特定移転登記 保存登記（74 I ②） 保存登記（74 I ②）	甲 甲 甲

① 法律構成の判断

　事実 1 には，AB 間で甲建物を代金 4,000 万円で移転する旨の契約の事実が示されているため**売買契約**を法律構成する。

　事実 3 には，BC 間で甲建物を代金 3,500 万円で移転する旨の契約の事実が示されているため**売買契約**を法律構成する。

② 原因関係の判断

　売買契約の法律効果は，甲建物の所有権の売主から買主への移転である。この物権変動は**変更**であり（民 177），登記の対象となる権利変動は権利主体の変更として**移転**となるため（法 3），事実 1 および事実 3 のいずれの売買契約も**権利変動の登記の原因関係**と判断できることになる。

45 保存登記の「登記の種類の判断」の論点

③ 登記の種類の判断

　登記の種類は，登記の対象となる権利変動が移転であり（法3），移転原因は相続または合併ではないため，記入登記としての特定移転登記となる。
　しかし，所有権の移転登記を処理する局面であるため，保存登記への代替の検討が必要となる。甲建物の登記記録によれば権利部は設けられておらず保存登記への代替の可能性がある。また，表題部が一棟の建物の表示と専有部分の建物の表示の二重構造となっておらず，通常の建物として，法74条1項各号を使って権利取得者が保存登記の当事者適格を有するか否か検討する。
　事実2によれば，事実1の売買契約の買主Bは，売主Aが登記の申請手続に協力しないため所有権移転登記手続請求訴訟を提起し，Bの請求全部を容認する判決が確定している。これにより買主Bは，「所有権を有することが確定判決によって確認された者」となり法74条1項2号により保存登記の当事者適格が認められ，Bのための登記の種類は保存登記に修正できることになる。
　問題は，事実3の売買契約の買主Cのための登記である。事実3によればBから甲建物を買ったCは，管轄裁判所の裁判所書記官に対して，承継執行文の付与申請をして判決正本に執行文の付与を受けている。これにより買主Cは，「所有権を有することが確定判決によって確認された者」となり法74条1項2号により保存登記の当事者適格が認められることになる。
　本来，事実1の売買契約と事実3の売買契約は，別個の原因関係であり，中間省略登記禁止の原則から2つの売買に対応する2つの登記が必要となる。しかし，保存登記は，表題部所有者からの権利変動が登記の対象とならず，中間省略登記が許容される局面であるため，上記の検討でCが法74条1項2号により保存登記の当事者適格が認められる以上，直接，Cのための保存登記のみを申請すれば足りることになる（**35（2）**②，個別フレームは**44**〔108頁〕参照）。

【参考・答案例 ― 事例8（中間省略登記となる承継執行文付与による判決保存）】

登記の目的	所有権保存
原　　因	なし
申 請 人	所有者C
添付情報	登記原因証明情報（なし）　所有権証明情報（承継執行文付確定判決の謄本）　住所証明情報（C）　代理権限証明情報（Cの委任状）
登録免許税	金12万円（＝3,000万円×1,000分の4）

（2） 包括遺贈と登記の種類の判断
【事例9 ― 包括遺贈と登記の種類の判断 ―】

> 問　甲建物の事実について，法律構成の判断，原因関係の判断，登記の種類の判断を行いなさい。
>   　なお，甲建物の課税標準の額は金3,000万円とする。
> （甲建物の登記記録）
> 表題部　所在　甲市乙町一丁目1番地　家屋番号1番　種類　居宅　構造欄　省略　床面積　省略　所有者 A
> ※　権利部は設けられていない。
> （事実関係）
> 1　Aは，平成25年4月1日，「私の全財産をDに遺贈する。遺言執行者をDとする。」旨の公正証書遺言書を作成した。
> 2　Aは，平成28年2月1日に死亡した。Aの相続人は配偶者BとAB間の子Cである。

順序	法律構成の判断	原因関係の判断		登記の種類の判断	物件
		民177の効果	法3の権利変動		
2	事1―包括遺贈	変更	移転	特定移転登記	甲
1	事2―遺言者Aの死亡	―	―	Aの保存登記（74 I ①）	甲

① 法律構成の判断

　事実2でAが死亡した事実が示されており，事実1で死亡したAが遺言書を作成している事実が示されているため**遺言相続**を法律構成する。

② 原因関係の判断

　使用文言は「**遺贈する**」であり，受益物は「**全財産**」である。この場合，受益者が相続人か相続人以外の第三者であるかを問わず，当該遺言を**全部包括遺贈**と解釈する。

　全部包括遺贈の法律効果は，特定遺贈の集合体とこれを解するため（最判平8.1.26），遺言者Aの財産が遺言者Aの死亡と同時に受益者Dに移転し，物権的に帰属することである。事例では，遺言者Aが甲建物の表題部所有者として登記されているため，甲建物の所有権がAからDに移転する。この物権変動は**変更**であり（民177），登記の対象となる権利変動は権利主体の変更として**移転**となるため（法3），**権利変動の登記の原因関係**と判断できることになる。

③ 登記の種類の判断

　登記の種類は，登記の対象となる権利変動が**移転**であり（法3），移転原因は相続または合併ではないため，**特定移転登記**となる。

45　保存登記の「登記の種類の判断」の論点

　しかし，所有権の移転登記を処理する局面であるため，保存登記への代替の検討が必要となる。甲建物の登記記録によれば権利部は設けられておらず保存登記への代替の可能性があり，表題部が一棟の建物の表示と専有部分の建物の表示の二重構造となっておらず，通常の建物として，法74条1項各号を使って受遺者が保存登記の当事者適格を有するか否か検討する。

　受遺者Dは，事実2から遺言者Aの法定相続人ではない。しかし，事例の遺言は全部包括遺贈であり，受遺者Dは民法上，相続人と同一の権利義務を有するため（民990），受遺者Dを表題部所有者Aの一般承継人と解することができるか否かが問題となる。しかし，法74条1項1号が表題部所有者の一般承継人に当事者適格を限定しているのは，公文書により所有権の帰属を容易かつ確実に証明できる点にあり，手続上，受遺者は必ずしもそのような証明ができる立場ではないため，一般承継人には該当しない。したがって，受遺者Dのために申請する登記の種類を保存登記に修正することはできず，Dのための登記の種類は特定移転登記に確定する（**43（3）**②ⅱ）。

　しかし，事例の登記状態は，表題登記にとどまっており，Dのための特定移転登記を申請すれば当該申請は方式違反をもって却下されるため（法25⑤），1番目に法74条1項1号を根拠として遺言者Aのための保存登記（個別フレームは**44**〔108頁〕参照）を，2番目に遺贈を原因とする特定移転登記（個別フレームは**36**〔82頁〕参照）を連件申請すべきことになる。

【参考・答案例—事例9（表題部所有者の遺贈による連件申請）】

○1番目の申請
登記の目的　　所有権保存
原　　因　　なし
申　請　人　　所有者A
添付情報　　~~登記原因証明情報（なし）~~　~~所有権証明情報（なし）~~　住所証明情報（A）
　　　　　　代理権限証明情報（公正証書遺言書，Aの死亡を証する戸籍の謄抄本，Dの委任状）
登録免許税　　金12万円（＝3,000万円×1,000分の4）

○2番目の申請
登記の目的　　所有権移転
原　　因　　平成28年2月1日遺贈
申　請　人　　権利者D　義務者（亡）A
添付情報　　登記原因証明情報（公正証書遺言書，Aの死亡を証する戸籍の謄抄本）
　　　　　　登記識別情報（Aの甲区1番）　印鑑証明書（遺言執行者D）　住所証明情報（D）　代理権限証明情報（公正証書遺言書，Aの死亡を証する

> 戸籍の謄抄本，Dの委任状）
> 登録免許税　金60万円（＝3,000万円×1,000分の20）

2－5　設定登記

46　設定登記の「登記の種類の判断」方法

（1）　原則的な判断方法

　権利変動の登記の原因関係のうち，登記の対象となる権利変動が設定となる場合，登記の種類は，設定登記と判断する。

（2）　例外としての「及ぼす変更登記」代替

　担保権の設定登記の場合には，及ぼす変更登記への代替を検討しなければならない。これは，担保権の登記の種類を判断する場合の基本スキルとなっている。

　たとえば，AB共有の甲土地において，AがXのために持分権を目的として抵当権を設定登記した後，Aが他の共有者Bの持分権を取得した場合，甲土地はAが単有することになる。この場合，Aの単有している所有権の一部にXの抵当権が存在することになるが，Xの抵当権の存在を否定することはできず，抵当権の効力が所有権に対してどのように及んでいるのかが問題となる。

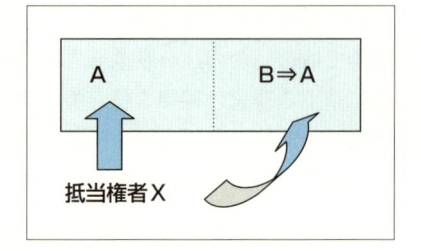

　登記実務は，理解のしやすさを重視し，取得した権利が元の権利とそのままの状態で合体し，所有権中に抵当権の効力が及んでいる部分と及んでいない部分が生じると理解している（昭37.6.28民甲1748通，登記研究編集室編『実務からみた不動産登記の要点Ⅰ』4頁〔テイハン〕）。

　この解釈を前提とすれば，所有権または持分権が独立した数個の登記事項（函）から構成されている場合，その各登記事項（函）にかかる持分権の登記をそれぞれ独立した物と解しても登記上，独立性・特定性に欠けるところがなく，独立した持分権の登記（函）を，抵当権設定の目的物や所有権の移転対象とすることを認めたとしても，一物一権主義には反しないことになる（昭58.4.4民甲2252通）。

　次に，上記の例で，AがBから取得した持分権には，従来のA持分権を目的

物としたXの抵当権の効力が及んでいないことになるため，AがBから新たに取得した持分権に抵当権の効力を及ぼす方法が問題となる。

　この場合，抵当権者と設定者の変更契約により，抵当権の効力を及ぼすことは認められない。それを認める規定が民法に存在せず，物権法定主義に反するからである。そこで，上記の先例を使い実体上は，抵当権の効力が及んでいない持分権部分を目的物として抵当権の追加設定契約をすることになる。

　この場合，更に，当該追加設定契約に基づいていかなる登記をなすべきかが問題となる。先例は，この場合の登記の役割が抵当権の効力を目的物全体に拡張するものである点に着目し，変更登記によることを認めており（昭9.4.2民事局長回，昭31.4.9民甲758通），これを及ぼす変更登記という。これは，単純に甲土地を目的として抵当権の設定登記をすれば，従来の設定登記がされているAの持分権部分について，二重に抵当権の設定登記がされることになる不都合があり，当事者の意思にも反する。また，変更登記で処理することを認めれば，付記登記により登記が実行されるかぎり（法66），元の抵当権の登記と同順位で権利主張が可能となり（法4Ⅱ），抵当権者にとって設定登記よりも有利な権利主張が可能となるからである。

　以上から，①追加設定契約の，②設定目的物が，すでに権利の一部に設定登記がされている所有権または持分権の残りの部分であり，③既登記の目的物と新たな設定目的物の権利者が同一人であれば，追加設定契約に基づき設定登記ではなく，及ぼす変更登記を申請できることになる（昭60，平22）。

　なお，上記の場合，AがBから取得した持分権部分は，その登記に対応して独立性・特定性が認められ設定目的物として適格性があるため，その持分権を特定して抵当権の設定登記をすることは可能であるが（昭58.4.4民甲2252通），及ぼす変更登記が可能であるかぎり，当該変更登記で処理するほうが抵当権者にとって有利である。したがって，単なる設定登記を選択する場合とは，及ぼす変更登記の上記の手続要件をみたさない場合に事実上かぎられている。

47　設定登記の「申請手続の骨格」（個別フレーム）

(1)　法定登記事項の枠組み

　設定登記の法定登記事項の枠組みは，原則どおりの①登記の目的，②登記原因およびその日付，③権利内容，④権利者の氏名（名称）および住所（法59，令3）となる。

47 設定登記の「申請手続の骨格」(個別フレーム)

F ▶ 「設定登記」の申請手続の骨格

【設定登記の登記事項】
① 登記の目的
② 登記原因およびその日付
③ 権利の内容
④ 権利者の氏名および住所

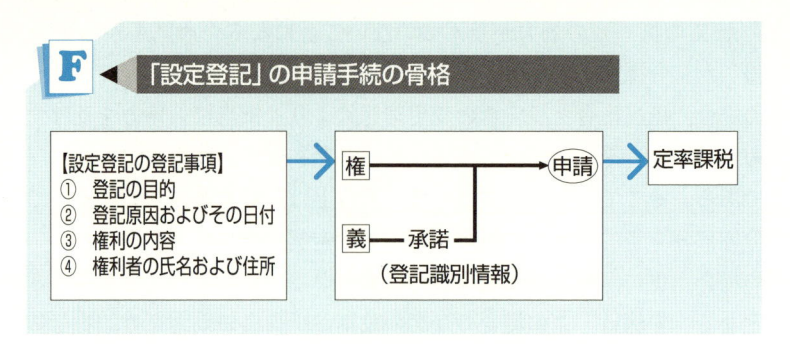

権 → 申請 → 定率課税
義 — 承諾
(登記識別情報)

　抵当権の権利内容は，絶対的登記事項として債権額（法83Ⅰ①，令別表55申イ）と債務者（法83Ⅰ②，令別表55申イ）が規定されており，約定があるかぎり登記事項となる任意的登記事項として，利息，損害金，民法370条ただし書の定め，債権に付した条件，抵当証券発行特約（元本または利息の弁済期，支払場所）が規定されている（法88Ⅰ，令別表55申ロ）。

　また，根抵当権の権利内容は，絶対的登記事項として極度額，債権の範囲（法88Ⅱ①，令別表56ロ）と債務者（法83Ⅰ②，令別表56イ）が規定されており，任意的登記事項として確定期日の定め，民法370条ただし書の定め，共有者の優先の定めが規定されている（法88Ⅱ，令別表56ロ）。

(2) 真実性の立証の枠組み
① 申請方式
　申請方式は，原則どおり登記権利者および登記義務者からする共同申請となる（法60）。なお，記入登記であるため，第三者との間の手続上の利害調整は問題とならない。
② 主要な添付情報
　申請方式が共同申請であるため，申請方式の履行に関する主要な添付情報は，登記義務者へのなりすまし防止のための登記識別情報となる（法22）。

(3) 登録免許税の課税方式
　登録免許税の課税方式は，担保権の設定については債権額，極度額を課税標準とし，一定税率を乗ずる定率課税となる。また，用益物権（定額課税となる地役権を除く）および賃借権の設定については不動産の価額を課税標準とし，一定税率を乗ずる定率課税となる。

48 設定登記の「登記の種類の判断」の論点
(1) 及ぼす変更登記の判断
【事例10 ─及ぼす変更登記 ─】 過問 (S60・H22 抵)

> 問　甲土地の事実について、法律構成の判断、原因関係の判断、登記の種類の判断を行いなさい。
> （甲土地の登記記録）
> 甲区2番　所有権移転　共有者　持分2分の1 A　2分の1 B
> 　　3番　B持分全部移転　所有者　持分2分の1 A
> 乙区1番　A持分抵当権設定　原因 平成26年4月1日金銭消費貸借同日設定
> 　　　　　　　　　　　　　　債権額金3,000万円　債務者 A　抵当権者 X
> （事実関係）
> 1　AおよびXは、平成28年7月1日、1番抵当権と同一債権を担保するためAがBから新たに取得し権利を目的として共同抵当権の追加設定契約を締結した。

順序	法律構成の判断	原因関係の判断		登記の種類の判断	物件
		民177の効果	法3の権利変動		
1	抵当権の追加設定契約	発生	設定	設定登記 及ぼす変更登記	甲

① 法律構成の判断

　事実1にAX間で1番抵当権と同一債権を担保するため、AがBから新たに取得した権利を目的として抵当権の追加設定した事実が示されているため、**抵当権の追加設定契約**を法律構成する。

② 原因関係の判断

　抵当権追加設定契約の法律効果は、甲区3番でAがBから取得した権利について合意による抵当権の発生である。この物権変動は**発生**であり（民177）、登記の対象となる権利変動は合意による権利の発生として**設定**となり（法3）、**権利変動の登記の原因関係**となる。

③ 登記の種類の判断

　登記の種類は、登記の対象となる権利変動が**設定**であるため（法3）、**設定登記**となる。

　担保権の設定登記を申請すべき場合には、及ぼす変更登記への代替の検討が必須となる。事例では、ⅰ．追加設定契約がされており、ⅱ．登記記録によれば甲区3番で他の共有者Bから持分権の移転を受けたことでAが甲土地の所

48 設定登記の「登記の種類の判断」の論点

有権を単有している状況で，A が B から新たに取得した甲区 3 番の持分を追加設定の目的とし，それが A の所有権のうちすでに抵当権が設定登記されている部分の残りの部分であり，ⅲ．既登記の目的物と新たな設定目的物の権利者が同一人 A であり，及ぼす変更登記をするための手続要件のすべてをみたしている。したがって，登記の種類は設定登記から**及ぼす変更登記**に修正することになる（個別フレームは 50 〔120 頁〕参照）。

【参考・答案例 — 事例 10（追加設定に代わる及ぼす変更登記）】
登記の目的　　1 番抵当権の効力を所有権全部に及ぼす変更（付記）
原　　因　　平成 26 年 4 月 1 日金銭消費貸借平成 28 年 7 月 1 日設定
申　請　人　　権利者 X　義務者 A
添 付 情 報　　登記原因証明情報（A 作成の報告式）　登記識別情報（A の甲区 3 番）
　　　　　　　印鑑証明書（A）　代理権限証明情報（AX の委任状）
登録免許税　　金 1,500 円（登録免許税法第 13 条第 2 項）

（2）及ぼす変更登記と追加設定との区別

（甲土地の登記記録）
甲区 2 番　所有権移転　共有者　持分 2 分の 1 A　2 分の 1 B
乙区 1 番　A 持分抵当権設定　原因　平成 26 年 4 月 1 日金銭消費貸借同日設定
　　　　　　　　　　　　　　債権額　金 3,000 万円　債務者 A　抵当権者 X
（事実関係）
　1　B および X は，平成 28 年 7 月 1 日，1 番抵当権と同一債権を担保するため B 持分を目的として共同抵当権の追加設定契約を締結した。

かりに，事例の登記記録，事実関係が上記のとおりである場合，ⅰ．追加設定契約が行われており，ⅱ．甲土地の A 持分を目的としてすでに抵当権が設定登記されている状況で，追加設定の目的物は，甲土地を基準とすれば，残りは B 持分であるが，ⅲ．既登記の目的物の権利者が A であるのに対し，追加設定の目的物の権利者は B であり，最後の点で及ぼす変更登記の手続要件をみたさない。したがって，このケースの登記の種類は，単に B 持分を目的とした「設定登記」にすぎないことになる（個別フレームは 47 〔116 頁〕参照）。

【参考（及ぼす変更登記の要件をみたさない場合の持分設定登記）】
登記の目的　　B 持分抵当権設定
原　　因　　平成 26 年 4 月 1 日金銭消費貸借平成 28 年 7 月 1 日設定

|　申　請　人　　　権利者 X　義務者 B　|

2−6　変更登記

49　変更登記の「登記の種類の判断」方法
(1)　原則的な判断方法
　権利変動の登記の原因関係のうち，権利の種類を問わず，登記の対象となる権利変動が変更である場合，登記の種類は変更登記と判断する。
(2)　例外としての一部抹消登記の実質を有する変更登記
　登記の対象となる権利変動が一部消滅であり，一部消滅原因が後発的に生じたものであれば登記の種類は変更登記を選択する。登記事項の全部を法律上消滅させる抹消登記の定義から一部抹消登記は存在せず，この場合の変更登記は，一部抹消登記の実質を有する変更登記とよばれている（抵当権の債権額の減少変更契約につき平 4，共有者の 1 人の債権弁済につき平 4，及ぼさない変更につき平 7，平 9）。

　他方，一部消滅原因が登記をした時点から原始的に存在していれば登記の種類として更正登記を選択する。この場合の更正登記は，一部抹消登記の実質を有する更正登記とよばれている（所有権の錯誤による更正につき昭 60，平 8，仮処分による一部失効につき平 17，抵当権の及ぼさない更正につき平 17）。

　これら一部抹消登記の実質を有する変更または更正登記を観念する実益は，登記上の利害関係を有する第三者との手続上の利害調整が，抹消登記と同様の必要的承諾型に修正される点にある（法 68）。この場合，第三者が承諾しないかぎり登記ができず，その代わり変更登記は常に付記登記でなされることになる（法 66）。
(3)　例外としての設定登記の実質を有する変更登記
　債権額の増加変更，極度額の増加変更は，抵当権や根抵当権の権利内容を変更するものとして登記の対象となる権利変動は変更となるため，登記の種類は変更登記と判断する。この場合，増加部分については，設定の実質があると解されているため，この変更登記は，設定登記の実質を有する変更登記とよばれている（平 5，平 12，平 16）。

　設定の実質を有する変更登記を観念する実益は，会社法 356 条の利益相反取

引，民法826条の利益相反取引については、設定登記に準じて判断をしなければならず、登録免許税の納付についても増加部分について設定登記とみなして定率課税となる点にある（登免税12）。

また、保全仮登記の可否を判断する場合も、設定登記に準じて保全仮登記をする点にある（民保53Ⅱ）。

この変更登記には、**48（1）及ぼす変更登記**（昭60，平22）、転抵当や被担保債権に対する質権設定による変更登記が含まれているが、転抵当や被担保債権の質入れについては、処分する抵当権の変更登記として処理する関係上、登録免許税の課税方式の定額課税から定率課税への修正は適用されない点に注意しなければならない。

50 変更登記の「申請手続の骨格」（個別フレーム）

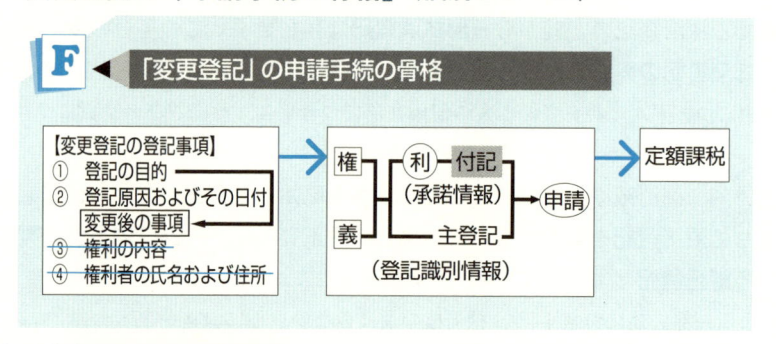

「変更登記」の申請手続の骨格

【変更登記の登記事項】
① 登記の目的
② 登記原因およびその日付
変更後の事項
~~③ 権利の内容~~
~~④ 権利者の氏名および住所~~

権利義 → 付記（承諾情報）／主登記（登記識別情報）→ 申請 → 定額課税

（1）法定登記事項の枠組み

法定登記事項の枠組みは、①登記の目的、②登記原因およびその日付のみに修正される（法59，令3）。

権利者の氏名（名称）および住所と権利内容が法定登記事項から除外されているのは、変更登記が既登記の存在を前提に権利内容の変更を公示する機能をもつ登記であるため、権利者および変更前の権利内容は、既登記から明白であり、重ねて公示する必要性が認められないからである。

さて、変更登記の法定登記事項となる**登記の目的**は、本来、どの権利がどのように変更したのかを公示するものとして記載すべきものである。しかし、これでは公示の一覧性（一目で登記事項を把握できるようにする要請）を確保できないため、変更後の権利内容を**変更後の事項**として登記の目的から分離して申請情報として記載する取扱いが通例となっている（令別表25）。ただ、及ぼす変更

登記（**事例10**）のように登記の目的の記載が一覧公示を阻害しない場合には，原則どおりに登記の目的を記載し，変更後の事項の記載を要しないことになる。

（2） 真実性の立証の枠組み
① 申請方式の原則と例外
　変更登記における申請方式の原則は，登記権利者および登記義務者からする共同申請である（法60）。

　ただし，共有物分割禁止の定めによる所有権の変更登記（法65），担保権の順位の変更登記（法89Ⅰ，平元，平16），共有根抵当権の優先の定めによる変更登記（法89Ⅱ，平3）の申請方式は，登記名義人の全員が登記権利者兼登記義務者として変則的に共同申請を履行する合同申請となる（**20（2）①**）。

② 第三者との間の手続上の利害調整
ⅰ　任意的承諾型による利害調整の原則
　変更登記は，原則として，登記上の利害関係を有する第三者との間で任意的承諾型による利害調整が必要となる（法66，**20（2）③ⅱ**）。

ⅱ　必要的承諾型による利害調整の例外
　変更登記であっても，「一部抹消登記の実質を有する変更登記」の場合には，**49（2）**で述べたとおり，抹消登記に準じ，登記上の利害関係を有する第三者との間で必要的承諾型による利害調整が必要となる（法68，**20（2）③ⅰ**）。

ⅲ　利害調整不要の例外
　抵当権の債務者の変更登記および民法376条の抵当権処分による変更登記は，登記上の利害関係を有する第三者が存在せず，第三者との間で手続上の利害調整を要しない（抵当権の債務者更改につき昭63，相続による債務者の変更につき平9，債務の遺産分割につき平15，順位放棄につき平10）。抵当権の債務者の変更は債務者の信用の変化として設定者に不利益を及ぼすおそれがあるが，設定者は申請当事者であり第三者ではないからであり，民法376条の抵当権処分はその効力が契約当事者間に及ぶだけの契約効果だからである。

　また，根抵当権の元本確定登記も手続上の利害調整を要しない（平8，平20，平26）。元本確定により極度額が変更するものではなく，極度額による限度担保性に変更をきたさないからである。

　さらに，元本確定前の根抵当権の債権の範囲，債務者の変更登記についても，手続上の利害調整を要しない。実体上，第三者の承諾を要しない旨の明文の規定があることから（民398の4Ⅱ），手続上も第三者との間の利害調整を要しな

いと解釈すべきだからである（根抵当権の変更契約につき昭54，平3，平5，平10，平12，平16，相続・合意につき昭58，平18，平23，債務者の合併につき平11，債務者の会社分割につき平16）。

さらに，極度額の変更契約による変更および抵当権の順位の変更も手続上の利害調整を要しない。これらの場合，利害関係人の承諾が成立要件または効力発生要件となっており手続上の問題ではなく実体上の問題として処理されるからであり（民398の5，同374Ⅰただし書），重ねて，手続上の第三者との間の利害調整を考慮する必要がないからである（極度額の増加変更につき平5，平12，平16，平27，減額変更につき平10）。

③ 主要な添付情報

申請方式の原則が共同申請であるため，登記義務者へのなりすまし防止のための登記識別情報（法22）を提供する。また，登記上の利害関係を有する第三者との間の手続上の利害調整が任意的承諾型であるため，当該第三者の承諾証明情報（令別表25添ロ）となる。

(3) 登録免許税の課税方式

登録免許税の課税方式の原則は，不動産の個数を課税標準とし，それに一定税額を乗ずる定額課税となる。

ただし，抵当権の順位の変更登記，登記した賃借権の抵当権に優先する同意の登記は，抵当権等の件数を課税標準とする定額課税に修正されることになる。

また，抵当権の債権額の増加変更，根抵当権の極度額の増加変更の課税方式は，増加部分を課税標準とし設定登記とみなしての定率課税となる（登免税12）。

51　変更登記の「登記の種類の判断」の論点

(1) 債務者更改による新債務担保

【事例11 ─ 債務者更改 ─】 過問 (S63抵)

> 問　甲土地の事実について，法律構成の判断，原因関係の判断，登記の種類の判断を行いなさい。
> （甲土地の登記記録）
> 甲区2番　所有権移転　所有者 A
> 乙区1番　抵当権設定　債権額 金3,000万円　利息 年5％　債務者 B
> 　　　　　　　　　　抵当権者 X
> （事実関係）
> 1　X，B，Cは，平成28年7月1日，1番抵当権の被担保債務の債務者を旧債

51 変更登記の「登記の種類の判断」の論点

務者Bから新債務者Cに交替させ，1番抵当権を新債務に移す旨の更改契約を合意した。
2 同日，設定者Aは，上記の契約を承諾した。

順序	法律構成の判断	原因関係の判断		登記の種類の判断	物件
		民177の効果	法3の権利変動		
1	事1―債務者の更改契約 事2―設定者の承諾	変更	変更	変更登記	甲

① 法律構成の判断

　事実1には，債権者X，旧債務者B，新債務者Cが1番抵当権の被担保債務の債務者をBからCに変更する3面契約としての更改契約を合意した事実が示されており，債務者交替の**更改契約**を法律構成する。

② 原因関係の判断

　債務者の更改契約の法律効果は，旧債務の消滅と新債務の発生である。本来であれば，旧債務の消滅に伴い，消滅の附従性により1番抵当権が消滅する。

　ただし，事例のようにⅰ．更改契約の当事者（XBC）が旧債務の抵当権を移す旨を合意し（民518本文），ⅱ．設定者が債務者以外の第三者（物上保証，第三取得者）の場合，抵当権を新債務に移すことについて当該第三者であるAが承諾していれば（民518ただし書），例外的に1番抵当権を新債務に「**移す**」ことができる。登記実務は「**移す**」の意味を，債務者を含めて抵当権の権利内容を変更させるものと割り切っている。

　したがって，事例の更改契約による権利変動は**変更**となり（民177），登記の対象となる権利変動は権利内容の変更として**変更**となり（法3），**権利変動の登記の原因関係**となる。

③ 登記の種類の判断

　登記の種類は，登記の対象となる権利変動が**変更**であるため（法3），**変更登記**となる（個別フレームは **50**〔120頁〕参照）。なお，抵当権は，更改前の債務の目的の限度において新債務に移すことができることから（民518本文），それにより不利益を受ける第三者は考えられず，変更登記であるが第三者との間の手続上の利害調整は不要と解されている（法66）。

【参考・答案例 ― 事例11（債務者交替による更改の抵当権変更登記）】
登記の目的　　1番抵当権変更

原　　因	平成28年7月1日債務者交替による新債務担保
変更後の事項	債権額 金3,000万円　利息 年5％　債務者 C
申　請　人	権利者 X　義務者 A
添 付 情 報	登記原因証明情報（A作成の報告式）　登記識別情報（Aの甲区2番） 代理権限証明情報（AXの委任状）
登録免許税	金1,000円（＝甲土地1個×1,000円）

④　抹消登記との関係

　更改契約を抵当権の変更登記の原因関係としてとらえることができるのは，更改契約の当事者が抵当権を新債務に移す旨を合意し（民518本文），設定者が債務者以外の第三者の場合に，当該第三者が承諾（民518ただし書）するという特別要件をみたす場合にかぎられている（そのニュアンスは，変更登記の登記原因を単に「債務者更改」とするのではなく「債務者更改による新債務担保」という表現に表れている）。

　したがって，更正契約の当事者が移す旨の合意をしていないか，それをしていたとしても設定者である第三者が承諾しなければ，原則どおり旧債務の消滅に伴って消滅の附従性により抵当権は消滅し，更改契約は，抹消登記の原因関係となる（個別フレームは54〔132頁〕参照）。

【参考（更改の担保を移す要件をみたさない場合の抹消登記）】
登記の目的　　1番抵当権抹消
原　　因　　　平成28年7月1日抵当権消滅

（2）　免責的債務引受による債務者の変更
【事例12─免責的債務引受契約─】

問　甲土地の事実について，法律構成の判断，原因関係の判断，登記の種類の判断を行いなさい。
（甲土地の登記記録）
甲区2番　所有権移転　所有者 A
乙区1番　抵当権設定　債権額 金3,000万円　債務者 B　抵当権者 X
（事実関係）
　1　BおよびCは，Xの承諾を得て，平成28年7月1日，1番抵当権の被担保債務をCが引き受け，債務者をBからCに変更する債務引受契約を締結した。
　2　同日，設定者Aは，上記の契約を承諾した。

51 変更登記の「登記の種類の判断」の論点

順序	法律構成の判断	原因関係の判断		登記の種類の判断	物件
		民177の効果	法3の権利変動		
1	事1―免責的債務引受契約 事2―設定者の承諾	変更	変更	変更登記	甲

① 法律構成の判断

事実1には，旧債務者Bおよび引受人Cが債権者Xの承諾を受けて，債務者をBからCに変更させる債務引受契約を締結した事実が示されており，**免責的債務引受契約**を法律構成する。

② 原因関係の判断

免責的債務引受契約は，債権譲渡と同様に物権以外の権利を変動させる準物権行為として位置づけられ，その法律効果は，債務の同一性を保ったまま債務者がBからCに移転し，それに随伴して1番抵当権の債務者をBからCに変更させるものである（債権譲渡が債権移転の効果であるのに対し，免責的債務引受けは債務移転の効果）。

ただし，例外的に設定者が債務者以外の第三者（物上保証，第三取得者）であれば，設定者を保護のため，設定者の承諾がなければ随伴性がはたらかず，抵当権は消滅する（大判大11.3.1，最判昭37.7.20）。

事例では，事実2で設定者Aが事実1の契約を承諾しているため，上記の原則どおり1番抵当権の債務者がBからCに変更する。この物権変動は**変更**であり（民177），登記の対象となる権利変動は権利内容の変更として**変更**となるため（法3），**権利変動の登記の原因関係**となる。

③ 登記の種類の判断

登記の種類は，登記の対象となる権利変動が**変更**であるため（法3），**変更登記**となる（個別フレームは**50**〔120頁〕参照）。なお，抵当権の債務者変更により不利益を受けるのは，申請当事者となる設定者であり，第三者には不利益が及ばないと解されており，変更登記であるが第三者との間の手続上の利害調整は不要と解されている（法66）。

【参考・答案例―事例12（免責的債務引受による抵当権変更登記）】

登記の目的　　1番抵当権変更
原　　因　　　平成28年7月1日免責的債務引受
変更後の事項　債務者C
申　請　人　　権利者X　義務者A

添付情報	登記原因証明情報（A作成の報告式）　登記識別情報（Aの甲区2番）
	代理権限証明情報（AXの委任状）
登録免許税	金1,000円（＝甲土地1個×1,000円）

④　抹消登記との関係

　設定者が債務者以外の第三者の場合，当該第三者を保護するため，第三者が承諾しないかぎり随伴性ははたらかず，抵当権は消滅し，免責的債務引受契約は，<u>抹消登記</u>の原因関係となる。

【参考（債務引受の随伴性がはたらかない場合の抵当権抹消登記）】
登記の目的　　1番抵当権抹消
原　　因　　　平成28年7月1日抵当権消滅

⑤　重畳的債務引受契約との比較

　引受人を連帯債務者として追加する債務引受契約が**重畳的債務引受契約**である（最判昭41.12.20）。

　重畳的債務引受契約では，引受人が連帯債務者となり，人的担保が増えるため設定者に不利益が及ばず，設定者が債務者以外の第三者であっても，第三者の承諾を要せず，随伴性がはたらくことになる。したがって，重畳的債務引受契約は，常に抵当権の債務者を変更させる<u>変更登記</u>の原因関係になる。

【参考（重畳的債務引受による抵当権変更登記）】
登記の目的　　1番抵当権変更
原　　因　　　平成28年7月1日重畳的債務引受
追加する事項　連帯債務者　C

（3）　一部抹消登記の実質を有する変更登記
【事例13 ─ 債権額の減少変更 ─】　過問　（H4抵）

> 問　甲土地の事実について，法律構成の判断，原因関係の判断，登記の種類の判断を行いなさい。
> （甲土地の登記記録）
> 甲区2番　所有権移転　所有者A
> 乙区1番　抵当権設定　債権額金3,000万円　債務者A　抵当権者X
> （事実関係）
> 1　AおよびXは，平成28年7月1日，1番抵当権の債権額を金2,000万円に減少する変更契約を締結した。

51 変更登記の「登記の種類の判断」の論点

順序	法律構成の判断	原因関係の判断		登記の種類の判断	物件
		民177の効果	法3の権利変動		
1	事1─変更契約	一部消滅	一部消滅	一部抹消登記の実質を有する変更登記	甲

① 法律構成の判断

事実1にAX間で1番抵当権の債権額を金2,000万円に減少する変更契約が締結された事実が示されており、債権額を減少する**変更契約**を法律構成する。

② 原因関係の判断

債権額を減少する変更契約の法律効果は、減少した分について抵当権の分量的な一部消滅となる。この物権変動は**一部消滅**であり（民177）、登記の対象となる権利変動も権利の**一部消滅**となり（法3）、**権利変動の登記の原因関係**となる。

なお、抵当権は、当事者申請主義により被担保債権の一部を担保するための**一部設定**が認められている。債権額を減少する変更契約は、後発的な一部設定として当事者申請主義の観点から認められているものである。

③ 登記の種類の判断

登記の種類は、登記の対象となる権利変動が**一部消滅**であり（法3）、一部消滅原因が1番抵当権の設定登記後に後発的に生じているため、登記の種類を**変更登記**と判断する（個別フレームは **50**〔120頁〕参照）。この変更登記は、**一部抹消登記の実質を有する変更登記**となる。

【参考・答案例─事例13（変更契約による債権額減少の抵当権変更登記）】

登記の目的　　1番抵当権変更
原　　　因　　平成28年7月1日変更
変更後の事項　債権額　金2,000万円
申　請　人　　権利者A　義務者X
添 付 情 報　　登記原因証明情報（X作成の報告式）　登記識別情報（Xの乙区1番）
　　　　　　　代理権限証明情報（XAの委任状）
登録免許税　　金1,000円（＝甲土地1個×1,000円）

---

④ 関連事項

法律構成の論点となっている一部弁済（**事例40**）、共有者の1人の債権の弁済（**事例41**）、及ぼさない変更（**事例46**）も一部抹消登記の実質を有する変更登記である。

（4） 設定登記の実質を有する変更登記
【事例14 ―転抵当の設定―】

> 問　甲土地の事実について，法律構成の判断，原因関係の判断，登記の種類の判断を行いなさい。
> （甲土地の登記記録）
> 甲区2番　所有権移転　所有者 A
> 乙区1番　抵当権設定　債権額 金3,000万円　債務者 A　抵当権者 X
> （事実関係）
> 1　YはXに対して，平成28年7月1日，金2,000万円を利息年5％の約定で貸し渡した。
> 2　同日，YおよびXは，1番抵当権を目的として上記の債権を担保するため転抵当権の設定契約を締結した。

順序	法律構成の判断	原因関係の判断		登記の種類の判断	物件
		民177の効果	法3の権利変動		
1	事1―金銭消費貸借 事2―転抵当の設定契約	変更	変更	設定登記の実質を有する変更登記	甲

① 法律構成の判断

　事実2にYX間で，事実1の貸金債権を担保するため1番抵当権を目的として転抵当を設定した事実が示されており，**転抵当の設定契約**を法律構成する。

② 原因関係の判断

　登記実務は，**転抵当の法的性質を抵当権上に抵当権を設定する説**で解釈している。したがって，転抵当の設定契約の法律効果は，単に合意による抵当権の発生ととらえることができるはずのものである。

　しかし，転抵当は民法376条の処分であり，判例は抵当権者が抵当権をもって被担保債権と同額の範囲において抵当権を実行する権能を転抵当権者に付与する処分として解釈しているため（大決昭7.8.29），処分した抵当権を基準として，その物権変動は**変更**であり（民177），登記の対象となる権利変動は，処分する抵当権の本体的な内容である優先弁済権の変更として**変更**となり（法3），**権利変動の登記の原因関係**ととらえることになる。

③ 登記の種類の判断

　登記の種類は，登記の対象となる権利変動が**変更**であるため（法3），**変更登記**となる（個別フレームは**50**〔120頁〕参照）。この変更登記は，抵当権を目的とした抵当権の設定の実質があるため**設定登記の実質を有する変更登記**である。

51 変更登記の「登記の種類の判断」の論点

【参考・答案例—事例14(転抵当設定による変更登記)】
登記の目的　　　1番抵当権転抵当
原　　　因　　　平成28年7月1日金銭消費貸借同日設定
そ の 他　　　債権額 金2,000万円　利息 年5%　債務者 X
申 請 人　　　権利者 Y　義務者 X
添 付 情 報　　　登記原因証明情報(X作成の報告式)　登記識別情報(Xの乙区1番)
　　　　　　　　代理権限証明情報(XYの委任状)
登録免許税　　　金1,000円(=甲土地1個×1,000円)

④　対比としての根抵当権

　元本確定前の根抵当権は，法律関係の簡明化のために民法376条の処分が許されないが(民398の11Ⅰ本文)，例外として転抵当は可能である(民398の11Ⅰただし書)。これは，元本確定前の処分の組合せでは転抵当と同様の法律効果を発生させることが困難だからである。

　その結果，転抵当は元本確定の前後を問わずに行える根抵当権の処分となっている。

⑤　抵当権の債権質入れ

　抵当権は，転抵当制度(民376Ⅰ)があるため，物権である抵当権を権利質の対象とすることができない。しかし，抵当権の被担保債権を対象として債権質を設定することは可能である(民362Ⅰ)。

　この場合，随伴性により質権の効力が抵当権に及び，被担保債権から自己の債権額に相当する部分を直接に取り立てることが可能となるだけでなく(民366ⅠⅡ)，第三債務者が任意に支払に応じなければ，質権の効力が及んでいる抵当権を実行し，抵当権者に優先して弁済が受けられることになる。

　したがって，**被担保債権の質入れ**は，効力が及ぶ抵当権を基準とすれば，その物権変動は**変更**であり(民177)，登記の対象となる権利変動は，抵当権の本体的な内容である抵当権の優先弁済権の変更として**変更**となり(法3)，登記の種類は，転抵当と同様，**設定登記の実質を有する変更登記**となる(個別フレームは**50**〔120頁〕参照)。

　さて，元本確定前の根抵当権の被担保債権を質入れした場合，移転局面における随伴性は否定されているものの(民398の7参照)，被担保債権の質入れは債権主体を変動させるものではないため，移転随伴を禁止する明文の規定に抵触せず，債権質入れの効果は，随伴性によって根抵当権に及ぶことになる(昭

55.12.24民三7175通）。その結果，被担保債権の質入れは，元本確定前後を問わず，転抵当と同様，根抵当権の設定登記の実質を有する変更登記の原因関係となる。

【参考（債権質入による変更登記）】

登記の目的　　１番抵当権の債権質入
原　　　因　　平成28年7月1日金銭消費貸借同日設定
そ　の　他　　債権額 金2,000万円　利息 年5％　債務者 X
申　請　人　　権利者 Y　義務者 X
添　付　情　報　登記原因証明情報（X作成の報告式）　登記識別情報（Xの乙区1番）
　　　　　　　　代理権限証明情報（XYの委任状）
登録免許税　　金1,000円（＝甲土地1個×1,000円）

52　差押え，仮差押え，仮処分登記

　裁判所等の官公署が行う差押え，仮差押え，仮処分，家庭裁判所の分離審判による相続財産分離の法律関係は，登記の対象となる権利変動が「処分の制限」に該当する原因関係となる。

　これら処分の制限のうち相続財産分離のみは，相続による包括移転登記に準ずるものとして分離請求権者からの単独申請となる。

　しかし，それ以外は，裁判所等官公署からの嘱託で登記がされるため，模擬の申請手続である書式の試験の出題対象外と割り切って差し支えがない。

2－7　抹消登記

53　抹消登記の「登記の種類の判断」方法

（１）　原則的な判断方法

　抹消登記は，権利変動の登記の原因関係に対応する登記の種類であると共に是正登記の原因関係に対応する登記の種類でもある。

① 権利変動の登記

　権利変動の登記の原因関係のうち，権利の種類を問わず，登記の対象となる権利変動が消滅である場合，登記の種類は抹消登記と判断する（抵当権の弁済につき平2，平21，平25，平26，解除につき昭61，代物弁済につき平10，混同につき平11，平18，休眠担保権の整理につき平24，根抵当権の弁済につき平26）。登記事項に対応する実体が後発的に消滅した場合，既登記の登記事項の全部を法律上消

滅させる必要があるからである。

② 是正登記

是正登記の原因関係のうち，更正前後の登記の同一性がみたされず，更正登記を申請することができない場合の登記の種類は，原則どおり抹消登記と判断する（所有権移転の錯誤につき平 6，平 19，仮処分による失効につき昭 62）。

(２) 例外としての一部抹消登記の実質を有する変更・更正登記

登記の対象となる権利変動が一部消滅であり，それが後発的に生じた場合の登記の種類は，一部抹消登記の実質を有する変更登記となり，それが登記の当初から原始的に生じている場合の登記の種類は一部抹消登記の実質を有する更正登記となる（**49（2）**）。抹消登記は，登記事項の全部を法律上消滅させる手段であり，一部抹消登記という登記の種類は存在しないからである。

(３) 例外として抹消登記に代わる移転登記

抹消登記は，登記上の利害関係を有する第三者について必要的承諾型による手続上の利害調整が必要となる（法 68，**20（2）**③ i）。そのため第三者が承諾しなければ抹消登記を申請できないことになる。これにより実体上，権利者の地位にありながら登記名義人となれない不都合が考えられることになる。

たとえば，解除を原因とする権利変動の登記としての抹消登記であれば，その原因関係は，復帰的物権変動としてもこれをとらえることができる。その権利変動は変更となり（民 177），登記の対象となる権利変動は権利主体の変更として移転となる（法 3）。登記の種類は，登記の対象となる権利変動が移転であり（法 3），移転原因が相続または合併以外（法 63Ⅱ）であるため特定移転登記となる。特定移転登記は，記入登記として登記上の利害関係を有する第三者との間での手続上の利害調整は問題とならず，当該第三者の承諾がなくとも登記名義を実現できることになる。

また，是正登記の抹消登記であっても，登記上の利害関係を有する第三者の承諾を問題にせずに（第三者の権利を残したままで）登記名義を取得する方法として判例，先例ともに移転登記によることを認めている（最判昭 30.7.5，昭 36.10.27 民甲 2722 通，昭 39.2.17 民三 125 通）。この場合，実体上，移転原因が存在しないが，登記原因は絶対的登記事項であるため（法 59③），便宜，登記原因を「真正な登記名義の回復」とする。なお，原因日付も絶対的登記事項であるが，是正登記と同様，登記の時点から登記に誤りがあったことが明らかであるため，是正登記に準じて原因日付の記載は求められていない。

以上の検討から，**(1)** で選択した登記の種類が抹消登記の場合であっても，実体上の権利に対応する登記名義を回復しなければならない場合であれば，登記の種類は，抹消登記から特定移転登記に修正できることになる。

54　抹消登記の「申請手続の骨格」（個別フレーム）

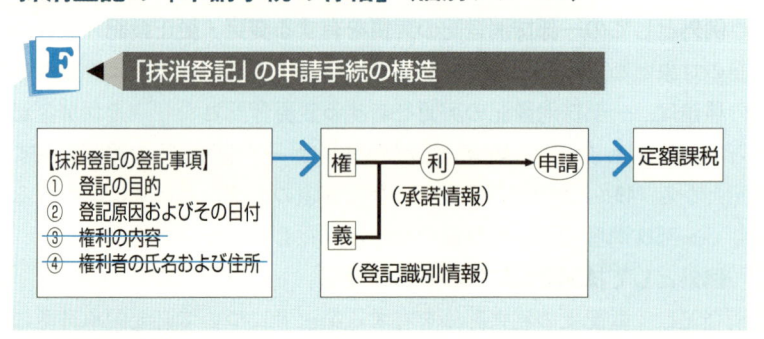

F　◀──「抹消登記」の申請手続の構造

```
【抹消登記の登記事項】          権────利────→申請───→定額課税
① 登記の目的                        │  （承諾情報）
② 登記原因およびその日付            │
③ 権利の内容                    義
④ 権利者の氏名および住所         （登記識別情報）
```

(1) 法定登記事項の枠組み

　法定登記事項の枠組みは，①登記の目的，②登記原因およびその日付のみとなる（法59，令3）。

　権利の内容，権利者の氏名（名称）および住所が法定登記事項から除外されるのは，既登記の登記事項の全部を法律的に消滅させるという抹消登記の機能から，それらを公示する必要性が認められないからである。

(2) 真実性立証の枠組み

① 申請方式の原則と例外

　原則的な申請方式は，登記権利者および登記義務者からする共同申請となる（法60）。ただし，単独申請の例外規定に該当する場合には，単独申請に修正される（法69，70，111，休眠担保権の整理につき平24）。

② 第三者との手続上の利害調整

ⅰ 必要的承諾型による利害調整の原則

　抹消登記であるため登記上の利害関係を有する第三者との間で必要的承諾型による利害調整が必要となる（法68，**20(2)**③ⅰ）。

ⅱ 利害調整不要の例外

　混同を原因関係とする抹消登記では，登記上の利害関係を有する第三者との手続上の利害調整を要しない。そもそも登記上の利害関係を有する第三者が存在すれば，混同例外となり混同が発生しないことになるため（民179Ⅰただし書），

混同が成立するかぎり当該第三者との間の利害調整は問題とならないことになるからである（平11，平18）。

また，仮処分による効力による抹消登記では，当該第三者との手続上の利害調整は問題とならない。仮処分の効力による抹消登記の濫用を防ぐため，仮処分債権者からの通知制度が規定されており（民保59），当該第三者が存在する場合には，当該第三者のために通知をしなければならないこととの関係で，当該第三者の抹消登記を別個に申請しなければならないからである（昭62）。

③ **主要な添付情報**

原則的な申請方式が共同申請であるため，登記義務者へのなりすまし防止のための登記識別情報（法22）を提供する。また，登記上の利害関係を有する第三者との間での手続上の利害調整は，原則として必要的承諾型であるため，当該第三者の承諾証明情報（令別表26添ヘ）を提供すべきことになる。

（3） 登録免許税の課税方式

登録免許税の課税方式は，不動産の個数を課税標準とし一定の税額を乗ずる定額課税となる。

ただし，20個を超える不動産の抹消登記を一申請情報申請する場合には，申請件数1件について金2万円の定額課税となる（登免税別表1．1．(15) の括弧書）。

55 抹消登記の「登記の種類の判断」の論点

（1） 仮処分による失効

【事例15 ── 仮処分による失効 ──】 過問 （S62所）

> 問　甲土地の事実について，法律構成の判断，原因関係の判断，登記の種類の判断を行いなさい。
> 　　なお，甲土地の課税標準の額は金6,000万円とする。
> （甲土地の登記記録）
> 甲区2番　所有権移転　所有者A
> 　　3番　処分禁止仮処分　債権者B
> 　　4番　所有権移転　所有者C
> （事実関係）
> 1　AおよびBは，平成27年7月1日，甲土地を代金8,000万円で移転する売買契約を締結した。
> 2　BはAが登記手続に協力しないため，甲区3番の仮処分申請を行い，Aを被告として所有権移転登記手続請求訴訟を提起し，Bの全面勝訴判決が平成

> 28年6月1日に確定した。
> 3　Bは，Cに対して，本件の登記申請日である平成28年7月1日の1週間前までに本件登記の申請について必要となる通知を内容証明郵便で行っている。

順序	法律構成の判断	原因関係の判断		登記の種類の判断	物件
		民177の効果	法3の権利変動		
同2	事1─売買契約	変更	移転	特定移転登記	甲
同1	事2─仮処分，B勝訴	─	─	抹消登記	甲
	事3─抹消通知	（手続事実）			

① 法律構成の判断

　事実1には，ABが甲土地を代金8,000万円で移転する契約を締結した事実が示されているため，**売買契約**を法律構成する。

　また，事実2に買主Bが登記手続請求訴訟を提起する前に仮処分申請を行った事実が示されているため，**処分禁止の仮処分**を法律構成する。

　なお，上記以外の事実は，権利変動が生じてから登記を申請するまでの間の**手続事実**にすぎず，これ以降の検討において必要に応じて検討する。

② 原因関係の判断

　売買契約の法律効果は，甲土地の所有権のAからBへの移転である。この物権変動は**変更**であり（民177），登記の対象となる権利変動は権利主体の変更として**移転**となり（法3），**権利変動の登記の原因関係**となる。

　処分禁止仮処分の法律効果は，**変更**であり（民177），登記の対象となる権利変動は**処分の制限**となり，**権利変動の登記の原因関係**となるが，当該登記は，保全裁判所の書記官によって嘱託され，すでに甲区3番で登記が完了しているため，登記済として新たな原因関係にはならない。

③ 登記の種類の判断

　売買契約の登記の種類は，登記の対象となる権利変動が**移転**であり（法3），移転原因が相続または合併でないため**特定移転登記**となる（個別フレームは**36**〔82頁〕参照）。甲土地の登記記録はすでに甲区4番まで登記がされているため特定移転登記に代えて保存登記を申請する余地はない。

④ 申請の個数と順序

　甲土地について申請すべき登記は，売買による特定移転登記であり，申請の暫定個数は1つとなり，前提登記が必要となるかを含め，登記の連続性によって申請の個数と順序を検証する。

かりに，甲土地の登記記録の状態で，売買による特定移転登記を申請すれば，申請情報に記載する登記義務者Ａと登記記録から登記義務者と判断される甲土地の登記名義人Ｃの氏名および住所が合致しないため当該移転登記の申請は却下される（法25⑦）。

登記義務者について氏名および住所が合致しない原因を検討すると，単なる表示の不合致ではないため**名変登記**で登記の連続性を確保することはできず，人格の不合致として**記入登記（設定，保存，移転），更正登記，抹消登記，抹消回復登記**によって登記の連続性を確保すべきことになる。

事例では，上記②で確認したとおり，甲区３番で買主Ｂを仮処分債権者とする処分禁止の仮処分の登記がされている。これにより甲区３番の仮処分登記後に登記された甲区４番のＣの権利取得は，仮処分で保全しているＢの所有権移転登記請求権と抵触する範囲で，仮処分債権者Ｂに対抗できないことになる（民保58Ⅰ）。Ｂが保全している登記請求権は甲土地の所有権の全部を対象とするものであり，抵触するＣの権利も甲区４番の移転登記から甲土地の所有権の全部であるため，Ｃの所有権の全部が仮処分債権者Ｂの被保全権利に抵触し，仮処分債権者Ｂは，Ｃの所有権の登記を抹消できることになる（民保58Ⅱ）。

この抹消登記は，仮処分債権者Ｂが，仮処分債務者Ａを登記義務者としてする所有権の登記を申請する場合，これと同時に申請するかぎり，仮処分債権者Ｂが単独申請できることになる（法111，平成2.11.8民三5000通）。仮処分債務者Ａを登記義務者とする所有権に関する登記は，本事例の場合，売買による特定移転登記であるため，当該登記と仮処分の効力による抹消登記は，同時申請することになる。

この場合の論理的な申請順序は，甲区４番のＣの所有権移転登記が抹消されないかぎり，売主Ａは登記義務者の手続要件である登記名義人となれないため，同時申請の１番目として抹消登記を仮処分債権者Ｂが単独申請し，２番目として売買による特定移転登記を原告Ｂが判決による登記によって単独申請することになる（判決による登記の詳細は**84**参照）。

なお，仮処分債権者Ｂが，仮処分の効力により第三者の登記を抹消する場合，あらかじめ抹消対象となる権利の登記名義人Ｃに対して，その旨を通知しなければならない（民保59Ⅰ）。事例の事実３はこの通知に関する事実である。当該通知は，実体上の効力要件ではなく，仮処分債権者が単独で第三者の登記を抹消する場合の手続要件である（令別表71）。事例では，通知の発信日から１週間

を経過しているため，通知の到達とみなされ（民保59Ⅱ），通知証明情報には配達証明を加えることを要せず，単に内容証明郵便の謄本を添付すれば足りることになる。

【参考・答案例―事例15（仮処分による抹消登記と判決による移転登記の同時申請）】
○同時申請の1番目
登記の目的　　4番所有権抹消
原　　　因　　仮処分による失効
申　請　人　　義務者C　申請人B
添付情報　　登記原因証明情報（なし）　通知証明情報（Cへの内容証明郵便謄本）
　　　　　　代理権限証明情報（Bの委任状）
登録免許税　　金1,000円（＝甲土地1個×1,000円）
○同時申請の2番目
登記の目的　　所有権移転
原　　　因　　平成27年7月1日売買
申　請　人　　権利者(申請人)B　義務者A
添付情報　　登記原因証明情報（判決正本および確定証明書）　住所証明情報（B）
　　　　　　代理権限証明情報（Bの委任状）
登録免許税　　金120万円（＝6,000万円×1,000分の20）

---

⑤　更正登記との関係　**週間**　（H17所）

(甲土地の登記記録)
甲区2番　所有権移転　所有者A
　　3番　所有権の一部3分の1処分禁止仮処分　債権者B
　　4番　所有権移転　所有者C
(事実関係)
1　AおよびBは，平成27年7月1日，甲土地の3分の1を代金1,000万円で移転する売買契約を締結した。
2　BはAが登記手続に協力しないため，甲区3番の仮処分申請を行い，Aを被告として所有権一部移転登記手続請求訴訟を提起し，Bの全面勝訴判決が平成28年6月1日に確定した。
3　Bは，Cに対して，本件の登記申請日である平成28年7月1日の1週間前までに本件登記の申請について必要となる通知を内容証明郵便で行っている。

かりに，事例の登記記録および事実関係が上記のとおりである場合，Bが処分禁止の仮処分で保全している登記請求権は，甲土地の3分の1についての所有権一部移転登記請求権となる。

仮処分後にされているCの甲区4番の権利取得の登記は，Bが保全している

所有権の3分の1の部分についてBの被保権利と抵触し，Bに対抗できなくなる（民保58Ⅰ）。これにより，仮処分債権者Bが単独申請できる登記の種類は，Cの甲区4番の所有権移転登記のうち3分の1の部分が最初から実体と一致しないものの，3分の2については実体と一致する一部有効の登記と評価できるため，更正前後における登記の同一性が認められ，登記の種類は抹消登記ではなく更正登記となる。

【参考（仮処分による更正登記と判決による一部移転登記の同時申請）】
○同時申請の1番目
登記の目的　　4番所有権更正
原　　因　　仮処分による一部失効
更正後の事項　登記の目的　所有権一部移転
　　　　　　　共有者　持分3分の2
○同時申請の2番目
登記の目的　　A持分全部移転
原　　因　　平成27年7月1日売買

---

(2)　合意解除

【事例16 ― 合意解除 ―】 過問 （S61 抵）

> 問　甲土地の事実について，法律構成の判断，原因関係の判断，登記の種類の判断を行いなさい。
>   なお，第三者は，実体上，承諾義務を負う場合しか承諾しないものとし，甲土地の課税標準の額は金6,000万円とする。
> （甲土地の登記記録）
> 甲区2番　所有権移転　所有者 A
> 　　3番　所有権移転　平成28年2月1日受付第210号　平成28年2月1日売買　所有者 B
> 乙区1番　根抵当権設定　平成28年2月1日受付第211号　平成28年2月1日設定　極度額 金3,000万円　債務者 B　根抵当権者 X
> （事実関係）
> 1　AおよびBは，平成28年7月1日，甲区3番の登記の登記原因となった売買契約を解除する旨を合意した。

順序	法律構成の判断	原因関係の判断		登記の種類の判断	物件
		民177の効果	法3の権利変動		
1	事1―合意解除	消滅 変更	消滅 移転	抹消登記 特定移転登記	甲 甲

55 抹消登記の「登記の種類の判断」の論点

① 法律構成の判断

事実1には，ABが甲区3番の登記原因となった売買契約を解除する旨を合意した事実が示されており，合意解除を法律構成する。

② 原因関係の判断

合意解除の法律効果は，最初から売買契約がされなかったことになるというものである（直接効果説）。所有権の場合，物が滅失しないかぎり，所有権そのものは消滅しないため，合意解除の効果は，甲区3番の登記原因がさかのぼって消滅するとしてこれを解釈する。この物権変動は移転効果の消滅となり（民177），登記の対象となる権利変動も消滅となり（法3），権利変動の登記の原因関係となる。

なお，さかのぼって消滅するといっても，合意解除するまでは甲区3番の登記は実体と合致しており，最初から登記と実体が不一致であったわけではないため，是正登記の原因関係とはならない。

③ 登記の種類の判断

登記の種類は，登記の対象となる権利変動が消滅であるため（法3），抹消登記となる。

さて，抹消登記は，必要的承諾型によって登記上の利害関係を有する第三者との間で手続上の利害調整をしなければならない（法68）。事例の場合，抹消対象となる甲区3番の登記がされた時点（受付年月日番号）を判断の基準時点とし，それ以降にされている登記の登記名義人が第三者に該当し，1番根抵当権者Xが当該第三者となる。

本事例では，第三者が実体上，承諾義務を負う場合しか承諾しない旨が指示されている。1番根抵当権者Xは，解除前の第三者として，権利保護要件としての登記をすでに完了させているため（大判大10.5.17，最判昭35.11.29），合意解除によりXを害することができず（民545Ⅰただし書），Xは，実体上，抹消登記への承諾義務を負わないことになる。これでは，事例の抹消登記の申請は第三者の承諾が得られず，これを行うことができない。

そこで，現在の登記名義人BからAへの権利変動を民法の対抗問題として学習する合意解除による復帰的な物権変動ととらえ直すことになる。この権利変動は変更であり（民177），登記の対象となる権利変動は権利主体の変更として移転となる（法3）。登記の種類は，移転原因が相続または合併ではないため（法63Ⅱ），特定移転登記となる（個別フレームは36〔82頁〕参照）。移転登記は記

入登記として登記上の利害関係を有する第三者との間で手続上の利害調整を要しないためＸの承諾がなくとも適法に申請できることになる。これは，ＢからＡへの移転登記はＸの根抵当権が付いたままで行われることを意味する。

【参考・答案例―事例16（合意解除による抹消登記に代わる移転登記）】
登記の目的　　所有権移転
原　　　因　　平成28年7月1日合意解除
申　請　人　　権利者Ａ　義務者Ｂ
添付情報　　　登記原因証明情報（Ｂ作成の報告式）　登記識別情報（Ｂの甲区3番）
　　　　　　　印鑑証明書（Ｂ）　住所証明情報（Ａ）　代理権限証明情報（ＡＢの委任状）
登録免許税　　金120万円（＝6,000万円×1,000分の20）

---

④　抹消登記との関係

　実務では，実体上，承諾義務を負わない者であっても，俗にいう**ハンコ代**を支払って第三者の承諾を得ることが少なくない。したがって，事例のような**特別の指示**がない場合には，問題の事実関係をよく検討し，事実上，第三者の承諾が得られているか否かを判断しなければならない。

2－8　更正登記

56　更正登記の「登記の種類の判断」方法

（1）原則的な判断方法

　是正登記の原因関係のうち更正登記の手続要件をみたし，抹消回復登記による代替の必要がない場合，登記の種類は**更正登記**と判断する。

（2）例外としての一部抹消登記の実質を有する更正登記

　53（2）で検討したとおり，権利の**一部消滅**が登記の当初から原始的に発生していた場合，登記の種類は**更正登記**を選択する。これは**一部抹消登記の実質を有する更正登記**とよばれている（所有権の錯誤につき昭60，平8，仮処分による一部失効につき平17，抵当権について及ぼさない更正につき平17）。

　この場合，登記名義を回復するために**特定移転登記**に代替する余地があることは，**53（3）**で検討した抹消登記のそれと同様である。

（3）例外としての設定登記の実質を有する更正登記

　債権額または極度額の増加更正の登記の種類は**更正登記**であるが，この更正

登記は，**設定登記の実質を有する更正登記**とよばれている。この発想は，**49(3)**の変更登記のそれと同様である。

57 更正登記の手続要件
(1) 原始的不一致
原始的不一致とは，錯誤または遺漏により，すでに完了している登記と実体との間に，登記をした当初から齟齬があることをいう。

たとえば，所有権移転仮登記に基づく本登記を申請する際に，誤って申請情報に仮登記の表示およびその本登記である旨を記載しなかったため，新たな順位番号をもって所有権移転登記がなされた場合，登記上の利害関係を有する第三者がいるか否かを問わず，当該登記を仮登記の本登記に更正することはできない（昭36.3.31民甲773回，平21）。

この理由は，実務上，申請情報としては登記事項が完全に記載されているため，登記事項に錯誤・遺漏があるとはいえず，原始的不一致の手続要件をみたさないからと説明されている（登記研究編集室編『増補不動産登記先例解説総覧』1186頁〔テイハン〕）。しかし，権利の種類そのものを誤った場合に類似する過誤形態（下記**(2)**⑤参照）として，更正の前後における登記の同一性が認められないことを理由とするのが妥当と思われる（幾代通『不動産登記法』190頁注1〔有斐閣，第4版〕）。当事者の意思を基準とすれば，錯誤により原始的不一致があると認定するほうが自然だからである。

(2) 更正前後の同一性
「更正前後の登記の同一性」は，誤ってなされている登記がそのままの状態で全部または一部有効として評価できるか否かによって判断する。登記の同一性は，登記名義人，登記原因，物権変動の過程と態様，権利の種類について問題となる。

① 登記名義人の同一性
たとえば，A単有名義をABの共有名義とする更正は許される。誤ってなされたA単有の登記もAの持分権部分については実体と一致し，一部有効と評価できるものだからである。

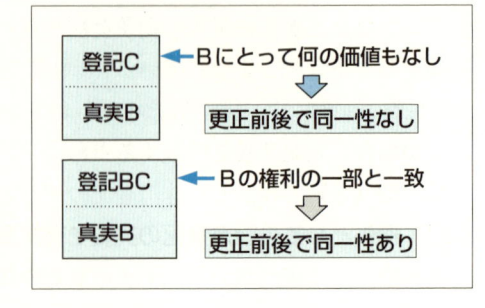

登記C／真実B	← Bにとって何の価値もなし ⇒ 更正前後で同一性なし
登記BC／真実B	← Bの権利の一部と一致 ⇒ 更正前後で同一性あり

これとは逆に，AB共有名義をA単有名義とする更正も許される。誤ってなされた共有名義の登記もAの権利の一部については実体と一致し，一部有効と評価できるからである。

これらに対して，A単有名義をB単有名義に更正することは許されない。誤ってなされたA登記が真の権利者Bにとって無意味であり，全部または一部有効と評価できないからである。また，AB共有名義をC単有名義に更正することも同様の理由で許されない。

これに関連して，A単有名義をAB共有名義に更正した後，さらにこれをB単有名義に更正することは許されない（「質疑応答」『登記研究』236号72頁）。これを認めればA単有名義からB単有名義への更正登記の潜脱手段として利用されかねないからである。

② 担保権の債務者の同一性

抵当権の債務者については，便宜，AからBへの更正登記が認められ，また，債務者をAから連帯債務者BCとする更正登記が認められている（昭37.7.26民甲2074回）。債務者は登記名義人ではなく，また，抵当権の債務者は公示の便宜のための登記事項であり，対抗要件としての意味を有するものではないからである。

③ 登記原因の同一性

登記原因について，「売買」を「贈与」とする更正登記，「売買」を「真正な登記名義の回復」とする更正登記，「相続」を「遺贈」とする更正登記は，いずれも更正前後の同一性が認められている（昭33.4.28民甲786通，昭41.6.24民甲1792回）。不動産登記の核心は，特定人間の権利変動を公示することであり，登記原因を登記事項としているのは，単に公示上の便宜にすぎないからだと説明されている（石川隆「69 所有権移転登記の登記原因を更正することの可否と登録免許税」『不動産登記先例百選』153頁〔有斐閣，第2版〕）。

また，仮登記について，1号仮登記を2号仮登記とする更正登記，その逆の更正登記のいずれについても，更正前後の同一性が認められている。仮登記は順位保全効を有するのみで対抗力が問題とならず，相互流用を否定すべき理由がないからである（最判昭32.6.7，吉永順作「80 変更・更正の仮登記の可否」『不動産登記先例百選』178頁）。

これらに対して，AからBへの「贈与」による所有権移転登記の登記原因を「共有物分割」と更正することは許されない。共有物分割は共有関係を前提とす

④ 権利変動の過程と態様の同一性

相続開始前に共同相続人Bが，被相続人Aの所有地にB単有名義の登記を有している場合，相続開始後，Bと共同相続人となるCは，Bの単有名義の登記を，相続を原因とするBC共有名義の登記に更正登記することは許されない（最判平11.3.9）。これを認めると，登記の当時，被相続人Aが生存していたにもかかわらず，相続の登記がなされたこととなり，実体法上生ずることのない権利変動の登記を認めることになるからである。

また，被相続人A（昭和44年3月5日死亡）の相続人である配偶者B，子Cのうち，Cが死亡（平成3年4月10日）したため，その相続人Dが，Bとの間で遺産分割協議が成立したとしてAが所有していた甲土地について「**昭和44年3月5日C相続，平成3年4月10日相続**」を原因として数次相続の登記を完了させ（明33.3.7民刑260回，昭30.12.16民甲2670通），その後，遺産分割協議の成立が否定された場合，甲土地をD単有の登記名義からBD共有の登記名義への更正登記は許されない（最判平17.12.15）。この場合，本来は，1番目でAからBCへの相続による包括移転登記，2番目でCからDへの相続による包括移転登記を申請すべき場合であり，上記のような更正登記を認めては，権利変動過程を正しく公示できないからである（田中淳子「重要判例ナビ」『登記情報』552号108頁（金融財政事情研究会））。

⑤ 権利の種類の同一性

甲，乙不動産について根抵当権設定の登記がされているが共同担保である旨の登記がない場合，登記上の利害関係を有する第三者の承諾を得ても，共同担保である旨の更正の登記は許されない。共同根抵当権と累積式根抵当権とでは，法律効果が大きく異なり，権利の種類を誤った場合に類似した過誤形態として，更正前後における登記の同一性を否定すべきであり，かつ，これを更正する手続も存在しないからである。

58　更正登記の「申請手続の骨格」（個別フレーム）

（1）法定登記事項の枠組み

法定登記事項の枠組みは，変更登記と同様の発想で，①登記の目的，②登記原因およびその日付のみに修正されている（法59，令3）。

58 更正登記の「申請手続の骨格」(個別フレーム)

F 「更正登記」の申請手続の構造

【更正登記の登記事項】
① 登記の目的
② 登記原因およびその日付
　更正後の事項
③ 権利の内容
④ 権利者の氏名および住所

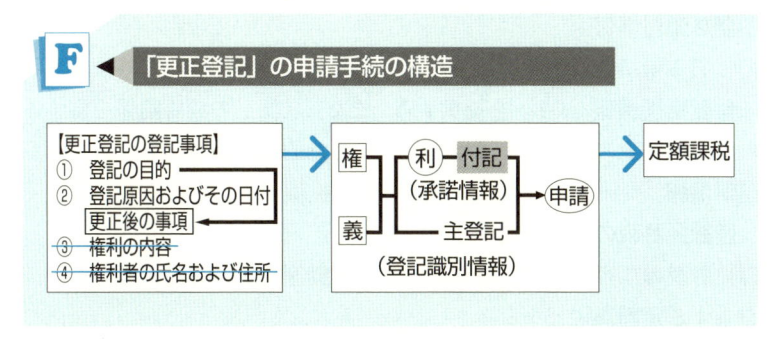

権 → 利 → 付記（承諾情報）→ 申請
義 → 　　　主登記
　　　（登記識別情報）

→ 定額課税

　この場合の登記の目的は、本来、どの権利をどのように更正するのかを表現するものであるが、公示の一覧性を確保するため、**更正後の事項**を登記の目的から分離して申請情報の内容とする取扱いとなっている（令別表25申）。この発想は、**50（1）**の変更登記と同様のものである。
　ただし、Dコンレベルの問題であるが、更正後の事項の書き方は、更正登記の対象が登記名義人の是正を含んでいることで変更登記に比して広いため、変更登記に比して記載のバリエーションが多い。

（2） 真実性立証の枠組み
① 申請方式の原則と例外
　申請方式の原則は、登記権利者および登記義務者からする共同申請となる（法60）。ただし、抵当権の順位の変更、または共有根抵当権の優先の定めの更正登記では、申請方式が登記名義人全員を登記権利者兼登記義務者として変則的に共同申請を履行する合同申請に修正される（法89）。

② 第三者との手続上の利害調整
ⅰ 任意的承諾型による利害調整の原則
　更正登記は、変更登記と同様、登記上の利害関係を有する第三者との間で任意的承諾型による利害調整が必要となる（法66、**20（2）**③ⅱ）。
ⅱ 必要的承諾型による利害調整の例外
　一部抹消登記の実質を有する更正登記の場合には、抹消登記に準じて必要的承諾型による利害調整が必要となる（法68、**20（2）**③ⅰ）。
ⅲ 利害調整不要の例外
　抵当権の変更登記と同様、債務者の更正登記等は、登記上の利害関係を有する第三者が存在せず、第三者との間で手続上の利害調整を要しない（**50（2）**②ⅲ）。

③ 主要な添付情報

　原則である申請方式が共同申請であるため登記義務者へのなりすまし防止のために登記識別情報（法22）を提供する。また，登記上の利害関係を有する第三者との間の手続上の利害調整は原則として任意的承諾型であるため，第三者の承諾証明情報（令別表25添ロ，同26添ヘ）を提供することになる。

（3） 登録免許税の課税方式

　登録免許税の課税方式は，原則として，不動産の個数を課税標準とし一定の税額を乗ずる定額課税となる。

　ただし，一部移転を全部移転に更正する場合や抵当権の債権額，根抵当権の極度額を増額更正する場合には，登録免許税の潜脱を防止するため課税方式が定率課税に修正される（登免税12参照）。

59　更正登記の「登記の種類の判断」の論点

（1）　登記名義人の同一人性

【事例17―相続放棄による更正登記―】 過問 （H8）

> 問　甲土地の事実について，法律構成の判断，原因関係の判断，登記の種類の判断を行いなさい。
> 　なお，甲土地の課税標準の額は金6,000万円とし，申請する登記は申請件数を最少とし，登録免許税額を最低額とするように申請するものとする。
>
> （甲土地の登記記録）
> 甲区2番　所有権移転　所有者 A
> 　　3番　所有権移転　平成28年2月1日相続　共有者 持分2分の1 B
> 　　　　　　　　　　　　　　　　　　　　　　　　　2分の1 C
>
> （事実関係）
> 1　Aは，平成28年2月1日に死亡した。Aには，配偶者B，AB間の子C，Aの父Dがいる。
> 2　Cは，同年4月1日，管轄家庭裁判所において相続放棄の申述を行い受理された。

順序	法律構成の判断	原因関係の判断		登記の種類の判断	物件
		民177の効果	法3の権利変動		
1	事1―Aの法定相続 事2―Cの相続放棄	―	―	甲区3番で登記済 更正登記	甲

① 法律構成の判断

　事実1には，A死亡の事実が示されており，Aが遺言をした事実が示されて

いないため**法定相続**を法律構成する。

事実2には，相続人Cが家庭裁判所に相続放棄の申述を行い受理された事実が示されており**相続放棄**を法律構成する。

② 原因関係の判断

i 法定相続と相続放棄の遡及効

法定相続の法律効果は，包括承継効果であり（民896），事例では，被相続人Aが甲土地の所有権の登記名義人として登記されているため，甲土地の所有権が被相続人Aから相続人へと移転する。この物権変動は**変更**であり（民177），登記の対象となる権利変動は権利主体の変更として**移転**となるため（法3），**権利変動の登記の原因関係**となるが，登記記録からすでに甲区3番で共同相続登記がされており，登記済みであることから，法定相続が重ねて原因関係とはならない。

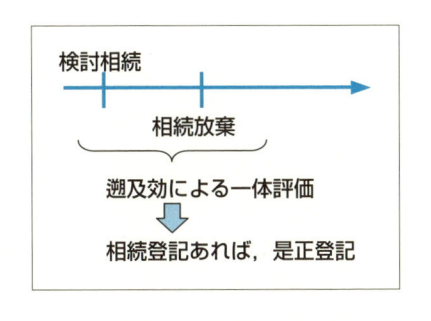

さて，事実1により被相続人Aの法定相続人は，本来，推定相続人は配偶者Bと子Cであるが，事実2からCが管轄家庭裁判所に対し，相続放棄の申述を行いそれが受理された事実が示されているため，相続放棄者Cは最初から相続人とはならないことになる（民939）。この遡及効は絶対的であり，血族相続人の第1順位者である子Cは，さかのぼって相続権を喪失するため，事実1に示された被相続人Aの父Dが血族相続人第2順位の直系尊属として相続人となり，被相続人Aの法定相続人は直系尊属Dと配偶者Bと判断できることになる。

ii 移転登記説

この遡及的な法律効果の評価については，すでにされている甲区3番の法定相続登記はそれを登記した時点では，実体と合致したものであり，当該登記に原始的不一致はないとし，是正登記によるのでなく，**権利変動の登記の原因関係**としてとらえ，**移転登記**によるべきとする考え方がある（明44.10.30民刑904局長回答，昭6.10.3民997局長回答，昭26.12.4民甲2268局長通達，昭30.11.21民甲2469局長回答）。

iii 更正登記説

これに対して，さかのぼって効果が生ずるということは被相続人Aから相

続によって直接取得することを意味し，相続放棄をした者から移転したものではないと考えるべきであり，甲区3番の登記は結果的に錯誤があったことになり，その是正方法として移転登記をするのは実体的にも好ましいとはいえず，この現象を是正登記の原因関係ととらえ，更正登記で処理するのがベターであるとする考え方がある（清水湛等「改正不動産登記記載例　権利登記編（上）―改正及び新設記載例の解説―」『登記先例解説集』6頁〔藤谷定勝三課係長発言〕〔キンザイ〕）。

　また，昭和37年民法の一部改正（法律第40号）後の民法939条の文言に徴すると更正登記の方法を認めてよいとする見解もある（吉野衛『注釈不動産登記法総論　上』588頁〔金融財政事情，新版〕）。

　この問題と密接に関係する明文の規定のない相続放棄の取消しについては，現在の登記記録例の前身となった記載例の改正により移転登記から更正登記に改められた経緯がある。ただ，これについては相続放棄自体になんらかの瑕疵があって相続放棄が取り消されたのであるから，遺産分割による遡及効の扱いとは事情を異にし，本来の原則に従って更正登記をするのが筋ということで更正登記が採用されたという理由が説明されている（清水湛等「改正不動産登記記載例　権利登記編（上）―改正及び新設記載例の解説―」『登記先例解説集』219号6頁〔清水湛三課課長発言〕）。

iv　選択説

　いずれの説によるべきかについて，先例は，相続放棄の場合も更正登記によっているとの見解があるものの（昭39.4.14民甲1498民事局通達，松尾英夫「Ⅳ民法及び家事審判法の一部改正に伴う登記事務の取扱いについて」『不動産登記先例百選』293頁），先例変更がなされていないため家事審判実務の理解のように共同相続登記を抹消し，相続放棄者を除いた正しい共同相続登記をやり直すまでの必要はなく，登記原因を「相続の放棄」として移転登記をするか，または更正登記を行うことができると解するのが妥当と思われる（孕石孟則大阪家庭裁判所判事「212 相続放棄と登記」『家事関係裁判例と実務245題』515頁〔判例タイムズ〕）。

　この理解を前提として，書式の問題では，本事例のように申請する登記は申請件数を最少とし，登録免許税額を最低額とするように申請する旨が指示されるのが通例であるため，問題の指示に従いこれを是正登記の原因関係としてとらえることになる（平8）。

③ 登記の種類の判断

是正登記の登記の種類は，相続放棄の遡及効により，ⅰ．登記と実体とが原始的に不一致であり，ⅱ．誤ってされている甲区3番の共同相続登記は，真の共有者Bの法定相続分3分の2のうち2分の1については，実体と一致している一部有効の登記と評価できるため，更正前後における登記の同一性が認められ，更正登記と判断できることになる（個別フレームは58〔143頁〕参照）。

なお，更正対象となる甲区3番の登記は，抹消する記号を記録した変更登記，更正登記，抹消登記ではないため，抹消回復登記を申請する余地はなく，登記の種類を更正登記と確定できることになる。

【参考・答案例—事例17（相続放棄による更正登記）】

登記の目的	3番所有権更正
原　　因	錯誤
更正後の事項	共有者　持分3分の2 B　3分の1 D
申　請　人	権利者 D B　義務者 C
添付情報	登記識別情報（相続放棄申述受理証明書，戸籍の謄抄本）　登記識別情報（Cの甲区3番）　印鑑証明書（C）　住所証明情報（D）　代理権限証明情報（DBCの委任状）
登録免許税	金1,000円（＝甲土地1個×1,000円）

④ 抹消登記との関係 過問 （H19）

かりに，事例の事実2で相続放棄をしたのが甲区3番で共同相続登記をした法定相続人BCの全員である場合，最初から血族相続人の第2順位者である直系尊属Dの単独相続となる。この場合，誤ってされている甲区3番の共同相続登記は，真の所有者Dにとってまったく無意味な登記となるため，更正前後における登記の同一性は認められず，是正登記の種類は，原則どおり抹消登記となる。

（2）権利変動の過程と態様の同一性

【事例18—推定相続人名義の登記を相続開始後に更正することの可否—】 判例

問　甲土地の事実について，法律構成の判断，原因関係の判断，登記の種類の判断を行いなさい。
　　なお，第三者は，実体上，承諾義務を負う場合しか承諾しないものとし，甲土地の課税標準の額は金6,000万円とする。
（甲土地の登記記録）

59 更正登記の「登記の種類の判断」の論点

甲区2番　所有権移転　所有者 D
　　3番　所有権移転　平成27年4月1日受付第410号　平成27年4月1日売買　所有者 B
乙区1番　根抵当権設定　平成27年9月1日受付第910号　平成27年9月1日設定　極度額　金3,000万円　債務者 B　根抵当権者 X

（事実関係）
1　DおよびAは，平成27年4月1日，甲土地を代金8,000万円で移転する契約を締結したが，Aの依頼により甲区3番のような登記を完了させた。
2　Aは，平成28年2月1日に死亡し，その相続人は配偶者Bおよび子Cである。
3　Xは，事実1の事情を知らずに1番根抵当権を設定登記している。

順序	法律構成の判断	原因関係の判断		登記の種類の判断	物件
		民177の効果	法3の権利変動		
1	事1―DA売買・誤登記 事2―Aの法定相続 事3―保護される第三者	― 変更 変更	― 移転 ―	抹消登記 <s>DA特定移転登記</s> <s>A相続の包括移転登記</s> 特定移転登記	甲 甲 甲 甲

① 法律構成の判断

事実1には，DおよびAが甲土地を代金8,000万円で移転する契約を締結しているため，**売買契約**を法律構成する。

事実2には，A死亡の事実が示されており，Aが遺言をした事実が示されていないため**法定相続**を法律構成する。

② 原因関係の判断

売買契約の法律効果は，甲土地の所有権の売主Dから買主Aへの移転であり，事例の売買契約は「権利変動の原因関係」となるはずであるが，事実1によれば当該事実に基づいて甲区3番のBを所有権の登記名義人とする登記を完了させており，これは，最初から登記と実体とが一致しない**錯誤**を示す**是正登記の原因関係**となる。

法定相続の法律効果は，包括承継効果であり（民896），事例では，事実1から被相続人Aが甲土地の所有権を取得しているため，甲土地の所有権が被相続人Aから相続人BCへ移転する。この物権変動は**変更**であり（民177），登記の対象となる権利変動は権利主体の変更として**移転**となるため（法3），**権利変動の登記の原因関係**となる。

③ 登記の種類の判断

是正登記の種類について，ⅰ．登記と実体とが原始的に不一致であるが，ⅱ．

59　更正登記の「登記の種類の判断」の論点

誤ってされている甲区3番の登記は，真の共有者BCにとって，一見するとBの持分2分の1について実体と一致している一部有効の登記と評価できそうである。しかし，それゆえに，更正前後の同一性を認めれば，登記の当時，被相続人Aが生存していたにもかかわらず，BCの相続の登記がなされたこととなり，実体法上生ずることのない権利変動の登記を認めることになる。したがって，権利変動の過程と態様が実体と一致しない場合として，更正前後の登記の同一性は否定され，是正登記の種類を更正登記と判断することはできない（最判平11.3.9）。

この場合，本来的には，1番目で錯誤による甲区3番の抹消登記を申請し，2番目で甲土地の買主Aのための売買による特定移転登記を申請し，3番目で相続による包括移転登記を申請すべきことになる。

しかし，1番目に申請すべき甲区3番の所有権抹消登記について，登記上の利害関係を有する第三者となる乙区1番根抵当権者Xは，甲区3番のBへの所有権移転登記がされた事情を知らず，また，誤ってされた甲区3番の登記は，真の所有者Aの依頼によりされたもので真の所有者がこれに加担しているため，民法94条2項の類推適用によりXは1番根抵当権を取得できることになり，抹消登記への承諾義務を負わない（最判昭45.9.22）。したがって，1番目に申請すべき抹消登記は，第三者の承諾が得られず申請できないことになる。

この場合，被相続人Aの法定相続により甲土地の持分2分の1を取得したCの登記名義を実現するには，第三者の承諾を問題とすることなく可能な「真正な登記名義の回復」を原因とする所有権一部移転をするしかないことになる。したがって，この場合の登記の種類は，登記原因が相続または合併ではないため特定移転登記となる（個別フレームは36〔82頁〕参照）。

【参考・答案例―事例18（是正登記に代わる真正な登記名義の回復による移転登記）】

登記の目的	所有権一部移転
原　　因	真正な登記名義の回復
申　請　人	持分2分の1 権利者C　義務者B
添付情報	登記原因証明情報（B作成の報告式）　登記識別情報（Bの甲区3番）印鑑証明書（B）　住所証明情報（C）　代理権限証明情報（BCの委任状）
登録免許税	金60万円（＝6,000万円×2分の1×1,000分の20）

第2章　登記の種類の判断（基本）

2-9　名変登記

60　名変登記の「登記の種類の判断」方法
（1）原則的な判断方法
　名変登記の原因関係であれば，登記の種類は名変登記と判断する。名変登記は，名変登記の対象となる登記がされた時点を基準として，後発的に氏名等が変更されていれば変更登記としての名変登記となり（所有権の本店移転につき昭62，商号変更につき平21，住所移転につき平24，平25，根抵当権の商号変更および本店移転につき平26），登記の当初から氏名等が実体と不合致であれば，更正登記としての名変登記となる（根抵当権の本店錯誤につき昭58）。この区別は，登記の目的や登記原因の記載というＤコンに影響を与える要因となる。
　しかし，名変登記は，管轄が同一で，同一の登記名義人にかかるものであれば，変更登記と更正登記が混在するものであっても，複数の登記事項が混在するものであっても一申請が可能であるため（規35⑧），上記の判断はＦコンの判断に影響を与えるものではない。

（2）名変登記の可否判断
　名変登記は，現に効力を有する登記についてしか登記することができない。名変登記は，変更登記または更正登記の一種であり，変更登記または更正登記は，現に効力を有する登記についてしかこれを行う利益が認められないからである。
　したがって，たとえば，ＡからＢへの所有権移転が甲区3番で登記されている場合，当該所有権移転登記を抹消登記する場合や当該所有権移転登記の登記原因を更正登記する場合，Ａに住所移転等の名変事由が生じていたとしても，抹消登記または更正登記に先だってＡの名変登記を申請することはできない。

（3）名変登記の要否判断
①　抹消登記の前提となる名変登記の省略
　ⅰ．所有権以外の権利（所有権の仮登記，所有権を目的とした買戻権を含む）の抹消登記の申請で，ⅱ．登記義務者に名変登記の原因関係となる事実が生じている場合であっても，ⅲ．添付情報として変更（更正）証明情報を添付するかぎり，便宜，名変登記の申請を省略して抹消登記を申請することができる（昭31.9.20民甲2202通，昭31.10.17民甲2370局長事務代理通，昭32.6.28民甲1249回，平21）。このような場合にまで名変登記を要求するのは，いかにも形式論的

な解釈であり，名変登記をする実益に欠けるからである（新井克美・後藤浩平編著『詳解説例不動産登記添付情報（下）』35頁〔日本加除出版〕）。

② 相続または合併による移転登記の前提となる名変登記の省略

実務上，相続（または合併）による移転の登記（法63Ⅱ）を申請するについて，被相続人（または消滅会社）に住所の移転等の名変登記の原因関係となる事実が存在しても，移転登記の前提として名変登記を申請することを要しない（平25）。これは，登記原因証明情報によって被相続人（または消滅会社）の同一人性を証明することから認められる便宜措置といえるであろう。

③ 行政区画の変更による名変登記の省略

「行政区画」とは，地方自治法の市町村名をいう。行政区画が変更された場合，表示に関する登記では，変更の登記がみなされ（規92Ⅰ），原因関係とならない。

他方，権利に関する登記では，表示に関する登記のような特則が規定されていないため，本来，行政区画の変更は，名変登記や担保権の債務者の変更登記の原因関係となる。ただし，登記記録の住所が行政区画の変更で変更されたことは「公知の事実」であるため，申請情報の記載した行政区画変更後の住所と登記記録に記録されている行政区画の変更前の住所が食い違っていたとしても，住所の不合致は生じないとし，名変登記や担保権の債務者の変更登記を要しないとされている（平22.11.1民二2759課長通知）。行政区画の変更は，官報等で告示され，地方自治体のホームページ等を閲覧することにより，容易に確認することができるからである（『登記研究』755号153頁）。

これに対して，登記簿上の住所から住所移転後に行政区画の変更があった場合には，原則どおり行政区画の変更を原因関係ととらえ，住所移転および行政区画の変更を登記原因に併記し，名変登記を申請しなければならない（平22.11.1民二2759課長通知）。当該先例は，最終原因が行政区画の変更であることを明らかにし，登録免許税を非課税（登免税5⑤）とするための措置であり，これにより既存の先例は変更されている（昭48.11.1民三8187回，昭50.5.23民三2692回）。

④ 担保権の債務者の変更登記の省略

名変登記に関連する論点として，実務は，担保権を抹消する場合，その前提として債務者に相続（または合併）による変更や氏名または住所の変更または更正の事由が生じていたとしても，債務者の変更または更正登記を申請せずに，担保権の抹消登記を申請することを認めている（昭61，平2，平21，平25）。債

務者は，登記名義人ではないため（法2⑪），登記の連続性の観点から何の支障も生じないからである。書式の問題では，設定者兼債務者である事例が少なくないため，注意を要する論点のひとつとなっている。

61　名変登記の「申請手続の骨格」（個別フレーム）

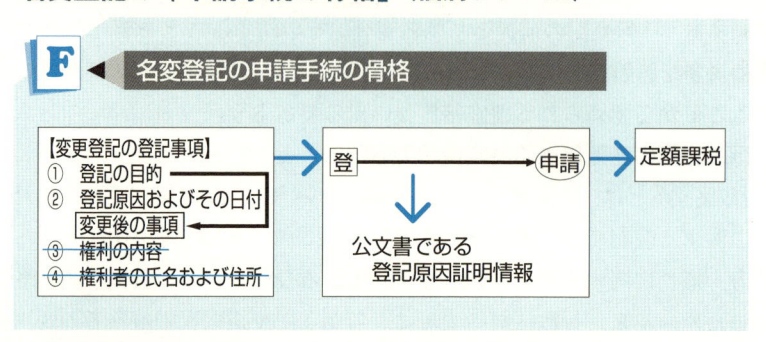

F ◀ 名変登記の申請手続の骨格

【変更登記の登記事項】
① 登記の目的
② 登記原因およびその日付
　変更後の事項
③ 権利の内容
④ 権利者の氏名および住所

登 ──→ 申請 ──→ 定額課税
　↓
公文書である
登記原因証明情報

（1）法定登記事項の枠組み

　法定登記事項の枠組みは，変更または更正登記と同様，①登記の目的，②登記原因およびその日付のみに修正され（法59，令3），公示の一覧性を確保するため，**変更後の事項**または**更正後の事項**を登記の目的から分離して申請情報の内容とする取扱いとなっている（令別表25申，**50（1）**，**58（1）**）。

（2）真実性立証の枠組み

① 申請方式

　申請方式は，特則により登記名義人からの単独申請となる（法64Ⅰ）。名変登記では登記義務者を観念できず共同申請によることができないからである（清水響著「新不動産登記法の概要について」『登記研究』680号83頁〔テイハン〕，幾代通『不動産登記法』182頁〔有斐閣，第4版〕）。

　また，変更または更正登記ではあるが，それらの登記によりだれにも不利益を与えないため，登記上の利害関係を有する第三者が存在せず，任意的承諾型による利害調整を要しない。その結果，名変登記は，常に付記登記で実行される（法66参照，規3①）。

② 主要な添付情報

　申請方式が単独申請であり，自白類似のシステムで登記原因証明情報の証明力を確保できないため，主要な添付情報となる登記原因証明情報は，原則として公文書に限定されることになる（令別表23添）。

（3） 登録免許税の課税方式

登録免許税の課税方式は，変更または更正登記として，不動産の個数を課税標準とし一定額を乗ずる定額課税である。

62　名変登記の「登記の種類の判断」の論点
【事例19 ―設定者兼債務者の住所の錯誤―】 過問 （S58 根名変）

> 問　甲土地の事実について，法律構成の判断，原因関係の判断，登記の種類の判断を行いなさい。
> （甲土地の登記記録）
> 甲区2番　所有権移転　所有者 A
> 　　3番　所有権移転　平成28年2月3日受付第234号　平成28年2月1日
> 　　　　　　　　　　売買　所有者 乙地 B
> 乙区1番　根抵当権設定　平成28年2月3日受付第235号　平成28年2月1日設定　債務者 乙地 B　根抵当権者 X
> （事実関係）
> 1　Bは，平成28年2月2日に住所を乙地から甲地に移転し，同年2月4日に甲市役所にその旨の届出をした。

順序	法律構成の判断	原因関係の判断		登記の種類の判断	物件
		民177の効果	法3の権利変動		
1	事1―所有者Bの住所錯誤	―	―	名変登記	甲
2	―債務者B同上	―	―	更正登記	甲

① 法律構成の判断

事実1には，Bが2月2日に住所を乙地から甲地に移転した事実が示されている。

② 原因関係の判断

Bの住所移転が原因関係となるか否かは，Bが登記名義人または担保権の債務者として登記されているか否かを検討して判断する。

　i　登記名義人としての評価

登記記録からBは，甲区3番の所有権の登記名義人として登記されている。登記された住所は乙地であり，事実1からBの現在の住所は甲地であるため，登記名義人について現在の住所と登記された住所が一致せず，事実1は，名変登記の原因関係と判断できることになる。

より正確には，甲区3番の登記がされた時点は即日処理の建前から登記申請

が受け付けられた2月3日であり，その登記時点を**判断の基準時点**とすれば，事実1のBの住所移転日は2月2日であるため，登記の最初から住所が実体と一致せず，事実1は登記に**錯誤**があることを示す事実として，更正登記としての**名変登記の原因関係**となっている。

なお，甲区3番は現に効力を有する登記であるため，名変登記は可能であり，かつ，名変登記の申請を省略できる例外には該当せず，原則どおり名変登記を申請しなければならない。

ⅱ 債務者としての評価

また，登記記録からBは，乙区1番根抵当権の債務者として登記されていることがわかる。上記と同様の検討により登記された住所は**乙地**であり，事実1からBの現在の住所は**甲地**であり，債務者の住所が原始的に不一致であることがわかる。担保権の債務者は，登記名義人ではないため，これを名変登記の原因関係としてとらえることはできず，登記事項の**錯誤**として**是正登記の原因関係**と判断する。なお，事例の債務者の更正登記は，抹消登記の前提となるものではなく，その申請を省略することはできない。

③ 登記の種類の判断

所有権の登記名義人としてのBについての登記の種類は，事実1が名変登記の原因関係となるため，**名変登記**と判断する。より正確には，上記②で検討したとおり，更正登記としての名変登記となる（個別フレームは **61**〔152頁〕参照）。

根抵当権の債務者としてのBについての登記の種類は，ⅰ．登記に原始的な不一致があり，ⅱ．それが単なる住所の不一致にすぎず更正前後で登記の同一性が認められるため**更正登記**と判断する（個別フレームは **58**〔143頁〕参照）。なお，更正登記の対象となるのは乙区1番の設定登記であり，抹消する記号を伴う登記ではないため，抹消回復登記を申請する余地はない。

④ 申請の個数と順序

事例では，甲土地について更正登記としての名変登記と債務者の更正登記の申請が必要となっており，これら2つの登記の登記原因は同一であるが，登記の種類が異なることで登記の目的が異なるため，これら2個の登記を一申請することはできない（規35⑨）。

前提として名変登記を申請しなければ，債務者の更正登記の申請が登記義務者Bの住所が登記記録と合致しない場合として却下されるため（法25⑦），1番目に錯誤による名変登記を，2番目に錯誤による更正登記を申請する連件申

請となる。

【参考・答案例― 事例 19（設定者兼債務者の住所の錯誤による名変登記と抵当権の更正登記）】

○１番目の申請
登記の目的　　３番所有権登記名義人住所更正
原　　　因　　錯誤
更正後の事項　住所　甲地
申　請　人　　申請人 B
添 付 情 報　　登記原因証明情報（B の住民票の写し）　代理権限証明情報（B の委任状）
登録免許税　　金 1,000 円（＝甲土地 1 個×1,000 円）

○２番目の申請
登記の目的　　１番根抵当権更正
原　　　因　　錯誤
更正後の事項　債務者　甲地 B
申　請　人　　権利者 X　義務者 B
添 付 情 報　　登記原因証明情報（B の住民票の写し）　登記識別情報（B の甲区 3 番）
　　　　　　　印鑑証明書（B）　代理権限証明情報（B X の委任状）
登録免許税　　金 1,000 円（＝甲土地 1 個×1,000 円）

63　名変登記の可否判断

【事例 20 ― 登記原因の更正と名変登記の可否―】

問　甲土地の事実について，法律構成の判断，原因関係の判断，登記の種類の判断を行いなさい。
（甲土地の登記記録）
甲区 2 番　所有権移転　所有者　甲地 A
　　 3 番　所有権移転　平成 27 年 9 月 1 日贈与　所有者　B
（事実関係）
1　A および B は，平成 27 年 9 月 1 日，甲土地を代金 1 億円で移転する契約を締結したが，誤った申請によって甲区 3 番のような登記がされてしまった。
2　平成 28 年 4 月 1 日，A は住所を甲地から丙地に移転した。

順序	法律構成の判断	原因関係の判断		登記の種類の判断	物件
		民 177 の効果	法 3 の権利変動		
1	事1―原因の錯誤 事2―A の住所移転	― ―	― ―	更正登記 名変登記	甲 甲

63　名変登記の可否判断

（1）　法律構成の判断

　事実1から**売買契約**を法律構成することができるが，誤った申請により登記記録の甲区3番の贈与を原因とする登記がされてしまっているため，甲区3番の登記には**錯誤**があることになる。

　また，事実2は，Aの住所移転の事実である。

（2）　原因関係の判断

　事実1の錯誤の事実は，是正登記の原因関係となる。登記原因の錯誤は，後記のとおり更正前後の同一性が認められ**更正登記**の対象となるが（**57（2）**③参照），いずれの当事者に有利，不利となるかの判断ができない性質のものであるため，当該更正登記は，甲区3番の登記を申請した際の登記権利者であるBを権利者，登記義務者であるAを義務者として申請する（幾代通『不動産登記法』194頁注1〔有斐閣，第4版〕）。

　事実2のAの住所移転の事実は，本来，名変登記の原因関係となる。登記義務者Aについて住所移転後の新住所で是正登記の申請情報を作成すれば，登記記録から判断される登記義務者の住所と合致せず是正登記の申請が却下されるからである（法25⑦）。しかし，名変登記の原因関係の判断については，名変登記の可否と要否とを検討して名変事由が本当に名変登記の原因関係となるか否かを検討しなければならない。

　名変登記は，変更または更正登記の一種として，現に効力を有する登記でなければ名変登記を申請することができない。本事例では，Aを登記名義人とする甲区2番の登記は甲区3番のBを登記名義人とする登記が存在することで，現に効力を有する登記ではないことになり，Aについて名変登記を申請することができない。この場合，事実1に基づく是正登記は，変更証明情報を添付し，Aの同一人性を担保して申請することになる。

（3）　登記の種類の判断

　是正登記の**登記の種類**は，①甲区3番の登記をした時点から登記と実体との間に原始的不一致が認められ，②その不一致が登記原因を誤ったことによるものにすぎず，更正前後の登記の同一性が認められるため，**更正登記**となる（個別フレームは**58**〔143頁〕参照）。なお，是正対象は移転登記であり，抹消する記号（下線）を記録する登記（変更・更正・抹消登記）ではないため，抹消回復登記を申請する余地はない。

【参考・答案例―事例20（原因更正の場合の名変登記不可事例）】
登記の目的　　3番所有権更正
原　　　因　　錯誤
更正後の事項　原因　売買
申　請　人　　権利者B　義務者A
添 付 情 報　　登記原因証明情報（A作成の報告式）　登記識別情報（Aの甲区2番）
　　　　　　　印鑑証明書（A）　変更証明情報（A）　代理権限証明情報（ABの委任状）
登録免許税　　金1,000円（＝甲土地1個×1,000円）

64　名変登記の要否の判断
（1）　所有権以外の権利の抹消登記
【事例21―所有権以外の権利の抹消と名変登記の要否―】 過問
（H21 抵），先例

問　甲土地の事実について，法律構成の判断，原因関係の判断，登記の種類の判断を行いなさい。
（甲土地の登記記録）
甲区2番　所有権移転　所有者 A
乙区1番　抵当権設定　平成25年4月1日受付第410号　債権額 金3,000万円　債務者 A　抵当権者 株式会社 X
（事実関係）
1　株式会社 X は，平成27年6月23日の定時株主総会で商号を「株式会社 Y」に変更し，翌日，商業登記所で登記を完了させた。
2　A は，株式会社 Y に対して，平成28年7月1日，1番抵当権の被担保債権全額を弁済した。

順序	法律構成の判断	原因関係の判断		登記の種類の判断	物件
		民177の効果	法3の権利変動		
1	事1―商号変更 事2―弁済	―― 消滅	―― 消滅	名変登記 抹消登記	甲 甲

① 法律構成の判断

事実1および登記記録から1番抵当権者株式会社 X の商号変更を法律構成することができる。

また，事実2から債務者 A が1番抵当権の被担保債権の全額を弁済した事実が示されているため弁済を法律構成することができる（詳細は75参照）。

② 原因関係の判断
i 事実1の評価
　事実1の商号変更の対象となった株式会社Xは，登記記録から乙区1番抵当権の登記名義人であるため，事実1の商号変更は，名変登記の原因関係となる。しかし，名変登記については，名変登記の可否と要否を判断して原因関係となるか否かを検討しなければならないため，当該論点を最後に検討する。
ii 事実2の評価
　事実2の弁済の法律効果は，1番抵当権の被担保債権が満足に達して消滅し，消滅の附従性により1番抵当権も消滅する。この物権変動は消滅であり（民177），登記の対象となる権利変動も消滅となり（法3），弁済は「権利変動の登記の原因関係」となる。
iii 名変登記の可否と要否
　さて，事実1の商号変更の事実は，本来，名変登記の原因関係となる。名変登記の原因関係については，名変登記の可否と要否を検討して本当に原因関係となるか否かを判断する。
　まず，名変対象となる1番抵当権は現に効力を有する登記であるため，名変登記は可能である。次いで，事実2の弁済により，ⅰ．所有権以外の権利の抹消登記の申請が問題となり，ⅱ．商号変更は，登記義務者となる1番抵当権者についての名変登記の原因関係となる事実であるため，ⅲ．添付情報として変更証明情報を添付すれば，便宜，名変登記の申請を省略して抹消登記を申請することができることになる（昭31.9.20民甲2202通，昭31.10.17民甲2370局長事務代理通，昭32.6.28民甲1249回）。したがって，事実1の商号変更は，結果としては名変登記の原因関係にはならないと判断すべきことになる。
③ 登記の種類の判断
　登記の種類は，登記の対象となる権利変動が消滅であるため（法3），抹消登記となる（個別フレームは54〔132頁〕参照）。

【参考・答案例―事例21（担保権の抹消登記の前提となる名変登記の省略）】
登記の目的　　1番抵当権抹消
原　　　因　　平成28年7月1日弁済
申　請　人　　権利者A　義務者　株式会社Y
添 付 情 報　　登記原因証明情報（株Y作成の報告式）　登記識別情報（株Yの乙区1

	番）　変更証明情報　（株Y）　代理権限証明情報（A，株Yの委任状）
	会社法人等番号
登録免許税	金1,000円（＝甲土地1個×1,000円）

④　対比の論点

上記の取扱いに対して，所有権以外の権利の抹消登記であっても登記権利者について名変登記の原因関係が存在する場合は，上記の例外要件をみたさず，原則どおり名変登記を申請すべきことになる（平21）。

また，所有権以外の権利であっても抹消以外の登記（昭58，平20）や所有権の抹消登記の場合には，登記義務者に名変原因があれば，原則どおり名変登記の申請が必要となる。

さらに，申請の当事者でなく登記原因についての第三者の承諾等や登記上の利害関係を有する第三者の承諾等が問題となる場合，それら第三者に名変原因が生じていても承諾証明情報等に同一人性を証する変更証明情報等を添付し，同一人性を証明すれば足り，前提として名変登記を申請するまでもない（平1）。

（2）　相続による移転登記

【事例22—相続による移転登記と名変登記の要否—】 実例

> 問　甲土地の事実について，法律構成の判断，原因関係の判断，登記の種類の判断を行いなさい。
> 　なお，甲土地の課税標準の額は金6,000万円とする。
> （甲土地の登記記録）
> 甲区2番　所有権移転　平成25年4月1日受付第410号　平成25年4月1日
> 　　　　　売買　所有者　甲地　A
> （事実関係）
> 1　Aは，平成26年9月1日，その住所を甲地から乙地に移転し，翌日市役所にその旨を届け出た。
> 2　Aは，平成28年2月1日に死亡した。Aの相続人は子Bのみである。

順序	法律構成の判断	原因関係の判断		登記の種類の判断	物件
		民177の効果	法3の権利変動		
1	事1—Aの住所移転 事2—Aの法定相続	—— 変更	—— 移転	名変登記 包括移転登記	甲 甲

① 法律構成の判断

事実1には，Aの住所移転の事実が示されている。また，事実2には，A死亡の事実が示されており，Aが遺言書を作成した事実が示されていないので**法**

定相続を法律構成する。
② 原因関係の判断
　i　事実1の評価
　　事実1の住所移転の対象は，登記記録から甲区2番の所有権の登記名義人であるため，本来，名変登記の原因関係となる。しかし，名変登記については，名変登記の可否と要否を判断して原因関係となるか否かを検討しなければならないため，当該論点を最後に検討する。
　ii　事実2の評価
　　事実2の法定相続の法律効果は，Aが甲土地の甲区2番で所有権の登記名義人として登記されているため，甲土地は相続財産となり，その所有権は被相続人Aから相続人Bへ移転する。この物権変動は変更であり（民177），登記の対象となる権利変動は権利主体の変更として移転となり（法3），法定相続の法律関係は権利変動の登記の原因関係となる。
　iii　名変登記の可否と要否
　　さて，本来，名変登記の原因関係となる事実1の住所移転は，対象となる登記が甲区2番の所有権の登記が現に効力を有する登記であるため，名変登記は可能と判断できる。
　　次いで，事実2の相続による移転登記は，登記原因証明情報の内容として被相続人および相続人の同一人性を証明することから相続による移転登記の前提として被相続人の名変登記を要しないのが実務の慣例となっている。したがって，事実1の被相続人Aの住所移転の事実による名変登記は省略が可能であり，原因関係としてとらえる必要はないことになる（平25）。
③ 登記の種類の判断
　　登記の種類は，登記の対象となる権利変動が移転であり（法3），移転原因が相続であるため（法63Ⅱ），包括移転登記となる（個別フレームは**41**〔97頁〕参照）。なお，事例の甲土地はすでに甲区2番まで登記がされており，保存登記に代替する余地はない。

【参考・答案例—事例22（相続による移転登記の前提となる名変登記の省略）】
登記の目的　　所有権移転
原　　因　　平成28年2月1日相続
申　請　人　　相続人（被相続人A）B

添 付 情 報	登記原因証明情報（Aの変更証明情報を含む戸籍謄抄本等の相続証明情報）　住所証明情報（B）　代理権限証明情報（Bの委任状）
登録免許税	金24万円（＝6,000万円×1,000分の4）

④　対比の論点 週問 （H25）

　上記に対して，遺贈による移転の登記では，相続による移転の登記のような便宜が認められず，遺贈者に名変登記の原因関係があれば，原則どおり名変登記を申請しなければならない（平25）。

（3）　行政区画の変更

【事例23 ─ 行政区画の変更と名変登記の要否 ─】 先例

> 問　甲土地の事実について，法律構成の判断，原因関係の判断，登記の種類の判断を行いなさい。
> 　　なお，甲土地の課税標準の額は金6,000万円とする。
> （甲土地の登記記録）
> 甲区2番　所有権移転　平成25年4月1日受付第410号　平成25年4月1日
> 　　　　　売買　所有者　甲地　A
> （事実関係）
> 1　平成27年4月1日，行政区画の変更により甲地は乙地に変更された。
> 2　AおよびBは，平成28年7月1日，甲土地を代金1億円で移転する旨を合意した。

順序	法律構成の判断	原因関係の判断		登記の種類の判断	物件
		民177の効果	法3の権利変動		
1	事1─Aの行政区画変更 事2─AB売買契約	─ 変更	─ 移転	名変登記 特定移転登記	甲 甲

①　法律構成の判断

　事実1は，甲地が乙地に変更された行政区画の変更の事実が示されている。また，事実2には，AB間の代金1億円で甲土地を移転する旨の合意の事実が示されているため**売買契約**を法律構成する。

②　原因関係の判断

ⅰ　事実1の評価

　事実1の行政区画の変更は，それにより登記記録の甲区2番所有権登記名義人Aの住所が変更されるため，本来，**名変登記の原因関係**となる。しかし，名変登記については，名変登記の可否と要否を判断して原因関係となるか否かを検討しなければならないため，当該論点を最後に検討する。

ii 事実2の評価

事実2の売買契約の法律効果は，甲土地の所有権が売主Aから買主Bに移転する。この物権変動は変更であり（民177），登記の対象となる権利変動は権利主体の変更として移転となり（法3），売買契約は権利変動の登記の原因関係となる。

iii 名変登記の可否と要否

事実1の行政区画の変更は，変更対象が甲区2番の所有権の登記であり，当該登記は現に効力を有する登記であるため，名変登記は可能である。

次いで，売主Aの住所を行政区画の変更後の乙地として記載したとしても，行政区画による変更は「公知の事実」であるため，登記記録との間に住所の不合致が認められず，名変登記の申請を要しないことになる（平22.11.1民二2759課長通知）。したがって，事実1の行政区画の変更による名変登記は申請を省略することが可能であり，原因関係としてとらえる必要はないことになる。なお，売買による移転登記の申請では，登記義務者となるAについて，行政区画の変更を証する変更証明情報の添付も不要である。

③ 登記の種類の判断

登記の種類は，登記の対象となる権利変動が移転であり（法3），移転原因が相続または合併以外であるため（法63Ⅱ），特定移転登記となる（個別フレームは36〔82頁〕参照）。なお，事例の甲土地はすでに甲区2番まで登記がされており，保存登記に代替する余地はない。

【参考・答案例 ―事例23（売買の前提となる行政区画の変更による名変登記の省略）】

登記の目的	所有権移転
原　　因	平成28年7月1日売買
申　請　人	権利者B　義務者A
添付情報	登記原因証明情報（A作成の報告式）　登記識別情報（Aの甲区2番）印鑑証明書（A）住所証明情報（B）　代理権限証明情報（ABの委任状）
登録免許税	金120万円（＝6,000万円×1,000分の20）

④ 対比の論点

上記に対して，住所移転後に行政区画の変更があった場合には，原則どおり行政区画の変更を原因関係ととらえ，これを登記原因に併記し，名変登記を申請しなければならない（平22.11.1民二2759課長通知）。これは，従来の先例が，

最終原因が行政区画の変更であることを否定し，住所移転に着目して課税していた取扱いを，最終原因が行政区画の変更であることを明らかにし，登録免許税法5条5号の適用により登録免許税を非課税とできるようにするため先例変更である。

（4） 債務者の変更登記

【事例24―抹消登記の前提となる債務者の変更登記の要否―】
過問 （H2，H21，H25）

> 問　甲土地の事実について，法律構成の判断，原因関係の判断，登記の種類の判断を行いなさい。
>   なお，甲土地の課税標準の額は金6,000万円とする。
> （甲土地の登記記録）
> 甲区2番　所有権移転　所有者A
> 乙区1番　抵当権設定　債権額　金3,000万円　債務者A　抵当権者X
> （事実関係）
> 1　Aは，平成28年2月1日に死亡した。Aの相続人は子Bのみである。
> 2　Bは，Xに対して，平成28年7月1日，1番抵当権の被担保債権全額を弁済した。

順序	法律構成の判断	原因関係の判断		登記の種類の判断	物件
		民177の効果	法3の権利変動		
1	事1―所Aの法定相続	変更	移転	包括移転登記	甲
	―債務者Aの法定相続	変更	変更	変更登記	甲
2	事2―弁済	消滅	消滅	抹消登記	甲

① 法律構成の判断

事実1には，A死亡の事実が示されており，Aが遺言書を作成した事実が示されていないので**法定相続**を法律構成する。

また，事実2には，登記記録から債務者と判断できるAの相続人Bが1番抵当権の被担保債権の全額を弁済した事実が示されているため**弁済**を法律構成する。

② 原因関係の判断

ⅰ　事実1の評価

事実1の法定相続の法律効果は，登記記録から被相続人Aは，甲区2番で所有権の登記名義人として登記されているため，法定相続により甲土地の所有権が被相続人Aから相続人Bに移転する。この権利変動は**変更**であり（民177），

登記の対象となる権利変動は権利主体の変更として移転となり（法3），法定相続は権利変動の登記の原因関係となる。

また，登記記録から被相続人Aは，乙区1番抵当権の債務者であるため，法定相続により1番抵当権の債務が被相続人Aから相続人Bに移転し，随伴性より1番抵当権の債務者がAからBに変更される。この権利変動は変更であり（民177），登記の対象となる権利変動は権利内容の変更として変更となり（法3），法定相続は権利変動の登記の原因関係となる。

ⅱ 事実2の評価

事実2の弁済の法律効果は，債務者Aの相続人Bの1番抵当権の被担保債権の全額弁済により，債権が満足に達して消滅し，消滅の附従性により1番抵当権も消滅する。この物権変動は消滅であり（民177），登記の対象となる権利変動も消滅となり（法3），弁済の法律関係は，権利変動の登記の原因関係となる。

ⅲ 抹消登記の前提として債務者変更登記の要否

上記ⅰで検討したとおり，事実1の法定相続は，債務者の変更についての原因関係となる。ただし，債務者は登記名義人ではないため，かりに，弁済による1番抵当権の抹消登記の前提として債務者の変更登記を申請しなかったとしても登記の連続性上は，何らの支障も生じない。

そこで，実務では，抹消登記の前提として債務者の変更（または更正）登記の申請を省略している。事例でも相続による債務者の変更は，これを原因関係として評価することを要しないことになる。

③ 登記の種類の判断

相続による登記の種類は，登記の対象となる権利変動が移転であり（法3），移転原因が相続であるため（法63Ⅱ），包括移転登記となる（個別フレームは**41**〔97頁〕参照）。なお，事例の甲土地はすでに甲区2番まで登記がされており，保存登記に代替する余地はない。

また，弁済による登記の種類は，登記の対象となる権利変動が消滅であるため（法3），抹消登記となる（個別フレームは**54**〔132頁〕参照）。

【参考・答案例―事例24（設定者兼債務者の相続と担保権抹消登記の前提となる債務者変更登記の省略）】

○1番目の申請
登記の目的　　所有権移転

```
原     因    平成 28 年 2 月 1 日相続
申 請 人    相続人（被相続人 A）B
添 付 情 報  登記原因証明情報（戸籍の謄抄本） 住所証明情報（B） 代理権限証明
            情報（B の委任状）
登録免許税   金 24 万円（＝ 6,000 万円× 1,000 分の 4）
○ 2 番目の申請
登記の目的   1 番抵当権抹消
原     因    平成 28 年 7 月 1 日弁済
申 請 人    権利者 B  義務者 X
添 付 情 報  登記原因証明情報（X 作成の報告式） 登記識別情報（X の乙区 1 番）
            代理権限証明情報（BX の委任状）
登録免許税   金 1,000 円（＝甲土地 1 個× 1,000 円）
```

④ 対比の論点

　抹消登記の登記上の利害関係を有する第三者に転抵当権者が該当する場合，当該転抵当は，抹消登記に際に登記官の職権によって抹消されることになる（規 152Ⅱ）。この場合，転抵当の債務者に変更（更正）の原因関係が発生していたとしても，上記の取扱いに準じて抹消登記の前提として転抵当の債務者の変更（更正）登記を要しないことになる（昭 61）。

2 － 10　抹消回復登記

65　抹消回復登記の「登記の種類の判断」方法

（1）　原則的な判断方法

　是正登記の原因関係のうち，①抹消する記号（下線）を伴う抹消登記または変更もしくは更正登記が不法になされ，②それらの登記により，抹消する記号（下線）が記録された事項が実体と合致する真実の登記事項である場合，登記の種類は抹消回復登記と判断する。

（2）　嘱託による例外

　抹消回復登記は，不法抹消等の対象となった原登記の種類に応じてされるため，相続による所有権移転登記の不法抹消であれば，相続人が単独申請により抹消回復登記を申請し（幾代通『不動産登記法』203 頁，204 頁注 2〔有斐閣，第 4 版〕），原登記が処分の制限登記であれば，裁判所書記官等により抹消回復登記が嘱託されることになる。

　たとえば，仮差押えが不法抹消された場合，その回復登記は嘱託でされるた

66 抹消回復登記の「申請手続の骨格」（個別フレーム）

め，その後に所有権の移転登記をうけた現に効力を有する所有権登記名義人は，抹消回復登記の申請当事者ではなく，登記上の利害関係を有する第三者として取り扱われることになる（昭32.12.27民甲2439回）。

66 抹消回復登記の「申請手続の骨格」（個別フレーム）

「抹消回復」登記の申請手続の構造

【抹消回復登記の登記事項】
① 登記の目的
② 登記原因およびその日付
　回復すべき登記
③ その他の登記事項
④ 権利者の氏名および住所

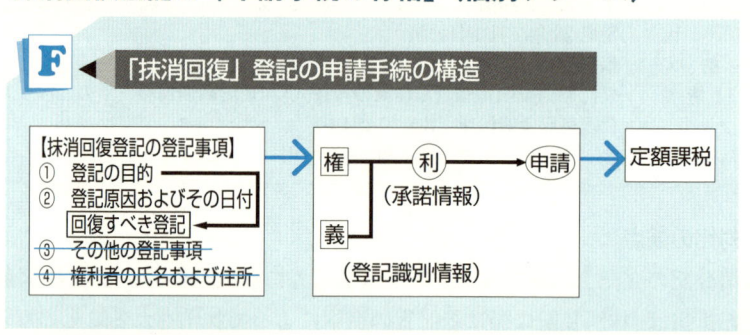

権利（承諾情報）
義務（登記識別情報）
→申請→定額課税

（1） 法定登記事項の枠組み

法定登記事項の枠組みは，①登記の目的，②登記原因およびその日付である（法59，令3）。この場合の登記の目的は，本来，どの権利をどのように回復するかを公示するものであるが，公示の一覧性を確保するため，回復すべき登記を登記の目的から分離して申請情報の内容とする取扱いとなっている（令別表27）。この発想は，変更登記または抹消登記の変更後の事項または更正後の事項の記載と同様のものである（50（1），58（1）参照）。

（2） 真実性の立証の枠組み

① 申請方式

申請方式の原則は，登記権利者および登記義務者からする共同申請であるが（法60），単独申請でされた登記の抹消回復登記では，その登記をした申請人の単独申請となる。

また，抹消登記と同様，登記上の利害関係を有する第三者との間で必要的承諾型による利害調整が必要となる（法72，20（2）③ⅰ）。抹消回復登記がなされると抹消登記の存在を信じて取引した者が不測の損害を被るおそれがあるからである。

② 主要な添付情報

申請方式の原則が共同申請であるため，登記義務者へのなりすまし防止のための登記識別情報（法22）を添付する。また，登記上の利害関係を有する第三者

との間の手続上の利害調整は必要的承諾型であるため，当該第三者の承諾証明情報（令別表 27 添ロ）を提供しなければならない。
（3） 登録免許税の課税方式
登録免許税の課税方式は，不動産の個数を課税標準とし一定の税額を乗ずる定額課税である。

67 抹消回復登記の「登記の種類の判断」の論点となる事例
【事例 25—抹消回復登記—】

> 問　甲土地の事実について，法律構成の判断，原因関係の判断，登記の種類の判断を行いなさい。
> （甲土地の登記記録）
> 甲区 2 番　　所有権移転　所有者 A
> 　　 3 番　　所有権移転　平成 25 年 4 月 1 日受付第 410 号　平成 25 年 4 月 1 日売買　所有者 B
> 　　 4 番　　3 番所有権抹消　錯誤
> 　　 5 番　　所有権移転　所有者 C
> （事実関係）
> 1　A，B，C は，平成 28 年 7 月 1 日，甲区 4 番の抹消登記が誤ってなされたことを確認し，B の所有権の回復のために必要な手続に協力する旨の和解契約を締結した。

順序	法律構成の判断	原因関係の判断		登記の種類の判断	物件
		民 177 の効果	法 3 の権利変動		
2	事 1 ― 抹消登記の錯誤	―	―	抹消回復登記	甲
1	― 移転登記の錯誤	―	―	抹消登記	甲

① 法律構成の判断
　事実 1 の和解契約には，ABC が甲区 4 番の抹消登記が誤ってされたことを確認した事実が示されている。
② 原因関係の判断
　抹消登記が誤ってされた事実は，是正登記の原因関係となる。
③ 登記の種類の判断
　是正登記の種類は，まず，ⅰ．甲区 4 番の抹消登記が最初から誤ってされた登記であり，ⅱ．真の所有者である B にとって誤ってされた甲区 4 番の抹消登記は，まったく意味のない登記であるため，更正前後の登記の同一性は認めら

67 抹消回復登記の「登記の種類の判断」の論点となる事例

れず，更正登記によることはできず，原則どおり抹消登記を選択する。

次いで，抹消回復登記に代替すべきか否かについては，ⅰ．抹消登記の対象となる甲区4番の登記は抹消する記号（下線）を記録する抹消登記であり，ⅱ．真の登記事項が抹消登記によって抹消する記号（下線）が記録されたBの所有権であるため，登記の種類は抹消登記に代えて抹消回復登記となる（個別フレーム **66**〔166頁〕参照）。

④ 申請の個数と順序

さて，事例の抹消回復登記の申請人は，誤ってされた抹消登記の申請人の分配を逆転させたものとなるため，抹消登記の申請の際に登記義務者となったBを登記権利者とし，登記権利者であったAを登記義務者とする。

かりに，甲土地の登記記録の状態で上記の抹消回復登記を申請すれば，申請情報に登記義務者として記載したAと登記記録から登記義務者と判断される甲区5番の現に効力を有する所有権登記名義人Cとが合致せず，抹消回復登記は却下される（法25⑦）。

その不合致の原因は，表示の不一致の問題ではなく，人格の不一致であるためAを登記名義にとするための記入登記（設定，保存，移転登記），抹消登記，更正登記をすることで登記の連続性を回復しなければならない。

事例では，Aを起点とするBへの所有権移転が真の状態であるため，Aを起点とするCへの甲区5番の所有権移転登記は，最初から誤ってされた登記と評価すべきことになる。したがって，登記の連続性を回復するには，前提として錯誤を原因とする5番所有権の抹消登記を申請すべきことになる（個別フレーム **54**〔132頁〕参照）。

その結果，事例では，1番目に錯誤による甲区5番の抹消登記を申請し，2番目に錯誤による抹消回復登記を申請すべき連件申請となる。

【参考・答案例—事例25（巻き戻しによる抹消回復登記の連件申請）】
○1番目の申請
登記の目的　　5番所有権抹消
原　　因　　錯誤
申　請　人　　権利者A　義務者C
添付情報　　登記原因証明情報（C作成の報告式）　登記識別情報（Cの甲区5番）
　　　　　　　印鑑証明書（C）　代理権限証明情報（CAの委任状）
登録免許税　　金1,000円（＝甲土地1個×1,000円）
○2番目の申請

登記の目的	3番所有権回復
原　　因	錯誤
その他	回復すべき登記　平成25年4月1日受付第410号　所有権移転　原因　平成25年4月1日売買　所有者B
申請人	権利者B　義務者A
添付情報	登記原因証明情報（A作成の報告式）　登記識別情報（Aの甲区2番）　印鑑証明書（A）　代理権限証明情報（BAの委任状）
登録免許税	金1,000円（＝甲土地1個×1,000円）

第3章

法律構成の判断に論点がある法律関係(応用)

3-1 遺言相続における遺言書の解釈

68 遺言相続の法律関係への対応

(1) 法律構成―遺言相続と法定相続の区別

人が死亡した事実が示されている場合,相続の法律関係が問題となる。相続の法律関係には,死亡者が遺言をしていた場合に遺言書に基づいて処理される遺言相続の法律関係と,遺言がないかまたは遺言が無効の場合に,民法の規定に基づき補充的に処理される法定相続の法律関係とがある。したがって,相続の法律構成は,遺言の有無および遺言の適否に着目して遺言相続となるか,法定相続となるかを区別しなければならない。

(2) 原因関係の判断―遺言書の解釈

遺言書の解釈					
使用文言	受益物	受益者	法律構成	法律効果	
相続させる	特定物	相続人	遺産分割方法の指定(平1,平11,平15,平24,平25)	物権的取得(包括移転)	
	全財産	相続人	遺産分割方法の指定	物権的取得(包括移転)	
	特定物等	第三者	遺贈	物権的取得(特定移転)	
遺贈する	特定物	不問	特定遺贈(平1,平25)	物権的取得(特定移転)	
	全財産	不問	全部包括遺贈	物権的取得(特定移転)	
	全財産の割合的一部	不問	割合的包括遺贈	遺産共有(特定移転)	
	売却代金で債務清算した残金	不問	清算型遺贈(平15,平25)	1件目相続の包括移転 2件目売買の特定移転	
	全財産(包括遺贈)	相続人の全員	相続分の指定	遺産共有	

遺言相続の法律関係が,より具体的にどのような法律関係としてどのような法律効果を発生させるのかは,遺言書を解釈しなければ,これを確定することができない。

遺言書の解釈は,本来,遺言書の文言に拘泥せず,遺言作成当時の事情や遺言者のおかれていた状況等を考慮し,遺言者の真意を探求するものでなければ

69 「相続させる」旨の遺言の解釈

ならない（最判昭 58.3.18）。しかし，登記制度における登記官の審査が形式審査権限であることにかんがみれば（**17** 参照），登記処理の局面では，審査資料が限定される結果，遺言書の**使用文言**，**受益物**，**受益者**の３点に着目しての文理解釈によらざるをえない。

　以下，使用文言が「**相続させる**」と「**遺贈する**」の２つに分けて，遺言書の解釈とそれに伴う法律構成，原因関係の判断を説明する。

69　「相続させる」旨の遺言の解釈
(1)　相続させる旨の遺言（遺産分割方法の指定）

【事例 26 ─遺産分割方法の指定─】　**過問**　(H 1, H11, H15, H24, H25)，**判例**　**先例**

> 問　次の事実について，法律構成の判断，原因関係の判断，登記の種類の判断をしなさい。
> 　なお，甲土地の課税標準の額は金 6,000 万円とする。
> （甲土地の登記記録）
> 甲区 2 番　所有権移転　所有者 A
> （事実関係）
> 1　A は，平成 26 年 4 月 1 日，「甲土地を B に相続させる。」旨の公正証書遺言書を作成した。
> 2　A は，平成 28 年 2 月 1 日に死亡した。A の配偶者は B であり，AB 間には子 C がいる。

順序	法律構成の判断	原因関係の判断		登記の種類の判断	物件
		民 177 の効果	法 3 の権利変動		
1	事 1 ─ A 遺言書作成 事 2 ─ A 死亡，B 相続人 ▽遺産分割方法の指定	─ ─ 変更	 移転	 包括移転登記	 甲

① 法律構成の判断（法定相続人の判断を含む）

　事実 2 には，A 死亡の事実が示されているため，相続の法律関係が問題となり，事実 1 には，死亡者 A が公正証書遺言書を作成していた事実が示されているため**遺言相続**を法律構成して検討する。

　事実 1 の遺言書の使用文言は「**相続させる**」であり，受益物は「**甲土地**」である。受益者 B が相続人か第三者かによって遺言相続の態様が**遺産分割方法の指定**となるか**遺贈**となるかがわかるため，死亡者 A の法定相続人を判断する。

69 「相続させる」旨の遺言の解釈

　法定相続人の判断は，書式の問題を解くうえでの基本スキルである。まず，①推定相続人を判断し，次いで，②推定相続人について相続権の喪失事由の有無および代襲相続の可否を判断してこれを行う。

　推定相続人とは，被相続人が死亡したら法定相続人となる者をいい，血族相続人（民887，同889）と配偶者相続人（民890）に分けて判断する。事実2で被相続人Aの配偶者はBと示されており，Bを配偶者相続人としての推定相続人と判断する（民890）。血族相続人については，事実2によりAB間には子Cがいることが示されているため客観主義（民772Ⅰ）により嫡出子Cを血族相続人としての推定相続人と判断する（民887Ⅰ）。

　これら推定相続人について，相続権の喪失事由であるⅰ．以前死亡（民887Ⅱ），ⅱ．欠格事由（民891），ⅲ．廃除（民892），ⅳ．相続放棄（民939）の4つの事実を順に検討する。本事例では，相続権の喪失事由が存在しないため，被相続人Aの死亡と同時に配偶者Bと子Cとが法定相続人になると判断できる。

　以上の検討から事例の受益者「B」は，遺言者Aの法定相続人であるため，事例の遺言を遺贈と解する特段の事情がないことから**遺産分割方法の指定**と解釈する（最判平3.4.19＝香川判決，昭47.4.17民甲1442民事局長通）。

② 　原因関係の判断および登記の種類の判断

　遺産分割方法の指定の法律効果は，遺言者の死亡と同時に指定した遺産分割の効力が発生することになり，遺産分割の遡及効（民909）により相続開始の時点から受益物である**甲土地**の所有権が遺言者Aから受益者Bに移転し，甲土地はBに物権的に帰属する。この物権変動は**変更**であり（民177），登記の対象となる権利変動は権利主体の変更として**移転**となるため（法3），**権利変動の登記の原因関係**となる。

③ 　登記の種類の判断

　登記の種類は，登記の対象となる権利変動が**移転**であり，移転原因が相続であるため**包括移転登記**となる（個別フレームは**41**〔97頁〕参照）。なお，甲土地はすでに甲区2番まで登記がされており，移転登記に代えて保存登記を申請する余地はない。

【参考・答案例—事例26（相続させる遺言：遺産分割方法の指定による相続登記）】

登記の目的　　所有権移転

```
原　　　因　　平成28年2月1日相続
申　請　人　　相続人（被相続人A）B
添 付 情 報　　登記原因証明情報（遺言公正証書，Aの死亡を証する戸籍謄抄本）　住
　　　　　　　所証明情報（B）　代理権限証明情報（Bの委任状）
登録免許税　　金24万円（＝6,000万円×1,000分の4）
```

（2）　遺産分割方法の指定と解釈する他の場合

```
（事実関係）
　1　Aは，平成25年4月1日，「甲土地をB3分の2，C3分の1の割合で相続
　　させる。」旨の公正証書遺言書を作成した。
```

　かりに，事実1の遺言内容が上記のように特定の不動産である甲土地を**受益物**とし，複数の相続人に対して持分割合を示して「**相続させる**」旨を示すものである場合も，上記と同様**遺産分割方法の指定**と解釈する。

　その法律効果は，上記と同様，遺言者A死亡時点で遺産分割が完了し，甲土地の所有権が遺言者Aから受益者BCに移転し，BCが甲土地を**物権共有**することになる。この物権変動は**変更**であり（民177），登記の対象となる権利変動は権利主体の変更として**移転**となり（法3），権利変動の登記の原因関係となる。

　登記の種類は，登記の対象となる権利変動が**移転**であり，移転原因が相続であるため**包括移転登記**となる（個別フレームは**41**〔97頁〕参照）。

```
【参考（相続させる遺言：遺産分割方法の指定による相続による共有登記）】
登記の目的　　所有権移転
原　　　因　　平成28年2月1日相続
申　請　人　　相続人（被相続人A）持分3分の2　B　3分の1　C
```

（3）　全部包括「相続させる」旨の遺言

```
（事実関係）
　1　Aは，平成25年4月1日，「私の全財産をBに相続させる。」旨の公正証書
　　遺言書を作成した。
```

　かりに，事例の事実1が上記のような内容であった場合，使用文言が「**相続させる**」であり，受益物が遺言者Aの「**全財産**」であり，受益者は相続人「**B**」である。この場合，全部包括遺贈と特定遺贈の関係と同様，遺言者Aの全部の財産を列記すべきところ，それを便宜省略しているにすぎないと解し，**事例26**

と同様，遺言者Aの全部の財産についての「遺産分割方法の指定」と解釈する（大西嘉彦「193 相続させる遺言と遺留分減殺請求」『家事関係裁判例と実務245題』474頁）。

その結果，当該遺言の法律効果は，Aの死亡と同時に遺産分割が完了し，受益物である甲土地を含む遺言者Aの全財産（相続財産）の所有権が遡及効により受益者Bに移転し，Bに物権的に帰属する。この物権変動は**変更**であり（民177），登記の対象となる権利変動は権利主体の変更として**移転**となり（法3），権利変動の登記の原因関係となる。

登記の種類は，登記の対象となる権利変動が**移転**であり，移転原因が相続であるため**包括移転登記**となる（個別フレームは**41**〔97頁〕参照）。

【参考（全部包括相続させる遺言：遺産分割方法の指定による相続登記）】
登記の目的　　所有権移転
原　　　因　　平成28年2月1日相続
申　請　人　　相続人（被相続人A）B

（4）　割合的包括「相続させる」旨の遺言と相続分の指定との区別

（事実関係）
1　Aは，平成25年4月1日，「私の全財産の3分の2をBに，3分の1をCに相続させる。」旨の公正証書遺言書を作成した。

かりに，事例の事実1が上記のような内容であった場合，使用文言が「**相続させる**」であり，受益物および受益者は，遺言者Aの「**全財産**」を，受益者「**Bに3分の2，Cに3分の1**」の割合で相続させる内容である。

この遺言をかつては，**相続分の指定**と解釈していた（『誌上セミナー第15回』『登記研究』661号207頁）。しかし，公証実務では，**相続分の指定**と容易に区別できるように相続分の指定の場合の文言を「**Bの相続分を3分の2，Cの相続分を3分の1とする。**」の要領により公正証書遺言書を作成するとされており，それとの関係で，**(3)** と同様，遺言者Aの個々の財産を列挙すべきところ，それを便宜省略した**遺産分割方法の指定**と解釈している（藤原勇喜「公正証書と不動産登記をめぐる諸問題(2)」『登記インターネット』122号74～75頁，大西嘉彦「193 相続させる遺言と遺留分減殺請求」『家事関係裁判例と実務245題』474頁）。

当該遺言の法律効果は，Aの死亡と同時に遺産分割が完了し，遺言者Aの相

69 「相続させる」旨の遺言の解釈

続財産に含まれる甲土地の所有権が遡及効により受益者Bに3分の2，Cに3分の1の割合で移転し，BCが甲土地を物権共有する。この物権変動は変更であり（民177），登記の対象となる権利変動は権利主体の変更として移転となり（法3），権利変動の登記の原因関係となる。

登記の種類は，登記の対象となる権利変動が移転であり，移転原因が相続であるため包括移転登記となる（個別フレームは41〔97頁〕参照）。

【参考（割合的相続させる遺言：遺産分割方法の指定による相続登記）】
登記の目的　　所有権移転
原　　因　　　平成28年2月1日相続
申　請　人　　相続人（被相続人A）持分3分の2 B　3分の1 C

（5）「相続させる」旨の遺言の解釈例外
【事例27 ― 遺贈と解釈すべき例外―】 実例

問　次の事実について，法律構成の判断，原因関係の判断，登記の種類の判断をしなさい。
　　なお，甲土地の課税標準の額は金6,000万円とする。
（甲土地の登記記録）
甲区2番　所有権移転　所有者A
（事実関係）
1　Aは，平成26年4月1日，「甲土地をEに相続させる。遺言執行者をEとする。」旨の公正証書遺言書を作成した。
2　Aは，平成28年2月1日に死亡した。Aの配偶者はBであり，AB間には子Cがいる。また，AにはDとの間に，Dが出産した子Eがいるが，AはEを認知していない。

順序	法律構成の判断	原因関係の判断		登記の種類の判断	物件
		民177の効果	法3の権利変動		
1	事1―A遺言書作成 事2―A死亡，E第三者 ▽特定遺贈（実例）	― ― 変更	 移転	 特定移転登記	甲

① 法律構成の判断

事実2でAが死亡した事実が示されており，事実1で死亡したAが遺言書を作成している事実が示されているため遺言相続を法律構成する。

遺言書の使用文言は「相続させる」であり，受益物は「甲土地」である。受益者「E」が相続人か相続人以外の第三者であるかによって遺言書の解釈が異

第3章　法律構成の判断に論点がある法律関係（応用）　175

なるため，受益者Eが相続人か否かを検討する。

事実2から配偶者Bは配偶者相続人として推定相続人となる。子CはAとBとの間の子であるため嫡出子として推定相続人となる（民772）。事実2からEは，AD間の婚外子であり，被相続人Aとの関係は**婚外父子関係**であるため主観主義によりAとの間に法的親子関係があるか否かは認知の有無で判断する（民779，同784）。事実2にはAがEを認知していない旨の事実が明示されているため，EとAとの間には法定親子関係が認められず，Eは被相続人Aの相続人とはならない。

受益者が相続人以外の第三者の場合，本来，**相続させる**旨の遺言はありえず，遺言は無効となるはずであるが，実例はこれを**遺贈**と解釈している（「質疑応答」『登記研究』562号133頁）。遺言書の解釈は，可及的に遺言者の最終意思を尊重すべきであり，当該遺言を遺贈と解すべき特段の事情が認められるからである。これにより，事例は**遺贈**，より正確には受益物が特定財産であるため**特定遺贈**の法律関係となる。

② 原因関係の判断

特定遺贈の法律効果は，遺言者の死亡により甲土地の所有権が遺贈者Aから受贈者Eに移転し，物権的に帰属する。この物権変動は**変更**であり（民177），登記の対象となる権利変動は権利主体の変更として**移転**となり（法3），権利変動の登記の原因関係となる。

③ 登記の種類の判断

登記の種類は，登記の対象となる権利変動が**移転**であり，移転原因が相続または合併以外であるため，**特定移転登記**となる（個別フレームは**36**〔82頁〕参照）。なお，甲土地は甲区2番まで登記がされており，保存登記を代替する余地はない。

【参考・答案例 ―事例27（第三者へ相続させる遺言：特定遺贈による移転登記）】

登記の目的	所有権移転
原　　因	平成28年2月1日遺贈
申 請 人	権利者E　義務者（亡）A
添 付 情 報	登記原因証明情報（公正証書遺言書，Aの死亡を証する戸籍の謄抄本）登記識別情報（Aの甲区2番）　印鑑証明書（遺言執行者E）　住所証明情報（E）　代理権限証明情報（公正証書遺言書，Aの死亡を証する戸籍の謄抄本，Eの委任状）

登録免許税　金120万円（＝6,000万円×1,000分の20）

70　「遺贈する」旨の遺言の解釈
（1）　特定遺贈
【事例28―特定遺贈―】 過問 （一部特定遺贈・残部法定相続につきH1，H25，事例29参照）

> 問　次の事実について，法律構成の判断，原因関係の判断，登記の種類の判断をしなさい。
> 　なお，申請件数が最少，登録免許税が最低額となるように申請するものとし，甲土地の課税標準の額は金6,000万円とする。
> （甲土地の登記記録）
> 甲区2番　所有権移転　所有者A
> （事実関係）
> 1　Aは，平成26年4月1日，「甲土地をCに遺贈する。遺言執行者をCとする。」旨の公正証書遺言書を作成した。
> 2　Aは，平成28年2月1日に死亡した。Aの配偶者はBであり，AB間には子Cがいる。

順序	法律構成の判断	原因関係の判断		登記の種類の判断	物件
		民177の効果	法3の権利変動		
1	事1―A遺言書作成 事2―A死亡，C相続人 ▽特定遺贈	──	──		
		変更	移転	特定移転登記	甲

① 法律構成の判断

　事実2でAが死亡した事実が示されており，事実1で死亡したAが遺言書を作成している事実が示されているため遺言相続を法律構成する。

　遺言書の使用文言は「遺贈する」であり，受益物は「甲土地」である。この場合，受益者が相続人か相続人以外の第三者であるかを問わず，当該遺言を特定遺贈と解釈する。

　なお，受益者が相続人であれば，相続と同視することで農地法所定の許可が不要となる例外に該当し（農地規15⑤，平24.12.14民二3486局長通達により昭43.3.2民三170回，昭52.12.27民三回は変更，最判昭58.2.3，「不動産法セミナー第30回」『ジュリスト』1339号〔始関正光発言〕105頁），登録免許税も相続人身分証明情報を添付することで相続と同様の税率に修正を受けることができるため

第3章　法律構成の判断に論点がある法律関係（応用）

70 「遺贈する」旨の遺言の解釈

（登免税17，平15.4.1民二1022通），便宜，受益者が相続人か否かを含めて検討することが望ましい。これらの取扱いは，相続人が受益者である場合，「**遺贈する**」の文言を用いた場合と「**相続させる**」の文言を用いた場合とで，その取扱い（税額）に大きな違いが生ずることは妥当ではない点に配慮したものである。

事例では，事実2から配偶者Bは配偶者相続人として推定相続人となり，子CはAとBとの間の子であるため嫡出子として推定相続人となる（民772）。それら相続人について相続権の喪失事由が存在せず，遺言者Aの法定相続人はBCとなる。受益者Cは法定相続人であるがこれによって遺言の解釈が修正されることはない。これにより本事例では，かりに，甲土地が農地であっても，農地法所定の許可が不要であり，登録免許税は相続人身分証明情報を添付するかぎり相続同様の税率に修正される利益を享受できることになる。

② 原因関係の判断

特定遺贈の法律効果は，受益物の**甲土地**が遺言者Aの死亡と同時に受益者Cに移転し，物権的に帰属する。この物権変動は**変更**であり（民177），登記の対象となる権利変動は権利主体の変更として**移転**となり（法3），権利変動の登記の原因関係となる。

③ 登記の種類の判断

登記の種類は，登記の対象となる権利変動が**移転**であり，移転原因が相続または合併以外（法63Ⅱ）であるため**特定移転登記**となる（個別フレームは**36**〔82頁〕参照）。なお，甲土地は甲区2番まで登記がされており，保存登記を代替する余地がない。

【参考・答案例 — 事例28（特定遺贈：遺贈による移転登記）】

登記の目的	所有権移転
原　　因	平成28年2月1日遺贈
申　請　人	権利者C　義務者（亡）A
添 付 情 報	登記原因証明情報（公正証書遺言書，Aの死亡を証する戸籍の謄抄本）　登記識別情報（Aの甲区2番）　印鑑証明書（遺言執行者C）　住所証明情報（C）　代理権限証明情報（公正証書遺言書，Aの死亡を証する戸籍の謄抄本，Cの委任状）　相続人身分証明情報
登録免許税	金24万円（＝6,000万円×1,000分の4）

（2） 全部包括遺贈 　判例

> （事実関係）
> 1　Ａは，平成25年4月1日，「私の全財産をＣに遺贈する。遺言執行者をＣとする。」旨の公正証書遺言書を作成した。

かりに，事例の事実1が上記のような内容であった場合，使用文言が「遺贈する」であり，受益物が遺言者Ａの「全財産」である。この場合，受益者が相続人か相続人以外の第三者かを問わず，当該遺言を「全部包括遺贈」と解釈する。

判例は，全部包括遺贈を遺言者Ａの全部の財産を列記すべきところ，それを便宜省略しているにすぎない特定遺贈の集積体として解釈している（最判平8.1.26）。

したがって，全部包括遺贈の法律効果は，特定遺贈と同様，Ａの死亡と同時に遺言者Ａの全財産に含まれる甲土地が受益者Ｃに移転し，物権的に帰属する。この物権変動は変更であり（民177），登記の対象となる権利変動は権利主体の変更として移転となる（法3）。

登記の種類は，登記の対象となる権利変動が移転であり，移転原因が相続または合併以外（法63Ⅱ）であるため特定移転登記となる（個別フレームは36〔82頁〕参照）。

> 【参考（全部包括遺贈：遺贈による移転登記）】
> 登記の目的　　所有権移転
> 原　　因　　平成28年2月1日遺贈
> 申　請　人　　権利者Ｃ　義務者　（亡）Ａ

（3） 割合的包括遺贈

【事例29 ― 割合的包括遺贈 ―】 　連件

> 問　次の事実について，法律構成の判断，原因関係の判断，登記の種類の判断をしなさい。
> 　　なお，甲土地の課税標準の額は金6,000万円とする。
> （甲土地の登記記録）
> 甲区2番　所有権移転　所有者Ａ
> （事実関係）
> 1　Ａは，平成25年4月1日，「私の全財産の3分の1をＤに遺贈する。遺言

70 「遺贈する」旨の遺言の解釈

> 執行者をDとする。」旨の公正証書遺言書を作成した。
> 2　Aは，平成28年2月1日に死亡した。Aの配偶者はBであり，AB間には子Cがいる。

順序	法律構成の判断	原因関係の判断		登記の種類の判断	物件
		民177の効果	法3の権利変動		
2	事1 ―A遺言書作成 事2 ―A死亡→▽法定相続	― 変更	― 移転	包括移転登記	甲
1	▽割合的包括遺贈	変更	移転	特定移転登記	甲

① 法律構成の判断

　事例は，事実2でAが死亡した事実が示されており，事実1で死亡したAが遺言書を作成している事実が示されているため**遺言相続**を法律構成する。

　遺言書の使用文言は「**遺贈する**」であり，受益物は遺言者Aの「**全財産の3分の1**」である。この場合，受益者が相続人か相続人以外の第三者かを問わず，当該遺言を**割合的包括遺贈**と解釈する。

　この場合，遺言者Aの全財産の3分の1は遺言に基づき受益者Cに帰属するが，Aの全財産の残り3分の2は遺言相続の対象とはならず，補充制度としての**法定相続**を法律構成して検討し，相続人BCに帰属することになる。

② 原因関係の判断

　割合的包括遺贈，法定相続いずれの法律関係もその法律効果は，相続財産である甲土地の所有権の移転であり，甲土地はそれらの者が**遺産共有**する。この物権変動は**変更**であり（民177），登記の対象となる権利変動は権利主体の変更として**移転**となるため（法3），**権利変動の登記の原因関係**となる。

③ 登記の種類の判断

　事例のように遺産分割がされていなければ，割合的包括遺贈と法定相続の2個の原因関係が存在し，それぞれについて登記の種類の判断が必要となる。

　割合的包括遺贈の登記の種類は，登記の対象となる権利変動が**移転**であり（法3），移転原因は相続または合併以外であるため（法63Ⅱ），**特定移転登記**となる（個別フレームは**36**〔82頁〕参照）。

　他方，法定相続の登記の種類は，登記の対象となる権利変動が**移転**であり（法3），移転原因は相続であるため（法63Ⅱ），**包括移転登記**となる（個別フレームは**41**〔97頁〕参照）。なお，事例の甲土地はすでに甲区2番まで登記がされており，保存登記に代替する余地はない。

④ 申請個数および申請順序の判断

　割合的包括遺贈による特定移転登記と相続による包括移転登記は，原因が同一ではないため，一申請ができず（規35⑨），原則どおり2つの登記申請を行うことになる。

　2つの登記の原因関係は，A死亡時に同時に発生するため，その申請順序が問題となる。所有権の保存登記，相続による移転登記では，公示の明瞭性の観点から権利の一部または持分権のみについての登記が許されない（昭30.10.15民甲2216回）。この場合，権利の一部についての登記を認めると，残りの権利の帰属が登記上，不明確になるからである。

　したがって，相続による包括移転登記を先に申請すれば，上記の先例に抵触することになるため，上記先例との整合を図るには，1番目に割合的包括遺贈による特定移転登記を，2番目に相続による包括移転登記を連件申請することになる。

【参考・答案例—事例29（割合的包括遺贈：遺贈による一部移転登記と持分相続登記の連件申請）】

○1番目の申請
登記の目的　　所有権一部移転
原　　　因　　平成28年2月1日遺贈
申　請　人　　権利者　持分3分の1 D　義務者　（亡）A
添付情報　　　登記原因証明情報（公正証書遺言書，Aの死亡を証する戸籍の謄抄本）
　　　　　　　登記識別情報（Aの甲区2番）　印鑑証明書（遺言執行者D）　住所証明情報（D）　代理権限証明情報（公正証書遺言書，Aの死亡を証する戸籍の謄抄本，Dの委任状）
登録免許税　　金40万円（＝6,000万円×3分の1×1,000分の20）

○2番目の申請
登記の目的　　A持分全部移転
原　　　因　　平成28年2月1日相続
申　請　人　　相続人（被相続人A）持分3分の1 B　3分の1 C
添付情報　　　登記原因証明情報（戸籍謄本）　住所証明情報（BC）　代理権限証明情報（BCの委任状）
登録免許税　　金16万円（＝6,000万円×3分の2×1,000分の4）

（4） 例外としての清算型遺贈

【事例30 ―清算型遺贈―】 過問 （H15，H25），先例 連件

> 問　次の事実について，法律構成の判断，原因関係の判断，登記の種類の判断をしなさい。
> 　　なお，甲土地の課税標準の額は金6,000万円とする。
> （甲土地の登記記録）
> 甲区2番　所有権移転　所有者A
> （事実関係）
> 1　Aは，平成26年4月1日，次の内容の公正証書遺言書を作成した。
> 　（1）　<u>甲土地を売却し，売買代金から負債を弁済し，残金をDに遺贈する。</u>
> 　（2）　遺言執行者をDとする。
> 2　Aは，平成28年2月1日に死亡した。Aの配偶者はBであり，AB間には子Cがいる。
> 3　平成28年7月1日Dは遺言執行者への就任を承諾し，同日遺言執行者Dは，Eに対して甲土地を代金1億円で売った。

順序	法律構成の判断	原因関係の判断		登記の種類の判断	物件
		民177の効果	法3の権利変動		
1	事1―A遺言書作成 事2―A死亡（法定相続）	――			
		変更	移転	包括移転登記	甲
2	▽清算型遺贈 事3―売買契約	――			
		変更	移転	特定移転登記	甲

① 法律構成の判断

　事例は，事実2でAが死亡した事実が示されており，事実1で死亡したAが遺言書を作成している事実が示されているため**遺言相続**を法律構成する。

　また，事実3には，遺言執行者Dが甲土地を売った事実が示されているため，**売買契約**を法律構成する。

　遺言書の使用文言は「**遺贈する**」であるが，受益物は「**甲土地を売却し，売買代金から負債を弁済した残金**」である。この場合，受益者が相続人か相続人以外の第三者かを問わず，遺言内容を**清算型遺贈**と解釈する。清算型遺贈では，受益物が遺言者の有する財産そのものではないため，「**遺贈する**」旨の文言が使用されているが，**遺贈**を原因とする登記の原因関係とはならないのが特色となっている。

② 原因関係の判断

　事例の遺言内容を実現するには，遺言者Aの財産であった甲土地を売却しなければならず，事実3の**売買契約**により甲土地の所有権が買主Eに移転する

（民法1015条により，遺言執行者は相続人の代理人として売却権限を有する）。この物権変動は**変更**であり（民177），登記の対象となる権利変動は権利主体の変更として**移転**となり（法3），売買契約の法律関係は，**権利変動の登記の原因関係**となる。

　問題は，甲土地を売却するまでの間の甲土地の所有権の帰属である。本来，遺言執行者が指定されていなければ，遺言者の地位は法定相続人に包括承継され，法定相続人が甲土地を売却し，負債を弁済した後の残金を受益者Ｄに交付する義務を承継する（民896）。とすれば，甲土地の売却権限および義務は，法定相続人に承継されることになり，**法定相続**の法律関係を観念すべきことになる。むしろ，これに基づく登記をしなければ，売買契約に基づく登記は，中間省略の登記禁止の原則に抵触することになる。

　先例は，甲土地の売却権限を明らかにするため，**法定相続**の法律関係を法律構成すべきとしている。これにより甲土地の所有権は被相続人から相続人に移転する。この物権変動は**変更**であり（民177），登記の対象となる権利変動は権利主体の変更として**移転**となるため（法3），法定相続の法律関係も**権利変動の登記の原因関係**となる（昭45.10.5民甲4160回）。

　この点について，**売買**を原因として，買主を登記権利者，遺言者（被相続人）を登記義務者とする共同申請で直接に移転登記ができるとする反対説が主張され，上記の処理の見直しが提言されているが（小林久起「遺言の執行と不動産登記をめぐる諸問題」『民事法情報』133号59頁，藤原勇喜「遺言と不動産登記をめぐる諸問題（下）」『登記インターネット』2巻10号72頁，藤原勇喜「物権変動原因の公示と登記原因証明情報（下）」『登記研究』738号33～34頁），先例変更がないため，上記先例に従って登記処理をすべきことになる。

　なお，遺言者に相続人が存在しなければ，相続による移転登記に代えて相続財産法人名義への名変登記を申請すべきことになる（**42（3）**，**事例7**参照）。

③　登記の種類の判断

　このように清算型遺贈では，法定相続と売買契約の2個の原因関係が問題となるため，それぞれについて登記の種類の判断が必要となる。

　法定相続の登記の種類は，登記の対象となる権利変動が**移転**であり（法3），移転原因が相続であるため（法63Ⅱ），**包括移転登記**となる（個別フレームは**41**〔97頁〕参照）。

　また，売買契約の登記の種類は，登記の対象となる権利変動が**移転**であり（法

3），移転原因は相続または合併以外であるため（法63Ⅱ），**特定移転登記**となる（個別フレームは**36**〔82頁〕参照）。

なお，いずれの移転登記も事例の甲土地はすでに甲区2番まで登記がされており，保存登記に代替する余地はない。

④ 申請の個数および申請順序の判断

相続による包括移転登記と売買契約による特定移転登記とは，原因が同一ではないため，一申請が許されず（規35⑨），原則どおり2個の登記申請を行うことになる。

2個の原因関係は，中間省略登記禁止の原則に従い原因関係の発生順にそれを登記に反映することになり，1番目に法定相続による包括移転登記を，2番目に売買契約による特定移転登記の連件申請となる。

【参考・答案例 ― 事例30（清算型遺贈：法定相続登記と売買による移転登記の連件申請）】
〇1番目の申請
登記の目的　　所有権移転
原　　因　　　平成28年2月1日相続
申　請　人　　相続人（被相続人A）持分2分の1 B　2分の1 C
添付情報　　　登記原因証明情報（戸籍謄抄本）　住所証明情報（BC）　代理権限証明
　　　　　　　情報（公正証書遺言書，Aの死亡を証する戸籍謄抄本，Dの委任状）
登録免許税　　金24万円（＝6,000万円×1,000分の4）
〇2番目の申請
登記の目的　　共有者全員持分全部移転
原　　因　　　平成28年7月1日売買
申　請　人　　権利者E　義務者BC
添付情報　　　登記原因証明情報（遺言執行者D作成の報告式）　登記識別情報（Bおよびこの甲区3番）　印鑑証明書（遺言執行者D）　住所証明情報（E）　代理権限証明情報（公正証書遺言書，Aの死亡を証する戸籍の謄抄本，DEの委任状）
登録免許税　　金120万円（＝6,000万円×1,000分の20）

（5）例外としての相続分の指定

【事例31 ―相続分の指定と解釈する例外―】 先例

問　次の事実について，法律構成の判断，原因関係の判断，登記の種類の判断をしなさい。
　　なお，甲土地の課税標準の額は金6,000万円とする。
（甲土地の登記記録）

70 「遺贈する」旨の遺言の解釈

甲区2番　所有権移転　所有者 A
（事実関係）
1　Aは，平成25年4月1日，「私の全財産をBに3分の2，Cに3分の1の割合で遺贈する。」旨の公正証書遺言書を作成した。
2　Aは，平成28年2月1日に死亡した。Aの配偶者はBであり，AB間には子Cがいる。

順序	法律構成の判断	原因関係の判断		登記の種類の判断	物件
		民177の効果	法3の権利変動		
1	事1―A遺言書作成 事2―A死亡 ▽全部包括遺贈 ▽相続分の指定（先例）	変更	移転	包括移転登記	甲

① 法律構成の判断

　事例は，事実2でAが死亡した事実が示されており，事実1で死亡したAが遺言書を作成している事実が示されているため**遺言相続**を法律構成する。

　遺言書の使用文言は「**遺贈する**」であり，受益物は遺言者Aの「**全財産**」である。この場合，受益者が相続人か否かを問わず，遺言内容を**全部包括遺贈**と解釈することになる。

　ただし，先例は，相続人全員に対する包括遺贈であれば，これを**相続分の指定**と解釈すべきものとしている（昭38.11.20民三3119回）。

　事実2により遺言者Aの法定相続人は，推定相続人となる配偶者BおよびAB間の子Cについて相続権の喪失事由が存在せず，Aの死亡によりBCが法定相続人となるため，事例の受益者は法定相続人の全員となっている。したがって，上記の先例により「**遺贈する**」旨の文言が使用されているが，例外的にこれを**相続分の指定**と解釈しなければならない。

② 原因関係の判断

　相続分の指定の法律効果は，相続開始時から指定された相続分で法定相続と同様の効果が発生し，相続財産についてBに3分の2，Cに3分の1の割合で移転し，それを反映して相続財産である甲土地をBCが**遺産共有**する。この物権変動は**変更**であり（民177），登記の対象となる権利変動は権利主体の変更として**移転**となるため（法3），**権利変動の登記の原因関係**と判断できることになる。

③ 登記の種類の判断

登記の種類は，登記の対象となる権利変動が移転であり（法3），移転原因は相続であるため（法63Ⅱ），包括移転登記となる（個別フレームは **41**〔97頁〕参照）。なお，事例の甲土地はすでに甲区2番まで登記がされており，保存登記に代替する余地はない。

【参考・答案例―事例31（相続人全員への包括遺贈：相続分の指定による相続登記）】

登記の目的	所有権移転
原　　　因	平成28年2月1日相続
申　請　人	相続人（被相続人A）持分3分の2 B　3分の1 C
添付情報	登記原因証明情報（公正証書遺言書，戸籍謄抄本）　住所証明情報（BC） 代理権限証明情報（BCの委任状）
登録免許税	金24万円（＝6,000万円×1,000分の4）

71　遺言相続から法定相続への再構成
【事例32 ― 遺言無効の法定相続による補充 ―】 判例

> 問　次の事実について，法律構成の判断，原因関係の判断，登記の種類の判断をしなさい。
> 　　なお，甲土地の課税標準の額は金6,000万円とする。
> （甲土地の登記記録）
> 甲区2番　所有権移転　所有者A
> （事実関係）
> 1　Aは，平成26年4月1日，「甲土地をDに遺贈する。」旨の公正証書遺言書を作成した。
> 2　Aは，平成28年2月1日に死亡した。Aの配偶者はBであり，AB間には子C，Dがいる。
> 3　Dは，平成27年12月1日に死亡した。DにはD自身が出産した子Eがいる。

順序	法律構成の判断	原因関係の判断		登記の種類の判断	物件
		民177の効果	法3の権利変動		
1	事1―A遺言書作成 事2―A死亡→▽法定相続 ▽特定遺贈	―― 変更 （先死亡無効）	移転	包括移転登記	甲

（1） 法律構成の判断

 事実2には，A死亡の事実が示されており，事実1には死者Aが遺言をしていた旨の事実が示されているため，遺言相続の法律関係を法律構成する。
 遺言書の使用文言は「遺贈する」であり，受益物は「甲土地」であるため，受益者Dが相続人か否かを問わず，遺言内容を特定遺贈と解釈する。
 さて，遺贈は，遺言者の死亡以前に受遺者が死亡したときは，その効力を生じない旨の明文の規定がある（民994Ⅰ）。遺贈にも相続と同様，同時存在の原則が要求されているからである。事例では，事実3に受益者Dが遺言者Aの死亡以前に死亡した事実が示されており，事例の遺贈はそれにより無効となる。ただし，遺言の内容としてDに子がある場合には，Dに代わってその子が受益できる旨が定められていれば（代襲条項），例外的に受益者Dの子がDに代襲して受益できることになる。事例では，遺言内容に代襲条項が存在せず，原則どおり遺言は無効となる。
 そこで，遺言がされていない場合と同様，補充制度としての法定相続を法律構成して，再検討する。
 ちなみに，被相続人Aの法定相続人は，事実2から配偶者相続人としてB，血族相続人として子CとDが推定相続人となるが，事実3から推定相続人Dが相続開始以前に死亡しており，Dの相続権は喪失する（民887Ⅱ本文）。この場合，代襲相続が問題となり，事実3からDには子Eが存在し，DとEの関係は母子関係であり，Dが出産したことでDとEには（かりに婚外母子関係であっても）法的親子関係が認められるとともに（最判昭37.4.27），被相続人Aの直系卑属であることも認定できるため，EがDを代襲相続することになる（民887Ⅱ本文）。その結果，Aの法定相続人は，本位相続人である配偶者B，子Cのほか，代襲相続人Eとなる。
 なお，実務では，遺贈と解釈できる遺言が無効となる場合，受遺者が遺言内容を受け入れるなんらかの意思表示をしていれば，黙示の死因贈与契約を主張することも少なくない。したがって，遺言が無効となった場合，実務上は，死因贈与契約が再度の法律構成の選択肢の1つとなっている点に注意しなければならない。

（2） 原因関係の判断

 法定相続の法律効果は，Aの相続財産である甲土地の所有権の被相続人Aから法定相続人BCEへの移転であり，BCEが甲土地を遺産共有することに

71　遺言相続から法定相続への再構成

なる。この物権変動は**変更**であり（民177），登記の対象となる権利変動は権利主体の変更として**移転**となり（法3），法定相続は，**権利変動の登記の原因関係**と判断できることになる。

（3）　登記の種類の判断

登記の種類は，登記の対象となる権利変動が**移転**であり（法3），移転原因は相続であるため（法63Ⅱ），**包括移転登記**となる（個別フレームは**41**〔97頁〕参照）。なお，事例の甲土地はすでに甲区2番まで登記がされており，保存登記に代替する余地はない。

【参考・答案例―事例32（受遺者の先死亡による相続登記）】

登記の目的　　所有権移転
原　　　因　　平成28年2月1日相続
申　請　人　　相続人（被相続人A）持分4分の2 B　4分の1 C　4分の1 E
添付情報　　　登記原因証明情報（戸籍謄抄本）　住所証明情報（BCE）　代理権限証
　　　　　　　明情報（BCEの委任状）
登録免許税　　金24万円（＝6,000万円×1,000分の4）

（4）　遺言相続の無効事由等

事例32のように遺言の事実に基づき**遺言相続**を法律構成して検討を開始したとしても，遺言が無効であれば，遺言の事実がない場合と同様，**法定相続**に法律構成をやり直して検討を継続することになり，このような出題を十分に予想しておかなければならない。

その意味で，遺言相続の法律関係を**法的判断**する場合，否定事実の存在には十分に注意を払わなければならないことになる。以下，主要な否定事実を説明する。

①　遺言の方式違反

たとえば，自筆証書遺言では，遺言者が，その全文・日付・氏名を自書し，押印して作成しなければならないとの方式が要求されている（民968Ⅰ）。年月の記載はあるが日の記載を欠くもの（最判昭52.11.29），「平成24年9月吉日」のような記載にとどまるもの（最判昭54.5.31）は，無効となり，押印を欠く自筆証書遺言も無効となる。

また，秘密証書遺言において，証書に用いた印章と封印に用いた印章とが異なる場合には，方式不適合により秘密証書遺言としては無効となる。しかし，封印した証書に遺言者が全文，日付，氏名を自書し押印し，自筆証書遺言の方

式（民968）を備えていれば自筆証書遺言として有効となる（民971：自筆証書遺言への転換）。その際，証書自体に押印を欠いて封印していたとしても自筆証書遺言としては有効となる。自筆証書遺言に必要な押印は，遺言書を封印した封じ目にされた押印でも有効とされているからである（最判平6.6.24）。

② **遺言の撤回およびみなし撤回**

遺言は，何時でも遺言の方式に従ってその全部または一部を撤回できる（民1022）。また，後にした遺言が前の遺言と抵触する場合には抵触する部分について先の遺言につき撤回したとみなされる（民1023Ⅰ）。遺言後に抵触する生前処分をした場合も同様である（民1023Ⅱ，平11）。さらに，遺言者が故意に遺言書を破棄した場合も破棄した部分については撤回したとみなされる（民1024）。これらの場合，遺言者の意思に変更があったことに疑問の余地がなく，先の遺言を撤回しなければ後の遺言や契約等を履行できないからである。

さて，遺言撤回の対象となった元の遺言は，撤回行為が撤回され，取り消され，または効力が生じなくなったとしてもその効力を回復しないのが原則である（民1025本文）。ただし，撤回行為が詐欺または強迫による場合には，例外的に元の遺言の効力が復活する（民1025ただし書）。

これに関して，先例は，遺言内容に抵触する生前処分を「錯誤」を登記原因として抹消登記した場合，初めから抹消登記にかかる登記の登記原因が存在しないことが推定されると解釈し，元の遺言を有効と判断できるとしている（平4.11.25民三6568回，日本法令不動産登記研究会編『事項別不動産登記のQ＆A200選』139頁Q66〔日本法令，5訂初版〕）。

③ **受益者の先死亡**

遺贈の場合，遺言者の死亡以前（同時死亡を含む）に受遺者が死亡すれば，遺言は無効となる（民994Ⅰ，**事例32**参照）。

同様に，「相続させる」旨の遺言は，当該遺言により遺産を相続させるとされた推定相続人が遺言者の死亡以前に死亡した場合には，当該「相続させる」旨の遺言にかかる条項と遺言書の他の記載との関係等から遺言者が，当該推定相続人の代襲者その他の者に遺産を相続させる旨の意思を有していたとみるべき特段の事情がないかぎり，遺言は無効となる（最判平23.2.22，昭62.6.30民三3411回）。

④ **遺言後の身分変動**

判例は，協議離縁について，遺言でされた養子への遺贈は，後の協議離縁と

抵触するものとして撤回されたとみなしている（最判昭56.11.13）。

同様に，配偶者への「相続させる」旨の遺言後，離婚があった場合も，離婚という法律行為が遺言の趣旨に反する身分行為ととらえ，遺言の撤回がみなされると解されている（藤原勇喜「公正証書と不動産登記をめぐる諸問題(4)」『登記インターネット124』78〜80頁）。

⑤ その他の無効事由

2人以上の者が同一の証書でする共同遺言は無効となる（民975）。また，遺言は満15歳に達しなければこれを有効にすることができない（民961）。勿論，遺言能力を有する年齢に達していたとしても意思能力を欠いて行われた遺言は，無効となる（民963）。

3-2 共有物分割協議と遺産分割協議の区別

72 共有物分割協議と遺産分割協議の区別

(1) 着眼点

共有には物権共有と遺産共有とがある。物権共有を解消する手段が共有物分割であり（民258），遺産共有を解消する手段が遺産分割である（民907）。遺産分割にのみ遡及効が認められており（民909），これは原因関係の判断に影響を与える。

さて，共有物分割を協議で行う場合の要件事実は，共有者全員による協議であり，遺産分割を協議で行う場合の要件事実は，共同相続人全員による協議である。いずれも外形は全員による協議であるため，それが共有物分割協議なのか，遺産分割協議なのかを容易に区別することができない。したがって，共有

解消手段	共有形態	共有形態の発生原因
共有物分割協議 要件⇒共有者全員の協議 効果⇒遡及効なし	物権共有	①遺産分割方法の指定 ②全財産を対象とする遺産分割方法の指定 ③特定遺贈 ④全部包括遺贈 ⑤上記①から④に対する遺留分減殺によって形成された共有（平24） ⑥売買等の相続以外の原因で形成された共有（平11）
遺産共有協議 要件⇒相続人全員の協議 効果⇒遡及効あり	遺産共有	ⅰ共同相続（昭58） ⅱ相続分の指定 ⅲ割合的包括遺贈 ⅳ上記①から③に対する遺留分減殺によって形成された共有

物分割協議を法律構成するか，遺産分割協議を法律構成するかは，共有の性質が物権共有なのか，遺産共有なのかに着目して判断することが必要となる。

さて，相続が開始した場合，相続財産をどう処理するのかについては，相続財産が相続人から独立した法人となり相続財産管理人の清算を経て相続人に帰属する英米法式と，相続財産は相続人の共同所有となるヨーロッパ大陸法式とがある。わが国では，後者が原則であり，例外的に相続人不存在には前者によって処理されている（42（3），事例7参照）。

また，相続人の共同所有については，ドイツ式の相続財産全体について持分を有するが個々の財産については持分をもたない合有説と，フランス式の個々の相続財産上に物権としての持分権を有する共有説とがあり，判例は一貫して共有説を採っている（最判昭30.5.31，最判昭50.11.7）。

したがって，法定相続人BCが各2分の1の割合で相続財産を遺産共有している場合，BがDに相続財産に属する甲土地の持分権を売却することが可能であり，甲土地におけるCおよびDの共有は物権共有となる。この場合に遺産共有の状態を維持すれば，持分権の譲受人Dを遺産分割の争いに巻き込むことになり酷だからである。したがって，CおよびDが甲土地を分割する協議をしている事実が示されていれば，共有物分割協議を法律構成する（最判昭50.11.7）。

他方，BはDに対して相続分を売却することも可能であり，それは相続分の譲渡（相続分の売買）となる。この場合，遺産共有が維持されるため，相続財産である甲土地は相続分が反映してCおよびDの共有となり，その共有は遺産共有となる。したがって，CおよびDが甲土地を分割する協議をしている事実が示されていれば，遺産分割協議を法律構成すべきことになる。この場合，処分対象の表現のわずかの差が，法律構成の判断に大きな影響を与えることになるため，細心の注意を払って事実関係を把握しなければならないことになる。

ちなみに，書式の論点には，ヨコ型論点（展開型論点）とタテ型論点（重層型論点）とがある。ヨコ型論点とは，ある登記と他の登記との相互関係が問題となるタイプの論点をいう。不動産登記で問題となる連件申請の個数と順序がヨコ型論点の典型である。

これに対してタテ型論点とは，表面的な現象を検討しただけでは結論をだすことができず，表面的な現象から一歩掘り下げた検討をしなければならないタイプの論点をいう。商業登記で問題となる役員の死亡，辞任，解任はそれらの現象が生じた時点で役員が会社との間で委任契約中なのか，それとも権利義務

72　共有物分割協議と遺産分割協議の区別

役員となっているのかを掘り下げて検討してはじめて正解を得ることができるものであり，タテ型論点の典型である。

ここで取り上げる共有物分割協議と遺産分割協議の区別は，タテ型論点に属する論点である。

（2）　物権共有の解消

【事例33 — 共有物分割協議 —】 過問 （H11，H24）

> 問　次の事実について，法律構成の判断，原因関係の判断，登記の種類の判断をしなさい。
> 　　なお，甲土地の課税標準の額は金6,000万円とする。
> （甲土地の登記記録）
> 甲区2番　所有権移転　所有者　A
> 　　3番　所有権移転　平成27年2月1日相続　共有者　持分3分の2　B
> 　　　　　　　　　　　　　　　　　　　　　　　　　　　3分の1　C
> （事実関係）
> 1　BCは，平成28年7月1日，甲土地をBが単有する旨を協議した。
> 2　甲区3番の登記は，次の事実に基づいてされたものである。
> 　(1)　Aは，平成26年4月1日，「甲土地をBに3分の2，Cに3分の1の割合で相続させる。」旨の公正証書遺言書を作成した。
> 　(2)　Aは，平成27年2月1日に死亡した。Aの相続人は配偶者Bと子Cである。

順序	法律構成の判断	原因関係の判断		登記の種類の判断	物件
		民177の効果	法3の権利変動		
1	事1 — 共有物分割協議 事2 — 遺産分割方法の指定による物権共有の形成	変更 甲区3番登記済み	移転	特定移転登記	甲

①　法律構成の判断

事実1には，BCが甲土地についてBが単有する旨を協議した事実が示されている。これを法律構成するには，BCの共有が物権共有なのか，遺産共有なのかを検討する必要がある。

事実2には，BCが共有となった経緯を示す事実が示されている。事実2の(2)によれば，Aが死亡し，(1)にAが遺言書を作成している事実が示されているため，**遺言相続**の法律関係を法律構成する。遺言書の使用文言が「**相続させる**」であり，受益物が「**甲土地**」であり，受益者BおよびCが遺言者Aの法定相続人であるため，遺言内容は**遺産分割方法の指定**と解釈することになる。

遺産分割方法の指定の法律効果は，遺言者 A の死亡と同時に遺産分割が完了し，甲土地の所有権は B に 3 分の 2，C に 3 分の 1 の割合で移転し，甲土地の BC への物権的帰属である。したがって，甲土地は，BC の物権共有の状態にある。

これにより，事実 1 は，物権共有を解消するための共有物分割協議として法律構成することになる。

② 原因関係の判断

共有物分割の法律効果は，将来に向けた共有者 C の持分権の B への移転であり，甲土地が B の単有になる。この物権変動は変更であり（民 177），登記の対象となる権利変動は権利主体の変更として移転となり（法 3），共有物分割は権利変動の登記の原因関係となる。

③ 登記の種類の判断

登記の種類は，登記の対象となる権利変動が移転であり（法 3），移転原因が相続または合併以外であるため（法 63Ⅱ），特定移転登記となる（個別フレームは 36〔82 頁〕参照）。なお，事例の甲土地はすでに甲区 2 番まで登記がされており，保存登記に代替する余地はない。

【参考・答案例─事例 33（共有物分割による持分移転登記）】
登記の目的　　C 持分全部移転
原　　　因　　平成 28 年 7 月 1 日共有物分割
申　請　人　　権利者　持分 3 分の 1 B　義務者 C
添付情報　　　登記原因証明情報（C 作成の報告式）　登記識別情報（C の甲区 3 番）
　　　　　　　印鑑証明書（C）　住所証明情報（B）　代理権限証明情報（CB の委任状）
登録免許税　　金 40 万円（＝6,000 万円×3 分の 1×1,000 分の 20）

（3）遺産共有の解消

【事例 34 ─遺産分割協議─】

> 問　甲土地の事実について，法律構成の判断，原因関係の判断，登記の種類の判断を行いなさい。
> 　　なお，甲土地の課税標準の額は金 6,000 万円とする。
> （甲土地の登記記録）
> 甲区 2 番　所有権移転　所有者 A
> 　　3 番　所有権移転　平成 27 年 2 月 1 日相続　共有者　持分 2 分の 1 B
> 　　　　　　　　　　　　　　　　　　　　　　　　　　　　　2 分の 1 C
> （事実関係）
> 1　BC は，平成 28 年 7 月 1 日，甲土地を B が単有する旨を協議した。

72　共有物分割協議と遺産分割協議の区別

> 2　甲区3番の登記は，次の事実に基づいてされたものである。
> (1)　Aは，平成27年2月1日に死亡した。Aの相続人は配偶者Bと子Cである。

順序	法律構成の判断	原因関係の判断		登記の種類の判断	物件
		民177の効果	法3の権利変動		
1	事1―遺産分割協議 事2―法定相続による遺産共有の形成	変更 甲区3番登記済	移転	特定移転登記	甲

① 法律構成の判断

　事実1には，BCが甲土地についてBが単有する旨を協議した事実が示されている。これを法律構成するには，BCの共有が物権共有なのか，遺産共有なのかを検討する必要がある。

　事実2の(1)により，Aが死亡した事実が示され，Aが遺言書を作成していた事実が示されていないため**法定相続**の法律関係を法律構成する。法定相続の法律効果は，登記記録から相続財産である甲土地を法定相続人BCが各2分の1の法定相続分（民900）で包括承継することになり（民896），甲土地が最終的にだれに帰属するのかが定まっていない**遺産共有の状態**となる（民898）。

　したがって，事実1は，遺産共有を解消するための**遺産分割協議**を法律構成することになる。

② 原因関係の判断

ⅰ　遺産分割の法律効果の考え方

　遺産分割の法律効果については，2つの考え方がある。1つは**宣言主義**であり，これは相続開始時にさかのぼって被相続人から遺産分割どおりに直接に財産が帰属し，遺産分割はそれを事後的に宣言したにすぎないというものであり，更正登記による処理に親和する考え方である。

　他の1つは，**移転主義**であり，遺産分割は物権編の共有と同様，各共有者の持分を相互に移転し合い，交換し合って各部分を共有者各自の単独所有とするものであり，移転登記による処理と親和する考え方である。

　民法は遺産分割の法律効果について「**相続開始の時にさかのぼってその効力を生ずる**」旨を規定し（民909），宣言主義を採用している。

　判例は，「遺産の分割は，相続開始の時にさかのぼってその効力を生ずるものではあるが，第三者に対する関係においては，相続人が相続によりいったん取

得した権利につき分割時に新たな変更を生ずるのと実質上異ならないものである」とし（最判昭46.1.26），第三者との関係においては**移転主義**により対抗問題とし，当事者間においては**宣言主義**による折衷説と考えられている。

ii　共同相続登記前の遺産分割に対する先例

　共同相続の登記がされているか否かで場合を分け，共同相続登記前であれば，共同相続登記を経ることなく，直接に遺産分割で不動産を取得する相続人名義に相続による移転登記を申請できるとし宣言主義的な処理を認めている（明44.10.30民刑904局長回答）。

　民法上の通説は，遺産分割の遡及効により，被相続人から直接権利を承継取得すると構成できるため，この立場に立つかぎり，上記の処理は本筋の手続を認めたものと評価できることになる。

　しかし，常に共同相続登記をすることなくただちに遺産分割による登記をしなければならないわけではないとの見解もあり（東京高判昭33.8.9），学説のなかには，相続を原因として被相続人から遺産分割により権利を取得する相続人にする登記は，遺産共有の状態の表示を略した一種の中間省略登記だとする見解もある（泉久雄「26 遺産分割と登記の形式」『不動産登記先例百選』60〜61頁）。

　このように考えると，上記の先例は，宣言主義の形式適用の結果というよりも，遺産共有が遺産分割によって相続財産が最終帰属するまでの暫定的な法律関係にすぎず，その間の権利状態の公示が実質的な意味をもたない点を重視した結論と考えるのが妥当のように思われる。

iii　共同相続登記後の遺産分割に対する先例

　共同相続登記後は，共同申請による持分移転登記を申請すべきとして**移転主義**的な処理を認めている（昭28.8.10民甲1392民事局長電報回答）。

　上記iiの先例が宣言主義を形式適用するものであれば，遡及効によりすでになされている共同相続登記の是正登記との結論に傾くはずであるが，先例の結論は，移転主義によるものである。

　これは，遡及効の規定があるとはいえ，相続人がいったん取得した権利について分割時に新たな変更を生ずるのと実質的に異ならず，少なくとも，共同相続登記がされた後に遺産分割の協議が成立したときは，既存の共同相続登記は，登記時点で登記と実体が合致しており，共同相続登記が当初から誤っていた登記であるということもできず，更正登記によることが相当ではないと考えられているからである（南敏文「1 遺産分割協議が成立した場合の登記手続」『新訂民事

訴訟と不動産登記一問一答』190頁〔テイハン〕)。

　このように民法の明文の規定に対して，判例，先例の拠って立つところは必ずしも明解とはいえない。しかし，遺産分割については，共同相続登記の前後における登記処理の先例が出そろっており，先例変更がない以上，共同相続登記の前後で遺産分割の法律関係を，どのような登記の原因関係として評価すべきかについては，場合分けができると割り切れることになる。

iv　事例の検討

　事例は，登記記録の甲区3番からすでに共同相続の登記がされている場合であるため，民法に規定されている宣言主義による遺産分割の遡及効果を強調せず，先例により遺産分割をするまでの間は，甲区3番の共同相続登記は，実体と一致していたと解釈し，是正登記の原因関係ではなく，移転主義によって，はじめて共有者CCの持分権がBBに協議を原因として移転すると解釈できることになる。この物権変動は**変更**であり（民177），登記の対象となる権利変動は権利主体の変更として**移転**となるため（法3），事例の遺産分割は**権利変動の登記の原因関係**と判断する。

③　登記の種類の判断

　登記の種類は，登記の対象となる権利変動が**移転**であり（法3），移転原因は相続または合併以外であるため（法63Ⅱ），**特定移転登記**となる（個別フレームは **36**〔82頁〕参照）。

　なお，事例の甲土地はすでに甲区2番まで登記がされており，保存登記に代替する余地はない。

【参考・答案例 ― 事例34（遺産分割による持分移転登記）】

登記の目的	C持分全部移転
原　　因	平成28年7月1日遺産分割
申　請　人	権利者　持分2分の1 B　義務者 C
添　付　情　報	登記原因証明情報（C作成の報告書）　登記識別情報（Cの甲区3番） 印鑑証明書（C）　住所証明情報（B）　代理権限証明情報（CBの委任状）
登録免許税	金8万円（＝6,000万円×3分の1×1,000分の4）

73　代償分割の代償物の法律構成

(1)　着眼点

　共有物分割でも遺産分割でも分割の方法は，一般に①現物分割，②代金分割，

③代償分割のいずれかの方法で行われている。このうち上記③の代償分割が実務上も多く，書式の出題論点としても注目すべき分割方法である。

代償分割は，**代償物譲渡型**と**代物弁済型**とに分けられる。**代償物譲渡型**とは，単有となる共有者が他の共有者に代償物を交換または贈与するものである。他方，**代物弁済型**は，単有することになる共有者が他の共有者に**代償金**の支払債務を負担し，それを代償物で代物弁済するものであり，代償物についての法律構成が影響を受けることになる。

(2) 代償物譲渡型の代償分割

【事例35 ― 代償物譲渡型 ―】

> 問　乙土地の事実について，法律構成の判断，原因関係の判断，登記の種類の判断をしなさい。
> 　　なお，乙土地の課税標準の額は金3,000万円とする。
> (甲土地の登記記録)
> 甲区2番　所有権移転　所有者 A
> 　　3番　所有権移転　平成26年2月1日売買　共有者　持分3分の2 B
> 　　　　　　　　　　　　　　　　　　　　　　　　　3分の1 C
> (乙土地の登記記録)
> 甲区2番　所有権移転　所有者 B
> (事実関係)
> 1　BCは，平成28年7月1日，「甲土地をBが単有し，Bはその代償として乙土地を無償でCに贈与する。」旨を協議した。

順序	法律構成の判断	原因関係の判断		登記の種類の判断	物件
		民177の効果	法3の権利変動		
1	事1―共有物分割による贈与	変更	移転	特定移転登記	乙

① 法律構成の判断

事実1には，BCが甲土地についてBが単有する旨を協議した事実が示されている。甲土地の登記記録には，甲区3番でBCが売買を登記原因として共有登記名義人として登記されており，BCの共有は**物権共有**であり，事実1の協議を**共有物分割協議**と法律構成する。

また，事実1には，Bがその代償として乙土地をCに贈与する旨の事実が示されており，代償金の支払いが介在しておらず，**代償分割**のうちの**代償物譲渡型**となる。したがって，乙土地については**共有物分割による贈与**を法律構成する。

ちなみに，**共有物分割による交換**と法律構成すべきか，**共有物分割による贈**

73 代償分割の代償物の法律構成

与として法律構成すべきかについては，乙土地の譲渡の性質が無償（贈与契約的）なのか，金銭の所有権以外の財産権の移転を対価（交換契約的）とするものなのかに着目して判断する。問題の作り方が悪く，事実関係の記載が曖昧で，その区別が付けられない場合には，本来は，出題ミスであるが，少なくとも，先例では「譲渡」を原因とする登記を認めていないことを考慮し（最判平20.12.11，平21.3.13民二646課長通知），いずれと法律構成しても減点の対象とはならないと考えて差し支えない（平24）。

② 原因関係の判断

乙土地の共有物分割による贈与の法律効果は，乙土地の所有権のBからCへの移転である。この物権変動は**変更**であり（民177），登記の対象となる権利変動は権利主体の変更として**移転**となるため（法3），共有物分割による贈与は**権利変動の登記の原因関係**となる。

③ 登記の種類の判断

登記の種類は，登記の対象となる権利変動が**移転**であり（法3），移転原因は相続または合併以外であるため（法63Ⅱ），**特定移転登記**となる（個別フレームは 36〔82頁〕参照）。なお，事例の乙土地はすでに甲区2番まで登記がされており，保存登記に代替する余地はない。

【参考・答案例 ― 事例35（共有物分割による贈与による代償物の所有権移転登記）】

登記の目的	所有権移転
原　　因	平成28年7月1日共有物分割による贈与
申 請 人	権利者C　義務者B
添付情報	登記原因証明情報（B作成の報告式）　登記識別情報（Bの甲区2番） 印鑑証明書（B）　住所証明情報（C）　代理権限証明情報（CBの委任状）
登録免許税	金60万円（＝3,000万円×1,000分の20）

（3） 代物弁済型の代償分割

【事例36 ―代物弁済型―】

> 問　乙土地の事実について，法律構成の判断，原因関係の判断，登記の種類の判断をしなさい。
> 　　なお，乙土地の課税標準の額は金3,000万円とする。
> （甲土地の登記記録）

73 代償分割の代償物の法律構成

> 甲区2番　所有権移転　所有者 A
> 　　3番　所有権移転　平成26年2月1日売買　共有者　持分3分の2 B
> 　　　　　　　　　　　　　　　　　　　　　　　　　　　　3分の1 C
> (乙土地の登記記録)
> 甲区2番　所有権移転　所有者 B
> (事実関係)
> 1　BCは，平成28年7月1日，「甲土地をBが単有し，Bは代償金として金3,000万円を支払う。Bは当該代償債務について乙土地をもって代物弁済する。」旨を協議した。

順序	法律構成の判断	原因関係の判断		登記の種類の判断	物件
		民177の効果	法3の権利変動		
1	事1―代物弁済契約	変更	移転	特定移転登記	乙

① 法律構成の判断

事例35と同様，甲土地の甲区3番の売買を登記原因とする共有登記から共有状態が物権共有であり，**共有物分割協議**の法律関係を法律構成することができる。

事例の分割形態は，共有者BCのうちBが共有地である甲土地を単有する代償としてBがCに対し代償金の支払を約束し，代償金支払に代えてBの有する乙土地を代物として交付する代物弁済契約を締結しているため**代物弁済型**となる。したがって，乙土地について**代物弁済契約**を法律構成する。

② 原因関係の判断

代物弁済契約の法律効果は，本来債務である代償金の支払債務が消滅し（これは原因関係とならない），代物である乙土地の所有権が，BからCへと移転する。代物である乙土地の物権変動は**変更**であり（民177），登記の対象となる権利変動は権利主体の変更として**移転**となり（法3），**権利変動の登記の原因関係**となる。

③ 登記の種類の判断

登記の種類は，登記の対象となる権利変動が**移転**であり（法3），移転原因は相続または合併以外であるため（法63Ⅱ），**特定移転登記**となる（個別フレームは**36**〔82頁〕参照）。なお，事例の乙土地はすでに甲区2番まで登記がされており，保存登記に代替する余地はない。

> 【参考・答案例―事例36（代償金の代物弁済による代物の所有権移転登記）】
> 登記の目的　　所有権移転
> 原　　因　　　平成28年7月1日代物弁済
> 申　請　人　　権利者C　義務者B
> 添　付　情　報　登記原因証明情報（B作成の報告式）　登記識別情報（Bの甲区2番）
> 　　　　　　　印鑑証明書（B）　住所証明情報（C）　代理権限証明情報（CBの委任状）
> 登録免許税　　金60万円（＝3,000万円×1,000分の20）

74　抵当債務の共同相続人の1人への集中

（1）着眼点

　抵当債務が金銭債務である場合，原則として当該債務は共同相続人に，相続分の割合で分割承継されるため（最判昭34.6.19），本来，遺産分割の対象とはならない。そのため，債務者Aの共同相続人BCのうちBに債務を集中するには，原則として，BCと抵当権者との3者間で，Cが相続により分割承継した債務をBが免責的債務引受契約（Cの債務引受け）することになる。

　ただし，先例は，抵当債務を遺産分割できない趣旨を債権者保護ととらえ，①債権者の承諾が得られ，②相続人全員による遺産分割協議がなされれば，遺産分割の遡及効により（民909），相続開始時から共同相続人の1人が債務全額を単独相続したとして1つの債務者変更登記をなしうると解釈している（昭35.5.10民甲964局長心得通，記録例403）。

　原則としての債務引受けによるか，例外としての遺産分割によるかによって法律構成だけではなく，原因関係の判断にも影響が生じ，ひいては申請の個数にも影響を及ぼすことになるため，抵当債務の共同相続人の1人への集中は，注目しておかなければならない論点のひとつとなっている。

（2）債務引受けの原則

【事例37―相続債務の集中―】　連件

> 問　次の事実について，法律構成の判断，原因関係の判断，登記の種類の判断をしなさい。
> （甲土地の登記記録）
> 甲区2番　所有権移転　所有者B
> 乙区1番　抵当権設定　債務者A　抵当権者X

74 抵当債務の共同相続人の1人への集中

> （事実関係）
> 1　Aは，平成28年2月1日に死亡した。Aの相続人は配偶者Bと子Cである。
> 2　Bは1番抵当権者Xとの間で，平成28年7月1日，相続人Cが相続した1番抵当権の被担保債務をBが代わって負担する旨を合意した。

順序	法律構成の判断	原因関係の判断		登記の種類の判断	物件
		民177の効果	法3の権利変動		
1	事1―法定相続	変更	変更	変更登記	甲
2	事2―免責的債務引受契約 （Cの債務引受け）	変更	変更	変更登記	甲

① 法律構成の判断

事実1には，A死亡の事実が示され，Aが遺言書を作成した事実が示されてないため，**法定相続**の法律関係を法律構成する。

また，事実2については，共同相続人の1人であるBが抵当権者Xとの間で相続人Cが相続した債務をBが代わって負担する旨が合意されているため，これを債権者Xと引受人Bとによる**免責的債務引受契約（Cの債務引受け）** として法律構成する。

なお，共同相続人全員の合意となっておらず，これを遺産分割協議として法律構成することはできない。

② 原因関係の判断

免責的債務引受けには遡及効が認められておらず，法定相続と債務引受けの2つの法律関係を1つの原因関係として評価することはできず，2つの法律関係は，それぞれ別個の原因関係として判断しなければならない。

法定相続の法律関係は，甲土地の登記記録から被相続人Aが1番抵当権の債務者であるため，法定相続の法律効果は，債務が共同相続人BCに相続分に応じて分割承継され，それに随伴して1番抵当権の債務者が被相続人Aから共同相続人BCに変更されることになる。この物権変動は**変更**であり（民177），登記の対象となる権利変動は権利内容の変更として**変更**となり（法3），事例の法定相続は**権利変動の登記の原因関係**となる。

また，免責的債務引受契約の法律効果は，Cが分割承継した債務が同一性を維持したままBに移転し，それに随伴しての債務者の変更である。なお，設定者Bが合意の当事者となっているため債務引受契約の合意をもって債務者以

第3章　法律構成の判断に論点がある法律関係（応用）

外の設定者の承諾を認定して差し支えない。この物権変動は**変更**であり（民177），登記の対象となる権利変動は権利内容の変更として**変更**となり（法3），免責的債務引受契約（Cの債務引受け）は**権利変動の登記の原因関係**となる。

③ 登記の種類の判断

いずれの原因関係についても登記の種類は，登記の対象となる権利変動が**変更**であるため（法3），**変更登記**となる（個別フレームは**50**〔120頁〕参照）。

④ 申請の個数および申請順序の判断

事例で問題となる2個の変更登記は，登記原因が異なるため一申請することができず（規35⑨），原因関係の発生順に応じて1番目で相続による変更登記を，2番目でCの債務引受けによる変更登記を連件申請することになる。

【参考・答案例―事例37（相続債務の債務引受けによる連件申請）】
○1番目の申請
登記の目的　　1番抵当権変更
原　　　因　　平成28年2月1日相続
変更後の事項　債務者　B　C
申　請　人　　権利者　X　義務者　B
添 付 情 報　　登記原因証明情報（戸籍謄抄本）　登記識別情報（Bの甲区2番）　代理権限証明情報（BXの委任状）
登録免許税　　金1,000円（＝甲土地1個×1,000円）
○2番目の申請
登記の目的　　1番抵当権変更
原　　　因　　平成28年7月1日Cの債務引受
変更後の事項　債務者　B
申　請　人　　権利者　X　義務者　B
添 付 情 報　　登記原因証明情報（B作成の報告式）　登記識別情報（Bの甲区2番）代理権限証明情報（BXの委任状）
登録免許税　　金1,000円（＝甲土地1個×1,000円）

（3）　債務の遺産分割の例外

【事例38 ―相続債務の遺産分割―】

問　甲土地の事実について，法律構成の判断，原因関係の判断，登記の種類の判断を行いなさい。
（甲土地の登記記録）
甲区2番　所有権移転　所有者　B
乙区1番　抵当権設定　債務者　A　抵当権者　X

74 抵当債務の共同相続人の1人への集中

（事実関係）
1　Aは，平成28年2月1日に死亡した。Aの相続人は配偶者Bと子Cである。
2　BCは，1番抵当権者の承諾のもと，平成28年7月1日，1番抵当権の被担保債務をBが単独で相続することを合意した。

順序	法律構成の判断	原因関係の判断		登記の種類の判断	物件
		民177の効果	法3の権利変動		
1	事1―法定相続 事2―債務の遺産分割（相続）	― 変更	変更	変更登記	甲

① 法律構成の判断

事実1には，A死亡の事実が示され，Aが遺言書を作成している事実が示されてないため，法定相続の法律関係を法律構成する。

また，事実2については，共同相続人の全員であるBCが抵当権者Xの承諾のもと，1番抵当権の被担保債務をBが単独で相続することを合意しているため，先例の要件である①債権者の承諾，②共同相続人全員の合意がともに認定できることから，これを1番抵当権の債務についての遺産分割協議として法律構成することができる（昭35.5.10民甲964局長心得通）。

② 原因関係の判断

遺産分割には遡及効が認められているため（民909），その法律効果は，相続開始時にさかのぼって，Bのみが1番抵当権の債務を相続し，それに随伴しての債務者がAからBへと変更したことになる。この物権変動は変更であり（民177），登記の対象となる権利変動は権利内容の変更として変更となり（法3），当該債務の遺産分割協議は権利変動の登記の原因関係となる。

③ 登記の種類の判断

登記の種類は，登記の対象となる権利変動が変更であるため（法3），変更登記となる（個別フレームは50〔120頁〕参照）。

【参考・答案例―事例38（相続債務の遺産分割による抵当権の変更登記）】
登記の目的　　1番抵当権変更
原　　　因　　平成28年2月1日相続
変更後の事項　債務者B
申　請　人　　権利者X　義務者B
添付情報　　　登記原因証明情報（戸籍謄抄本，遺産分割協議書）　登記識別情報（B

```
                の甲区2番）　代理権限証明情報（BXの委任状）
   登録免許税　　金1,000円（＝甲土地1個×1,000円）
```

(4) 元本確定後の根抵当権の再例外

債務者の相続開始後に6か月以内に指定債務者を合意せず，または合意の登記をしなければ，根抵当権の元本は，相続開始時に確定がみなされる（民398の8Ⅳ）。元本の確定により，被担保債権との附従性，随伴性は完全に回復し，極度額による限度担保を除いて根抵当権は，抵当権化する。

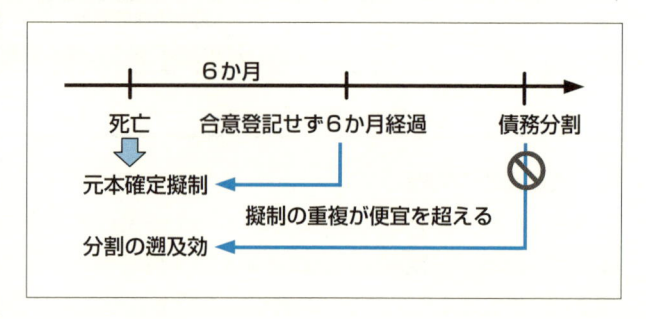

しかし，上記の元本確定事由の場合には，例外である債務分割が許されないと解釈されている。元本確定効果も擬制効であり，債務の遺産分割の遡及効も一種の擬制効であるため，例外である債務の遺産分割を認めることは，便宜の限界を超え妥当ではないからだと説明されている（南敏文「根抵当権の被担保債権の債務引受について」『登記情報』452号31頁）。

この場合，債務を相続人の1人に集中させるには，上記 **(2)** の原則どおり，債務の遺産分割の事実を遡求効のない **債務引受契約** と法律構成し，1番目で相続による債務者の変更登記，2番目で債務引受けによる債務者の変更登記を連件申請することになる。

3-3　弁済と代位弁済の区別

75　債務者による弁済
(1) 着眼点

弁済の事実を法律構成する場合には，弁済対象の債権を把握し，①弁済者，②弁済分量に着目して判断しなければならない。これらにより法律構成，原因関係の判断，ひいては登記の種類に大きな影響が生ずるからである。

弁済者	弁済分量	弁済対象	法律構成	登記の種類
債務者	債権の全部	抵当債務	弁済	抹消登記（平2，平21，平25，平26）
		求償権担保の主債務	主債務消滅	抹消登記
	債権の一部	抵当債務	一部弁済	一部抹消登記の実質を有する変更登記
		元本債権	元本弁済	同上
		共有者の1人の債権	Xの債権弁済	同上（平4）
第三者	債権の全部	抵当債務	代位弁済	特定移転登記（抵平19，根平8）
	債権の一部	抵当債務	一部代位弁済	同上（抵平4，根平13・平27）

（2） 全額弁済の場合

【事例39 ― 債務者による全額弁済 ―】 過問 （H2，H21，H25，H26）

> 問 次の事実について，法律構成の判断，原因関係の判断，登記の種類の判断をしなさい。
> （甲土地の登記記録）
> 甲区2番 所有権移転 所有者 A
> 乙区1番 抵当権設定 債権額 金3,000万円 債務者 A 抵当権者 X
> （事実関係）
> 1 AはXに対して，平成28年7月1日，1番抵当権の被担保債権の全額を弁済した。

順序	法律構成の判断	原因関係の判断		登記の種類の判断	物件
		民177の効果	法3の権利変動		
1	事1―弁済	消滅	消滅	抹消登記	甲

① 法律構成の判断

　事実1には，弁済の事実が示されているため，弁済者および弁済の分量に着目して法律構成する。弁済対象となっている債権は，1番抵当権の被担保債権であり，弁済者Aは登記記録から当該債権の債務者であり，弁済分量は事実1から全額であるため，弁済を法律構成する。

② 原因関係の判断

　債務者による全額の弁済の対象が1番抵当権の被担保債権であるため，その法律効果は，明文の規定はないものの条理により債権の全部が満足に達して消滅する。また，弁済にかかる債権は，1番抵当権の被担保債権であるため消滅の附従性によって1番抵当権が消滅する。この物権変動は消滅であり（民177），登記の対象となる権利変動も消滅となり（法3），事例の弁済は「権利変動の登

記の原因関係」となる。

③ 登記の種類の判断

登記の種類は，登記の対象となる権利変動が消滅であるため（法3），**抹消登記**となる（個別フレームは **54**〔132頁〕参照）。

【参考・答案例—事例 39（弁済による抵当権の抹消登記）】

登記の目的　　1番抵当権抹消
原　　因　　　平成 28 年 7 月 1 日弁済
申　請　人　　権利者 A　義務者 X
添 付 情 報　　登記原因証明情報（X 作成の報告式）　登記識別情報（X の乙区 1 番）
　　　　　　　代理権限証明情報（X，A の委任状）
登録免許税　　金 1,000 円（＝甲土地 1 個×1,000 円）

---

④ 主債務弁済

抵当権者を保証人とし，主債務者に対する将来債権である求償債権を担保する抵当権について，主債務者が主債務の全額を弁済した場合には，**主債務消滅**を法律構成する。

この場合の法律効果は，弁済により抵当権の被担保債権が直接に消滅するのではなく，弁済により主債務が消滅することで，抵当権の被担保債権である求償権の発生可能性が消滅し，消滅の附従性により抵当権も消滅するというものである。抵当権の被担保債権が弁済対象となる通常の場合とは区別し，場合を分けて整理しておく必要がある。

【参考（主債務弁済による抵当権の抹消登記）】

登記の目的　　1番抵当権抹消
原　　因　　　平成 28 年 7 月 1 日主債務弁済

---

⑤ 対比としての根抵当権

元本確定前の根抵当権は，被担保債権との附従性が否定されているため，債務者が被担保債権の全額を弁済しても消滅の附従性ははたらかず，根抵当権は消滅しないため原因関係とはならない。

他方，元本確定後の根抵当権は，被担保債権との附従性および随伴性が完全に回復するため，債務者が被担保債権の全額を弁済すれば，消滅の附従性により根抵当権も消滅し，抵当権と同様に**抹消登記**の原因関係となる。

(3) 一部弁済の場合

【事例 40 ― 債務者による一部弁済―】

> 問　次の事実について，法律構成の判断，原因関係の判断，登記の種類の判断をしなさい。
> （甲土地の登記記録）
> 甲区2番　所有権移転　所有者 A
> 乙区1番　抵当権設定　債権額　金3,000万円　債務者 A　抵当権者 X
> （事実関係）
> 　1　AはXに対して，平成28年7月1日，1番抵当権の被担保債権のうち金2,000万円を弁済した。

順序	法律構成の判断	原因関係の判断		登記の種類の判断	物件
		民177の効果	法3の権利変動		
1	事1―一部弁済	一部消滅	一部消滅	一部抹消登記の実質を有する変更登記	甲

① 法律構成の判断

事実1から弁済対象となっている債権は，1番抵当権の被担保債権であり，弁済者 A は登記記録から当該債権の**債務者**であるが，弁済分量は債権額金3,000万円のうちの金2,000万円にすぎない。この場合，本旨弁済とはならず，債権者が受領を拒むことが可能であるが，債権者が受領すれば**一部弁済**が成立するため**一部弁済**を法律構成する。

② 原因関係の判断

債務者による**一部弁済**の法律効果は，債権の一部が満足に達して消滅し，消滅の附従性によって1番抵当権が分量的に一部消滅する。この物権変動は**一部消滅**であり（民177），登記の対象となる権利変動も**一部消滅**となり（法3），一部弁済は**権利変動の登記の原因関係**となる。

③ 登記の種類の判断

登記の種類としての**抹消登記**は，登記事項の全部を法律上消滅させる機能を有するものであり，登記事項の一部の消滅を公示することはできない。さりとて一部抹消登記という登記の種類は存在しない。そこで，一部消滅原因が後発的に生じた場合には**変更登記**を，一部消滅原因が登記の当初から原始的に生じている場合には**更正登記**をもってこれを公示することになる。これら変更登記または更正登記は**一部抹消登記の実質を有する変更または更正登記**とよばれて

いる。当該登記は，変更または更正登記であるが，登記上の利害関係を有する第三者との手続上の利害調整は，任意的承諾型ではなく（法66），抹消登記の実質を有する点を反映して必要的承諾型に修正されることになる（法68）。

事例では，法律効果が一部消滅であり，それが1番抵当権の登記後に後発的に生じているため，登記の種類は**変更登記**となり，それは**一部抹消登記の実質を有する変更登記**となる（個別フレームは**50**〔120頁〕参照）。

【**参考・答案例―事例40（一部弁済による抵当権の変更登記）**】

登記の目的	1番抵当権変更
原　　因	平成28年7月1日一部弁済
変更後の事項	債権額　金1,000万円
申　請　人	権利者A　義務者X
添付情報	登記原因証明情報（X作成の報告式）　登記識別情報（Xの乙区1番） 代理権限証明情報（X，Bの委任状）
登録免許税	金1,000円（＝甲土地1個×1,000円）

---

④　対比としての根抵当権

元本確定前の根抵当権は，債務者が被担保債権の一部を弁済しても消滅の附従性ははたらかず，原因関係とはならない。

他方，元本確定後の根抵当権は，被担保債権との附従性，随伴性は完全に回復するものの極度額による限度担保の性質は維持される。債務者の一部弁済により被担保債権の一部が消滅するが，それが極度額の変更原因とはならないため，原因関係とはならない。抵当権の優先弁済が元本と最後の2年分の利息・損害金であるのに対し，根抵当権の優先弁済は極度額による限度担保であることの相違によるものである。

（4）元本弁済

債務者が抵当権の被担保債権のうち**元本債権**のみを弁済した事実が示されていれば，**元本弁済**を法律構成する。

元本弁済の法律効果は，弁済を受けた抵当権の被担保債権として利息，損害金が残されていれば，弁済を受けた元本分について抵当権が分量的に**一部消滅**し（民177），登記の対象となる権利変動も**一部消滅**となるため（法3），権利変動の登記（変更登記）の原因関係となる。担保権の不可分性により被担保債権が1円でも残っていれば，目的物全部について抵当権を行使することができるからである。

なお，元本弁済は，一部弁済の一種であるが，元本が消滅するため，元本の使用対価としての利息が弁済後は発生しないことになる特殊性があるため，一部弁済とは区別されている。

【参考（元本弁済による抵当権の変更登記）】
登記の目的　　１番抵当権変更
原　　　因　　平成28年７月１日元本弁済

なお，根抵当権への影響は（３）④と同様である。

（5） 共有者の１人の債権弁済

【事例41 ― 共有者の１人の債権の弁済 ―】 過問 （H4）

問　次の事実について，法律構成の判断，原因関係の判断，登記の種類の判断をしなさい。
（甲土地の登記記録）
甲区２番　所有権移転　所有者Ａ
乙区１番　抵当権設定　債権額　金3,000万円　債務者Ａ　抵当権者Ｘ
　　１番付記１号　１番抵当権一部移転　債権一部譲渡　譲渡額金2,000万円
　　　　　　　　　抵当権者Ｙ
（事実関係）
１　ＡはＸに対して，平成28年７月１日，１番抵当権のＸの債権全額を弁済した。

順序	法律構成の判断	原因関係の判断		登記の種類の判断	物件
		民177の効果	法3の権利変動		
1	事１―Ｘの債権弁済	消滅	一部消滅	一部抹消登記の実質を有する変更登記	甲

① 法律構成の判断

　登記記録をみると１番付記１号で債権一部譲渡により１番抵当権がＸとＹの共有となっていることがわかる。この場合の法律関係は，債権レベルでは，Ｘが金1,000万円，Ｙが金2,000万円の独立の債権者であるが，抵当権は分割できないため共有となっている状態にある（**38（4）①，③参照**）。

　これを前提として，事実１から債務者Ａが共有者Ｘの有する債権の全額を弁済しているため **Ｘの債権弁済** を法律構成する。単なる **弁済** では１番抵当権の被担保債権の全部の弁済を意味することになり妥当ではないからである。

75 債務者による弁済

② 原因関係の判断

　Xの債権弁済の法律効果は，Xの債権の全部が満足に達して消滅するが，消滅の附従性によって消滅するのは１番共有抵当権のXの持分部分にすぎない。この物権変動は**一部消滅**であり（民177），登記の対象となる権利変動も**一部消滅**となり（法3），Xの債権弁済は**権利変動の登記の原因関係**となる。

③ 登記の種類の判断

　登記の種類は，登記の対象となる権利変動が**一部消滅**であり，それが１番抵当権の登記後に後発的に生じていることに着目し，**変更登記**となる。これは**一部抹消登記の実質を有する変更登記**である（個別フレームは **50**〔120頁〕参照）。

> 【参考・答案例─事例41（共有抵当権者の１人への弁済による抵当権の変更登記）】
>
> 登記の目的　　　１番抵当権変更
> 原　　因　　　　平成28年7月1日Xの債権弁済
> 変更後の事項　　債権額　金2,000万円
> 申　請　人　　　権利者A　義務者X
> 添　付　情　報　登記原因証明情報（X作成の報告式）　登記識別情報（Xの乙区１番）
> 　　　　　　　　代理権限証明情報（XBの委任状）
> 登録免許税　　　金1,000円（＝甲土地１個×1,000円）

　ちなみに，この変更登記により１番抵当権は他の共有者Yが自己の債権のみを担保する単有の抵当権となるため，債権額を金2,000万円に変更し，抵当権者Xの記載に抹消する記号（下線）が記録されることになる。これは，XYが１番抵当権を原始的に共有している場合も同様の処理となる。

権利部（乙区）（所有権以外の権利に関する事項）			
順位番号	登記の目的	受付年月日・受付番号	権利者その他の事項
1	抵当権設定	平成20年4月1日 第456号	（一部省略） 債権額　金3,000万円 （一部省略） 抵当権者　甲市乙町二丁目2番2号 　　　　　X
付記1号	１番抵当権一部移転	（事項省略）	（事項省略）
付記2号	１番抵当権変更	平成24年7月3日 第789号	原因　平成24年7月1日Xの債権弁済 債権額　金2,000万円

　また，後発共有者Yの債権全部が債務者により弁済された場合，上記と同様の考え方によって処理されることになるが，登記の実行については，原抵当権の債権額および付記登記による移転登記に抹消する記号（下線）を記録するこ

とになる（規150，記録例395注）。

権　利　部　（乙区）　（所有権以外の権利に関する事項）			
順位番号	登記の目的	受付年月日・受付番号	権利者その他の事項
1	抵当権設定	平成20年4月1日 第456号	（一部省略） 債権額　金3,000万円 （一部省略） 抵当権者　甲市乙町二丁目2番2号 　　　　　X
付記1号	1番抵当権移転	平成23年2月1日 第234号	原因　平成23年2月1日債権一部譲渡 譲渡額　金2,000万円 抵当権者　甲市乙町三丁目3番3号 　　　　　Y
付記2号	1番抵当権変更	平成24年7月3日 第789号	原因　平成24年7月1日Yの債権弁済 債権額　金1,000万円

④　対比としての根抵当権

　元本確定前の根抵当権は，債務者が共有者の1人の被担保債権の全部を弁済しても消滅の附従性ははたらかず，原因関係とはならない。

　他方，元本確定後にXが単有していた根抵当権について，Yが債権一部譲渡または一部代位弁済により後発的に共有となった場合，債務者が共有者の1人の被担保債権を全額弁済すれば，それは極度額の減少原因とはならないため，単に他の共有者が根抵当権を単有する法律効果が発生することになる。

　この法律効果をもっとも効率的に公示する手法として，実務は，元の単有根抵当権者Xの債権弁済の場合には，Xの共有権の消滅ととらえ登記の種類を**一部抹消登記の実質を有する変更登記**としてこれを処理する（「質疑応答7598」『登記研究』592号185頁）。

> 【参考（元本確定後の後発共有根抵当権の原根抵当権者への弁済による変更登記）】
> 登記の目的　　1番根抵当権の根抵当権者をYとする変更
> 原　　因　　　平成28年7月1日Xの債権弁済
> 申　請　人　　権利者A　義務者X

　他方，後発共有者Yの債権弁済の場合には，根抵当権の一部移転の付記登記を抹消登記すればその目的が実現できるとし，登記記録上は，移転付記登記の全部について抹消する記号を付している。この場合の登記の種類を移転付記登記の**抹消登記**を指示するものと解するか（昭36.4.22民甲954回），それとも上

記と同様の変更登記と解するかは定かではないが，同じ法律効果の処理方法として，登記の種類が異なることは妥当ではなく，上記の抵当権の処理とも整合しないため，私見では，上記と同様の変更登記を申請し，その登記実行の際の登記記録として移転登記の全部に抹消する記号を記録すると解するのが妥当と思われる。

76　第三者による代位弁済
（1）　代位弁済
【事例42 ― 代位弁済 ―】　過問　（抵H19，根H8）

> 問　次の事実について，法律構成の判断，原因関係の判断，登記の種類の判断をしなさい。
> （甲土地の登記記録）
> 甲区2番　所有権移転　所有者　A
> 乙区1番　抵当権設定　債権額　金3,000万円　債務者　A　抵当権者　X
> （事実関係）
> 1　保証人YはXに対して，平成28年7月1日，1番抵当権の被担保債権の全額を弁済した。

順序	法律構成の判断	原因関係の判断		登記の種類の判断	物件
		民177の効果	法3の権利変動		
1	事1―代位弁済	変更	移転	特定移転登記	甲

① 法律構成の判断

　事実1には，弁済の事実が示されているため，弁済者および弁済の分量に着目して法律構成する。弁済対象となっている債権は，1番抵当権の被担保債権であり，弁済者Yは登記記録および事実1から債務者以外の第三者である保証人であり，弁済分量は事実1から全額であるため，代位弁済を法律構成する。

　なお，保証人は，債権者に対して保証債務を負担する債務者であるが，主債務を基準とすれば，債務者以外の第三者による弁済となり，判例も弁済につき正当の利益を有する者として保証人（大判大6.7.5），連帯債務者（大判昭11.6.2）に法定代位弁済を認めている。

② 原因関係の判断

　民法は，債務者以外の第三者が弁済することを認めている（民474）。本来，第三者が弁済しても債権は満足に達して消滅するはずであるが，弁済した第三者

が債務者に対して求償権を有する場合，それを担保するため，弁済をするについて正当な利益を有する者については，当然に債権者に代位できるとする弁済による代位の制度が規定されている（民500）。

弁済による代位の典型例である法定代位弁済の法律効果について民法は，債権者に代位する第三者は，求償権の範囲内で債権の効力および担保として債権者が有していた一切の権利を行使することができると規定している（民501）。これは，第三者弁済にかかる債権が消滅せず，弁済者に移転し，随伴性により抵当権も移転することを意味する。この物権変動は変更であり（民177），登記の対象となる権利変動は権利主体の変更として移転となり（法3），代位弁済は権利変動の登記の原因関係となる。

③ 登記の種類の判断

登記の種類は，登記の対象となる権利変動が移転であり（法3），移転原因は相続または合併以外であるため（法63Ⅱ），特定移転登記となる（個別フレームは 36〔82頁〕参照）。

【参考・答案例 ― 事例42（代位弁済による抵当権の移転登記）】
登記の目的　　１番抵当権移転
原　　因　　　平成28年7月1日代位弁済
申　請　人　　権利者 Y　義務者 X
添付情報　　　登記原因証明情報（X作成の報告式）　登記識別情報（Xの乙区1番）
　　　　　　　代理権限証明情報（YXの委任状）
登録免許税　　金6万円（＝3,000万円×1,000分の2）

---

④ 主債務者と保証人の弁済競合

主債務者と保証人との弁済が競合した場合，原則として，第１弁済が有効となる。第１弁済により債務は消滅し，第２弁済以降は，非債弁済となるからである。しかし，民法は，通知制度を設け，二重弁済の場合の求償権行使を調整しており，これにより弁済による代位ができるか否かに影響が生じ，ひいてはそれが原因関係の判断に影響を与える論点となっている。

ⅰ　保証人の通知義務懈怠

委託の有無を問わず保証人には，常に，事前および事後の通知義務が課せられている（民463，同443）。たとえば，保証人が弁済後に事後通知を怠っている間に，主債務者が善意で二重弁済をした場合，主債務者は，自己の弁済を有効とみなす意思表示ができる。当該意思表示がされれば，保証人および主債務者

間では，主債務者の弁済の効力のみが認められる（一種の形成権）。これにより保証人は，主債務者に対して求償権を行使できなくなり（大判昭7.9.30参照），保証人は法定代位弁済の要件をみたさないことになる。これは，主たる債務者の弁済の法律関係のみが抹消登記の原因関係となることを意味する（個別フレームは **54**〔132頁〕参照）。

ⅱ 主債務者の通知義務懈怠

主債務者は，委託を受けた保証人がある場合のみ，事後通知をなすべき義務のみを負う（民463Ⅱ，同443Ⅱ）。たとえば，主債務者が弁済後，事後通知を怠っている間に，委託保証人が善意で二重弁済をすれば，委託保証人は，自己の弁済を有効とみなす意思表示ができる。当該意思表示がなされれば，保証人および主債務者間では，保証人の弁済の効力のみが認められる。その結果，保証人は主債務者に対して求償権行使が可能となり，法定代位弁済が認められるため，代位弁済の法律関係が特定移転登記の原因関係となる（個別フレームは **36**〔82頁〕参照）。

ちなみに，保証人および主債務者の双方が通知義務を履行せず，過失がある場合は，原則どおり第1弁済が有効となり（最判昭57.12.17），それに応じた法律構成および原因関係を判断することになる。

⑤ 対比としての根抵当権

元本確定前の根抵当権は，被担保債権との附従性が否定されているため，第三者による法定代位弁済によって弁済にかかる債権は弁済者に移転するが，移転局面の随伴性がはたらかず，それによって根抵当権は移転しないため（民398の7Ⅰ後段），代位弁済の法律関係は，原因関係とはならない。

他方，元本確定後の根抵当権は，被担保債権との附従性および随伴性が完全に回復するため，第三者の代位弁済により弁済にかかる債権が弁済者に移転すれば，随伴性により根抵当権も弁済者に移転し，抵当権と同様の結論となる。

（2） 一部代位弁済

【事例43 ── 一部代位弁済 ──】 過問 （抵 H 4，根 H13, H27）

問　次の事実について，法律構成の判断，原因関係の判断，登記の種類の判断をしなさい。
（甲土地の登記記録）
甲区2番　所有権移転　所有者 A
乙区1番　抵当権設定　債権額 金3,000万円　債務者 A　抵当権者 X

76　第三者による代位弁済

（事実関係）
1　保証人YはXに対して，平成28年7月1日，1番抵当権の被担保債権のうち金2,000万円を弁済した。

順序	法律構成の判断	原因関係の判断		登記の種類の判断	物件
		民177の効果	法3の権利変動		
1	事1―一部代位弁済	変更	移転	特定移転登記	甲

① 法律構成の判断

事実1から弁済対象となっている債権は，1番抵当権の被担保債権であり，弁済者Yは登記記録および事実1から債務者以外の第三者である保証人であり，弁済分量は事実1から債権の一部金2,000万円にすぎないため，**一部代位弁済**を法律構成する。

② 原因関係の判断

債務者以外の第三者による一部弁済が認められており（民474Ⅰ本文），全部弁済の場合と同様の要件で，弁済による代位も認められている。したがって，保証人による一部代位弁済の法律効果は，弁済割合に相当する原債権が移転し，随伴性により抵当権の一部が代位弁済者に移転することである。この物権変動は**変更**であり（民177），登記の対象となる権利変動は権利主体の一部変更として**移転**となり（法3），一部代位弁済は**権利変動の登記の原因関係**となる。

一部代位弁済の場合，代位弁済者は，「**弁済をした価額に応じて，債権者とともにその権利を行使する**」と規定されている（民502Ⅰ）。その意味について判例は，代位弁済者が抵当権を単独実行することを認めているものの，配当順位に関しては債権者が優先し，代位弁済者が劣後するとしている（最判昭60.5.23，佐藤歳二「3担保権の一部代位による準共有者相互間における競売代金の配当」『新版代位弁済―その実務と理論―』150頁（経済法令研究会，1995））。

③ 登記の種類の判断

登記の種類は，登記の対象となる権利変動が**移転**であり（法3），移転原因が相続または合併以外であるため（法63Ⅱ），**特定移転登記**となる（個別フレームは **36**〔82頁〕参照）。

【参考・答案例―事例43（一部代位弁済による抵当権の一部移転登記）】
登記の目的　　1番抵当権一部移転
原　　因　　平成28年7月1日一部代位弁済
そ　の　他　　弁済額　金2,000万円

第3章　法律構成の判断に論点がある法律関係（応用）　215

申　請　人	権利者 Y　義務者 X
添　付　情　報	登記原因証明情報（X作成の報告式）　登記識別情報（Xの乙区1番） 代理権限証明情報（YXの委任状）
登録免許税	金4万円（＝2,000万円×1,000分の2）

④　対比としての根抵当権

　元本確定前の根抵当権は，被担保債権との附従性が否定されているため，第三者による法定代位弁済によって弁済にかかる債権の一部は弁済者に移転するが，移転局面の随伴性がはたらかず，それによって根抵当権は移転しないため（民398の7Ⅰ後段），一部代位弁済の法律関係は，原因関係とはならない。

　他方，元本確定後の根抵当権は，被担保債権との附従性および随伴性が完全に回復するため，第三者の一部代位弁済により弁済にかかる債権が弁済者に移転すれば，随伴性により根抵当権の一部が弁済者に移転し，抵当権と同様の結論となる。

77　共同抵当の次順位者の代位

（1）　法律構成

　共同抵当権者は，共同担保の目的物の一部について抵当権を実行して弁済を受けることができる（異時配当）。弁済により被担保債権の全部が満足に達すれば，附従性により，共同抵当権のすべてが消滅するのが原則であるが，これでは抵当権が実行された不動産の次順位者とそれ以外の不動産の次順位者との関係が不公平になる。

　そこで，抵当権の実行を受けた不動産の次順位担保権者は，かりに，共同抵当の目的不動産の全部が一括競売されたとした場合（同時配当），他の目的不動産が負担すべき金額を限度として，他の目的不動産の共同抵当に代位して抵当権を行うことが認められており（民392Ⅱ），代位して抵当権を行う次順位者は，代位する抵当権に代位の旨を付記登記できるとされており（民393）。これが，次順位者の代位の制度である。

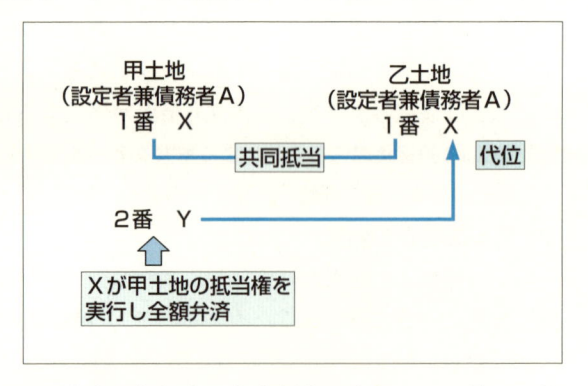

したがって，①先順位の共同抵当権の発生原因事実およびそれに基づく登記があり，その目的物の一方についての次順位抵当権の発生原因事実およびそれに基づく登記がある状況で，②共同抵当権の目的物が債務者の所有物件であり，③次順位抵当権が存在する目的物について不動産競売がなされ，先順位の抵当権の被担保債権の全額が配当を受けた事実があれば次順位者の代位を法律構成することになる。

（2）　原因関係の判断

　次順位者の代位の法律効果は，実質的には，代位する次順位者の被担保債権が一定限度において代位する共同抵当権によって担保されることを意味し，被担保債権の移転を伴わない抵当権のみの譲渡に類似するものである。その権利変動は代位する抵当権の変更であり（民177），登記の対象となる権利変動は，代位する抵当権の権利主体の変更として移転となり（法3），次順位者の代位は権利変動の登記の原因関係となる。

（3）　登記の種類の判断

　登記の種類は，登記の対象となる権利変動が移転であり（法3），移転原因は相続または合併以外（法63Ⅱ）であるため，特定移転登記となる（個別フレームは36〔82頁〕参照）。

　ただし，被担保債権の移転を伴わない物権としての抵当権の移転であり，次順位者が受益する権利内容が代位する既存の登記記録から明らかにならないため代位者の担保権の登記事項および抵当権の登記事項（令別表59申ロからニまで）のほか，先順位担保権者が弁済を受けた不動産に関する権利，当該不動産の代価および当該弁済を受けた額（令別表59申イ）が法定登記事項に追加される（法91）。また，所有権以外の権利の移転として付記登記で登記が実行される関係上（規3⑦，記録例388），登録免許税は付記登記として定額課税に修正される。

【参考（次順位者の代位の登記）】

登記の目的	１番抵当権代位
原　　因	平成○年○月○日民法第392条第2項による代位
その他	競売不動産　略　競売代金　略　弁済額　略　債権額　略　利息　略　債務者　略
申請人	代位者Y　義務者X
添付情報	登記原因証明情報（X作成の報告式）　登記識別情報（Xの乙区1番）代理権限証明情報（YXの委任状）
登録免許税	金1,000円（＝乙土地1個×1,000円）

（4） 代位弁済と次順位者代位の競合

　Xが債務者A所有の甲土地，物上保証人B所有の乙土地に1番で共同抵当権を有し，乙土地には，Yが2番で債務者をBとする抵当権を有していた場合，1番抵当権者Xが乙土地のみの抵当権を実行し，全額の配当を受け，Yがまったく配当を受けられなかった場合（異時配当）の法律関係が問題となる。

　まず，乙土地の1番抵当権の実行でXが債権全額の配当を受けた事実は，債務者以外の第三者Bが（代物）弁済をなしたのと同視できる事実である。Bは物上保証人であり，弁済につき正当の利益を有する者であるため，当該弁済は法定代位弁済となる（民500）。したがって，Bは，債務者Aに対する求償権の範囲内において債権者Xの有する原債権および担保権を取得する（民501）。

　次いで，乙土地の2番抵当権者Yがまったく配当を受けられなかった事実は，1番共同抵当権の目的となっている乙土地の代価のみを配当すべき場合で，その代価について抵当権者Xが債権の全部の弁済を受けた場合と同様の利益状況であり，次順位の抵当権者Yは，本来，先順位者Xが甲土地について弁済を受けることができる金額までXに代位して抵当権を行使することができる**次順位者の代位**の法律関係となる（民392Ⅱ）。

　そこで，先に検討した物上保証人Bの法定代位弁済と次順位者Yの代位の，いずれの代位が優先するのかが問題となる。

　判例は，これらの代位を並列的に認めると両者の法律関係が錯綜するため，民法501条の規定による代位弁済者の代位が優先するとした。

　しかし，法定代位弁済が優先するとしても，Bが，みずから設定した2番抵当権者Yよりも優先的に弁済を受けられるとするのは，不当であるため，Bが法定代位により取得する抵当権をあたかも乙土地の担保価値の変形物としてとらえ，民法372条で準用する民法304条1項本文の規定による物上代位をするのと同様，

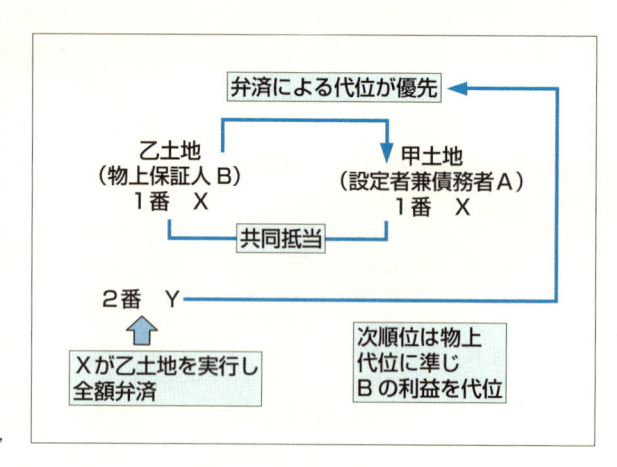

Yが甲土地の1番抵当権から優先して配当を受けることができるものとした（大判昭11.12.9，最判昭53.7.4）。

これは，物上保証人Bの法定代位弁済を権利変動の登記の原因関係としてとらえ，それに基づく**特定移転登記**を次順位者Yが代位により申請することを意味する。

【参考（代位弁済と次順位者の代位の競合：次順位者の代位による代位弁済による移転登記）】

登記の目的　　1番抵当権移転
原　　　因　　平成○年○月○日代位弁済
申　請　人　　権利者（被代位者）B　義務者X
　　　　　　　代位者Y
代 位 原 因　　平成○年○月○日設定の抵当権に基づく物上代位
添 付 情 報　　登記原因証明情報（X作成の報告式）　登記識別情報（Xの乙区1番）
　　　　　　　代位原因証明情報（乙土地の登記事項証明書）　代理権限証明情報（YのXの委任状）
登録免許税　　金○万円（＝債権額×1,000分の2）

3-4　放棄のバリエーション

78　単独行為による権利の放棄

（1）着眼点

行為態様		対象権利	法律構成	登記の種類
単独行為	権利の全部	抵当権の全部	抵当権放棄	抹消登記
		被担保債権の全部	債権放棄	抹消登記
		共有設定者の1人の持分権についての抵当権の全部	A持分の放棄	及ぼさない変更（昭59，平7，混同による平9，錯誤による平17）
	権利の一部	持分権の全部	持分放棄	特定移転登記
		債権持分	債権持分放棄	同上
		連帯債務者の1人の債務免除	Xの債権弁済	同上
契約		抵当権を，債務者を同じくする他の債権者に対して放棄	抵当権のみの放棄	変更登記
		抵当権を後順位担保権者に対して放棄	順位の放棄	同上（平10）

放棄の概念は多様であり，何を法律構成するかによって法律効果が異なり，原因関係の判断，ひいては登記の種類の判断に影響を及ぼすことになる。そこ

で，行為の態様と放棄の対象となる権利に着目して検討する。

まず，単独行為としての放棄と契約としての放棄とに大別する。単独行為としての放棄には，権利全部の消滅を効果意思として行われる物権，または債権の放棄がある。なお，債権の放棄は，債務者に対する債務免除（民519）と同義である。また，担保権者が設定目的物の共有者の1人の持分権について，担保権全部の放棄をすればその持分について担保権が消滅し，**及ぼさない変更登記**が問題となる。

他方，単独行為としての持分の放棄についても，物権持分の放棄と債権持分の放棄とが区別できることになる。

これらに対して，契約としての放棄には，民法376条の処分としての抵当権のみの放棄契約と抵当権の順位の放棄契約とがある。抵当権の順位放棄または譲渡はそれを合理化した順位変更との区別が問題となる。

(2) 抵当権の放棄

【事例44 ― 抵当権の放棄 ―】

> 問　次の事実について，法律構成の判断，原因関係の判断，登記の種類の判断をしなさい。
> （甲土地の登記記録）
> 甲区2番　所有権移転　所有者 A
> 乙区1番　抵当権設定　債権額　金3,000万円　債務者 A　抵当権者 X
> （事実関係）
> 1　XはAに対して，平成28年7月1日到達の内容証明郵便によって1番抵当権を放棄する意思表示をした。

順序	法律構成の判断	原因関係の判断		登記の種類の判断	物件
		民177の効果	法3の権利変動		
1	事1―放棄	消滅	消滅	抹消登記	甲

① 法律構成の判断

事実1には，放棄の意思表示がされた事実が示されているため，行為の態様と対象権利に着目して法律構成する。事実1から行為の態様は抵当権者の**単独行為**であり，対象権利は甲土地の**1番抵当権の全部**であるため，抵当権の**放棄**を法律構成する。

② 原因関係の判断

抵当権の**放棄**の法律効果は，効果意思に従っての抵当権の消滅となる。この

物権変動は消滅であり（民177），登記の対象となる権利変動も消滅となり（法3），抵当権の放棄は権利変動の登記の原因関係となる。

なお，抵当権の放棄により被担保債権は無担保債権として存続することになる。

③ 登記の種類の判断

登記の種類は，登記の対象となる権利変動が消滅であるため（法3），抹消登記となる（個別フレームは **54**〔132頁〕参照）。

【参考・答案例―事例44（抵当権の放棄による抹消登記）】

登記の目的	１番抵当権抹消
原　　因	平成28年7月1日放棄
申　請　人	権利者 A　義務者 X
添付情報	登記原因証明情報（X作成の報告式）　登記識別情報（Xの乙区1番） 代理権限証明情報（XAの委任状）
登録免許税	金1,000円（＝甲土地1個×1,000円）

---

④ 対比としての根抵当権

元本確定の前後をとおして根抵当権の全部を放棄することが可能であり，抵当権の放棄と同様に，権利変動の登記としての抹消登記の原因関係となる。

（3）債権放棄

【事例45 ― 債権放棄―】

> 問　次の事実について，法律構成の判断，原因関係の判断，登記の種類の判断をしなさい。
> （甲土地の登記記録）
> 甲区2番　所有権移転　所有者 A
> 乙区1番　抵当権設定　債権額 金3,000万円　債務者 A　抵当権者 X
> 　（事実関係）
> 1　X は A に対して，平成28年7月1日到達の内容証明郵便によって１番抵当権の被担保債権の全部を放棄する意思表示をした。

| 順序 | 法律構成の判断 | 原因関係の判断 | | 登記の種類の判断 | 物件 |
		民177の効果	法3の権利変動		
1	事1―債権放棄	消滅	消滅	抹消登記	甲

① 法律構成の判断

事実1から行為の態様は抵当権者の単独行為であり，対象権利は甲土地の1

78 単独行為による権利の放棄

番抵当権の被担保債権の全部であるため，債権放棄を法律構成する。

なお，債権放棄は，債務者から見れば債務免除であり（民519），債権放棄と債務免除は同じ意味である。登記手続上は，債権放棄の用語を使うことが多いが，債務免除と記載する場合もあり（**事例49**参照），一貫性に欠けているのが実情である。

② 原因関係の判断

債権放棄の法律効果は，債権の消滅であり（民519），消滅の附従性によって抵当権も消滅する。この物権変動は消滅であり（民177），登記の対象となる権利変動も消滅となり（法3），債権放棄は権利変動の登記の原因関係となる。

③ 登記の種類の判断

登記の種類は，登記の対象となる権利変動が消滅であるため（法3），抹消登記となる（個別フレームは **54**〔132頁〕参照）。

【参考・答案例―事例45（債権放棄による抵当権の抹消登記）】
登記の目的　　１番抵当権抹消
原　　因　　　平成28年7月1日債権放棄
申　請　人　　権利者 A　義務者 X
添付情報　　　登記原因証明情報（X作成の報告式）　登記識別情報（Xの乙区1番）
　　　　　　　代理権限証明情報（XAの委任状）
登録免許税　　金1,000円（＝甲土地1個×1,000円）

---

④ 対比としての根抵当権

元本確定前の根抵当権は，被担保債権との附従性が否定されているため，債権放棄があっても物権である根抵当権には影響が生じないことになり，原因関係とはならない。

他方，元本確定後の根抵当権は，被担保債権との附従性および随伴性が完全に回復するため，債権放棄の消滅の附従性によって根抵当権が消滅し，抵当権と同様の結論となる。

（4） 及ぼさない変更

【事例46―及ぼさない変更―】 過問 (S59, H 7, 混同H 9, 錯誤H17)

問　次の事実について，法律構成の判断，原因関係の判断，登記の種類の判断をしなさい。
（甲土地の登記記録）

78 単独行為による権利の放棄

甲区2番　所有権移転　共有者　持分2分の1 A　2分の1 B
乙区1番　抵当権設定　債権額　金3,000万円　債務者 A　抵当権者 X
（事実関係）
1　X は A に対して，平成 28 年 7 月 1 日到達の内容証明郵便によって甲土地のA持分についての1番抵当権の全部を放棄する意思表示をした。

順序	法律構成の判断	原因関係の判断		登記の種類の判断	物件
		民 177 の効果	法 3 の権利変動		
1	事1─A 持分の放棄	一部消滅	一部消滅	一部抹消登記の実質を有する変更登記（及ぼさない変更）	甲

① 法律構成の判断

事実1から行為の態様は抵当権者の**単独行為**であり，対象権利は甲土地の**A持分に対する1番抵当権の全部**であるため，**A持分の放棄**を法律構成する。

事例のように X が，AB が共有する甲土地を目的物とする抵当権の設定登記をした場合，民法の規定上は，抵当権者 X が甲土地という**不動産**を目的物として抵当権を設定したことを意味し（民 369 Ⅰ），一物一権主義の観点からその一部である A の持分についてのみ抵当権を放棄できるか否かが問題となる。

抵当権は，物権であるため設定目的物は**独立した特定物**でなければならない。かりに，上記の放棄を有効とした場合，抵当権は他の共有者 B の持分権部分について残存することになるが，共有持分権は，解釈により

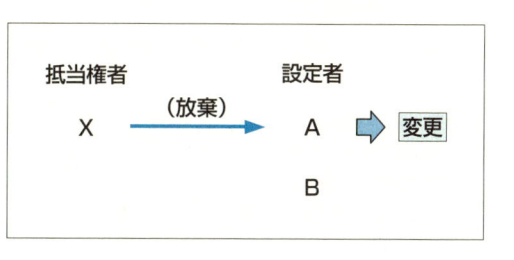

抵当権者　　　　設定者
　X ──(放棄)──▶ A ⇨ 変更
　　　　　　　　　B

抵当権の設定目的物とすることが可能である。したがって，A 持分の放棄により権利の一部に抵当権が存在することにはならず，上記の放棄は一物一権主義に反せず，可能と判断できる。要は，AB 共有の不動産に抵当権を設定することは，実質的に A 持分および B 持分への抵当権の設定となり，その総和が不動産を目的とした抵当権の設定にすぎないと理解できることになるのである。

② 原因関係の判断

「**A 持分の放棄**」の法律効果は，A 持分に対する1番抵当権の消滅であり，その後は B 持分を目的物とした抵当権として存続するというものである。この物権変動は**一部消滅**であり（民 177），登記の対象となる権利変動も**一部消滅**とな

り（法3），A持分の放棄は「権利変動の登記の原因関係」となる。

③ 登記の種類の判断

登記の種類は，登記の対象となる権利変動が**一部消滅**であり，一部消滅原因が1番抵当権の設定登記後に後発的に生じているため**変更登記**となる（個別フレームは**50**〔120頁〕参照）。これは**一部抹消登記の実質を有する変更登記**であり，この変更登記は**及ぼさない変更登記**とよばれている。

【参考・答案例—事例46（及ぼさない変更登記）】

登記の目的	1番抵当権をB持分の抵当権とする変更
原　　因	平成28年7月1日A持分の放棄
申　請　人	権利者A　義務者X
添　付　情　報	登記原因証明情報（X作成の報告式）　登記識別情報（Xの乙区1番） 代理権限証明情報（XAの委任状）
登録免許税	金1,000円（＝甲土地1個×1,000円）

---

④ 対比としての根抵当権

元本確定の前後をとおして共有設定者の1人の持分に対する根抵当権の放棄が可能であり，抵当権の放棄と同様に，及ぼさない変更登記の原因関係となる。

（5）持分放棄

【事例47—抵当権の持分放棄—】 判例

> 問　次の事実について，法律構成の判断，原因関係の判断，登記の種類の判断をしなさい。
> （甲土地の登記記録）
> 甲区2番　所有権移転　所有者A
> 乙区1番　抵当権設定　債権額　金3,000万円　債務者A　抵当権者　持分2分の1X　2分の1Y
> （事実関係）
> 1　XはYに対して，平成28年7月1日到達の内容証明郵便によって甲土地の1番抵当権の持分を放棄する意思表示をした。

順序	法律構成の判断	原因関係の判断		登記の種類の判断	物件
		民177の効果	法3の権利変動		
1	事1—抵当権持分放棄	持分の消滅・発生	移転	特定移転登記	甲

① 法律構成の判断

事実1から行為の態様は抵当権者の**単独行為**であり，対象権利は甲土地の**1番抵当権のXの持分**であるため，**抵当権持分放棄**を法律構成する。

② 原因関係の判断

　持分放棄の法律効果は，民法上，放棄持分は他の共有者に帰属すると規定されている（民264・255）。この法律効果は原始取得と解されており，本来，放棄した持分権が消滅し，法により放棄した持分権と同様の権利が発生し，他の共有者に帰属するものである（民177）。判例はこれを移転として処理すれば足りるとしているため（大判大3.11.3），登記の対象となる権利変動は**移転**となり（法3），持分放棄は**権利変動の登記の原因関係**となる。

　なお，抵当権持分を放棄した共有者の債権は，無担保債権として存続する。

③ 登記の種類の判断

　登記の種類は，登記の対象となる権利変動が**移転**であり（法3），移転原因が相続または合併以外であるため，**特定移転登記**となる（個別フレームは **36**〔82頁〕参照）。

【参考・答案例―事例47（抵当権持分放棄による抵当権の持分移転登記）】

登記の目的　　1番抵当権X持分移転
原　　因　　　平成28年7月1日抵当権持分放棄
申　請　人　　権利者Y　義務者X
添　付　情　報　登記原因証明情報（X作成の報告式）　登記識別情報（Xの乙区1番）
　　　　　　　代理権限証明情報（YXの委任状）
登録免許税　　金3万円（＝3,000万円×2分の1×1,000分の2）

---

④ 対比としての根抵当権

　根抵当権も抵当権と同様に物権であり，共有の概念があるため，元本確定の前後をとおして共有根抵当権者の持分を放棄することが可能である。抵当権の放棄と同様に，権利変動の登記である**特定移転登記**の原因関係となる。

（6）債権持分放棄

【事例48 ― 債権持分放棄 ―】

問　次の事実について，法律構成の判断，原因関係の判断，登記の種類の判断をしなさい。
（甲土地の登記記録）
甲区2番　所有権移転　所有者A
乙区1番　抵当権設定　債権額 金3,000万円　債務者A　抵当権者　持分2分の1 X　2分の1 Y
（事実関係）
1　XはAに対して，平成28年7月1日到達の内容証明郵便によって1番抵

78 単独行為による権利の放棄

> 当権の被担保債権（不可分債権）についてXの有する債権持分を放棄する意思表示をした。

順序	法律構成の判断	原因関係の判断		登記の種類の判断	物件
		民177の効果	法3の権利変動		
1	事1―債権持分放棄	変更	移転	特定移転登記	甲

① **法律構成の判断**

事実1から行為の態様は抵当権者の**単独行為**であり，対象権利は甲土地の1番抵当権の被担保債権（不可分債権）の「**Xの債権持分**」であるため，**債権持分放棄**を法律構成する。

② **原因関係の判断**

不可分債権の**債権持分放棄**の法律効果は，債権放棄が債務免除と同義であるため，これによりXの債権は消滅し（民519），消滅の附従性によりXは抵当権の共有名義を失うことになる。しかし，不可分債権の免除には絶対効がないため（民429Ⅰ），他の債権者Yは債務者に全額請求することが可能であり，1番抵当権を単有することになる。この物権変動は**変更**であり（民177），登記の対象となる権利変動は権利主体の変更としても**移転**となり（法3），債権持分放棄は**権利変動の登記の原因関係**となるとするのが通説的な見解である。

③ **登記の種類の判断**

登記の種類は，登記の対象となる権利変動が**移転**であり（法3），移転原因が相続または合併以外（法63Ⅱ）であるため，**特定移転登記**となる（個別フレームは **36**〔82頁〕参照）。

ただ，私見によれば，元本確定後の共有根抵当権者の1人に対する債権弁済と同様（**75（5）**④参照），債権持分放棄をした共有抵当権者は抵当権の持分権を失い，他の共有者が債権額を維持したままで抵当権を単有することになる。その点に着目し，その物権変動を**一部消滅**と解し（民177），登記の対象となる権利変動も**一部消滅**ととらえ（法3），登記の種類は，一部消滅原因が後発的に生じているため**変更登記**とし，登記の目的を「**1番抵当権の抵当権者をYとする変更**」（「質疑応答7598」『登記研究』592号185頁参照）とする**一部抹消登記の実質を有する変更登記**を申請するのが妥当と思われる。

【参考・答案例―事例48（債権持分放棄による抵当権の持分移転登記）】

登記の目的	1番抵当権X持分移転
原　　因	平成28年7月1日債権持分放棄
申　請　人	権利者Y　義務者X
添付情報	登記原因証明情報（X作成の報告式）　登記識別情報（Xの乙区1番） 代理権限証明情報（YXの委任状）
登録免許税	金3万円（＝3,000万円×2分の1×1,000分の2）

④　対比としての根抵当権

　元本確定前の根抵当権は，被担保債権との附従性および移転局面の随伴性が否定されているため，債権持分放棄があっても物権である根抵当権には影響が生じないことになり，原因関係とはならない。

　他方，元本確定後の根抵当権について，通説に従えば抵当権と同様，**特定移転登記**の原因関係となる。私見によれば，③で述べたとおり，一部抹消登記の実質を有する変更登記の原因関係となると解するのが妥当と思われる。

（7）　連帯債務者の1人の債務免除

【事例49 ― 連帯債務者の1人の債務免除―】 実例

> 問　次の事実について，法律構成の判断，原因関係の判断，登記の種類の判断をしなさい。
> （甲土地の登記記録）
> 甲区2番　所有権移転　共有者　持分2分の1 A　2分の1 B
> 乙区1番　抵当権設定　債権額　金3,000万円　連帯債務者 AB　抵当権者 X
> （事実関係）
> 1　XはAに対して，平成28年7月1日到達の内容証明郵便によって1番抵当権の被担保債務のうちAに対する債務全部を免除する意思表示をした。
> 2　連帯債務者ABの間では，Aのみが負担部分を負い，Bは負担部分のない連帯債務者である。

| 順序 | 法律構成の判断 | 原因関係の判断 | | 登記の種類の判断 | 物件 |
		民177の効果	法3の権利変動		
1	事1―債務免除 事2―負担部分Aのみ	消滅 ―	消滅	抹消登記	甲

① 法律構成の判断

　事実1から行為の態様は抵当権者の**単独行為**であり，対象権利は甲土地の1番抵当権の被担保債権のうち「**XのAに対する債務全部**」であるため，**債務免**

除を法律構成する。

② 原因関係の判断

連帯債務者の1人に対する債務免除の法律効果は，債務免除を受けた連帯債務者がどの程度の負担部分を負うのかによって変化する。連帯債務では，負担部分を限度として債務免除に絶対効が認められているからである（民437）。

事例では，事実2により債務免除を受けた連帯債務者Aのみが負担部分を負っているため，債務全部について絶対効が発生し，連帯債務者Bも債務を免れることになる。これは，消滅の附従性により1番抵当権が消滅することを意味する。この物権変動は消滅であり（民177），登記の対象となる権利変動も消滅となり（法3），事例の連帯債務者の1人の債権免除は権利変動の登記の原因関係となる。

③ 登記の種類の判断

登記の種類は，登記の対象となる権利変動が消滅であるため（法3），「抹消登記」となる（個別フレームは **54**〔132頁〕参照）。

【参考・答案例 ― 事例49（負担部分の全部を負う連帯債務者の免除による抵当権の抹消登記）】

登記の目的	1番抵当権抹消
原　　因	平成28年7月1日債務免除
申　請　人	権利者AB　義務者X
添付情報	登記原因証明情報（X作成の報告式）　登記識別情報（Xの乙区1番）代理権限証明情報（XABの委任状）
登録免許税	金1,000円（＝甲土地1個×1,000円）

---

④ 負担部分の変化によるバリエーション

事例で，かりに債務免除を受けた連帯債務者Aが負担部分のない実質的な連帯保証人であった場合には，絶対効は他の連帯債務者Bには及ばず，債権放棄後も連帯債務者Bは債権全額の債務を負担することになる。この法律効果は，単に債務者の変更となる（日本法令不動産登記研究会編『事項別不動産登記のQ&A200選』165頁）。

【参考（負担部分を負わない連帯債務者の免除による抵当権の債務者変更登記）】

登記の目的	1番抵当権変更
原　　因	平成28年7月1日債務免除
変更後の事項	債務者B

申 請 人	権利者Ｘ　義務者ＡＢ	
添 付 情 報	登記原因証明情報（ＡＢ作成の報告式）　登記識別情報（ＡおよびＢの甲区２番）　代理権限証明情報（ＡＢＸの委任状）	
登録免許税	金1,000円（＝甲土地1個×1,000円）	

　また，かりに連帯債務者ＡＢの負担部分が平等であれば，債権額金3,000万円のうち債権放棄を受けた連帯債務者Ａの負担部分に相当する金1,500万円部分について絶対効が生じ，1番抵当権の債務者は連帯債務者Ｂのみとなり，債権額は金1,500万円に変更されることになる。

⑤　対比としての根抵当権

　元本確定前の根抵当権は，被担保債権との附従性が否定されているため，連帯債務者の1人の債権放棄があっても物権である抵当権には影響が生じないことになり，原因関係とはならない。

　他方，元本確定後の根抵当権は，被担保債権との附従性および随伴性が完全に回復するため，上記の抵当権と同様の取扱いとなるが，負担部分が平等の場合，債権額の減少が極度額の減少原因とならないため，単に債務者の変更の原因関係となるにすぎない。

79　契約による権利の放棄

（1）　抵当権のみの放棄

【事例50 ─ 抵当権のみの放棄 ─】

> 問　次の事実について，法律構成の判断，原因関係の判断，登記の種類の判断をしなさい。
> （甲土地の登記記録）
> 甲区２番　所有権移転　所有者Ａ
> 乙区１番　抵当権設定　債権額　金3,000万円　債務者Ａ　抵当権者Ｘ
> （事実関係）
> 1　ＹはＡに対して，平成28年7月1日，金2,000万円を貸し渡した。
> 2　同日，ＸおよびＹは，ＹのＡに対する上記1の債権のために1番抵当権を放棄する契約を締結した。

| 順序 | 法律構成の判断 | 原因関係の判断 | | 登記の種類の判断 | 物件 |
		民177の効果	法３の権利変動		
1	事１ ─ ＹＡ金銭消費貸借 事２ ─ 抵当権のみの放棄契約	── 変更	 変更	 変更登記	 甲

79 契約による権利の放棄

① 法律構成の判断

事実2から行為の態様は抵当権者XとYの**契約**であり、対象権利は甲土地の**1番抵当権**であり、受益者が後順位担保権者以外の債務者を同じくする**他の債権者**であるため、**抵当権のみの放棄**を法律構成する。

② 原因関係の判断

抵当権のみの放棄の法律効果は、1番抵当権から受益者Yが抵当権者Xと債権額で按分して優先弁済を受けることができるというものであり、1番抵当権の優先弁済権の変更である。この物権変動は**変更**であり（民177）、登記の対象となる権利変動は権利内容の変更として**変更**となり（法3）、抵当権のみの放棄は**権利変動の登記の原因関係**となる。

ちなみに、1番抵当権から受益者Yが抵当権者Xに優先して弁済を受ける内容の契約であれば、**抵当権のみの譲渡**となる。

なお、抵当権のみの放棄を含む民法376条の処分は、被担保債権とは別に物権である抵当権（その本体効力である優先弁済権）を処分するものであり、債権関係に着目し附従性・随伴性により抵当権への影響を判断する判断方法の例外となっている。

③ 登記の種類の判断

登記の種類は、登記の対象となる権利変動が**変更**であるため（法3）、**変更登記**となる（個別フレームは50〔120頁〕参照）。当該変更登記では、処分対象となった抵当権から受益者の被保全権利が明らかにならないため、受益者の権利を公示してその存在を明らかにすることになる（法90）。

【参考・答案例—事例50（抵当権のみの放棄による変更登記）】

```
登記の目的    1番抵当権放棄
原   因    平成28年7月1日金銭消費貸借同日放棄
そ の 他    債権額 金2,000万円 債務者A
申 請 人    受益者Y 義務者X
添 付 情 報   登記原因証明情報（X作成の報告式） 登記識別情報（Xの乙区1番）
           代理権限証明情報（YXの委任状）
登録免許税   金1,000円（＝甲土地1個×1,000円）
```

④ 対比としての根抵当権

元本確定の前の根抵当権は、民法376条の処分をすることができない（民398の11Ⅰ本文）。元本確定前の根抵当権に認められている全部譲渡、一部譲渡、分

割譲渡および優先の定めを使うことで同様の効果を実現できるからである。ただし，転抵当については，他の処分方法を使って同様の効果を出すことができないため，元本確定の前後をとおしてすることが可能である（民398の11Ⅰただし書）。

他方，元本確定後の根抵当権については，上記のような制限がなく，抵当権と同様に民法376条の処分が可能である。

（2） 順位の放棄

【事例51―順位の放棄―】 過問 （H10）

> 問　次の事実について，法律構成の判断，原因関係の判断，登記の種類の判断をしなさい。
> （甲土地の登記記録）
> 甲区2番　所有権移転　所有者A
> 乙区1番　抵当権設定　債権額　金3,000万円　債務者A　抵当権者X
> 　　2番　根抵当権設定　極度額　金2,000万円　債権の範囲　売買取引　債務者B　根抵当権Y
> （事実関係）
> 1　XおよびYは，平成28年7月1日，1番抵当権の一部（金3,000万円のうち金2,000万円）から受益者Yが抵当権者Xと債権額で按分して優先弁済を受ける内容を合意した。

順序	法律構成の判断	原因関係の判断		登記の種類の判断	物件
		民177の効果	法3の権利変動		
1	事1―抵当権の順位の放棄契約	変更	変更	変更登記	甲

①　法律構成の判断

事実2から行為の態様は抵当権者XとYの契約であり，対象権利は甲土地の1番抵当権であり，受益者が後順位担保権者であるため，順位の放棄を法律構成する。

なお，同様のことは順位変更（民374）を使っても可能であるが，順位変更は，法律関係を簡明化するために常に権利の全部を対象としてしなければならず，事例のように1番抵当権の一部を処分対象とする場合には，民法376条の抵当権の処分を法律構成しなければならない（平11）。

②　原因関係の判断

順位の放棄の法律効果は，1番抵当権から受益者Yと抵当権者Xとが債権額で按分して優先弁済を受けることができるというものであり，1番抵当権の

優先弁済権の変更である。この物権変動は**変更**であり（民177），登記の対象となる権利変動は権利内容の変更として**変更**となり（法3），抵当権のみの放棄は**権利変動の登記の原因関係**となる。

ちなみに，1番抵当権から受益者Yが抵当権者Xに優先して弁済を受ける内容の契約であれば，**順位の譲渡**となる。

③ 登記の種類の判断

登記の種類は，登記の対象となる権利変動が**変更**であるため（法3），**変更登記**となる（個別フレームは50〔120頁〕参照）。

【参考・答案例 ― 事例51（抵当権一部順位放棄による変更登記）】

登記の目的	1番抵当権の一部（金3,000万円のうち2,000万円）の2番根抵当権への順位放棄
原　因	平成28年7月1日抵当権一部順位放棄
その他	なし
申請人	権利者 Y　義務者 X
添付情報	登記原因証明情報（X作成の報告式）　登記識別情報（Xの乙区1番）代理権限証明情報（Y，Xの委任状）
登録免許税	金1,000円（＝甲土地1個×1,000円）

3－5　その他

80　根抵当権の消滅請求と抵当権消滅請求の区別

（1）着眼点

	根抵当権の消滅請求	抵当権消滅請求
対象	元本確定後の根抵当権	担保権（根抵当権については，元本確定の前後を問わない）
趣旨	物上保証人，第三取得者，地上権者・永小作権者，対抗できる賃借権者との利害調整	第三取得者との利害調整
効果	請求対象の根抵当権は消滅し，弁済と同様の効果が発生することで，主たる債務者への求償が可能	請求対象の不動産の担保権全部が消滅し，第三者弁済の一種として求償が可能
共同担保への影響	1つの不動産について消滅請求をすれば，同時に他の不動産の根抵当権も消滅するが（民398の22Ⅱ），請求対象となった根抵当権以外の他の担保権には効力が及ばない。	1つの不動産に請求をすれば，請求をした不動産のすべての担保権が消滅の対象となるが，他の不動産の抵当権には効力が及ばない
登記の種類	抹消登記	抹消登記

根抵当権の消滅請求（民398の22）と抵当権消滅請求（民379以下）は，いずれも利害調整のために一定の者の請求の意思表示と債務の全額ではない一定額の支払によって担保権を消滅させ，主債務者に対する求償のため弁済の効果が認められる制度として類似している。

元本確定の有無，請求権者の資格に着目して法律構成をする必要がある。

（２） 根抵当権の消滅請求

【事例52 ―根抵当権の消滅請求―】

> 問　次の事実について，法律構成の判断，原因関係の判断，登記の種類の判断をしなさい。
>   なお，甲土地および乙土地は，同一の登記所の管轄物件とする。
> （甲土地および乙土地共通の登記記録）
> 甲区2番　所有権移転　所有者A
> 　　3番　差押　債権者X
> 乙区1番　根抵当権設定　極度額　金3,000万円　債権の範囲　売買取引　債務者B　根抵当権者X　共同担保　目録（あ）第123号
> （事実関係）
> 1　Aは，Xに対し，平成28年7月1日到達の内容証明郵便によって被担保債権額が金5,000万円に達している甲土地の1番根抵当権について，消滅請求の意思表示を行うとともに，同日金3,000万円を払い渡した。

順序	法律構成の判断	原因関係の判断		登記の種類の判断	物件
		民177の効果	法3の権利変動		
1	事1―根抵当権の消滅請求	消滅	消滅	抹消登記	甲乙

① 法律構成の判断

事実1には，設定者Aが甲土地の1番根抵当権者Xに対して消滅請求の意思表示をした事実が示されている。設定者Aは，登記記録から1番根抵当権の債務者がBであるため物上保証人と判断できる。また，登記記録の甲区3番の差押登記の債権者が1番根抵当権者Xであるため，1番根抵当権の元本の確定が登記簿上明らかであると判断できる（88（3），事例60参照）。したがって，問題となる法律関係は，これを根抵当権の消滅請求と法律構成する。

なお，根抵当権の消滅請求は，債務者以外の第三者が行っても代位弁済と法律構成することはできない。根抵当権の消滅請求は，債務全額の支払がなくとも根抵当権を消滅させる制度であり，根抵当権の移転を認めては制度趣旨が全うできないからである。ただ，極度額相当額の払渡しまたは供託は，弁済の効

力を有し（民398の22Ⅰ），消滅請求権者Aは，主債務者Bに対して求償が可能である。

② 原因関係の判断

根抵当権の消滅請求の法律効果は，請求にかかる甲土地の1番根抵当権の消滅である。事例では，登記記録が甲土地と乙土地の共通の内容とされ，甲土地および乙土地の1番根抵当権は共同根抵当権であるため，甲土地の消滅請求の効力は乙土地の根抵当権にもおよび乙土地の1番根抵当権も消滅する（民398の22Ⅱ）。この物権変動は消滅であり（民177），登記の対象となる権利変動も消滅となり（法3），根抵当権の消滅請求は権利変動の登記の原因関係となる。

③ 登記の種類の判断

登記の種類は，登記の対象となる権利変動が消滅であり（法3），甲土地および乙土地の1番根抵当権を対象とする抹消登記となる（個別フレームは **54**〔132頁〕参照）。

④ 登記の個数および申請順序の判断

事例の根抵当権の消滅請求は，甲土地についてしか行われていないが，上記②で検討したとおり，乙土地についても効力が発生する。そこで，複数不動産の一申請が問題となるが，事例の1番根抵当権は，共同根抵当権であるため，共同担保の特則を適用し，管轄登記所が同一であり，いずれも抹消登記として登記の目的が同一であるため，原因の同一を問題とすることなく，一申請が可能となる（規35⑩）。また，根抵当権の消滅請求は，元本確定後固有の登記であるため，本来，前提として1番根抵当権の元本確定の登記が必要となるが，事例の場合，甲土地および乙土地のいずれも根抵当権者Xの自身の差押えの登記が甲区3番でされているため，先例により登記簿上，元本の確定が明らかな場合であるとして元本確定登記を申請することなく，事例の抹消登記を申請することが可能である（昭46.12.27民三960依命通知）。

【参考・答案例―事例52（根抵当権の消滅請求による抹消登記）】

登記の目的	1番共同根抵当権抹消
原　　因	平成28年7月1日消滅請求
申 請 人	権利者A　義務者X
添 付 情 報	登記原因証明情報（X作成の報告式）　登記識別情報（Xの甲土地および乙土地の乙区1番）　代理権限証明情報（XAの委任状）
登録免許税	金2,000円（＝甲土地および乙土地計2個×1,000円）

第4章
申請手続の骨格の修正（応用）

4－1　総　説

81　事実とその分類と申請手続の骨格の修正

　書式の問題は，実体法と手続法の複合問題である。これに対応して書式の問題に示されている事実は，登記の対象となる権利変動など原因関係を判断するための**実体事実**，原因関係の発生後，登記の申請をするまでの間の**手続事実**，登記記録から推定される事実である**前提事実**とに分けられる。これまで説明した登記の種類の判断は，もっぱら**実体事実**に基づいて行う判断であった。

　これに対して，手続事実として，原因関係の発生後に申請手続の当事者となるべき者が相続または合併により不存在となる事実が考えられる。この問題は，一般承継人による登記（法62）を使って対応することになる。

　また，手続事実として，原因関係の発生後に，共同申請すべき当事者の一方が申請手続に協力しないという事実が考えられる。この問題は，判決による登記（法63Ⅰ）を使って対応することになる。

　さらに，手続事実として，原因関係の発生後に，単独申請の当事者が申請手続を行わないという事実が考えられる。この問題は，代位による登記（法59⑦）を使って対応することになる。

　これら手続事実に対応するための上記の諸制度は，いずれも登記の種類の判断によって決定した**申請手続の骨格**（個別フレーム）を修正するものとなっている。したがって，これら申請手続の骨格の修正事由を検討することで，**個別フレーム**が最終決定できることになる。

　なお，手続事実にはあたらないが，判決による登記と密接な関係を有する所有権に関する仮登記の本登記による申請手続の骨格の修正も，便宜上ここで説明する。

4-2　一般承継人による登記

82　登記義務者の一般承継人による登記
(1)　意義

たとえば，売主をA，買主をBとする甲土地の売買契約後，登記の申請をするまでの間に売主Aが死亡すれば，被相続人Aの有する権利義務の一切が相続人Cに包括承継される（民896）。

売主Aは，死亡前に甲土地を買主Bに売買しているため，相続人Cは，甲土地の所有権を相続により包括承継することはできず，売主Aが買主Bに負う登記請求義務を包括承継するにすぎない。

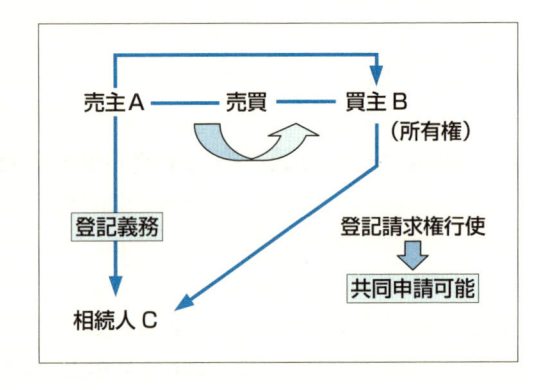

実体上，買主Bは，登記義務を包括承継した相続人Cに対して登記請求権を行使することができるため，相続人Cを登記義務者として共同申請ができなければならない。

しかし，登記義務者は，手続上の概念であり，必ず登記名義人でなければならないと定義されているため（法2⑬），甲土地の相続登記ができず，登記名義人となりえない相続人Cは，登記義務者の要件をみたせないことになる（**20(2)**①参照）。

そこで，法は，登記権利者，登記義務者または登記名義人について相続その他の一般承継があった場合，一般承継人が**一般承継証明情報**（令7Ⅰ⑤イ）によって，それらの者の地位を包括承継したことを証明できれば，一般承継人として**当事者適格**（自己の名で申請人となる資格）を認め，一般承継人が登記申請することを可能としている（法62，平11，平23）。これが**一般承継人による登記**の制度である。

登記義務者の一般承継人による登記は，一般承継が独立した原因関係となるか，それとも先行する原因関係の単なる手続事実にすぎないのかを区別することが判断のポイントになり，申請の個数に影響を与える重要な判断となっている。

（2） 申請手続の骨格の修正

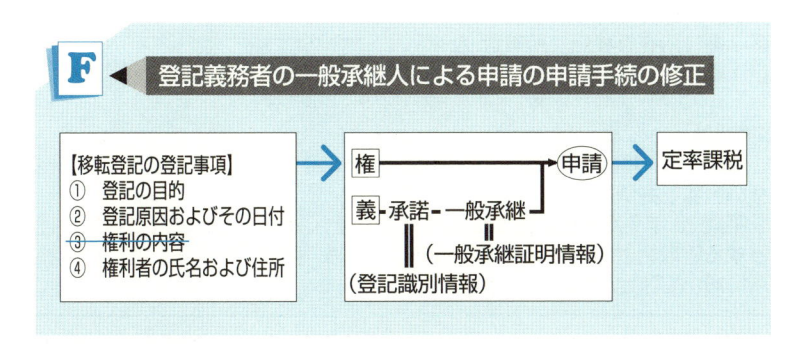

F ◀ 登記義務者の一般承継人による申請の申請手続の修正

【移転登記の登記事項】
① 登記の目的
② 登記原因およびその日付
③ ~~権利の内容~~
④ 権利者の氏名および住所

権 ─────── 申請 → 定率課税
義 ─承諾─ 一般承継
　　　　　＝
　　　（一般承継証明情報）
（登記識別情報）

① 申請人への影響

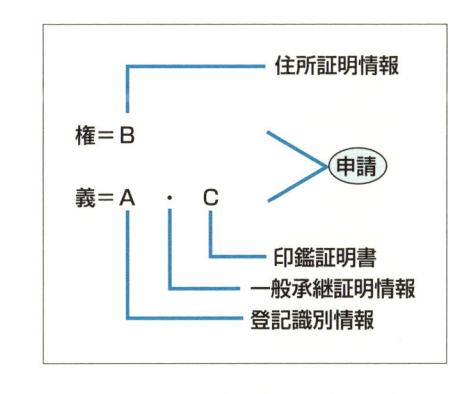

　登記義務者に代わって一般承継人による登記をするのは，相続人の全員である（昭27.8.23民甲74回）。相続人は登記義務を不可分的に承継するからである。

権＝B ─── 住所証明情報
義＝A・C ─┬─ 申請
　　　　　├─ 印鑑証明書
　　　　　├─ 一般承継証明情報
　　　　　└─ 登記識別情報

　一般承継人による登記では，登記義務者の要件をみたす死者とは別に相続人が**申請人**となることが認められるため，相続人の氏名および住所を申請情報に記載し（令3①），かつ，当該申請人が登記義務者の**一般承継人である旨**を申請情報として記載すべきことになる（令3⑪ロ）。

② 添付情報への影響

　一般承継人による登記では，**一般承継証明情報**（令7Ⅰ⑤イ）を添付しなければならない。

　また，他の添付情報は，本来申請人となるはずの被相続人と相続人を同視し，被相続人が添付すべきであった書面を相続人が代わって添付するという要領で考えることになる。

（3） 抹消登記と合併との関係

【事例53 ─ 合併と弁済の関係 ─】 **過問**（H11，H23）

問　次の事実について，法律構成の判断，原因関係の判断，登記の種類の判断を

しなさい。
(甲土地の登記記録)
甲区2番　所有権移転　所有者　A
乙区1番　抵当権設定　債権額　金3,000万円　債務者　A　抵当権者　株式会社X
(事実関係)
1　債務者は，抵当権者に対して，平成28年6月30日，1番抵当権の被担保債権の全額を弁済した。
2　平成28年7月1日，消滅会社を株式会社Xとし，存続会社を株式会社Yとする吸収合併の効力発生日が到来したため，同年7月4日，管轄商業登記所において所定の登記を完了させた。

順序	法律構成の判断	原因関係の判断		登記の種類の判断	物件
		民177の効果	法3の権利変動		
1	事1―弁済 事2―吸収合併	消滅	消滅 ―	抹消登記 一般承継人による登記	甲

① 法律構成の判断

　事実1には，弁済の事実が示されており，弁済対象となっている債権は，1番抵当権の被担保債権であり，弁済者は**債務者**であり，弁済分量は**全額**であるため，**弁済**を法律構成する。

　事実2には，消滅会社を株式会社Xとし，存続会社を株式会社Yとする吸収合併の効力発生日が到来した事実が示されているため，**吸収合併**を法律構成する。

② 原因関係の判断

i　弁済の判断

　弁済の法律効果は，債権の全部が満足に達して消滅し，消滅の附従性により1番抵当権が消滅することである。この物権変動は**消滅**であり（民177），登記の対象となる権利変動も**消滅**となり（法3），弁済は**権利変動の登記の原因関係**となる。

ii　吸収合併の判断

　吸収合併が原因関係になるか否かは，消滅会社の権利義務を検討して判断する。事例では，消滅会社となる株式会社Xが1番抵当権者として登記されている。しかし，吸収合併に先だって事実1の弁済により1番抵当権は消滅しているため，合併の効力発生時点において1番抵当権は存在しない。したがって，存続会社である株式会社Yが承継するのは，登記義務にすぎず，事例の吸収合

併は独立した原因関係とはならない。
③ 登記の種類の判断
　登記の種類は，登記の対象となる権利変動が消滅であるため（法3），抹消登記となる。登記義務者となる株式会社Ｘは，登記の申請時点では合併で消滅しているため，存続会社Ｙが一般承継人による登記として抹消登記を申請する（法62）。

【参考・答案例―事例53（合併前の弁済による義務者の一般承継人による抹消登記）】

登記の目的　　１番抵当権抹消
原　　　因　　平成28年6月30日弁済
申　請　人　　権利者　Ａ　義務者（被承継会社　株式会社Ｘ）　承継会社　株式会社Ｙ
添付情報　　　登記原因証明情報（株Ｙ作成の報告式）　登記識別情報（株Ｘの乙区１番）　一般承継証明情報（※株Ｙの登記事項証明書）　代理権限証明情報（株ＹＡの委任状）　会社法人等番号（株Ｙ，※の添付省略）
登録免許税　　金1,000円（＝甲土地1個×1,000円）

---

④　一般承継が独立の原因関係になる場合

（事実関係）
1　債務者は，抵当権者に対して，平成28年6月30日，１番抵当権の被担保債権の全額を弁済した。
2　平成28年4月1日，消滅会社を株式会社Ｘとし，存続会社を株式会社Ｙとする吸収合併の効力発生日が到来したため，同年4月4日，管轄商業登記所において所定の登記を完了させた。

　かりに，事例の事実関係が上記のとおりであるとした場合，事実２の吸収合併の効力発生により，１番抵当権は，株式会社Ｘから株式会社Ｙに移転するため，合併が包括移転登記の原因関係となる（個別フレームは**41**〔97頁〕参照）。
　また，事実１は，合併後に，債務者が存続会社である株式会社Ｙに対して弁済した抹消登記の原因関係となる（個別フレームは**54**〔132頁〕参照）。
　中間省略登記禁止の原則により，１番目に合併による１番抵当権の包括移転登記を，２番目で弁済による１番抵当権の抹消登記を申請しなければならず，所有権以外の権利の抹消登記の前提として名変登記の申請が省略できる取扱い（**60（3）①**，**64（1）**，**事例21**参照）とは区別して知識を整理しておく必要がある。

83 登記権利者の一般承継人による登記

（1） 意義

たとえば，売主をA，買主をBとする甲土地の売買契約後，登記の申請をするまでの間に買主Bが死亡すれば，すでに甲土地の所有権は売主Aから買主Bに移転しているため，買主Bの相続により，甲土地の所有権は相続人Dに移転する（民896）。

この場合，Aから直接，現在の所有者Dに移転登記をすることは中間省略登記に該当して許されない。したがって，権利変動の発生順に従い1番目でAからBへの**売買**による**特定移転登記**を，2番目でBからDへの**相続**による**包括移転登記**を申請すべきことになる。

1番目に申請する売買による特定移転登記の登記権利者は，登記上，直接利益を受ける者と定義されているため（法2⑫），その要件をみたせる者は登記名義人として登記される死者Bである。Bの死亡によりBに代わって当該登記の申請をすべき相続人Dは，直接に自己名義への登記を申請できない関係上，登記権利者の手続要件をみたせない。

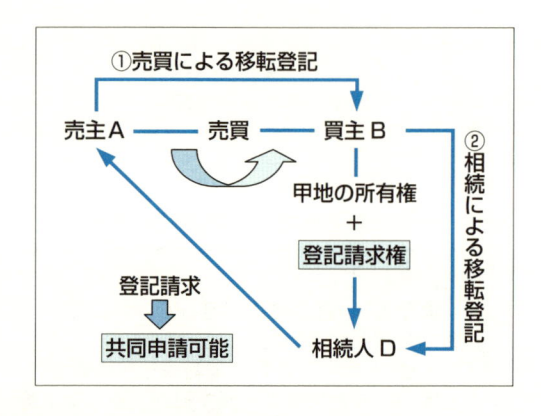

そこで，相続人Dが登記権利者の地位を一般承継したことを**一般承継証明情報**（令7Ⅰ⑤イ）によって証明できれば，相続人Dに**当事者適格（自己の名で申請人となる資格）**を認め，相続人Dからの申請を可能とすることが，登記権利者の一般承継人による登記の意義となっている（法62，平6，平9，平11，平19）。登記権利者の一般承継人による登記は，中間省略登記禁止の原則の理解が問われ，申請の個数の判断に直結する重要な判断となっている。

（2） 申請手続の骨格の修正

① 申請人への影響

登記権利者に代わって一般承継人による登記申請をすべき者は，原則として相続人の全員である。しかし，相続人が複数人いる場合，相続人の1人が保存行為として，登記義務者と共同申請することができる（民252ただし書）。

83 登記権利者の一般承継人による登記

　一般承継人による登記の申請は、登記権利者の要件をみたす死者とは別に相続人が申請人となるため、その氏名および住所（令3①）のほか、**一般承継人である旨**を申請情報として記載しなければならない（令3⑪ロ）。

　また、死者を登記名義人とする登記を申請する場合は、死者である登記権利者の氏名および一般承継の発生時における住所も申請情報として記載しなければならない（令3⑪ハ）。

② 添付情報への影響

　一般承継人による登記であるため、**一般承継証明情報**を添付しなければならない（令7Ⅰ⑤イ）。

　その他の添付情報として、死者を登記名義人とするための所有権保存または所有権移転登記を申請する場合には、死者の住所証明情報を添付しなければならない（令別表28添ニ、令別表29添ハ、令別表30添ロ）。

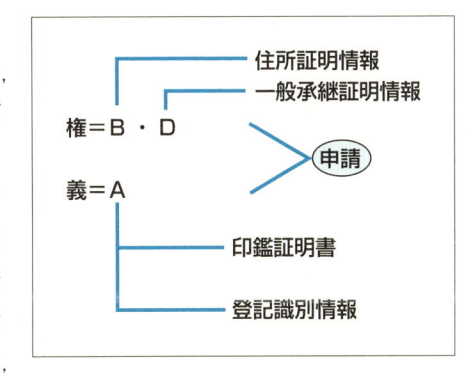

```
                    住所証明情報
                    一般承継証明情報
権＝B・D
                    申請
義＝A
                    印鑑証明書
                    登記識別情報
```

（3）抹消登記と相続との関係

【事例54 ─ 相続と弁済の関係 ─】 実例 連件

> 問　次の事実について、法律構成の判断、原因関係の判断、登記の種類の判断をしなさい。
> 　　なお、事実1に基づく登記を実現するための最少の申請件数によるものとし、甲土地の課税標準の額は金6,000万円とする。
> （甲土地の登記記録）
> 甲区2番　所有権移転　所有者 A
> 乙区1番　抵当権設定　債権額 金3,000万円　債務者 A　抵当権者 X
> （事実関係）
> 1　債務者は、抵当権者に対して、平成28年7月1日、1番抵当権の被担保債権の全額を弁済した。
> 2　Aは、平成28年2月1日に死亡し、その相続人は子Bである。

順序	法律構成の判断	原因関係の判断		登記の種類の判断	物件
		民177の効果	法3の権利変動		
2	事1─弁済	消滅	消滅	抹消登記	甲
1	事2─所有権の法定相続	所有権の変更	移転	包括移転登記	甲
	債務の法定相続	抵当権の変更	変更	変更登記	甲

83 登記権利者の一般承継人による登記

① 法律構成の判断

事実1には，弁済の事実が示されており，弁済対象となっている債権は，1番抵当権の被担保債権であり，弁済者は**債務者**であり，弁済分量は**全額**であるため，**弁済**を法律構成する。

事実2には，A死亡の事実が示されており，Aが遺言書を作成した事実が示されていないため，**法定相続**を法律構成する。

② 原因関係の判断

i 弁済の判断

弁済の法律効果は，債権の全部が満足に達して消滅し，消滅の附従性により1番抵当権が消滅することである。この物権変動は**消滅**であり（民177），登記の対象となる権利変動も**消滅**となり（法3），弁済は**権利変動の登記の原因関係**となる。

ii 法定相続の判断

法定相続が原因関係になるか否かは，被相続人Aの権利義務を検討して判断する。事例では，被相続人Aは甲区2番で所有権の登記名義人として登記されており，法定相続により甲土地の所有権が被相続人Aから相続人Bに移転する。この物権変動は**変更**であり（民177），登記の対象となる権利変動は権利主体の変更として**移転**となり（法3），法定相続は**権利変動の登記の原因関係**となる。

また，被相続人Aは，1番抵当権の債務者としても登記されている。法定相続の開始時点では，いまだ事実1の弁済はされていないため，法定相続により1番抵当権の被担保債務が被相続人Aから相続人Bに移転し，随伴性により1番抵当権の債務者が相続人Bに変更されることになる。しかし，実務では，1番抵当権の抹消登記の前提として債務者の変更または更正登記は省略できるとしており，事例の法定相続は債務者変更の原因関係としてこれをとらえる必要はない（**60（3）**④，**64（4）**，**事例24**参照）。

③ 登記の種類の判断

事実1の弁済に基づく登記の種類は，登記の対象となる権利変動が**消滅**であるため（法3），**抹消登記**となる（個別フレームは**54**〔132頁〕参照）。

事実2の法定相続に基づく登記の種類は，登記の対象となる権利変動が**移転**であり（法3），移転原因が相続であるため**包括移転登記**となる（個別フレームは**41**〔97頁〕参照）。

④ 申請の個数と申請順序の判断

事例では，弁済による抹消登記と相続による特定移転登記と1つの不動産について複数の登記の申請が問題となるが，登記の目的，登記原因ともに異なるため（規35⑨），一申請は許されず，原則どおり2つの申請が必要となる。

これら2つの登記を原因関係の発生順に整理すると，1番目が2月1日相続による包括移転登記であり，2番目が7月1日弁済による抹消登記である。事実1の弁済が被相続人Aの死亡後になされており，登記権利者の地位が事実2の法定相続により被相続人Aから相続人Bに包括承継されたものではないため，事実1の弁済による抹消登記のみを一般承継人による登記として申請することは許されず（「質疑応答7770」『登記研究』661号225頁，日本法令不動産登記研究会編『事項別不動産登記のQ＆A200選』192頁Q105），上記の原因関係の発生順に従い1番目に相続による所有権の包括移転登記を，2番目に弁済による抹消登記を連件申請すべきことになる。

【参考・答案例 ― 事例54（設定者兼債務者の相続後の弁済による相続登記と抹消登記の連件申請）】

〇1番目の申請

登記の目的	所有権移転
原　　因	平成28年2月1日相続
申　請　人	相続人　（被相続人A）B
添付情報	登記原因証明情報（戸籍謄抄本）　住所証明情報（B）　代理権限証明情報（Bの委任状）
登録免許税	金24万円（＝6,000万円×1,000分の4）

〇2番目の申請

登記の目的	1番抵当権抹消
原　　因	平成28年7月1日弁済
申　請　人	権利者B　義務者X
添付情報	登記原因証明情報（X作成の報告式）　登記識別情報（Xの乙区1番）　代理権限証明情報（BXの委任状）
登録免許税	金1,000円（＝甲土地1個×1,000円）

---

⑤ 一般承継による登記が許される場合

（事実関係）
1　債務者は，抵当権者に対して，平成28年7月1日，1番抵当権の被担保債権の全額を弁済した。
2　Aは，平成28年8月1日に死亡し，その相続人は子Bである。

かりに，事例の事実関係が上記とおりであるとした場合，事実1の弁済は，事実2の被相続人Aが行ったものであり，事実2の法定相続の相続人Bは，1番抵当権がすでに消滅しているため，1番抵当権の被担保債務は相続の対象とならず，弁済による抹消登記の登記権利者の地位を包括承継することになる。

この場合であれば，事実1に基づく登記を実現するため甲土地の所有権の相続による包括移転登記を申請せず，事実1の弁済による抹消登記を一般承継人による登記として申請することが認められ，これが事実1に基づく登記を実現するための最少の申請件数による申請となる（法62，日本法令不動産登記研究会編『事項別不動産登記のQ＆A200選』192頁Q106）。

【参考（相続前の弁済による権利者の一般承継人による抹消登記）】
登記の目的　　1番抵当権抹消
原　　因　　平成28年7月1日弁済
申　請　人　　権利者（亡）A　申請人（左記相続人）B
　　　　　　義務者 X
添付情報　　登記原因証明情報（X作成の報告式）　登記識別情報（Xの乙区1番）
　　　　　　一般承継証明情報（戸籍謄抄本）　代理権限証明情報（BXの委任状）
登録免許税　　金1,000円（＝甲土地1個×1,000円）

4－3　判決による登記

84　判決による登記
(1)　登記請求権の意義

<u>登記請求権</u>とは，共同申請の原則（法60）という手続的制約を前提に，権利変動の当事者双方に互いに登記手続に協力すべきこと（登記官に対して登記申請の意思表示をすべきこと）を求める実体私法上の権利である。

判例は，この登記請求権の法的性質や発生原因を多元的に理解し，複数の登記請求権の存在を観念している。

たとえば，売主A，買主Bの甲土地の売買契約であれば，当該売買契約により甲土地の所有権が買主Bに移転する（民176，同555）。売買後も売主A名義の登記が残っていれば，物権の円満な状態が占有以外の登記によって妨害されていることになるため，妨害排除請求権の性質をもつ**「所有権に基づく物権的登記請求権としての所有権移転登記請求権」**が発生する。

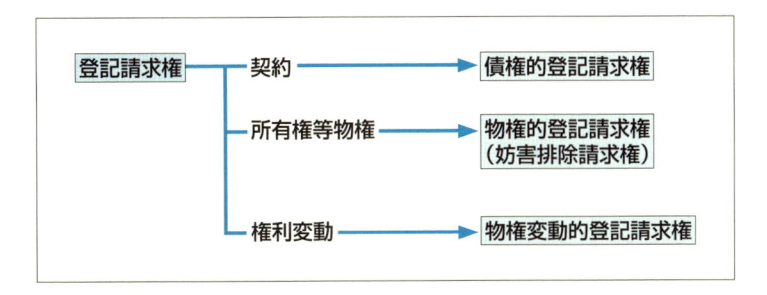

```
登記請求権 ─┬─ 契約        ──→  債権的登記請求権
            ├─ 所有権等物権 ──→  物権的登記請求権
            │                   （妨害排除請求権）
            └─ 権利変動    ──→  物権変動的登記請求権
```

　また，売買契約は，移転型契約であり，財産権移転義務の内容として対抗要件の具備が必要な財産権については，それを具備する義務が認められ，その義務の一貫として「**売買契約に基づく債権的登記請求権としての所有権移転登記請求権**」が発生する。

　さらに，売買契約により物権変動が生ずるので（民176），売主A名義の登記が残っていれば，物権変動の過程と態様に登記が一致していないことになり，その不一致を除去するため，物権変動自体から「**物権変動的登記請求権としての所有権移転登記請求権**」が発生する。

　これら3つの登記請求権は，実体上，別個の権利であり，請求権競合の状態となる。したがって，当事者は，いずれかの登記請求権を自由に選択し，これを相手方に行使できることになる。

　ちなみに，民事訴訟手続で原告としてもっとも主張立証の負担が少ないのは，通常，債権的登記請求権であるため，債権的登記請求権を訴訟物として選択して登記手続請求訴訟を提起することが多い。

（2） 登記請求権の強制履行

　（1）の売買契約の例で，買主Bが売主Aに対して登記請求権を行使したにもかかわらず，Aが任意に申請手続に協力していない場合，登記請求権利者である買主Bは，通常の権利と同様，登記請求権の強制履行を裁判所に請求することができる（民414Ⅰ）。申請行為は，公法上の行為であるが，法律行為を目的とする債務に準じ，裁判をもって債務者Aの申請意思に代えることが可能だからである（民414Ⅱただし書）。

　この訴訟は，訴訟物を**登記請求権**とする給付訴訟であり，**登記手続請求訴訟**とよばれている。原告Bが登記手続請求訴訟に勝訴すれば，原則として判決確定時に被告Aの登記官に対する申請意思が擬制されることになる（民執174Ⅰ本文）。

（3） 判決による登記の意義

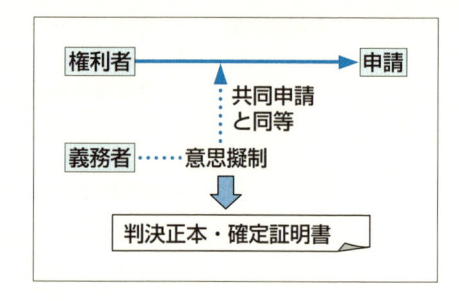

　裁判で擬制された被告Aの申請意思は，登記官に向けたものであるが，登記官は，当然にそれを知ることができない。

　そこで，擬制された申請意思を登記官に到達させるための手続が必要となり，その手続として，原告Bは，擬制された被告Aの申請意思を登記原因証明情報（内容は，執行力ある確定判決の判決書の正本に限定。令7Ⅰ⑤ロ（1））によって明らかにするとともにみずからの申請意思を登記官に表明するため，判決にかかる登記の申請を単独申請することが認められている。これを**判決による登記**という（法63Ⅰ，昭62，平14，平17）。これにより，登記官は，原告の申請意思と判決で擬制された被告の申請意思とによって，あたかも共同申請が履行されたのと同じ状態を確認できることになる。

（4） 判決による登記の手続要件

　判決による登記をするための手続要件は，原告が得た勝訴判決が，①判決主文中で，直接に登記手続を命ずる，②給付判決であり，③申請までに登記申請意思の擬制効果が発生していることであり（法63Ⅰ），判決による登記ができるか否かは，この3要件を検討して判断する。

（5） 申請手続の骨格の修正

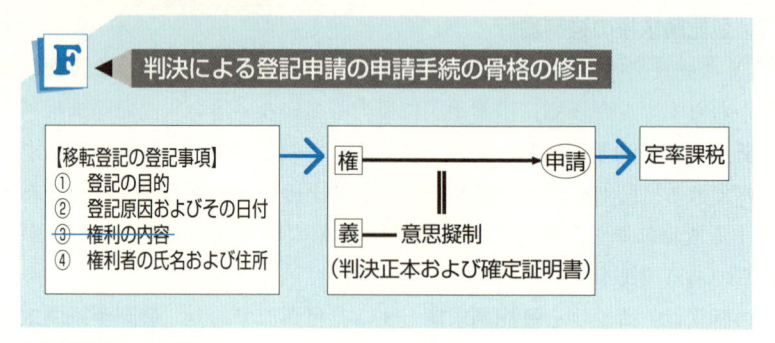

① 申請構造への影響

　判決による登記は，原告となった当事者からの単独申請となる（法63Ⅰ）。これは，原告が単独でみずからの登記申請意思と，判決で擬制された被告の登記

申請意思とを登記官に示し，実質的に共同申請を履行するものである。しかし，原告となった当事者のみで登記申請ができる外観から，単独申請に分類されているものである。

判決による登記の申請では，原告が**申請人**となるため，その氏名および住所を申請情報の内容として記載する（令3①）。しかし，原告は，共同申請の登記権利者にすぎず，登記義務者ではないため，申請人が登記義務者ではない場合として，登記義務者となるべき被告の氏名（名称）および住所をも申請情報の内容として記載しなければならない（令3⑪イ）。

② 添付情報への影響
ⅰ 登記原因証明情報

判決による登記の場合の登記原因証明情報は，執行力ある確定判決の判決書の正本に限定されている（令7Ⅰ⑤ロ(1)）。執行力ある確定判決とは，執行文を要しない場合は，それが判決であれば，**判決正本および確定証明書**であり（民執174Ⅰ本文），それが判決と同一の効力を有する和解調書であれば，調書の成立時に申請意思が擬制されるため（民執174Ⅰ本文），**和解調書の正本**のみとなる。

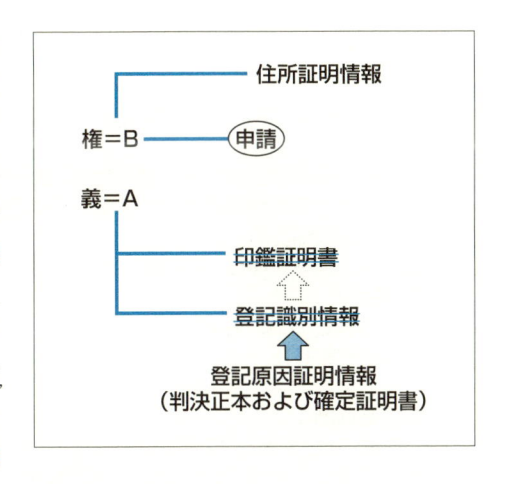

また，執行文を要する場合は**執行文付き判決正本**，**執行文付き和解調書正本**となる（民執174Ⅰただし書）。

ⅱ 登記原因についての第三者の許可書等

判決による登記では，登記原因についての第三者の許可，同意，承諾証明情報の添付を要しない（令7Ⅰ⑤ハ）。訴訟の審理においてその存在が確認され，それが判決理由中で明らかにされるのが通常だからである。

ただし，農地の売買等において判決理由中で農地法所定の許可が得られていることまたは非農地であることが認定されていなければ，原則どおり農地法所定の許可書の添付が必要となる（令7Ⅰ⑤ハ，平6.1.17民三第373回）。

iii 登記識別情報および印鑑証明書

　判決による登記では，登記義務者の申請意思が判決で擬制されているため，登記義務者へのなりすましを防止する登記識別情報の提供（法22，令8反対解釈）および登記義務者の印鑑証明書の添付（規49Ⅱ④・同48Ⅰ⑤・同47③イロ）は不要となる。

　他方，申請する登記が所有権の移転登記である場合，登記名義人となる登記権利者の住所証明情報は，その添付を不要とする規定がないため原則どおり添付しなければならない（令別表30添ロ）。

（6） 判決による登記の判断事例

【事例55 ─判決による登記の中間省略登記 ─】 過問 （S62，H14，H17 いずれも中間省略以外）

> 問　次の事実について，法律構成の判断，原因関係の判断，登記の種類の判断をしなさい。
> 　なお，申請件数は最少，登録免許税額は最低額となるように申請するものとし，甲土地の課税標準の額は金6,000万円とする。
> （甲土地の登記記録）
> 甲区2番　所有権移転　所有者 A
> （事実関係）
> 1　AおよびBは，平成27年2月1日，甲土地を代金8,000万円で移転する契約を締結した。
> 2　BおよびCは，平成28年4月1日，甲土地を代金8,500万円で移転する契約を締結した。
> 3　Cは，ABが登記手続に協力しないため，Cを原告，Aのみを被告とし，所有権に基づく物権的登記請求権を訴訟物とし，請求の趣旨を「被告は原告に対し，甲土地について平成28年4月1日売買を原因とする所有権移転登記手続をせよ。」とする訴状を作成し，登記手続請求訴訟を提起した。被告Aは，第1回口頭弁論期日に答弁書を提出せずに欠席したため，原告Cの全部勝訴判決が平成28年7月1日に確定した。

順序	法律構成の判断	原因関係の判断		登記の種類の判断	物件
		民177の効果	法3の権利変動		
1	事1─AB間の売買契約 事2─BC間の売買契約 事3─CA間の訴訟，C勝訴	変更 変更 （手続事実）	移転 移転	特定移転登記 特定移転登記 判決による中間省略登記	甲 甲 甲

84 判決による登記

① 法律構成の判断

事実1には，AB間で甲土地を代金8,000万円で移転する契約が締結された事実が示されているため，売買契約を法律構成する。

また，事実2には，BC間で甲土地を代金8,500万円で移転する契約が締結された事実が示されているため，売買契約を法律構成する。

② 原因関係の判断

いずれの売買契約の法律効果も，甲土地の所有権の売主から買主への移転である。いずれの物権変動も変更であり（民177），登記の対象となる権利変動は権利主体の変更として移転となり（法3），権利変動の登記の原因関係となる。

③ 登記の種類の判断

いずれの登記の種類も，登記の対象となる権利変動が移転であり（法3），移転原因は相続または合併以外（法63Ⅱ）であるため特定移転登記となる。なお，甲土地はすでに甲区2番まで登記がされているため保存登記に代替する余地はない。

④ 申請の個数と申請順序の判断

本来，甲土地について問題となる2つの移転登記は，登記原因が異なるため一申請は許されず（規35⑨），中間省略登記禁止の原則により，原因関係の発生順に申請しなければならない。

事例では，事実3に，現在の甲土地の所有者CがAを被告として，所有権に基づく物権的登記請求権に基づく登記手続請求訴訟を提起し，全面勝訴した判決が確定した事実が示されている。そこで，この手続事実に基づき判決による登記ができるか否かを検討する。

事実3によれば，原告Cの全部勝訴判決は，ⅰ．訴状の請求の趣旨と同様の判決主文となるため，判決主文で直接に登記手続を命ずる，ⅱ．給付判決となっており，ⅲ．平成28年7月1日に確定しているためそれにより被告Aの登記申請意思の擬制効果が発生しており，判決による登記をするための手続要件のすべてがみたされていることになる（法63Ⅰ）。

問題は，事例の判決による登記は，原告を現在の所有者Cとし，被告を甲土地の登記名義人Aとしており，中間省略登記となっている点にある。しかし，先例は，できるかぎり判決による登記（法63Ⅰ）を可能にする趣旨で，判決による登記にかぎって，中間省略登記の例外を認めている。事例の場合は，判決の主文に登記原因が明示されているため，かりに中間および最終の登記原因に

第4章 申請手続の骨格の修正（応用） 249

85 代位による登記

相続，遺贈，死因贈与が含まれていたとしても，判決による登記申請が受理されることになる（昭 35.7.12 民甲 1580 回）。

ちなみに，判決の主文に登記原因が明示されていない場合には，中間および最終の登記原因に相続，遺贈，死因贈与が含まれていない場合であれば，最終の登記原因およびその日付をもってする判決による登記が受理されることになる（昭 39.8.27 民甲 2885 通）。

【参考・答案例 ― 事例 55（判決による登記に許される中間省略登記）】

登記の目的	所有権移転
原　因	平成 28 年 4 月 1 日売買
申 請 人	権利者（申請人）C　義務者 A
添 付 情 報	登記原因証明情報（判決正本，確定証明書）　住所証明情報（C）　代理権限証明情報（C の委任状）
登録免許税	金 120 万円（＝ 6,000 万円 × 1,000 分の 20）

---

4 － 4　代位による登記

85　代位による登記

（1）　単独申請と申請人の非協力

AB が甲土地を売買した場合，売主 A が登記申請手続に協力しなければ，**84** で検討したとおり，買主 B は，売主 A を被告として，登記手続請求訴訟を提起し，それに勝訴すれば，判決による登記により単独で登記を申請することができる（法 63 Ⅰ）。

この場合，かりに，売主 A が住所を移転していれば，判決による登記申請では，登記義務者 A の氏名および住所も申請情報に記載するため（令 3 ⑪イ），申請情報の内容である登記義務者の住所と登記記録との不合致により当該申請は却下される（法 25 ⑦）。この不都合を回避するには，前提として売主 A の住所移転による名変登記を申請しなければならない。

この名変登記は，申請方式が登記名義人からの単独申請であり（法 64），登記請求権が観念されず，買主 B は，売主 A を被告として，名変登記を求める登記手続請求訴訟を提起することができない。

そこで，売主 A が名変登記を自発的に申請しない場合に，買主 B が売主 A に代わって名変登記を申請できるようにする制度が必要となる。

（2） 登記申請権の意義

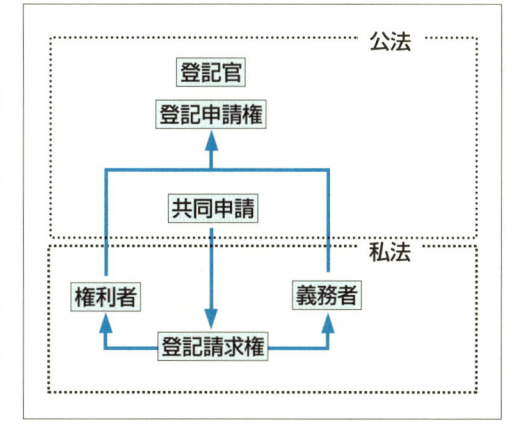

さて，国家制度である民事訴訟手続では，訴訟手続を利用する私人の公法上の権利として訴権が観念されている。

とすれば，国家制度である登記手続においても手続を利用する私人の公法上の権利が観念できることになり，それが登記申請権である（幾代通『不動産登記法』95頁〔有斐閣，第4版〕）。

この登記申請権により，登記原因が発生すれば，それが表示に関する登記か，権利に関する登記かを問わず，また，申請方式が共同申請か，単独申請かを問わず，申請人として当事者となる者は，登記官に対して，登記を要求するための申請が可能となる。

この登記申請権は，登記官に対する公法上の権利であり，私人間の実体私法上の権利である登記請求権とは異なる概念である。

（3） 代位による登記の意義

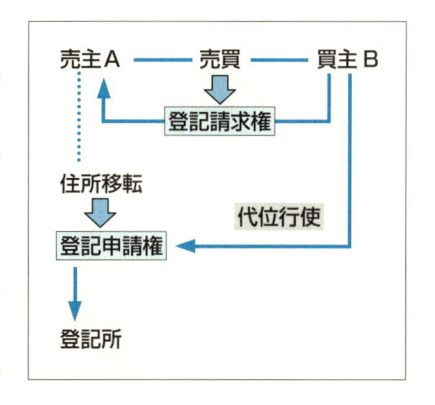

上記（1）の設例で，売主であり甲土地の登記名義人であるAが住所を移転すれば，それは名変登記の原因関係となり，Aには，公法上の権利として名変登記の登記申請権が発生する。

買主Bは，売主Aに対して，登記請求権を有する債権者であるため，債務者Aの有する権利を代位行使することができる（民423）。債権者代位権は，本来，金銭債権を保全する手段として設けられたものであるが，判例は，登記請求権等の特定債権を保全するためにもその利用を認めているからである（大判明43.7.6＝「転用型」）。

これらを前提とすれば，債権者Bが，債務者Aに対する債権者代位権の要件をみたすかぎり，債権者Bは，債務者Aの名変登記の登記申請権を代位行使で

85　代位による登記

きることになる。この場合，債権者Ｂは，**当事者適格**が認められ，自己の名をもって当該名変登記の申請が可能となり，これを**代位による登記**という（法59⑦）。代位による登記は，例として説明した名変登記（昭62）だけでなく，広く申請方式が単独申請である所有権の**保存登記**，相続による**包括移転登記**（昭56，平12，平14，平19）等にも，利用されている。

（4）　代位による登記の手続要件

代位による登記をするための手続要件は，①債権者が債務者に対して有する被保全債権の発生原因事実が存在し，②保全の必要性が認められ，③代位行使する登記申請権の発生原因事実が存在することである（民423Ⅰ）。

この要件のうち，②の保全の必要性は，被保全債権が金銭債権であれば無資力であるが，被保全権利が登記請求権である転用型の場合には，代位による登記を認めないと債権者の申請する登記が却下される場合を意味する。これに関連し，抵当権者は，設定者との関係で権利者の立場に立つものの抵当権は占有を移さない担保権であるため，当然には保全の必要性が認められない。すなわち，抵当権者が抵当権実行の申立てを行いそれが受理されたというように抵当権者が何らかのアクションを起こさなければ保全の必要性が認められない点に注意しなければならない（昭62.3.10民三1024回，平19）。

（5）　申請手続の骨格の修正

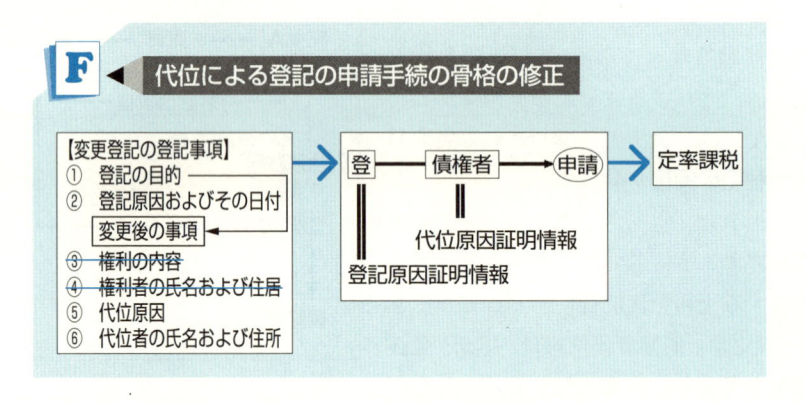

F ◀ 代位による登記の申請手続の骨格の修正

【変更登記の登記事項】
① 登記の目的
② 登記原因およびその日付
　変更後の事項
③ 権利の内容
④ 権利者の氏名および住居
⑤ 代位原因
⑥ 代位者の氏名および住所

登 ─ 債権者 ─ 申請 → 定率課税
　　　　＝
　　代位原因証明情報
登記原因証明情報

①　登記事項への影響

代位による登記の法定登記事項の枠組みは，本来の登記事項のほかに，特別登記事項として債権者である代位者の氏名（名称）および住所，代位原因が追加される（法59⑦）。

② 申請人等への影響

代位による登記では，代位者に当事者適格が認められ，みずからの名で申請人となれるため，①代位者の氏名（名称）および住所を申請情報の内容として記載する（令3①）。その他，②申請人が代位者である旨，③当該他人（被代位者）の氏名（名称）および住所，④代位原因を申請情報の内容として記載しなければならない（令3④）。

③ 添付情報への影響

代位による登記申請では，本来の添付情報のほかに代位による登記の手続要件をみたしていることを証する代位原因証明情報の添付が必要となる（令7Ⅰ③）。代位による登記の手続要件のうち，保全の必要性は，通常，登記記録から判明し，登記申請権は，登記原因証明情報から明らかになるため，当該書面で被保全権利の存在を証する必要がある。

(6) 代位による登記の判断事例

【事例56 ― 代位による相続登記 ―】 過問 (S56, H12, H14, H19)

> 問　次の事実について，法律構成の判断，原因関係の判断，登記の種類の判断をしなさい。
> 　　なお，本事例の登記申請の依頼人は，Xのみとし，甲土地の課税標準の額は金6,000万円とする。
> （甲土地の登記記録）
> 甲区2番　所有権移転　所有者A
> （事実関係）
> 1　Aは，平成28年2月1日に死亡し，その相続人は配偶者Bおよび子Cである。
> 2　Xは，Cに対する平成26年4月1日付け貸付金1,000万円を保全するため，管轄裁判所に対してCの甲土地の持分権を目的として仮差押の申立を行い，平成28年7月1日，仮差押命令を受けた。

順序	法律構成の判断	原因関係の判断		登記の種類の判断	物件
		民177の効果	法3の権利変動		
1	事1―法定相続 事2―仮差押命令	変更 ―	移転 ―	包括移転登記 代位による登記	甲

① 法律構成の判断

事実1には，A死亡の事実が示され，Aが遺言書を作成している事実が示されていないため，法定相続の法律関係を法律構成する。

事実2には，XがCに対する貸金債権を保全するため，Cの甲土地の持分権

を目的として仮差押命令を受けた事実が示されているため，**仮差押え**を法律構成する。

② 原因関係の判断
ⅰ 法定相続の判断

法定相続の法律効果は，被相続人Ａが甲土地の甲区２番の所有権の登記名義人であるため，甲土地の所有権の被相続人Ａから相続人ＢＣへの移転となる。この物権変動は**変更**であり（民177），登記の対象となる権利変動は権利主体の変更として**移転**となり（法３），法定相続は**権利変動の登記の原因関係**となる。

ⅱ 仮差押えの判断

仮差押えの法律効果は，目的物となった甲土地の相続人Ｃの持分権を，仮に差し押さえてＣから処分権を奪うことである。この物権変動は**変更**であり（民177），登記の対象となる権利変動は**処分の制限**となり（法３），**権利変動の登記の原因関係**となる。しかし，仮差押えの登記は保全執行として保全裁判所の書記官が嘱託することになり，申請の対象とはならない。

③ 登記の種類の判断

法定相続の登記の種類は，登記の対象となる権利変動が**移転**であり（法３），移転原因は相続であるため**包括移転登記**となる（個別フレームは **41**〔97頁〕参照）。なお，甲土地はすでに甲区２番まで登記がされており保存登記に代替する余地はない。

さて，問題文から本事例の依頼人はＸのみであり，Ｘが相続による包括移転登記の申請当事者となれるか否かを検討する。Ｘは，債務者Ｃについて，Ｃの有する甲土地の持分権について，仮差押命令に基づく仮差押登記請求権を有している債権者であるため，代位による登記として申請当事者となれるか否かを検討する。

ⅰ. 上記のとおり債権者Ｘは，債務者Ｃ対して仮差押登記請求権を有しておりこれが被保全権利となる。また，ⅱ. 被相続人Ａの相続登記をしなければ，仮差押えの登記の嘱託が登記義務者の不合致で却下されるため（法25⑦），保全の必要性が認められる。ⅲ. 事実１から代位行使する登記申請権の発生原因事実である法定相続が判断できるため，代位による登記の手続要件のすべてがみたされていることになる（民423Ⅰ）。したがって，Ｘは代位者として事例の相続による包括移転登記の当事者適格が認められ，代位による登記として包括移転登記を申請できることになる。

【参考・答案例—事例56（仮差押債権者による代位による相続登記）】
登記の目的　　所有権移転
原　　　因　　平成28年2月1日相続
申　請　人　　相続人（被相続人A）持分2分の1 B　（被代位者）2分の1 C
　　　　　　　代位者 X
そ　の　他　　代位原因　平成28年7月1日仮差押命令の仮差押登記請求権
添　付　情　報　登記原因証明情報（戸籍謄抄本）　住所証明情報（BC）　代位原因証明情報（仮差押命令正本）　代理権限証明情報（Xの委任状）
登録免許税　　金24万円（＝6,000万円×1,000分の4）

4−5　所有権に関する仮登記の本登記

86　所有権に関する仮登記の本登記
(1)　登記請求権の保全手段

84で述べたとおり，一方当事者が登記申請に協力しない場合には，登記手続請求訴訟により登記請求権を強制履行し，判決による登記によって最終的な解決を図ることになる。

しかし，民事訴訟手続は，時間がかかるだけでなく，口頭弁論終結後の承継人を除いて紛争当事者が恒定されない訴訟承継主義を採用しているため（民訴115，民執23Ⅰ③），訴えを提起しただけでは当事者を恒定できず，口頭弁論終結前に係争物について承継があれば，承継人に対して訴訟引受をさせるか，新たに訴えを提起しなければならない。何より，登記が第三者対抗要件であるため（民177），被告の承継人が二重譲渡の譲受人の場合，当該譲受人が先に登記を完了させれば，確定的に権利を取得しなかったこととなり，取得権利を失う危険がある。

そこで，登記手続訴訟において勝訴するまでの間，登記請求権を保全するための制度が必要となり，不動産登記制度上は仮登記制度（平14）が，民事保全法上は処分禁止の仮処分制度（昭62，平17，**55（1）**，**事例15**参照）が設けられている。

これら，登記請求権の保全のための制度は，判決による登記と密接な関係をもつことが多く，判決による登記と併せて出題される可能性が高い。ここでは，仮登記によって保全していた登記請求権を仮登記の本登記をもって実現する場合の申請手続の骨格の修正を説明する。

（2） 仮登記の本登記の意義とその公示方法

　仮登記に基づいて本登記をすれば，当該本登記の順位は，仮登記の順位によることになる。この仮登記の効力を**順位保全効**という（法106）。順位保効により，仮登記後本登記までの間の中間処分は，本登記がなされれば，これに抵触する範囲で効力を失い，中間処分によって生じた権利で本登記権利と併存し得ないものはすべて無効となり，本登記権利と併存できるものはすべて後順位のものとなる（幾代通『不動産登記法』464頁〔有斐閣，第4版〕）。

　たとえば，AからBへの所有権移転仮登記がなされた後，AからCへの所有権移転登記がされている場合のように仮登記義務者を起点として仮登記の内容に矛盾・抵触する第三者のための登記がなされた場合，上記の順位保全効をいかなる登記手続をもって公示するかが問題となり，かつては，大論争となっていた。

　1つの見解は，Cが現在の登記名義人である状態で，ABの共同申請によりBのための本登記を申請するという説である。この説は，仮登記は順位保全効のみを有し，仮登記のままでは権利を第三者に対抗できないはずであるから，仮登記のままでCの登記を抹消することは許されないとの考えを基調とするものである。

　他の1つは，Cの所有権移転登記を抹消登記し，その後にABの共同申請でBのための本登記申請をするという説である。この説は，あらゆる登記手続は，現在の登記名義人を起点としてなされなければならないという登記の連続性原則を形式的にも厳格に貫こうとするものといえる（以上，幾代通前掲書231頁）。

　旧先例は，Cの登記をそのままにしてAB間のBの本登記申請があれば，これを受理し，Cの登記を職権で抹消することなく，Bのための本登記を実行し，その旨をCに通知する。そして，BCのいずれか一方が他の者の登記の抹消に成功しないかぎり，BCいずれを起点とする新たな権利変動による登記申請を受理しないとするものであった（昭28.11.21民甲2164通）。

　この見解の対立は，旧不動産登記法の昭和35年改正（法律第14号）の際に，所有権に関する仮登記に基づく本登記について，新たな規定を設けることで立法的に解決され，それを現行法が引き継いでいる。

　すなわち，所有権に関する仮登記の本登記について，AB間の共同申請でそれを行えるものの，Cを登記上の利害関係を有する第三者と位置づけ，Cの承諾を申請手続の必須要件とし（法109 I），Bのための仮登記の本登記をする際

に，Cの承諾を根拠として，Cの登記を登記官が職権抹消することにしている（法109Ⅱ）。

これは，最低限，BとCの所有権が混在する登記状態という難点を克服するものであり，その理念においては，上記の第1の見解と第2の見解を足して2で割ったような妥協と評されるものとなっているが（幾代通前掲書234～235頁），このような特則規定を持たない取得時効（**事例86**）や買戻権の行使（**事例87**）と比較すると非常に大きな手続上の特色となっている。

（3） 申請手続の骨格の修正
① 登記事項への影響

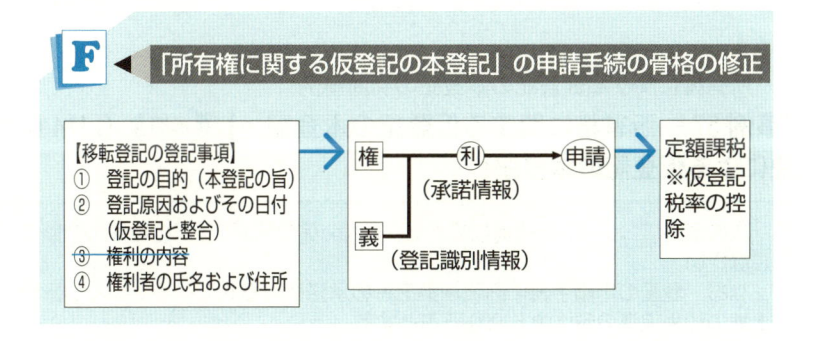

F ◀ 「所有権に関する仮登記の本登記」の申請手続の骨格の修正

【移転登記の登記事項】
① 登記の目的（本登記の旨）
② 登記原因およびその日付（仮登記と整合）
~~③ 権利の内容~~
④ 権利者の氏名および住所

→ 権利（承諾情報）─利→申請
　　義（登記識別情報）

→ 定額課税
※仮登記税率の控除

必要・十分な法定登記事項の枠組みは，本登記する登記の種類に応じて考える。たとえば，移転仮登記の本登記であれば，登記の目的，登記原因およびその日付，権利者の氏名（名称）および住所のみとなる（法59）。

本登記の**登記の目的**には，仮登記の本登記である旨を明らかにし，本登記の**登記原因**は，1号仮登記の本登記であれば仮登記原因と同一でなければならず，2号仮登記では，仮登記原因と論理的に整合したものとなっていなければならないと制約されている（昭34.11.13民甲2438通）。

② 申請方式および添付情報への影響

申請方式は，登記権利者および登記義務者からする共同申請のほか（法60），所有権に関する仮登記の本登記では，それが移転登記であっても，登記上の利害関係を有する第三者との間で，必要的承諾型による利害調整を行うものに修正されることになる（法109）。

申請人は，原則として，仮登記権利者を本登記権利者とし，仮登記義務者を本登記義務者とする。登記上の利害関係を有する第三者は，原則として仮登記

がなされた時点を基準として，それ以後に登記された仮登記に抵触する現に効力を有する登記名義人の全員である。

この申請方式を受けて，主要な添付情報は，登記義務者へのなりすまし防止のための登記識別情報（法22）と登記上の利害関係を有する第三者の承諾証明情報（令別表69添イ）となる。

③ 登録免許税への影響

所有権の移転に関する仮登記のように課税方式が定率課税の場合には，本登記税率から登録免許税法17条1項の表に指定された税率を控除した税率を，課税標準である不動産価額に乗じて税額を計算する定率課税となる（登免税17）。仮登記の申請段階での課税方式が定率課税であるため，二重課税を回避する趣旨である。

(4) 所有権に関する仮登記の本登記の判断事例

【事例57 ―所有権に関する仮登記の本登記―】 過問 （H14は判決による仮登記の本登記）

> 問　次の事実について，法律構成の判断，原因関係の判断，登記の種類の判断をしなさい。
> 　　なお，登記の申請手続に必要な第三者の承諾は得られているものとし，甲土地の課税標準の額は金6,000万円とする。
> （甲土地の登記記録）
> 甲区2番　所有権移転　所有者　A
> 　　3番　所有権移転請求権仮登記　平成26年9月1日売買予約　権利者　B
> 　　　　 余白
> 　　4番　所有権移転　平成27年2月1日売買　所有者　C
> （事実関係）
> 1　BはAに対して，平成28年7月1日，甲土地の甲区3番で仮登記されている売買予約の予約完結権を行使する意思表示をした。

順序	法律構成の判断	原因関係の判断		登記の種類の判断	物件
		民177の効果	法3の権利変動		
1	事1―予約完結権行使による売買契約（3番仮登記）	変更	移転	特定移転登記（仮登記の本登記）	甲

① 法律構成の判断

事実1には，BがAに対して売買予約の予約完結権を行使した事実が示されているため，予約完結権行使による売買契約を法律構成する。

② 原因関係の判断

　民法に規定されている予約契約は売買の一方の予約であり，予約完結権が行使されればそれにより売買契約が成立する（民556Ⅰ）。当該売買契約の法律効果は，甲土地の所有権のAからBへの移転である。この物権変動は**変更**であり（民177），登記の対象となる権利変動は権利主体の変更として**移転**となり（法3），**権利変動の登記の原因関係**となる。

③ 登記の種類の判断

　登記の種類は，登記の対象となる権利変動が**移転**であり（法3），移転原因が相続または合併以外（法63Ⅱ）であるため**特定移転登記**となる（個別フレームは**36**〔82頁〕参照）。

　さて，Bのための売買による**特定移転登記**は，甲区3番で2号仮登記が存在するため，所有権に関する仮登記の本登記として申請することになる。この場合，本登記義務者は仮登記義務者であった甲区2番の登記名義人Aとなる。Aは，甲区4番のCの所有権の登記によって現に効力を有する登記ではなく，登記義務者の定義である登記名義人といえるか否かが問題となるが，甲区3番仮登記以後の登記で当該仮登記に抵触する登記は，仮登記の本登記に伴い，登記官が職権で抹消登記することになるため（法109Ⅱ），それとの関係で登記義務者の定義をみたせることになる。

　また，上記の職権抹消登記の対象となる登記の登記名義人は，登記上の利害関係を有する第三者となり，当該第三者の承諾が仮登記を本登記する場合には必須となる（法109Ⅰ）。事例では，甲区4番の所有権登記名義人Cが第三者となり，問題文のなお書きによりCの承諾は得られているため，所有権の仮登記の本登記とは別に甲区4番の抹消登記の申請を要しないことになる。

【参考・答案例—事例57（所有権に関する仮登記の本登記）】

登記の目的	所有権移転（3番仮登記の本登記）
原　　因	平成28年7月1日売買
申 請 人	権利者B　義務者A
添 付 情 報	登記原因証明情報（A作成の報告式）　登記識別情報（Aの甲区2番）　印鑑証明書（A）　住所証明情報（B）　承諾証明情報（C）　代理権限証明情報（BAの委任状）
登録免許税	金60万円（登録免許税法第17条第1項）（＝6,000万円×(1,000分の20−1,000分の10)）

◆第3部◆

フレーム・コントロール Step 2
―全体フレームの判断―

　答案の枠組み（フレーム）を判断する「フレーム・コントロール」は，「申請の個数と申請順序」という答案全体の枠組み（全体フレーム）を判断する要素と，連件申請を構成する個々の登記の答案の枠組み（個別フレーム）を判断する要素から成り立っている。

　このうち第3部で学習するのが，「全体フレーム」の判断である。これは「申請の個数と申請順序」の判断であり，Fコンの本質部分として答案の運命を決定する重要な判断となっている。

　実際に学習してみれば，申請の個数の判断のほうが，申請の順序を判断するよりも難易度が高いことが実感されるであろう。また，最終的には事例を何度も解くことで，申請の個数と申請順序の判断に習熟することがきわめて重要であることが実感されるであろう。

　第3部の最後には，連件申請のパターンがまとめられている。連件申請とは，2つ以上の登記が一定の関係性をもって結合しているものをいい，本来，申請の個数と申請順序を学習することで，暗記するまでもなく把握できる内容である。しかし，より素早く，問題の構造を解明するためには，あらかじめどのような連件パターンがあるかを知っておくことが有益なのである。

第1章

申請個数の判断

1－1　総説

87　Ｆコン Step 2 の位置づけ

（1）　Ｆコン Step 2 の果たす役割

　Ｆコン Step 1 では，**法律構成**により問題に含まれる法律関係を判断し，**原因関係の判断**により法律関係のなかから原因関係を選別し，**登記の種類の判断**により原因関係に基づいていかなる種類の登記を申請するかを判断した。登記の種類は，申請手続の**類型**であり，登記の種類を判断すれば同時に申請手続の骨格が決まることになり，これにより答案に記載する個々の登記の答案の**個別フレーム**を決定できることになる。

　Ｆコン Step 2 では，**申請の個数**と**申請順序**を判断することにより**全体フレーム**を決定する。不動産登記の書式の問題は，**連件申請**（複数の登記を同時申請し，申請人がそれに順序を付す申請）の形式で出題されているため，申請の個数と申請順序の判断を誤れば，答案用紙の指定された解答欄に答案を書くことができない，いわゆる**欄ズレ**となり，個々の登記の内容がいかに正確であったとしても答案が０点となることを覚悟しなければならない。

　したがって，申請の個数と申請順序の判断をすることで決定される**全体フレーム**は，答案の運命を決定する核心となっている。

（2）　暫定個数の判断と説明の順序

　ここでは，まず，申請の個数をどのように決定するのかを説明する。申請の個数は，最終的に**登記の連続性の判断**によって確定されるため，ここでの決定を本書では，**暫定個数の判断**とよぶことにする。

　暫定個数の判断は，本来，登記の種類が決定できた段階で**一申請の判断**によって行うことになる（令４ただし書等）。

　しかし，**原因関係の判断**のなかには，申請の個数の判断に強い影響を与える論点が存在する。すなわち，原則的な発想では，１つの法律関係が１つの原因関係となり，１つの登記を申請することになるのであるが，なかには，本来，原因

関係となるはずのものを原因関係と評価せず，名変登記の要否の判断（**64**参照）と同様に，申請を省略することができる論点（**1－2**），複数の法律関係を1つの原因関係と評価し申請の個数が減少する論点（**1－3**），複数の原因関係を1つの原因関係と評価し申請の個数が減少する，いわば中間省略登記が例外として許される論点（**1－4**），これらとは逆に1つの法律関係を複数の原因関係と評価し，申請の個数が増加する論点（**1－5**）の存在である。

そこで，一申請の判断に先だって，まず，これらの論点を説明する。

1－2　申請省略による申請個数減少の例外

88　元本確定登記の省略

（1）　確定期日の到来

【事例58 ― 確定期日の到来 ―】 先例

> 問　次の事実について，法律構成の判断，原因関係の判断，登記の種類の判断をしなさい。
> （甲土地の登記記録）
> 甲区2番　所有権移転　所有者 A
> 乙区1番　根抵当権設定　極度額 金3,000万円　債権の範囲 売買取引
> 　　　　　確定期日 平成28年7月1日　債務者 A　根抵当権者 X
> （事実関係）
> 1　XおよびYは，平成28年7月1日，1番根抵当権の被担保債権の全額を代金2,000万円で移転する旨を合意した。
> 2　同日，XおよびYは，Aの承諾を得て，1番根抵当権を移転する全部譲渡契約を締結した。

順序	法律構成の判断	原因関係の判断		登記の種類の判断	物件
		民177の効果	法3の権利変動		
1	事1－債権譲渡 事2－全部譲渡 ▲確定期日到来	変更 （無効） （先例・申請省略）	移転	特定移転登記	甲

①　元本確定の有無の判断

　根抵当権は，元本確定の前後により法律関係が大きく異なる。したがって，根抵当権が出題されている問題については元本確定の有無を最初に検討するのが効率的である。根抵当権の法律関係は，元本が確定していない状態が原則であり，元本が確定している状態が例外に位置づけられ，本来，元本確定の事由

の存在は否定事実（抗弁事実）に該当する。これは，元本確定事由に該当する事実が明示されていないかぎり，元本が確定していない根抵当権として取り扱えることを意味する。

さて，根抵当権の元本確定の判断は，実務の基本スキルのひとつとなっている。まず，ⅰ．共同根抵当権か否かを判断するため根抵当権の登記事項の末尾に共同担保目録の記号および番号の登記があるか否かをチェックする。共同根抵当権であれば，合一確定の原則があるため（民398の17Ⅱ），すべての共同物件の根抵当権を検討対象としなければならない（次頁表の1参照）。

次いで，ⅱ．先例により登記簿上元本の確定が明らかな元本確定事由を検討する（昭46.12.27民三960依命通知）。当該元本確定事由が存在すれば，例外的に元本確定の登記を経ずに元本確定後固有の処分および変更の登記を申請することができるため，申請の個数に直接の影響が生ずることになる（次頁表の2から5まで参照）。

最後に，ⅲ．それ以外の元本確定事由を検討する。この元本確定事由が存在すれば，原則どおり元本確定の登記を申請しなければ，元本確定後固有の処分および変更の登記を申請することができない（次頁表の6から11まで参照）。

事例の場合，まず，乙区1番の根抵当権の登記事項には，共同担保目録の記号および番号の登記がなく，甲土地の1番根抵当権のみを検討対象とすれば足りることになる。

次いで，1番根抵当権の登記事項に確定期日の登記がされていることが確認できる。これにより平成28年7月1日（0時）の期日の到来により1番根抵当権の元本は確定していると判断できることになる。また，この元本確定事由は，登記簿上明らかであるため，元本確定の法律関係は原因関係とはならず，元本確定登記の申請が省略できる（昭46.12.27民三960依命通知）。

② 法律構成の判断

事実1には，1番根抵当権者XがYに対して，被担保債権全額を売却した事実が示されているため，債権譲渡を法律構成する（**38，事例2**参照）。

また，事実2から全部譲渡契約を法律構成することができるが（民398の12Ⅰ），全部譲渡契約は，元本確定前に固有の処分であり，上記①で検討したとおり，1番根抵当権は契約に先だって元本が確定しており，全部譲渡契約は無効であるため，以後の検討を要しない。

88 元本確定登記の省略

	着目	チェックポイント	確定登記
1	乙区	根抵当権の登記事項の末尾の共同担保目録の記号・番号の有無に着目し，これがあれば，共同根抵当権として全物件を検討（合一確定原則）	
2	乙区	元本確定期日の登記の有無に着目し，あれば，期日の到来時に元本確定	不要
3	乙区	相続による変更または移転登記の有無に着目し，あれば，相続開始後6か月以内に指定債務者等の合意の登記がないかぎり，相続時に遡及して元本確定（平10，平12，平18，平27）	不要
4	甲区	根抵当権者自身による差押登記の有無に着目し，あれば，申立て時に元本確定 ※その後，差押登記が抹消されていても元本確定効果は維持 ※共有者の1人の差押えでも元本確定	不要
5	甲区	自然人である設定者の破産手続開始決定登記（または破産否認の登記）の有無に着目し，あれば，決定時に元本確定（平13は破産否認）	不要
6	甲区	第三者の差押登記（担保不動産収益執行による差押えは除く）の有無に着目し，あれば，根抵当権者が知って2週間の経過で元本確定 ※その後，差押登記が抹消されていれば元本確定効果は覆滅	要
7	登記外	根抵当権者自身の元本確定請求の事実の有無に着目し，あれば，設定者への到達時に元本確定（平20）	要
8	登記外	設定後3年経過による設定者の元本確定請求の有無に着目し，あれば，根抵当権者に到達後2週間の経過で元本確定	要
9	登記外	合併または会社分割による設定者の元本確定請求の有無に着目し，あれば，合併または会社分割の効力発生時に遡及して元本確定	要
10	登記外	法人である設定者の破産手続開始決定の有無に着目し，あれば，決定時に元本確定	要
11	登記外	根抵当権者の物上代位による差押え（平26）	要

③ 原因関係の判断

債権譲渡の法律効果は，1番根抵当権の被担保債権全部が譲渡人Xから譲受人Yに移転し，随伴性により1番根抵当権がXからYに移転する。この物権変動は**変更**であり（民177），登記の対象となる権利変動は権利主体の変更として**移転**となるため（法3），債権譲渡は**権利変動の登記の原因関係**となる。

④ 登記の種類の判断

登記の種類は，登記の対象となる権利変動が**移転**であり（法3），移転原因が相続または合併以外（法63Ⅱ）であるため，**特定移転登記**となる（個別フレームは36〔82頁〕参照）。

【参考・答案例―事例58（確定期日の到来による元本確定登記の省略と債権譲渡による移転登記）】

登記の目的　1番根抵当権移転
原　　　因　平成28年7月1日債権譲渡
申　請　人　権利者 Y　義務者 X

添付情報	登記原因証明情報（X作成の報告式） 登記識別情報（Xの乙区1番）代理権限証明情報（XYの委任状）
登録免許税	金6万円（＝3,000万円×1,000分の2）

⑤ 関連事項
i 共同根抵当権と元本確定

　複数の不動産を目的とする**共同根抵当権**は，被担保債権の同一性を維持するため，共同物件のうちの1つの物件で元本確定事由が生ずれば，同時にすべての共同物件の根抵当権の元本が確定する（民398の17Ⅱ）。これを**合一確定の原則**という。

　ただし，根抵当権者からの元本確定請求（民398の19Ⅱ）は，すべての物件の設定者に請求しなければ，元本確定の効果が発生しない。合一確定の原則を適用しては，根抵当権者にとって過度に有利な結果となる不都合を避けるためのものであり，不良債権処理における法制策的な判断である。

ii 共有根抵当権と元本確定

　複数の根抵当権者が1つの根抵当権を保有する**共有根抵当権**では，原則として共有根抵当権者の全員に元本確定事由が生じなければ元本は確定しない。元本確定は権利全体についての概念だからである。

　ただし，共有者の1人が差押えをすれば，例外的に元本が確定する（平9.7.31民三1301回）。この場合でも原則を適用し被担保債権の流動を許せば，設定者や後順位者に酷な結果となり，妥当ではないからである。

iii 共用根抵当権と元本確定

　1つの根抵当権に複数の債務者が存在する**共用根抵当権**では，共用債務者の全員に元本確定事由が生じなければ元本は確定しない。これには共有根抵当権のような例外が認められていない。

iv 設定者共有と元本確定

　設定目的物が共有の場合，根抵当権に関する法律行為は，設定者が全員でしなければ効力が生じない。根抵当権に関する法律行為は，保存行為や管理行為に該当せず，すべて処分行為（民251）と解釈すべきだからである。

　なお，根抵当権の設定目的物である甲土地がABの共有である場合，Aについて破産手続開始決定がされた場合，甲土地を目的とする根抵当権の元本は確定すると解されている。この理由は，一般に破産という取引の継続を困難とする客観的事情があるからだと説明されているが，実質的にはA持分権とB持

（2） 相続後6か月以内に合意の登記なし

【事例59 ─ 6か月以内の合意の登記なし─】 過問 (H10，H12，H18，H27)，先例

> 問 次の事実について，法律構成の判断，原因関係の判断，登記の種類の判断をしなさい。
> （甲土地の登記記録）
> 甲区2番　所有権移転　所有者 A
> 　　3番　所有権移転　平成27年12月1日相続　所有者 B
> 乙区1番　根抵当権設定　極度額 金3,000万円　債権の範囲 売買取引　債務者 A　根抵当権者 X
> 　　付記1号　1番根抵当権変更　平成27年12月1日相続　債務者 B
> （事実関係）
> 1　XおよびYは，平成28年7月1日，1番根抵当権の被担保債権金2,000万円のうち金1,555万5,500円を代金500万円で移転する旨を合意した。
> 2　同日，XおよびYは，Bの承諾を得て，1番根抵当権を分割せずに共有するための一部譲渡契約を締結した。

順序	法律構成の判断	原因関係の判断		登記の種類の判断	物件
		民177の効果	法3の権利変動		
1	事1─債権一部譲渡 事2─一部譲渡契約 ▲相続後6か月経過	変更 （無効） （先例・申請省略）	移転	特定移転登記	甲

① 元本確定の有無の判断

　事例の場合，まず，乙区1番の根抵当権の登記事項には，共同担保目録の記号および番号の登記がなく，甲土地の1番根抵当権のみを検討すれば足りる。次いで，1番根抵当権の登記事項に確定期日の登記がされていないが，付記1号で相続による債務者の変更登記がされていることが確認できる。当該変更登記から相続開始日は平成27年12月1日であり，翌12月2日を起算日とし（民140本文），6か月後の応答日の前日である平成28年6月1日で6か月の期間が満了する（民143Ⅱ本文）。したがって，6月1日までに指定債務者の合意およびそれに基づく変更登記がされていない1番根抵当権は，相続開始時である平成27年12月1日にさかのぼって元本確定がみなされる（民398の8Ⅳ）。また，当該元本確定事由は，登記簿上明らかであるため，元本確定の法律関係は原因関

係とはならない（昭46.12.27民三960依命通知，平10）。

② 法律構成の判断

事実1には，1番根抵当権者XがYに対して，被担保債権一部を売却した事実が示されているため，債権一部譲渡を法律構成する（**38（4）**①参照）。

また，事実2から一部譲渡契約を法律構成することができるが（民398の13），一部譲渡契約は，元本確定前に固有の処分であり，上記①で検討したとおり，1番根抵当権の元本は一部譲渡契約に先だって確定しており，一部譲渡契約は無効であるため，以後の検討を要しない。

③ 原因関係の判断

債権一部譲渡の法律効果は，1番根抵当権の被担保債権の一部が譲渡人Xから譲受人Yに移転し，随伴性により1番根抵当権の一部のXからYへの移転である。この物権変動は変更であり（民177），登記の対象となる権利変動は権利主体の一部変更として移転となるため（法3），債権一部譲渡は権利変動の登記の原因関係となる。

④ 登記の種類の判断

登記の種類は，登記の対象となる権利変動が移転であり（法3），移転原因が相続または合併以外であるため（法63Ⅱ），特定移転登記となる（個別フレームは**36**〔82頁〕参照）。

【参考・答案例―事例59（相続後6か月の経過による元本確定登記の省略と債権一部譲渡による移転登記）】

登記の目的	1番根抵当権一部移転
原　　因	平成28年7月1日債権一部譲渡
そ の 他	譲渡額　金1,555万5,500円
申 請 人	権利者Y　義務者X
添 付 情 報	登記原因証明情報（X作成の報告式）　登記識別情報（Xの乙区1番） 代理権限証明情報（XYの委任状）
登録免許税	金3万1,100円（百円未満切捨）（＝1,555万5,000円（千円未満端数切捨）×1,000分の2）

---

⑤ 関連事項

事例では，相続による債務者の変更登記がされていたが，当該登記がされていない場合には，元本確定の登記ではなく，相続による債務者の変更登記を申請することになる。相続による債務者の変更登記をすれば，登記簿上から元本の確定が明らかとなり，元本確定の登記を要しなくなるからである（昭58，平

18，平 23，平 27）。

（3）根抵当権者の差押え
【事例60 ―根抵当権者の差押え―】 先例

問　次の事実について，法律構成の判断，原因関係の判断，登記の種類の判断をしなさい。
（甲土地の登記記録）
甲区2番　所有権移転　所有者 A
　　3番　差押　平成27年12月1日甲地方裁判所担保不動産競売開始決定
　　　　　　債権者 X
　　4番　3番差押抹消　平成28年6月1日取下
乙区1番　根抵当権設定　極度額　金3,000万円　債権の範囲　売買取引　債務
　　　　　者 A　根抵当権者 X
（事実関係）
1　保証人Yは，Xに対して，平成28年7月1日，1番根抵当権の被担保債権金5,000万円のうち金4,000万円を弁済した。
2　同日，XおよびYは，Aの承諾を得て，1番根抵当権を極度額金2,000万円の根抵当権と極度額金1,000万円の根抵当権に分割し，極度額金2,000万円の根抵当権をYに移転する分割譲渡契約を締結した。

順序	法律構成の判断	原因関係の判断		登記の種類の判断	物件
		民177の効果	法3の権利変動		
1	事1―一部代位弁済 事2―分割譲渡契約 ▲根抵当権者の差押え	変更 （無効） （先例・申請省略）	移転	特定移転登記	甲

① 元本確定の有無の判断

　事例の場合，まず，乙区1番の根抵当権の登記事項には，共同担保目録の記号および番号の登記がなく，甲土地の1番根抵当権のみを検討すれば足りる。
　次いで，乙区の1番根抵当権の登記事項に確定期日の登記がされておらず，債務者または根抵当権者の相続による変更登記または移転登記が存在しない。
　甲区に目を転じ，甲区3番をみると差押えの登記が存在し，差押債権者Xが1番根抵当権者Xと一致するため，根抵当権者自身による差押えであることが確認できる。この場合，差押えの原因を問わず，1番根抵当権は差押えの申立て時点において元本が確定する（民398の20 I ①）。甲区4番で差押えが取下げを原因として抹消されているが，第三者の差押えと異なり，元本確定効果はこれにより覆滅しない（民398の20 II 反対解釈）。これを認めると根抵当権者自身が恣意的に元本確定をコントロールできることになり，妥当ではないからである。

また，この元本確定事由は，登記簿上明らかであるため，元本確定の法律関係は原因関係とはならない（昭46.12.27民三960依命通知）。

② 法律構成の判断

事実1には，保証人Yが1番根抵当権の被担保債権の一部を弁済した事実が示されているため，一部代位弁済を法律構成する（**76（2）**，**事例43**参照，平13，平27）。また，事実2から分割譲渡契約を法律構成することができるが（民398の12ⅡⅢ），分割譲渡契約は，元本確定前に固有の処分であり，上記①で検討したとおり，1番根抵当権の元本は分割契約に先だって確定しており，分割譲渡契約は無効であるため，以後の検討を要しない。

③ 原因関係の判断

一部代位弁済の法律効果は，1番根抵当権の被担保債権の一部が弁済者Yに移転し，随伴性により1番根抵当権の一部のXからYへの移転である。この物権変動は変更であり（民177），登記の対象となる権利変動は権利主体の一部変更として移転となるため（法3），一部代位弁済は権利変動の登記の原因関係となる。

④ 登記の種類の判断

登記の種類は，登記の対象となる権利変動が移転であり（法3），移転原因が相続または合併以外であるため（法63Ⅱ），特定移転登記となる（個別フレームは **36**〔82頁〕参照）。

【参考・答案例―事例60（根抵当権者の差押による元本確定登記の省略と一部代位弁済による移転登記）】

登記の目的	1番根抵当権一部移転
原　　因	平成28年7月1日一部代位弁済
そ の 他	弁済額　金4,000万円
申 請 人	権利者Y　義務者X
添付情報	登記原因証明情報（X作成の報告式）　登記識別情報（Xの乙区1番） 代理権限証明情報（XYの委任状）
登録免許税	金6万円（＝3,000万円（極度額限度の受益）×1,000分の2）

（4）　設定者の破産

【事例61―個人の設定者の破産―】　過問　（H13破産否認），先例

問　次の事実について，法律構成の判断，原因関係の判断，登記の種類の判断を

しなさい。
(甲土地の登記記録)
甲区2番　所有権移転　所有者A
　　3番　破産手続開始決定　平成28年4月1日午前10時甲地方裁判所破産
　　　　　手続開始決定
乙区1番　根抵当権設定　極度額 金3,000万円　債権の範囲 売買取引　債務
　　　　　者A　根抵当権者X
(事実関係)
1　Yは，Aに対して，平成28年7月1日，金1,000万円を貸し渡した。
2　同日，XおよびYは，1番根抵当権の極度額からYがXに優先して弁済を
　受ける譲渡契約を締結した。

順序	法律構成の判断	原因関係の判断		登記の種類の判断	物件
		民177の効果	法3の権利変動		
1	事1―YA金銭消費貸借 事2―XY抵の譲渡契約 ▲設定者の破産	―― 変更 (先例・申請省略)	変更	変更契約	甲

① 元本確定の有無の判断

事例の場合，まず，乙区1番の根抵当権の登記事項には，共同担保目録の記号および番号の登記がなく，甲土地の1番根抵当権のみを検討すれば足りる。

次いで，乙区の1番根抵当権の登記事項に確定期日の登記がされておらず，債務者または根抵当権者の相続による変更登記または移転登記が存在しない。

甲区に目を転じると差押えの登記はされていないが，甲区3番には設定者Aの破産手続開始決定の登記が存在する。これにより破産手続開始決定時点から1番根抵当権の元本が確定する（民398の20Ⅰ④）。

また，この元本確定事由は，登記簿上明らかであるため，元本確定の法律関係は原因関係とはならない（昭46.12.27民三960依命通知，平13は破産否認）。

② 法律構成の判断

事実2には，1番根抵当権の極度額から受益者Yが根抵当権者Xに優先して弁済を受ける内容の譲渡契約を締結しており，受益者Yが債務者を同じくする他の債権者であり，上記①で検討したとおり1番根抵当権の元本が確定しているため（民398の11Ⅰ反対解釈），民法376条の根抵当権のみの譲渡契約を法律構成する（**79（1）**，**事例50** 参照）。

なお，事実1のYA間の金銭消費貸借契約の事実は，受益者の受益債権の事実であり，独立して原因関係とはならない。

③ 原因関係の判断

根抵当権のみの譲渡契約の法律効果は、1番根抵当権の優先弁済権の変更である。この物権変動は変更であり（民177）、登記の対象となる権利変動は権利内容の変更として変更となり（法3）、根抵当権のみの譲渡契約は「権利変動の登記の原因関係」となる。

④ 登記の種類の判断

登記の種類は、登記の対象となる権利変動が変更であるため（法3）、変更登記となる（個別フレームは50〔120頁〕参照）。当該変更登記では、受益者の権利を公示してその存在を明らかにする（法90）。

【参考・答案例―事例61（設定者の破産による元本確定登記の省略と根抵当権のみの譲渡）】

登記の目的	1番根抵当権譲渡
原　　因	平成28年7月1日金銭消費貸借同日譲渡
そ の 他	債権額　金1,000万円　債務者A
申 請 人	受益者Y　義務者X
添付情報	登記原因証明情報（X作成の報告式）　登記識別情報（Xの乙区1番） 代理権限証明情報（YXの委任状）
登録免許税	金1,000円（＝甲土地1個×1,000円）

---

⑤ 関連事項

設定者または債務者の破産登記には、破産否認の登記が含まれる（平13）。否認登記は、実質的には、抹消登記または移転登記により登記名義が破産者に復帰し、かつ、その復帰した登記名義人について破産の登記がなされているのと同様の意味をもつ登記と評価されているからである（特殊登記説）。

また、設定者または債務者が法人の場合には、事例の自然人の場合と異なり、破産財団に属する不動産には破産登記が嘱託されないため、元本の確定が登記記録上、明らかな場合ではなくなる。この場合、元本の確定を前提として、根抵当権を取得し、またはそれを目的とした権利を取得した者がある場合、原則どおりそれら根抵当権の取得等の登記の前提として元本の確定の登記が必要となる。この場合の元本確定登記は、かつて元本確定登記が不要であったことにかんがみ例外的に根抵当権者からの単独申請が認められている（法93）。

（5） 第三者の差押えと元本確定の覆滅効果

【事例 62 ―第三者の差押えと元本確定の覆滅効果―】

> 問　次の事実について，法律構成の判断，原因関係の判断，登記の種類の判断をしなさい。
> （甲土地の登記記録）
> 甲区2番　所有権移転　所有者 A
> 　　　3番　差押　平成27年12月1日甲地方裁判所担保不動産競売開始決定
> 　　　　　　　債権者 Y
> 　　　4番　3番差押抹消　平成28年6月1日取下
> 乙区1番　根抵当権設定　極度額　金3,000万円　債権の範囲　売買取引　債務者 A　根抵当権者 X
> 　　　2番　抵当権設定　債権額　金1,000万円　債務者 A　抵当権者 Y
> （事実関係）
> 1　X および W は，平成28年7月1日，1番根抵当権の被担保債権の全額を代金2,000万円で移転する旨を合意した。
> 2　同日，X および W は，A の承諾を得て，1番根抵当権を移転する全部譲渡契約を締結した。

順序	法律構成の判断	原因関係の判断		登記の種類の判断	物件
		民177の効果	法3の権利変動		
1	事1―債権譲渡 事2―全部譲渡契約 ▲第三者の差押えの効力消滅 （元本確定効果の覆滅）	（随伴性否定） 変更 甲区3番抹消 登記済	移転	特定移転登記	甲

① 元本確定の有無の判断

　事例の場合，まず，乙区1番の根抵当権の登記事項には，共同担保目録の記号および番号の登記がなく，甲土地の1番根抵当権のみを検討すれば足りる。

　次いで，乙区の1番根抵当権の登記事項に確定期日の登記がされておらず，債務者または根抵当権者の相続による変更登記または移転登記が存在しない。

　甲区に目を転じ，甲区3番をみると差押えの登記が存在し，差押債権者 Y が2番抵当権者 Y と一致するため，第三者による差押えであることが確認できる。この場合，1番根抵当権者 X が差押えを知って2週間の経過により1番根抵当権の元本は確定する（民398の20Ⅰ③）。しかし，甲区4番で差押えが取下げを原因として抹消されており，これにより差押えははじめからなかったことになり，根抵当権者自身の差押えと異なり，1番根抵当権の元本は確定しなかったものとみなされる（元本確定効果の覆滅。民398の20Ⅱ）。これを認めることで根

抵当権者からの救済融資が期待できるからである。

以上の検討により，1番根抵当権の元本は確定していないと判断できることになる。

② 法律構成の判断

事実1には，1番根抵当権者XがWに被担保債権の全額を代金2,000万円で移転する旨の売買契約の事実が示されているため，**債権譲渡**を法律構成する。

また，事実2には，1番根抵当権者XがWとの間で1番根抵当権を移転する契約を締結した旨の事実が示されており**全部譲渡契約**を法律構成する（民398の12Ⅰ）。

③ 原因関係の判断

ⅰ 債権譲渡の判断

①で検討したとおり，1番根抵当権の元本は確定していないため債権譲渡の法律効果として，1番根抵当権の被担保債権がXからWに移転するが，移転局面の随伴性が否定されているため（民398の7Ⅰ），それに随伴して根抵当権は移転せず，債権譲渡は原因関係にはならない。

ⅱ 全部譲渡の判断

全部譲渡の法律効果は，1番根抵当権のXからWへの移転である。この物権変動は**変更**であり（民177），登記の対象となる権利変動は権利主体の変更として**移転**となり（法3），全部譲渡契約は**権利変動の登記の原因関係**となる。

ちなみに，事実1の債権譲渡によりXからWに移転した債権は，事実2の全部譲渡後も1番根抵当権の被担保債権とはならず，当該債権を再び被担保債権とするには，特定債権として債権の範囲に加える変更契約が必要となる。

④ 登記の種類の判断

登記の種類は，登記の対象となる権利変動が**移転**であり（法3），移転原因が相続または合併以外であるため（法63Ⅱ），記入登記としての**特定移転登記**となる（個別フレームは **36**〔82頁〕参照）。

【参考・答案例 —事例62（第三者の差押えの元本確定効果の覆滅と全部譲渡による移転登記）】

登記の目的	1番根抵当権移転
原　　因	平成28年7月1日譲渡
申　請　人	権利者W　義務者X
添　付　情　報	登記原因証明情報（X作成の報告式）　承諾証明情報（A）　登記識別情

報（Xの乙区1番）　代理権限証明情報（WXの委任状）
登録免許税　金6万円（＝3,000万円×1,000分の2）

⑤　関連事項

　根抵当権の転抵当権者または質権者がした差押えは，根抵当権者以外の第三者の差押えによるものと解することになる（民398の20Ⅰ③，平9.7.31民三1301回）。この差押えは，根抵当権者自身の意思によるものではないからである。この場合，元本の確定が登記記録上明らかな場合とはならないため，元本確定後固有の処分，変更の登記を申請するには原則どおり元本確定登記を申請することが必要となる。

（6）　第三者による担保不動産収益執行

【事例63―第三者による担保不動産収益執行の差押え―】

> 問　次の事実について，法律構成の判断，原因関係の判断，登記の種類の判断をしなさい。
> （甲建物の登記記録）
> 甲区2番　所有権移転　所有者A
> 　　3番　差押　平成27年12月1日甲地方裁判所担保不動産収益執行開始決定　債権者Y
> 乙区1番　根抵当権設定　極度額　金3,000万円　債務者A　根抵当権者　株式会社X
> 　　2番　抵当権設定　債権額　金1,000万円　債務者A　抵当権者Y
> （事実関係）
> 1　平成28年7月1日，分割会社を株式会社Xとし，承継会社を株式会社Wとする吸収分割の分割契約に定めた効力発生日が到来したため，同年7月4日，商業登記所において会社分割による変更登記を完了させた。

順序	法律構成の判断	原因関係の判断		登記の種類の判断	物件
		民177の効果	法3の権利変動		
1	事1―会社分割 ▲第三者の収益執行（元本確定効果なし）	変更 甲区3番 登記済	移転	特定移転登記	甲

①　元本確定の有無の判断

　事例の場合，まず，乙区1番の根抵当権の登記事項には，共同担保目録の記号および番号の登記がなく，甲土地の1番根抵当権のみを検討すれば足りる。
　次いで，乙区の1番根抵当権の登記事項に確定期日の登記がされておらず，

債務者または根抵当権者の相続による変更登記または移転登記が存在しない。

甲区に目を転じ，甲区3番をみると差押えの登記が存在し，差押債権者Yが2番抵当権者Yと一致するため，第三者による差押えであることが確認できる。この場合，本来，1番根抵当権者Xが差押えを知って2週間の経過により1番根抵当権の元本は確定するはずである（民398の20Ⅰ③）。

しかし，甲区3番の差押登記の原因を見ると「担保不動産収益執行開始決定」と登記されていることが確認できる。担保不動産収益執行は，根抵当権者自身が申し立てれば根抵当権自身の差押えとして元本確定事由となるが（民398の20Ⅰ①），第三者の申立てにかかる場合には，根抵当権の元本確定事由とはならない（民398の20Ⅰ③）。これは，根抵当権者に元本を確定させず不動産の値上がりを待って競売による換価で被担保債権を回収するか，みずから担保不動産収益執行による差押えを行い，根抵当権の元本を確定させて甲建物の賃料から被担保債権の回収を図るかの選択肢を与える趣旨である。

以上の検討により，1番根抵当権の元本は確定していないと判断できることになる。

② **法律構成の判断**

事実1には，1番根抵当権者を分割会社とする吸収分割の効力発生日が到来した事実が示されているため，会社分割を法律構成する。

③ **原因関係の判断**

会社分割の法律効果は，根抵当権の元本が確定しているか否かによって異なる。事例の1番根抵当権は，上記①で検討したとおり，元本確定前の根抵当権であり，民法は，その法律効果を債権の範囲の内容として規定している（民398の10Ⅰ）。すなわち，元本確定前の根抵当権者を分割会社とする会社分割があれば，分割の効力発生時の既発生の債権のほか，分割会社および承継会社が会社分割後に発生させる不特定債権が被担保債権となる。これは，会社分割後の，根抵当権は，当然に分割会社と承継会社の共有になることを意味する。この物権変動は変更であり（民177），後発的に共有となることを公示する方法として登記の対象となる権利変動は一部譲渡に準じて権利主体の一部の変更ととらえ移転となり（法3），会社分割は権利変動の登記の原因関係となる。

④ **登記の種類の判断**

登記の種類は，登記の対象となる権利変動が移転であり（法3），移転原因が相続または合併以外（法63Ⅱ）であるため，特定移転登記となる（個別フレーム

は **36**〔82 頁〕参照，**39（1）**，**事例 3** 参照）。

【参考・答案例 ― 事例 63（第三者による収益執行の差押えと元本確定前の会社分割）】

登記の目的　　1 番根抵当権一部移転
原　　　因　　平成 28 年 7 月 1 日会社分割
申　請　人　　権利者　株式会社 W　義務者　株式会社 X
添 付 情 報　　登記原因証明情報（※株 W の登記事項証明書）　登記識別情報（株 X の乙区 1 番）　代理権限証明情報（株 W，株 X の委任状）　会社法人等番号（株 X，株 W，※の添付は不要）
登録免許税　　金 3 万円（＝3,000 万円÷会社分割後の共有者の頭数 2×1,000 分の 2）

---

⑤　関連事項

　元本確定後の根抵当権は，抵当権や所有権と同様，分割契約または分割計画を検討し，承継権利義務として被担保債権が定められている場合にかぎり根抵当権が分割会社から承継会社に移転し，会社分割が原因関係となる。事例のように分割契約を検討せずに当然に原因関係となるのではない点で，大きな違いが生ずることになる。

1－3　数個の法律関係を 1 個の原因関係と評価する申請個数減少の例外

89　遡及効の遺産分割型
（1）着眼点

類型	法律関係	場合分けの指標	法律効果	登記の種類
相続放棄型	相続放棄	共同相続登記なし	相続人の修正	包括移転登記（昭 55，平 12，平 15）
		共同相続登記あり	是正登記の原因関係　※見解の対立あり	抹消または更正登記（平 8，平 19）
	寄与分協議	共同相続登記なし	相続分の修正	包括移転登記
		共同相続登記あり	是正登記の原因関係	持分の更正登記
遺産分割型	遺産分割	共同相続登記なし	相続人・相続分の修正	包括移転登記（平 18）
		共同相続登記あり	持分の移転	特定移転登記（昭 58，平 12）
	相続分の譲渡（相続人間）	共同相続登記なし	相続人・相続分の修正	包括移転登記
		共同相続登記あり	持分の移転	特定移転登記
	遺留分減殺	遺贈の登記なし	遺贈を無効とし，被相続人から直接取得	包括移転登記
		遺贈登記あり	持分の移転	特定移転登記

89 遡及効の遺産分割型

　1個の法律関係は，1個の原因関係と評価されるのが原則である。ただし，遡及効果を含む法律関係は，遡及効により数個の法律関係が1個の原因関係と評価される場合があり，これを登記上どう処理するかが問題となる。

　相続に関する法律関係では，一定の局面では遡及効果が後退する**遺産分割型**と，常に遡及効果が強調できる**相続放棄型**とに分類することができる。

（2）　遺産分割協議

【事例 64 ― 遺産分割協議 ―】 過問 （所・抵 H18），先例

> 問　次の事実について，法律構成の判断，原因関係の判断，登記の種類の判断をしなさい。
> 　　なお，甲土地の課税標準の額は金 6,000 万円とする。
> （甲土地の登記記録）
> 甲区 2 番　所有権移転　所有者 A
> （事実関係）
> 1　Aは，平成 28 年 2 月 1 日に死亡した。Aの相続人は，配偶者 B および子 C である。
> 2　B および C は，平成 28 年 7 月 1 日，甲土地を B が相続する旨の協議をした。

順序	法律構成の判断	原因関係の判断		登記の種類の判断	物件
		民 177 の効果	法 3 の権利変動		
1	事 1 ― A の法定相続 事 2 ― 遺産分割協議	変更 （相続の修正事由）	移転	包括移転登記	甲

①　法律構成の判断

　事実1には，A死亡の事実が示されており，Aが遺言書を作成した事実が示されていないため**法定相続**を法律構成する。

　事実2には，BCが甲土地をBが相続する旨の協議をした事実が示されている。甲土地についてのBCの共有は，事実1の法定相続によるものであり，BCの共有は遺産共有と解することができるため，**遺産分割協議**を法律構成する。

②　原因関係の判断

　事例では，被相続人Aが甲土地の所有権の登記名義人として登記されているため，事例の法定相続の法律効果は，甲土地の所有権が被相続人Aから相続人BCに移転することである。この物権変動は**変更**であり（民 177），登記の対象となる権利変動は権利主体の変更として**移転**となるため（法 3），事例の法定相続は**権利変動の登記の原因関係**となる。

さて，事実2の遺産分割の法律効果は，相続開始時にさかのぼって生ずる（民909本文）。この遡及効の評価について，先例は，共同相続登記がされているか否かで場合分けしており，事例の甲土地の登記記録のようにいまだ共同相続登記がされていない場合は，遡及効によりはじめから遺産分割の結果のように相続が生じ，甲土地をBが単独相続したと解し，遺産分割協議を事実1の法定相続の相続人や相続分の修正事由としてこれに吸収し，法定相続とは別個の原因関係とは評価しない取扱いとなっている（明44.10.30民刑904局長回答，所有権，抵当権につき平18，**72（3）**，**事例34**②ⅱ参照）。

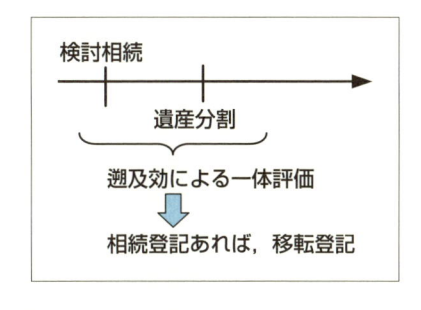

③ 登記の種類の判断

登記の種類は，登記の対象となる権利変動が移転であり（法3），移転原因は相続であるため（法63Ⅱ），**包括移転登記**となる（個別フレームは41〔97頁〕参照）。なお，甲土地はすでに甲区2番まで登記がされており，保存登記に代替する余地はない。

【参考・答案例—事例64（共同相続登記前の遺産分割による相続登記）】

登記の目的	所有権移転
原　　因	平成28年2月1日相続
申 請 人	相続人（被相続人A）B
添付情報	登記原因証明情報（戸籍謄抄本，遺産分割協議書）　住所証明情報（B） 代理権限証明情報（Bの委任状）
登録免許税	金24万円（＝6,000万円×1,000分の4）

---

④ 対比として共同相続登記がされている場合

（甲土地の登記記録）
甲区2番　所有権移転　所有者　A
　　3番　所有権移転　平成28年2月1日相続　共有者　持分2分の1 B　2分の1 C

かりに，事例の登記記録にすでに共同相続登記がされているとした場合，民法の規定どおりの遺産分割の遡及効（宣言主義）を適用すれば，甲区3番の共同相続登記は，登記と実体との原始的な不一致が認められ，是正登記の手続要件

89 遡及効の遺産分割型

をみたすため是正登記の原因関係となる。

　しかし，先例は，共同申請による持分権の移転の権利変動の登記の原因関係となるとの結論を言い渡している（昭 28.8.10 民甲 1392 回，昭 42.10.9 民三 706 回，昭 58，平 12）。その理由として甲区 3 番の共同相続の登記は遺産分割をするまでは実体と合致しており，登記の時点から錯誤または遺漏があると判断できず（登記と実体の原始的な不一致を認めず），是正登記の原因関係としての処理を否定し，民法の宣言主義の明文規定がありながら，移転主義的な取扱いを指示している（**72（3）**，事例 34 ②iii 参照）。

　登記の種類は，登記の対象となる権利変動が移転であり（法 3），移転原因を再度相続として登記することは妥当ではないため，これを相続または合併以外の遺産分割と解し，特定移転登記としている（個別フレームは **36**〔82 頁〕参照）。なお，甲土地はすでに甲区 3 番まで登記がされており，保存登記に代替する余地はない。

【参考（共同相続登記後の遺産分割による持分移転登記）】

登記の目的	C 持分全部移転
原　　　因	平成 28 年 7 月 1 日遺産分割
申　請　人	権利者　持分 2 分の 1　B　義務者　C
添 付 情 報	登記原因証明情報（遺産分割協議書）　登記識別情報（C の甲区 3 番）印鑑証明書（C）　住所証明情報（B）　代理権限証明情報（BC の委任状）
登録免許税	金 12 万円（＝ 6,000 万円 × 2 分の 1 × 1,000 分の 4）

（3）　相続人間の相続分の譲渡

【事例 65 ─相続人間の相続分の売買─】 先例

> 問　次の事実について，法律構成の判断，原因関係の判断，登記の種類の判断をしなさい。
> 　　　なお，甲土地の課税標準の額は金 6,000 万円とする。
> （甲土地の登記記録）
> 甲区 2 番　所有権移転　所有者　A
> （事実関係）
> 1　A は，平成 28 年 2 月 1 日に死亡した。A の相続人は，配偶者 B および子 C である。
> 2　B および C は，平成 28 年 7 月 1 日，C の相続分を代金 500 万円で B に移転する旨を合意した。

順序	法律構成の判断	原因関係の判断		登記の種類の判断	物件
		民177の効果	法3の権利変動		
1	事1―Aの法定相続 事2―BC相続分売買	変更 (相続の修正事由)	移転	包括移転登記	甲

① 法律構成の判断

　事実1には，A死亡の事実が示されており，Aが遺言書を作成した事実が示されていないため**法定相続**を法律構成する。

　事実2には，BC間でCの相続分を代金500万円でBに移転する旨を合意した事実が示されているため，**相続分の譲渡（相続分の売買契約）**を法律構成する。

② 原因関係の判断

ⅰ　法定相続の評価

　事例では，被相続人Aが甲土地の所有権の登記名義人として登記されているため，事例の法定相続の法律効果は，甲土地の所有権が被相続人Aから相続人に移転することである。この物権変動は**変更**であり（民177），登記の対象となる権利変動は権利主体の変更として**移転**となるため（法3），事例の法定相続は**権利変動の登記の原因関係**となる。

ⅱ　相続分譲渡の評価

　事実2の相続分の譲渡の法律効果については2つの解釈がある。1つは，その法律効果は，相続開始時にさかのぼって生ずるとする解釈である。これは，遡及効を認めなければ，相続財産の地代等を譲渡の当事者間で日割り計算しなければならず，相続分の譲渡人も遺産分割協議に参加させなければならない不都合が生ずるからと説明している（田中康久「4 共同相続人間の相続分の譲渡と農地法上の許可の要否」『新訂民事訴訟と不動産登記一問一答』314頁）。

　これに対して，民法に規定がないことから遡及効を認めないとする解釈がある（監修七戸克彦，編集日本司法書士会連合会等『条解　不動産登記法』429頁〔弘文堂〕）。

　先例は，共同相続登記がされていない状況の相続分の譲渡については，相続分の譲渡後の状態で相続による移転登記をすることを認めている（昭59.10.15民三5195回）。先例の結論は，遡及効を認める解釈に立てば，遺産分割と同様，遡及効により甲土地は被相続人Aの死亡時点からBが単独相続したことになるとこれを理解することになり，遡及効を認めない解釈に立てば，さかのぼっての権利調査を考えたとしても暫定的な権利状態である共同相続登記をする実

益に欠け，あえて共同相続登記をするまでもないとした結論として，これを理解することになるものと思われる。

いずれにせよ先例に従えば，事例のように共同相続登記がされていない状況で，相続人Cから相続人Bに相続分の譲渡があれば，事実1の法定相続の相続人や相続分の修正事由としてこれに吸収し，法定相続とは別個の原因関係とは評価しない取扱いとなり，**89（1）**の遺産分割と同様の取扱いとなるため登記の処理上は**遺産分割型**に属することになる。

③　登記の種類の判断

登記の種類は，登記の対象となる権利変動が**移転**であり（法3），移転原因は相続であるため（法63Ⅱ），**包括移転登記**となる（個別フレームは**41**〔97頁〕参照）。なお，甲土地はすでに甲区2番まで登記がされており，保存登記に代替する余地はない。

【参考・答案例―事例65（共同相続登記前の相続人間の相続分譲渡による相続登記）】

登記の目的	所有権移転
原　　因	平成28年2月1日相続
申　請　人	相続人（被相続人A）B
添付情報	登記原因証明情報（戸籍謄抄本，相続分の売買契約書）　住所証明情報（B）　代理権限証明情報（Bの委任状）
登録免許税	金24万円（＝6,000万円×1,000分の4）

---

④　対比として共同相続登記がされている場合　[判例]

（甲土地の登記記録）
甲区2番　所有権移転　所有者　A
　　3番　所有権移転　平成28年2月1日相続　共有者　持分2分の1 B　2分の1 C

かりに，事例の登記記録にすでに共同相続登記がされているとした場合，遡及効を認めない解釈によれば当然のこととし，遡及効を認める解釈によれば，遺産分割の場合と同様，甲区3番の共同相続の登記は相続分の譲渡をするまでは実体と合致していたとし，甲区3番の登記に錯誤または遺漏が認められず（登記と実体の原始的な不一致を認めず），是正登記の原因関係としての処理を否定し，**相続分の売買**により将来に向かって持分権を移転させるものと解釈する。この物権変動は**変更**であり（民177），登記の対象となる権利変動は権利主体の変更

として移転となるため（法3），相続分の譲渡は権利変動の登記の原因関係となる（最判平13.7.10）。

登記の種類は，登記の対象となる権利変動が移転であり（法3），移転原因を再度相続として登記することは妥当ではないため，これを相続または合併以外の相続分の売買とし，特定移転登記となる（個別フレームは36〔82頁〕参照）。なお，甲土地はすでに甲区3番まで登記がされており，保存登記に代替する余地はない。

【参考（共同相続登記後の相続人間の相続分の売買による持分移転登記）】
登記の目的	C持分全部移転
原　　因	平成28年7月1日相続分の売買
申 請 人	権利者　持分2分の1　B　義務者　C
添付情報	登記原因証明情報（C作成の報告式）　登記識別情報（Cの甲区3番）印鑑証明書（C）　住所証明情報（B）　代理権限証明情報（BCの委任状）
登録免許税	金12万円（＝6,000万円×2分の1×1,000分の4）

（4）　第三者への相続分の譲渡

【事例66 ―第三者への相続分の譲渡―】 先例 連件

問　次の事実について，法律構成の判断，原因関係の判断，登記の種類の判断をしなさい。
　　なお，甲土地の課税標準の額は金6,000万円とする。
（甲土地の登記記録）
甲区2番　所有権移転　所有者　A
（事実関係）
1　Aは，平成28年2月1日に死亡した。Aの配偶者はB，AB間には子Cがおり，Bには，Aとの婚姻前にBが出産した子Dがいる。
2　BおよびDは，平成28年7月1日，Bの相続分を無償でDに移転する旨を合意した。

順序	法律構成の判断	原因関係の判断		登記の種類の判断	物件
		民177の効果	法3の権利変動		
1	事1―Aの法定相続	変更	移転	包括移転登記	甲
2	事2―BD相続分贈与	変更	移転	特定移転登記	甲

① 法律構成の判断
　事実1には，A死亡の事実が示されており，Aが遺言書を作成した事実が示

されていないため**法定相続**を法律構成する。

事実2には，BD間でBの相続分を無償でDに移転する旨を合意した事実が示されているため，**相続分の譲渡（相続分の贈与契約）**を法律構成する。

② 原因関係の判断

ⅰ 法定相続の評価

事例では，被相続人Aが甲土地の所有権の登記名義人として登記されているため，事例の法定相続の法律効果は，甲土地の所有権が被相続人Aから相続人へと移転することである。この物権変動は**変更**であり（民177），登記の対象となる権利変動は権利主体の変更として**移転**となるため（法3），相続分の譲渡は**権利変動の登記の原因関係**となる。

ちなみに，事例の相続人は，推定相続人である配偶者相続人Bと血族相続人である嫡出子Cである。BおよびCについて相続権喪失事由はないため，A死亡と同時にこれらBCが法定相続人となる。事実1に示されている配偶者Bが婚姻前に出産した子Dは，被相続人Aとの間に法的親子関係が認められず，法定相続人とはならない。

ⅱ 相続分の譲渡の評価

事実2の相続分の譲渡の法律効果は，遡及効を認める解釈では，本来，A死亡時点からCおよびDが各2分の1の割合で相続財産を遺産共有することになるはずである。しかし，相続を原因として相続人以外の第三者を登記名義人として公示しない不文律により，事例の相続分の譲渡を事実1の法定相続の相続人の修正事由として法定相続の法律関係に吸収することはできず，法定相続とは別個の原因関係としてとらえなければならないことになる。この結論は，遡及効を認めない解釈では，当然の結論として理由づけることになる。

いずれにしても，その法律効果は，相続分が反映する持分権の移転である。その物権変動は**変更**であり（民177），登記の対象となる権利変動は権利主体の変更として**移転**となるため（法3），相続分の譲渡（相続分の贈与）は**権利変動の登記の原因関係**となる（平4.3.18民三1404回）。

③ 登記の種類の判断

法定相続の登記の種類は，登記の対象となる権利変動が**移転**であり（法3），移転原因が相続であるため（法63Ⅱ），**包括移転登記**となる（個別フレームは**41**〔97頁〕参照）。

また，相続分の贈与の登記の種類は，登記の対象となる権利変動が**移転**であ

り（法3），移転原因が相続または合併以外（法63Ⅱ）であるため，**特定移転登記**となる（個別フレームは **36**〔82頁〕参照）。

④　申請の個数と申請順序の判断

　これら2つの移転登記は，登記原因が異なるため一申請することはできず（規35⑨），原則どおり2つの申請となる。

　2つの申請を原因関係の発生順に整理すると，1番目で相続による包括移転登記を，2番目で相続分の贈与による特定移転登記となり，それが登記の連続性の観点からも支障がないため，その申請順序による連件申請となる。

【参考・答案例──事例66（第三者への相続分譲渡による相続登記と持分移転登記の連件申請）】

○1番目の申請
登記の目的　　所有権移転
原　　因　　　平成28年2月1日相続
申　請　人　　相続人（被相続人A）持分2分の1 B　2分の1 C
添付情報　　　登記原因証明情報（戸籍謄抄本）　住所証明情報（BC）　代理権限証明情報（BCの委任状）
登録免許税　　金24万円（＝6,000万円×1,000分の4）

○2番目の申請
登記の目的　　B持分全部移転
原　　因　　　平成28年7月1日相続分の贈与
申　請　人　　権利者　持分2分の1 D　義務者　B
添付情報　　　登記原因証明情報（B作成の報告書）　登記識別情報（Bの甲区3番）　印鑑証明書（B）　住所証明情報（D）　代理権限証明情報（BDの委任状）
登録免許税　　金60万円（＝6,000万円×2分の1×1,000分の20）

（5）遺留分減殺

【事例67──遺留分減殺──】　判例　先例　連件

問　次の事実について，法律構成の判断，原因関係の判断，登記の種類の判断をしなさい。
　　なお，甲土地の課税標準の額は金6,000万円とする。
（甲土地の登記記録）
甲区2番　所有権移転　所有者　A
（事実関係）
1　Aは，平成26年4月1日，「甲土地をDに遺贈する。遺言執行者はDとする。」旨の公正証書遺言書を作成した。

> 2　Aは，平成28年2月1日に死亡した。Aの相続人は，配偶者Bおよび子Cである。A死亡時のAが保有している権利義務は，甲土地のみである。
> 3　Bは，Dに対して，平成28年7月1日到達の内容証明郵便をもって遺留分減殺請求の意思表示をした。

順序	法律構成の判断	原因関係の判断		登記の種類の判断	物件
		民177の効果	法3の権利変動		
	事1―A遺言書作成	―			
	事2―A死亡	―			
1	▽特定遺贈	変更	移転	特定移転登記	甲
2	事3―BD遺留分減殺	変更	移転	包括移転登記	甲

① 法律構成の判断

事実2には，A死亡の事実が示されており，事実1にはAが公正証書遺言をした事実が示されているため**遺言相続**を法律構成する。事実1および2の遺言相続の遺言書の使用文言は「**遺贈する**」であり，受益物は「**甲土地**」，受益者は相続人以外の「D」であり，当該遺言を**特定遺贈**と法律構成する（**70（1）**，**事例28**参照）。

事実3には，BからDに対する遺留分減殺の意思表示がされた事実が示されているため，**遺留分減殺**を法律構成する。

② 原因関係の判断

i　特定遺贈の評価

特定遺贈により，甲土地の所有権が遺言者Aから受遺者Dに移転する。この物権変動は**変更**であり（民177），登記の対象となる権利変動は権利主体の変更として**移転**であり（法3），特定遺贈は**権利変動の登記の原因関係**となる。

ii　遺留分減殺の判断

事実3の遺留分減殺について，請求者Bは配偶者であり，兄弟姉妹以外の相続人として遺留分権を有する相続人と判断できる（民1028）。また，直系尊属のみが相続人の場合以外であるため，総体的遺留分割合は相続財産の2分の1となり，それに請求権者Bの法定相続分2分の1を乗じた4分の1が個別的な遺留分割合となる。

事実2から遺言者Aの財産は甲土地のみであり，債務が存在しないため，甲土地に個別的遺留分割合4分の1を乗じた甲土地の4分の1が請求者Bの遺留分侵害額となる（民1029）。遺留分権者Bの受遺者Dに対する遺留分減殺請

求により遺留分侵害額に相当する甲土地の4分の1についての特定遺贈が遺言者Aの相続開始時にさかのぼって無効となり，遺留分権利者Bは，取戻財産である甲土地の4分の1を被相続人Aから直接に承継したことになる（最判昭41.7.14，最判昭51.8.30：形成権説）。

この物権変動は**変更**であり（民177），登記の対象となる権利変動は権利主体の変更として**移転**であり（法3），遺留分減殺は相続と同視できる**権利変動の登記の原因関係**となる。

③　登記の種類の判断

遺留分減殺請求によっても甲土地の4分の3については，特定遺贈の効力が維持されており，その登記の種類は，登記の対象となる権利変動が**移転**であり（法3），移転原因が相続または合併以外であるため（法63Ⅱ），**特定移転登記**となる（個別フレームは**36**〔82頁〕参照）。

遺留分減殺により甲土地の4分の1について遺贈が無効となり，被相続人Aから遺留分減殺請求をしたBが直接に取得することになるその取得分の登記の種類は，登記の対象となる権利変動が**移転**であり（法3），移転原因は**相続**となるため（法63Ⅱ），**包括移転登記**となる（個別フレームは**41**〔97頁〕参照）。いずれの登記についてもすでに甲区2番まで登記がされているため保存登記による代替の余地はない。

④　申請の個数と申請順序の判断

特定遺贈による特定移転登記と相続による包括移転登記は，原因が同一ではないため，一申請ができず（規35⑨），原則どおり2つの登記申請を行うことになる。

2つの登記の原因関係は，A死亡時に同時に発生するため，その申請順序が問題となる。所有権の保存登記，相続による移転登記では，公示の明瞭性の観点から権利の一部または持分権のみついての登記が許されない（昭30.10.15民甲2216回）。この場合，権利の一部についての登記を認めると，残りの権利の帰属が登記上，不明確になるからである。

したがって，相続による包括移転登記を先に申請すれば，上記の先例に抵触することになるため，上記先例との整合を図るには，1番目に特定遺贈による特定移転登記を，2番目に相続による包括移転登記を，連件申請することになる。

【参考・答案例─事例67（遺贈登記前の遺留分減殺による遺贈の一部移転と相続登記の連件申請）】

○1番目の申請
登記の目的　　所有権一部移転
原　　　因　　平成28年2月1日遺贈
申　請　人　　権利者　持分4分の3　D　義務者　（亡）A
添　付　情　報　　登記原因証明情報（公正証書遺言書，Aの死亡を証する戸籍の謄抄本，Bが遺留分減殺権者であることを証する戸籍謄抄本，遺留分減殺請求をした内容証明郵便の謄本）　登記識別情報（Aの甲区2番）　印鑑証明書（遺言執行者D）　住所証明情報（D）　代理権限証明情報（公正証書遺言書，Aの死亡を証する戸籍の謄抄本，Dの委任状）
登録免許税　　金90万円（＝6,000万円×4分の3×1,000分の20）

○2番目の申請
登記の目的　　A持分全部移転
原　　　因　　平成28年2月1日相続
申　請　人　　相続人（被相続人A）　持分4分の1　B
添　付　情　報　　登記原因証明情報（Bが遺留分減殺権者であることを証する戸籍謄抄本　遺留分減殺請求をした内容証明郵便の謄本）　住所証明情報（B）　代理権限証明情報（Bの委任状）
登録免許税　　金6万円（＝6,000万円×4分の1×1,000分の4）

⑤　対比として遺贈の登記がされている場合 過問(H7，H24)， 先例

（甲土地の登記記録）
甲区2番　　所有権移転　　所有者　A
　　3番　　所有権移転　　平成28年2月1日遺贈　　所有者　D

　かりに，事例の登記記録にすでに受遺者Dのための遺贈の登記がされているとした場合，遺産分割の場合と同様，Bの遺留分減殺までDのための遺贈の登記は実体と合致していたとし，遺贈の登記に錯誤または遺漏を認めず（登記と実体の原始的な不一致を認めず），是正登記の原因関係としての処理を否定し，**遺留分減殺**により将来に向かって持分権を移転させる**権利変動の登記の原因関係**と解釈することになる（昭30.5.23民甲973回，平7，平24）。この物権変動は**変更**であり（民177），登記の対象となる権利変動は権利主体の変更として**移転**であり，遺留分減殺は**権利変動の登記の原因関係**となる。
　登記の種類は，記入原因が**移転**であり，移転原因は相続または合併以外であるため（法63Ⅱ），**特定移転登記**となる（個別フレームは**36**〔82頁〕参照）。なお，甲土地はすでに甲区3番まで登記がされているため保存登記による代替の

90 遡及効の相続放棄型

余地はない。

> 【参考（遺贈登記後の遺留分減殺による権利の一部移転登記）】
> 登記の目的　所有権一部移転
> 原　　　因　平成28年7月1日遺留分減殺
> 申　請　人　権利者 持分4分の1 亡A　遺留分権利者 B　義務者 D
> 添 付 情 報　登記原因証明情報（Bが遺留分減殺権者であることを証する戸籍謄抄本　遺留分減殺請求をした内容証明郵便の謄本）　登記識別情報（Dの甲区3番）　印鑑証明書（D）　住所証明情報（B）　代理権限証明情報（B D の委任状）
> 登録免許税　金6万円（＝6,000万円×4分の1×1,000分の4）

　また，遺留分侵害行為が贈与である場合は，遺留分減殺の遡求効が相続開始時までしかさかのぼれないため，侵害行為となる贈与と遺留分減殺請求とを常に別個の原因関係として評価し，それに対応して，1番目で贈与による**特定移転登記**，2番目に遺留分減殺による**特定移転登記**を連件申請することになる。

90　遡及効の相続放棄型
(1)　相続放棄

【事例68 ―相続放棄―】 過問 （S55, H9, H12, H15）, 先例

> 問　次の事実について，法律構成の判断，原因関係の判断，登記の種類の判断をしなさい。
> 　　なお，甲土地の課税標準の額は金6,000万円とする。
> （甲土地の登記記録）
> 甲区2番　所有権移転　所有者 A
> （事実関係）
> 1　Aは，平成28年2月1日に死亡した。Aの相続人は子BおよびCである。
> 2　Bは，同年4月1日，管轄家庭裁判所において相続放棄の申述を行い受理された。

順序	法律構成の判断	原因関係の判断		登記の種類の判断	物件
		民177の効果	法3の権利変動		
1	事1―Aの法定相続 事2―Bの相続放棄	変更 （相続人の修正事由）	移転	包括移転登記	甲

① 法律構成の判断

　事実1には，A死亡の事実が示されており，Aが遺言書を作成した事実が示されていないため**法定相続**を法律構成する。

事実2には，相続人Bが家庭裁判所に相続放棄の申述を行い受理された事実が示されており，**相続放棄**を法律構成する。

② 原因関係の判断
 i 法定相続の評価

法定相続の法律効果は，包括承継効果であり（民896），これが原因関係となるか否かは被相続人の相続財産を検討して判断する。事例では，被相続人Aが甲土地の所有権の登記名義人として登記されているため，法定相続により甲土地の所有権が被相続人Aから相続人に移転する。この物権変動は**変更**であり（民177），登記の対象となる権利変動は権利主体の変更として**移転**となるため（法3），事例の法定相続は**権利変動の登記の原因関係**となる。

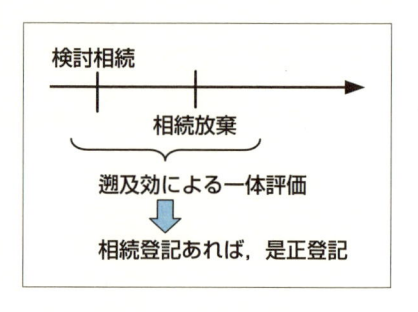

 ii 相続放棄の判断

相続放棄の法律効果は，当初，民法939条1項で「**放棄は相続開始の時にさかのぼってその効力を生じる**」，同法2項で「**数人の相続人がある場合において，その1人が放棄したときは，その相続分は，他の相続人の相続分に応じてこれに帰属する**」と規定されていたが，2項の規定をめぐる解釈が錯綜したため，昭和37年の民法一部改正（法律第40号）により「**相続の放棄をした者は，その相続に関しては，初めから相続人とならなかったものとみなす。**」と規定を変更し立法的な解決が図られた（民939）。判例は，かつての民法939条1項と改正後の民法939条の規定を同趣旨のものと解釈し，それゆえに，相続放棄によって相続財産が単有となった場合，その財産は被相続人から相続によって直接に取得したものであり，相続放棄をした他の相続人から移転したものではないとし，相続放棄を登記なしに第三者に対抗できるとしている（最判昭42.1.20）。

このように判例は，改正の前後を通して相続放棄の遡及効を認めており，本事例では，実体上，この遡及効により相続放棄者Bが，さかのぼって相続権を喪失し，はじめから被相続人Aの相続人はCのみとなることに疑いはない。問題は，これを登記手続にどのように反映すべきかであるが，実務では古くから相続放棄者を除いた相続の登記を可能と解している（大正15.5.26法曹会決議，昭55，平9のA相続，平12，平15）。しかし，さかのぼっての権利調査を可能と

するための中間省略登記禁止の原則との関係で，なぜこのような結論をとることができるのか，その理由については，十分に議論が尽くされているようには思われない。これまでも述べたとおり（**89（2）**④参照），実体上の遡及効だけを拠り所に一貫して考えを進めることができないのが現状であるため，かりに，登記手続に独自の基準があるとすれば，その解釈指針を早急に確立することが，登記をめぐる法律関係の安定化のために必要な課題になっているといえよう。

本事例では，上記の実務見解により相続放棄を相続人の修正事由としてとらえ，上記 i の法定相続の原因関係に吸収して考え，独立した原因関係として評価しないことになる。

③　登記の種類の判断

登記の種類は，登記の対象となる権利変動が<u>移転</u>であり（法 3），移転原因は相続（法 63 Ⅱ）であるため，<u>包括移転登記</u>となる（個別フレームは **41**〔97 頁〕参照）。なお，甲土地はすでに甲区 2 番まで登記がされており，保存登記による代替の余地はない。

【参考・答案例—事例 68（共同相続登記前の相続放棄による相続登記）】

登記の目的	所有権移転
原　　因	平成 28 年 2 月 1 日相続
申 請 人	相続人（被相続人 A）C
添付情報	登記原因証明情報（戸籍謄抄本，相続放棄申述受理証明書）　住所証明情報（C）　代理権限証明情報（C の委任状）
登録免許税	金 24 万円（＝ 6,000 万円 × 1,000 分の 4）

---

④　対比として共同相続登記がされている場合（**59（1）**，**事例 17** 参照）

（甲土地の登記記録）
甲区 2 番　所有権移転　所有者　A
　　 3 番　所有権移転　平成 28 年 2 月 1 日相続　共有者　持分 2 分の 1 B　2 分の 1 C

かりに，事例の登記記録にすでに共同相続登記がされているとした場合の取扱いは，**59（1）**の**事例 17** で検討したとおり，相続放棄の遡及効から甲区 3 番の共同相続登記は，結果として錯誤となり（登記が当初から実体と一致していない原始的不一致となり），<u>是正登記の原因関係</u>と解する見解だけでなく（昭 39.4.14 民甲 1498 民事局通達），昭和 37 年の民法一部改正（法律第 40 号）前の先例が先例変更されていないため，遺産分割と同様に，すでにされている共同相

続登記は，相続放棄までは実体と合致したものであり，当該登記に錯誤はない（原始的不一致はない）とし，権利変動の登記の原因関係ととらえ，移転登記によるべきと解する見解もある（明44.10.30民刑904局長回答，昭6.10.3民997局長回答，昭26.12.4民甲2268局長通達，昭30.11.21民甲2469局長回答）。したがって，共同相続登記がなされた後の相続放棄は，家事審判実務にならい是正登記または移転登記によって処理できることになると解さざるをえない（孕石孟則『家事関係裁判例と実務245題』515頁）。

書式の問題では，申請件数を最少とし，登録免許税額を最低額とするように申請する旨が指示されるのが通例となっているため，このような問題の指示があれば，当該指示に従いこれを是正登記の原因関係としてとらえることになる（平8は更正登記，平19は相続人全員の放棄で抹消登記）。上記事例の登記の種類は，誤ってなされている甲区3番の登記が真の所有者Cにとって権利の一部を公示している一部有効の登記であり，更正前後における登記の同一性が認められるため更正登記となる（個別フレームは58〔143頁〕参照）。なお，更正対象となる登記は，甲区3番の移転登記であり，抹消する記号を付す登記ではないため，抹消回復登記による代替の余地はない。

【参考（共同相続登記後の相続放棄による更正登記）】

登記の目的	3番所有権更正
原　　因	錯誤
更正後の事項	所有者　C
申　請　人	権利者　C　義務者　B
添付情報	登記原因証明情報（相続放棄申述受理証明書，戸籍の謄抄本）　登記識別情報（Bの甲区3番）　印鑑証明書（B）　代理権限証明情報（BCの委任状）
登録免許税	金1,000円（＝甲土地1個×1,000円）

（2）寄与分協議

【事例69 ― 寄与分協議―】

問　次の事実について，法律構成の判断，原因関係の判断，登記の種類の判断をしなさい。
　　なお，甲土地の課税標準の額は金6,000万円とする。
（甲土地の登記記録）
甲区2番　所有権移転　所有者　A
（事実関係）

90 遡及効の相続放棄型

> 1　Aは，平成28年2月1日に死亡した。Aの相続人は，配偶者Bおよび子Cである。
> 2　BおよびCは，平成28年7月1日，Aの療養看護に尽くしたBの寄与分を相続財産の3分の1とする旨を協議した。

順序	法律構成の判断	原因関係の判断		登記の種類の判断	物件
		民177の効果	法3の権利変動		
1	事1―Aの法定相続 事2―寄与分協議	変更 (相続分の修正事由)	移転	包括移転登記	甲

① 法律構成の判断

事実1には，A死亡の事実が示されており，Aが遺言書を作成した事実が示されていないため**法定相続**を法律構成する。

事実2には，BCがBの寄与分を協議した事実が示されており**寄与分協議**を法律構成する。

② 原因関係の判断

ⅰ 法定相続の判断

事例では，被相続人Aが甲土地の所有権の登記名義人として登記されているため，事例の法定相続の法律効果は，甲土地の所有権の被相続人Aから相続人への移転である。この物権変動は**変更**であり（民177），登記の対象となる権利変動は権利主体の変更として**移転**となるため（法3），事例の法定相続は**権利変動の登記の原因関係**となる。

ⅱ 寄与分協議の判断

さて，事実2の寄与分の協議により法定相続人の相続分は，次のように修正される。Bの寄与分とされた3分の1を除いた3分の2を配偶者Bと子Cとが法定相続分で取得することになるため各々6分の2（＝3分の2×3分の1）となり，Bには寄与分の3分の1（＝6分の2）を加えて，Bの相続分を6分の4，Cの相続分を6分の2と修正する。

寄与分を定めた場合の法律効果については明文の規定はないが，遡及効のある遺産分割や相続分の放棄と同様，相続開始時から修正された相続分で相続したことを確認する宣言主義（確認説）の見解と，寄与分が定められたことで相続分が形成的に変化する移転主義（形成説）の見解とがある。

先例は，寄与分が定められたことにより共同相続人の相続分が登記された相続分と異なることになった場合，当該共同相続登記の更正登記の申請があれば

これを受理して差し支えないとしている（昭55.12.20民三7145通）。これは相続放棄と同様，宣言主義による遡及効を認めるものと解されている。ただ，これゆえに移転主義が排除されるかは定かではないとされている。更正登記は一部抹消登記の実質を有するものとして登記上の利害関係人の承諾がなければそれを申請することができないため移転主義をまったく排除できるか問題があるからである（松尾英夫「Ⅳ民法および家事審判法の一部改正に伴う登記事務の取扱いについて」『不動産登記先例百選』293〜294頁）。

これに対して，共同相続が開始した場合，遺産分割により相続財産の最終帰属が決定される前でも法定相続分による相続登記ができるが，その際，共同相続人中に寄与分の定められた相続人がいる場合，修正された相続分により共同相続登記ができるか否かが問題となる。

民法は寄与分協議を行う時期を特に定めておらず，遺産分割前であっても寄与分の定めを行うことは制約されておらず，共同相続登記では各相続人の持分の割合を記載しなければならないため（法59④），その定めが共同相続人の持分割合を計算できるものであるかぎり，寄与分の定めに応じた相続登記をすることができるといわざるをえないとしている（松尾英夫前掲書292〜293頁）。

この論法は，共同相続人中に特別受益者がいれば，それに応じた相続登記ができるのだから，寄与分の定めをした場合も認められるという，はなはだ頼りのないものであり，**(1)** ②で指摘したとおり，もっとも当然と思われている部分について，実はほとんど議論がされていないという問題点を含むものとなっている。

ともあれ，共同相続登記がされていない状況では，寄与分協議が事実１の法定相続の相続分の修正事由にすぎないとの結論には争いがないため，事実２の寄与分協議の法律関係は，事実１の法定相続の法律関係とは別個の原因関係とは評価する必要がないことになる。

③ 登記の種類の判断

登記の種類は，登記の対象となる権利変動が**移転**であり（法３），移転原因は相続であるため（法63Ⅱ），**包括移転登記**となる（個別フレームは **41**〔97頁〕参照）。なお，甲土地は甲区２番まで登記がされており，保存登記による代替の余地はない。

【参考・答案例―事例 69（共同相続登記前の寄与分協議による相続登記）】
登記の目的　　所有権移転
原　　因　　平成 28 年 2 月 1 日相続
申　請　人　　相続人（被相続人 A）持分 6 分の 4 B　6 分の 2 C
添付情報　　登記原因証明情報（戸籍謄抄本，寄与分協議書）　住所証明情報（B C）
　　　　　　代理権限証明情報（B C の委任状）
登録免許税　　金 24 万円（＝6,000 万円×1,000 分の 4）

④　対比として共同相続登記がされている場合 先例

（甲土地の登記記録）
甲区 2 番　所有権移転　所有者　A
　　 3 番　所有権移転　平成 28 年 2 月 1 日相続　共有者　持分 2 分の 1 B　2 分の 1 C

　かりに，事例の登記記録にすでに共同相続登記がされているとした場合，上記②の先例により甲区 3 番の共同相続登記は，結果として錯誤（登記と実体との原始的不一致）ことになり，是正登記の原因関係となる（昭 55.12.20 民三 7145 通）。この点については，相続放棄と異なり，他の見解に基づく先例，判例が存在しないため明確である。
　登記の種類は，誤ってなされている甲区 3 番の登記が真の所有者 BC にとって権利の一部を公示している一部有効の登記であり，更正前後における登記の同一性が認められるため更正登記となる（個別フレームは 58〔143 頁〕参照）。
　このように寄与分を定めたことによる登記処理は，結果として，共同相続登記の有無で場合を分け，相続放棄の処理と類似の処理となるため，相続放棄型に分類して整理できることになる。

【参考（共同相続登記後の寄与分協議による更正登記）】
登記の目的　　3 番所有権更正
原　　因　　錯誤
更正後の事項　　B 持分 6 分の 4　C 持分 6 分の 2
申　請　人　　権利者 B　義務者 C
添付情報　　登記原因証明情報（寄与分協議書）　登記識別情報（C の甲区 3 番）　印鑑証明書（C）　代理権限証明情報（B C の委任状）
登録免許税　　金 1,000 円（＝甲土地 1 個×1,000 円）

91 代襲相続と数次相続

(1) 代襲相続

【事例70 ― 代襲相続 ―】 過問 （先死亡につき S55, H18, H22, H27, 廃除につき H12）

> 問　次の事実について，法律構成の判断，原因関係の判断，登記の種類の判断をしなさい。
> 　　なお，甲土地の課税標準の額は金6,000万円とする。
> （甲土地の登記記録）
> 甲区2番　所有権移転　所有者 A
> （事実関係）
> 1　平成28年2月1日，Aが死亡した。Aの配偶者はB，AB間の子はCである。
> 2　同日，Cが死亡した。Cの配偶者はD，CD間の子はEである。

順序	法律構成の判断	原因関係の判断		登記の種類の判断	物件
		民177の効果	法3の権利変動		
1	事1―Aの法定相続 事2―相続人Cの同時死亡	変更 （代襲相続）	移転	包括移転登記	甲

① 法律構成の判断

事実1には，A死亡の事実が示されており，Aが遺言書を作成した事実が示されていないため<u>法定相続</u>を法律構成する。

事実2には，C死亡の事実が示されており，Cが遺言書を作成した事実が示されていないため<u>法定相続</u>を法律構成する。

② 原因関係の判断

複数の相続の法律関係が問題となる場合には，代襲相続と数次相続との区別に注意して原因関係を判断することが必要となる。

事実2の被相続人をCとする法定相続は，事例中にCの権利義務が示されておらず，ただちに当該法定相続を原因関係として判断することはできない。

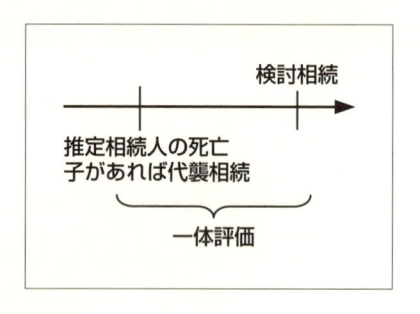

他方，事実1の被相続人をAとする法定相続は，甲土地の登記記録からAが甲区2番の所有権の登記名義人となっており，相続財産として甲土地の所有

権をとらえることができる。被相続人Ａの法定相続は，少なくとも甲土地の所有権に関しては原因関係となりうるため，これを手がかりに検討を進める。

被相続人Ａの法定相続人を判断する。事実１から配偶者相続人がＢ，血族相続人が子Ｃであるため，これらの者が推定相続人となり，これら推定相続人について相続権の喪失事由であるⅰ．以前死亡（民887Ⅱ），ⅱ．欠格事由（民891），ⅲ．廃除（民892），ⅳ．相続放棄（民939）の４つの事実を順に検討する。

事実２によれば推定相続人である子Ｃが被相続人Ａと同じ日に死亡した事実が示されている。同じ日に数人が死亡した事実があれば，その数人は同時死亡と推定される（民32の２）。この推定は**法律上の推定（正確には「暫定真実」）**であり，異時死亡の事実を主張立証しないかぎりこの推定を覆すことができない。書式の問題では，事例のように異時死亡の事実が明示されていなければ，推定どおりＣの死亡は以前死亡（同時を含む）にあたり，推定相続人Ｃの相続権は喪失すると判断すべきことになる。しかし，相続放棄の場合を除いて相続権を喪失した推定相続人に子があり，被相続人との間に直系卑属の関係が認められれば相続権を喪失した推定相続人の子が代襲して相続人となる（民887ⅡⅢ）。

事例では，事実１より相続権を喪失したＣには，子Ｅが存在し，Ｅは，被相続人Ａの嫡出子であるＣの嫡出子としてＡの直系卑属と判断できるため，ＥがＣを代襲して被相続人Ａの法定相続人となる。その結果，被相続人Ａの法定相続により，相続財産である甲土地の所有権は被相続人Ａから本位相続人Ｂ，代襲相続人Ｅに移転することになる。この物権変動は**変更**であり（民177），登記の対象となる権利変動は権利主体の変更として**移転**となり（法３），事実２の被相続人Ａの法定相続は**権利変動の登記の原因関係**となる。

これは，事実２の被相続人をＣとする法定相続は，事実１の被相続人をＡとする法定相続の相続人を修正する法律関係に過ぎず，事実１の被相続人Ａの法定相続とは別個の原因関係とはならないことを意味することになる（以前死亡の代襲相続は昭55，平15，平18は代襲相続人が子の嫡出子と非嫡出子，平22，平27は先死亡した養子の縁組前の子で代襲相続否定，廃除による代襲相続が平12）。

③ 登記の種類の判断

登記の種類は，登記の対象となる権利変動が**移転**であり（法３），移転原因が相続であるため（法63Ⅱ），**包括移転登記**となる（個別フレームは**41**〔97頁〕参照）。なお，甲土地はすでに甲区２番まで登記されており，保存登記による代替の余地はない。

91 代襲相続と数次相続

【参考・答案例―事例70（代襲相続により修正された相続人による相続登記）】

登記の目的	所有権移転
原　　因	平成28年2月1日相続
申　請　人	相続人（被相続人A）持分2分の1 B　2分の1 E
添付情報	登記原因証明情報（被相続人Aの戸籍謄抄本，被相続人Cの戸籍謄抄本，BEの戸籍謄抄本）　住所証明情報（BE）　代理権限証明情報（BEの委任状）
登録免許税	金24万円（＝6,000万円×1,000分の4）

（2）数次相続

【事例71―数次相続―】 過問 （H22） 先例

問　次の事実について，法律構成の判断，原因関係の判断，登記の種類の判断をしなさい。
　　なお，甲土地の課税標準の額は金6,000万円とする。
（甲土地の登記記録）
甲区2番　所有権移転　所有者A
（事実関係）
1　平成28年2月1日，Aが死亡した。Aの相続人は子Cのみである。
2　同年2月2日，Cが死亡した。Cの相続人は配偶者Dおよび子Eである。

| 順序 | 法律構成の判断 | 原因関係の判断 | | 登記の種類の判断 | 物件 |
		民177の効果	法3の権利変動		
1	事1―Aの法定相続 事2―Cの法定相続 ▽先例の数次相続処理	変更 変更	移転 移転	包括移転登記 包括移転登記 包括移転登記	甲 甲 甲

① 法律構成の判断

　事実1には，A死亡の事実が示されており，Aが遺言書を作成した事実が示されていないため法定相続を法律構成する。

　事実2には，C死亡の事実が示されており，Cが遺言書を作成した事実が示されていないため法定相続を法律構成する。

② 原因関係の判断

　複数の相続の法律関係が問題となる場合には，代襲相続と数次相続との区別に注意して原因関係を判断する。

　事実2の被相続人をCとする法定相続は，事例中にCの権利義務が示され

ておらず，ただちに当該法定相続を原因関係として判断することはできない。

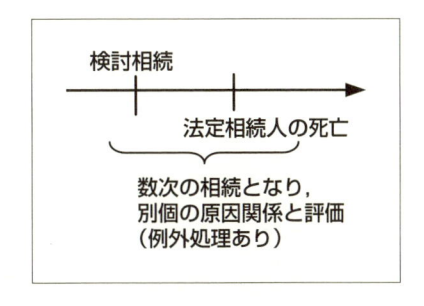

他方，事実1の被相続人をAとする法定相続は，甲土地の登記記録からAが甲区2番の所有権の登記名義人となっており，相続財産として甲土地の所有権をとらえることができる。被相続人Aの法定相続は，少なくとも甲土地の所有権に関して原因関係となりうるため，これを手掛かりに検討を進める。

被相続人Aの法定相続人は，事実1に子Cのみが示されている。事実2でCが死亡した事実が示されているが，その日付は被相続人Aの死亡日の翌日であり，Cの死亡は，以前死亡として相続権の喪失事由にはあたらない。

したがって，被相続人Aの法定相続により甲土地の所有権は，被相続人Aから相続人Cに移転する。この物権変動は変更であり（民177），登記の対象となる権利変動は権利主体の変更として移転となり（法3），事実1の被相続人Aの法定相続は権利変動の登記の原因関係となる。

事実1の法定相続により，事実2の被相続人Cの法定相続は，甲土地の所有権が相続財産となり，それが被相続人Cの法定相続により法定相続人DEに移転する。被相続人Cの法定相続も，被相続人Aの法定相続と同様の検討により権利変動の登記の原因関係となる。

事例の場合，数個の相続が順次生じていることになり，これを数次相続という。数次相続では，中間省略登記禁止の原則から相続開始の順に相続による登記を申請すべきことになる。

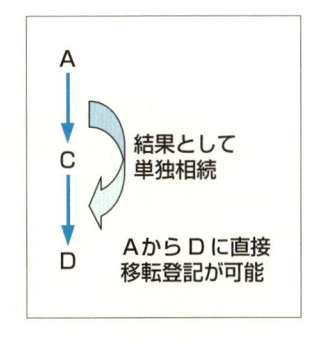

ただし，先例は，数次の相続の場合，最終の相続以外の相続が結果として単独相続であれば，登記原因に数次の相続を併記するかぎり，直接に現在の相続人に中間省略登記することを認めている（明33.3.7民刑260回，昭30.12.16民甲2670通，平22）。これは，相続登記に対抗要件としての意味がなく，登記申請が怠られがちとなる特殊性に着目して認められる中間省略登記の例外である。

事例の場合，最終の相続は，事実2の被相続人

Cの相続であり，最終の相続以外の相続は，事実1の被相続人Aの相続であり，当該相続は相続人Cの単独相続であるため，登記原因として数次の相続を併記すれば，直接，DおよびE名義の相続による登記を1つ申請すれば足りることになる。これは，本来，数個の原因関係が，中間省略登記を認める先例により1個の原因関係として処理できる例外である。

③ 登記の種類の判断

登記の種類は，登記の対象となる権利変動が移転であり（法3），移転原因が相続であるため（法63Ⅱ），包括移転登記となる（個別フレームは41〔97頁〕参照）。なお，甲土地はすでに甲区2番まで登記がされており，保存登記に代替する余地はない（保存登記の拡張例外については，40（2）②，42，事例6参照）。

【参考・答案例―事例71（先例による数次相続の中間省略登記による相続登記）】
登記の目的　所有権移転
原　　因　　平成28年2月1日C相続　同年2月2日相続
申　請　人　相続人（被相続人A）持分2分の1 D　2分の1 E
添付情報　　登記原因証明情報（被相続人Aの戸籍謄抄本，被相続人Cの戸籍謄抄本，DEの戸籍謄抄本）　住所証明情報（DE）　代理権限証明情報（DEの委任状）
登録免許税　金24万円（＝6,000万円×1,000分の4）

④ 最終以外の相続が結果として単独相続となる具体例

たとえば，甲土地を所有するAが3月26日に死亡し，その相続人がBCであり，その後の6月26日にBが死亡し相続人Dである場合，Aの死亡により甲土地を含む相続財産は，BCの遺産共有となり，その後のBの死亡によりその相続分がDに包括承継され，現在は，CDの遺産共有となっている。それを反映し，甲土地の権利変動は2段階で生じており，これに対応して2つの登記を考えるべきことになる。

しかし，Aを被相続人とする第1次相続の相続人Cと，相続人Bの地位を包括承継したDとが第1次相続の相続財産である甲土地についてBを単独相続させる遺産分割した場合，最終の相続以外が結果として単独相続となり，上記③の先例により「3月26日B相続　6月26日相続」の要領で数次の登記原因を併記し，直接AからDへの移転登記が認められる。

もちろんAを被相続人とする第1次相続の相続人Cと，相続人Bの地位を包括承継したDとが第1次相続の相続財産である甲土地についてCを単独相

続させる遺産分割をすれば,「3月26日相続」を原因として直接AからCへの移転登記が認められる。

これらに対して,Aが3月26日に死亡し,その相続人が配偶者B,子Cであり,その後の6月26日に配偶者Bが死亡し,その相続人が子Cである場合,Bの死亡により遺産共有状態が解消され,以降,遺産分割をする余地がなくなったとして,第1次相続の相続人であるC,Bの相続人としての地位を包括承継したCが,Aの相続財産である甲土地について第1次相続の相続人Cが単独相続する旨の遺産分割決定を否定し,甲土地について2つの権利変動に応じて被相続人をAとする相続と被相続人をBとする相続の2つの登記を申請しなければならないとする裁判例が出されている(東京地判平26.3.13,東京高判平26.9.30)。従来の実務が上記のような遺産分割決定を認めてきただけに実務に与えたインパクトは強烈である。

しかし,単に権利者がCのみになったことだけで,本当に遺産共有が解消されたと割り切るべきなのか,登記が実体を映す鏡とはいえ,これまで見たとおり,必ずしも実体的効力やその理解を貫徹させていないのが登記制度の実情であり,公示の実益を含めた登記制度に固有の論理からなんらかの議論をする余地がありうるのか,今後の動向に注目しなければならない。

92 取得時効と占有者の相続

(1) 相続人による時効援用

【事例72―相続人の時効援用―】 過問 (H17)

> 問 次の事実について,法律構成の判断,原因関係の判断,登記の種類の判断をしなさい。
> なお,甲土地の課税標準の額は金6,000万円とする。
> (甲土地の登記記録)
> 甲区2番 所有権移転 所有者 A
> (事実関係)
> 1 Bは,Aの代理人と称するAの子Cとの間で,平成7年2月1日,甲土地を代金8,000万円で移転する契約を締結し,同日,甲土地の引渡を受けた。Bは,平成27年2月2日時点でも甲土地を占有していた。
> 2 平成27年3月1日にBが死亡し,その相続人は配偶者Dおよび子Eである。
> 3 Eは,Aに対し,平成28年7月1日到達の内容証明郵便によって甲土地の時効を援用する意思表示をした。

92 取得時効と占有者の相続

順序	法律構成の判断	原因関係の判断		登記の種類の判断	物件
		民177の効果	法3の権利変動		
1	事1―BC間売買と引渡 事2―Bの法定相続 事3―Eの時効援用	（無権代理と時効完成） （時効援用権の相続） 消滅，発生	移転	特定移転登記	甲

① 法律構成の判断

i 代理売買の法律構成

　事実1には，BがAの代理人と称するCとの間で甲土地を代金8,000万円で移転する契約を締結した事実が示されており，**代理人による売買契約**を法律構成する。しかし，代理売買の登記根拠事実のうち，行為に先立つ代理権の授与の事実が示されておらず，表見代理（民109，同110），本人の追認（民113），無権代理人の本人相続の事実も存在しないため（最判昭40.6.18：資格融合説，最判昭37.4.20：資格併合説），当該契約は狭義の無権代理となり，これをAB間の売買契約と判断し，買主Bが甲土地を取得した法律関係だと判断することはできない。

ii 他人物売買の法律構成

　事例のように狭義の無権代理となる場合であっても，法律効果は表意者に帰属するという原則により，表意者CB間の**他人物売買**として法律構成することが可能である（民560）。しかし，売主Cが甲土地を取得した事実が存在しないため，当該他人物売買をBが甲土地を取得した法律関係だと判断することもできない。

iii 長期取得時効の法律構成

　さて，事実1には，平成7年2月1日のBC間の契約の際にBはCから甲土地の引渡しを受けて甲土地の占有を開始し，Bは平成27年2月2日の時点でも甲土地を占有していた事実が示されているため**長期取得時効**を法律構成することが可能である。

　民法は，所有権の取得時効の要件を，①所有の意思をもってする占有（自主占有）が，②平穏かつ公然に行われ，③20年間，占有が継続し（時効の完成：民162），④占有者が時効を援用した（民145）事実と規定している。

　しかし，民法の推定規定により占有の事実があれば所有の意思をもって（自主占有），平穏，公然の占有が推定され（民186Ⅰの暫定真実），ある時点の占有と他の時点の占有の事実があれば，その間，占有が継続した事実が推定されるた

め（民 186 Ⅱ の法律上の事実推定），こ
れらの規定を前提とすれば，A．あ
る時点で目的物を占有していた事実，
B．上記 A の時点から 20 年後の時
点で目的物を占有している事実，C．
時効取得を主張する者が所有者に対して時効を援用する意思表示を行いそれが
到達した事実があれば，長期取得時効を判断することができる。

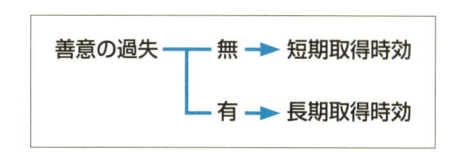

```
善意の過失 ┬ 無 → 短期取得時効
           └ 有 → 長期取得時効
```

　事例では，B が平成 7 年 2 月 1 日に甲土地を占有しており，その時点から 20
年を経過した日である平成 27 年 2 月 2 日時点でも甲土地を占有しており，そ
れにより長期取得時効は完成していることになる。時効は，実体的な権利変動
であり（実体法説），その効果は時効援用の意思表示を停止条件として確定的に
生ずることになるため，時効が完成しただけではいまだ取得時効の効果は確定
的には発生していないことになる（最判昭 61.3.17：不確定効果説のうち停止条件
説）。

　事例では，占有者 B が所有者 A に時効援用の意思表示をした事実が示され
ておらず，事実 2 によれば時効完成後の平成 27 年 3 月 1 日に占有者 B が死亡
している。占有者 B が死亡すれば，包括承継効果により（民 896），時効援用の
意思表示をする地位はその相続人 DE に承継されることになる。この場合，相
続人 DE は，それぞれ時効援用の意思表示をすることができることになる。

　事例のように相続人の 1 人 E のみが時効援用の意思表示をすれば，その効果
は，相続人 E が直接利益を受ける限度（相続分相当）において発生し，他の相続
人 D の利益の部分には及ばないことになる（最判平 13.7.10）。

　なお，事例では，占有者 B が時効を完成させているが時効援用の意思表示を
していないため，取得時効の効力は確定せず，甲土地の所有権が相続の対象と
はならない点に注意しなければならない。

ⅳ　短期取得時効の法律構成

　素朴な疑問として，事例の場合，なぜ，短期取得時効を法律構成できないの
かを検討する。

　イ．ある時点で目的物を占有していた事実，ロ．イの時点から 10 年後の時点
で目的物を占有している事実，ハ．目的物について占有を開始するについて，
所有権が自己に属すると信じることについて過失がないことを基礎づける事実，
ニ．時効取得を主張する者が所有者に対して時効援用の意思表示を行いそれが

到達した事実があれば，**短期取得時効**を法律構成することができる。

民法の推定規定により（暫定真実），自主占有について善意であることは推定されるが，善意について過失がないことには，その推定が及ばない。しかし，占有には本権を推定する権利推定力が規定されており（民188），これによって即時取得では，前主の占有により前主が処分権限を適法に有していることが推定され，即時取得者は，それを信じたことについて過失がないと推定されるため，即時取得を否定する者が，**即時取得者に過失がある**事実を主張立証しなければならず，無過失の要件事実を即時取得者が主張立証することを要しないことになっている（岡口基一『要件事実入門初級者編』58頁〔創耕舎〕）。

これに対して，取得時効では，過失の有無が長期取得時効か短期取得時効かを区別するメルクマールとなり，取得時効を主張する者にとってきわめて有利な事実であるため，取得時効を主張する者に善意占有であることについて**過失がない事実**の主張立証責任が課せられることになる。

事例では，占有者Bが占有を開始する時点で**過失がない**ことの根拠となる事実が明示されていないため，短期取得時効を法律構成することができないのである。ちなみに，事例では事実1に甲土地の所有者Aの子Cが代理人として売買している事実が示されているが，これのみでは過失がないと判断することはできない。Cが代理権を有するか否か本人Aに電話するなどして容易にそれを確認できるからである。

② 原因関係の判断

占有者Bの相続人の1人Eの時効援用による法律効果は，上記①iiiで指摘したとおり，Eの法定相続分に相当する甲土地の2分の1について，占有開始時にさかのぼっての原始取得である（民144，平17）。原始取得の物権変動は，本来，取得対象権利の**消滅**と法の規定による取得対象権利の**発生**であるが（民177），判例および先例は，これを**移転**として処理すれば足りるとしており（大判大14.7.8，明44.6.22民414回），これにより登記の対象となる権利変動は**移転**となり（法3），**権利変動の登記の原因関係**となる。

本事例のポイントは，占有者Bの死亡により開始した法定相続が原因関係とはならない点にある。

③ 登記の種類の判断

登記の種類は，登記の対象となる権利変動が**移転**であり（法3），移転原因は相続または合併以外であるため（法63Ⅱ），**特定移転登記**となる（個別フレー

は **36**〔82頁〕参照）。なお，甲土地はすでに甲区2番まで登記がされており，保存登記による代替の余地はない。

【参考・答案例―事例 72（占有者の相続人の1人が援用した長期取得時効による移転登記）】

登記の目的	所有権一部移転
原　　因	平成7年2月1日時効取得
申　請　人	権利者　持分2分の1 E　義務者 A
添 付 情 報	登記原因証明情報（A作成の報告式）　登記識別情報（Aの甲区2番） 印鑑証明書（A）　住所証明情報（E）　代理権限証明情報（EAの委任状）
登録免許税	金 60 万円（＝6,000 万円×2分の1×1,000 分の 20）

（2）　占有者が時効完成させずに死亡した場合

（事実関係）
1　Bは，Aの代理人と称するAの子Cとの間で，平成7年2月1日，甲土地を代金 3,000 万円で移転する契約を締結し，同日，甲土地の引渡しを受けた。
2　平成 25 年3月1日にBが死亡し，その相続人は子Eのみである。Eは，平成 27 年2月2日時点でも甲土地を占有していた。
3　Eは，Aに対し，平成 28 年7月1日到達の内容証明郵便によって甲土地の時効を援用する意思表示をした。

　かりに，事例の事実関係が，上記のように長期取得時効の完成前に占有者が死亡したものである場合，判例は，被相続人Bの占有ないし占有権は，相続人Eに当然に承継されると解している（最判昭 44.10.30）。相続人Eは，イ．自己の占有のみを主張することも，ロ．被相続人Bの占有と自己の占有を併せた占有を主張することも可能であるが（民 187 Ⅰ，最判昭 37.5.18），この場合，被相続人Bの占有の瑕疵（悪意・有過失）をもあわせて承継することになる（民 187 Ⅱ）。
　上記の場合，占有者Bは長期取得時効を完成させてはいないため，占有者Bが甲土地の所有権を原始取得することはない。また，事実2の占有者Bの相続によって甲土地の所有権が相続人Eに移転することはなく，法定相続が原因関係となることもない。
　したがって，相続人Eが相続で当然に取得した占有および占有権を使って長期取得時効を完成させ，事実3で時効援用の意思表示をしているため，甲土地の所有権の全部をEが原始取得し，それが原因関係となる。

> 【参考（占有者が時効を完成させずに死亡し相続人が時効を完成させた場合の移転登記）】
> 登記の目的　　所有権移転
> 原　　　因　　平成7年2月1日時効取得
> 申　請　人　　権利者E　義務者A
> 添　付　情　報　　登記原因証明情報（A作成の報告式）　登記識別情報（Aの甲区2番）
> 　　　　　　　　印鑑証明書（A）　住所証明情報（E）　代理権限証明情報（EAの委任状）
> 登録免許税　　金120万円（＝6,000万円×1,000分の20）

（3）　占有者が時効援用後に死亡した場合

> （事実関係）
> 1　Bは，Aの代理人と称するAの子Cとの間で，平成7年2月1日，甲土地を代金3,000万円で移転する契約を締結し，同日，甲土地の引渡しを受けた。Bは，平成27年2月2日時点でも甲土地を占有していた。
> 2　Bは，Aに対し，平成27年7月1日到達の内容証明郵便によって甲土地の時効を援用する意思表示をした。
> 3　平成28年3月1日にBが死亡し，その相続人は子Eのみである。

　かりに，事例の事実関係が上記のように占有者Bが長期取得時効を完成させ，時効援用の意思表示をした後に死亡した場合であれば，時効援用により甲土地の所有権は占有者Bが占有開始時にさかのぼって原始取得する。したがって，占有者Bの長期取得時効の法律関係が原因関係となる。

　また，事実3のBの死亡で開始した法定相続により，Bが取得した甲土地の所有権は，被相続人Bから相続人Eへ移転することになり，被相続人Bの法定相続の法律関係も原因関係となる。

　この場合，甲土地の所有者Aから占有者Bの相続人Eへ直接に移転登記をすれば，禁止されている中間省略登記となるため，1番目で時効取得による特定移転登記を一般承継人による登記として申請し（法62），2番目で相続による包括移転登記を連件申請することになる（118（5），事例120参照）。

93　無権代理と他人物売買

（1）　無権代理人の本人相続

【事例73─無権代理人の本人相続─】 判例

問　次の事実について，法律構成の判断，原因関係の判断，登記の種類の判断をしなさい。
　　なお，甲土地の課税標準の額は金6,000万円とする。
（甲土地の登記記録）
甲区2番　所有権移転　所有者A
（事実関係）
1　Bは，Aの代理人と称するAの子Cとの間で，平成28年2月1日，甲土地を代金8,000万円で移転する契約を締結した。
2　平成28年7月1日にAが死亡し，その相続人は子Cのみである。

順序	法律構成の判断	原因関係の判断		登記の種類の判断	物件
		民177の効果	法3の権利変動		
1	事1—BC代理売買 事2—A法定相続	変更 （無権代理人本人相続）	移転	特定移転登記	甲

① 法律構成の判断
ⅰ　代理売買の法律構成

　事実1には，BがAの代理人と称するCとの間で甲土地を代金8,000万円で移転する契約を締結した事実が示されており，**代理人による売買契約**を法律構成する。

　しかし，事実1から代理売買の登記根拠事実のうち，代理人Cの売買契約，その際の代理人Cの顕名の事実は判断できるものの売買契約に先立つ代理権の授与の事実が示されていない。そこで，代理権授与の事実と同様に，本人であるAに法律効果を帰属させることができる他の事実があるか否かを検討することになる。

ⅱ　表見代理の検討

　まず，民法109条の代理権授与表示による表見代理を検討する。その要件は，**A．本人が相手方にある者に特定事項の代理権を授与したことを表示したこと，B．表見代理人の行為が表示された代理権の範囲内である**という事実であるが（民109本文），そのような事実が事例には示されていない。

　次いで，民法110条の権限外行為の表見代理を検討する。その要件は，**A．相手方に代理権があると信じたこと，B．信じたことにつき正当理由があること，C．基本代理権が存在すること**であるが，少なくとも基本代理権の存在を示す事実が事例には示されていない。

iii 本人追認の検討

代理権付与の事実に代えて，**本人が代理行為を追認した**事実が存在すれば（民113Ⅰ），契約時にさかのぼって本人に対して効力が生ずることになる（民116本文）。しかし，そのような事実が事例には示されていない。

iv 判例の検討

代理権付与の事実に代えて，ⅰ. **本人が死亡し**，ⅱ. **無権代理人が本人の相続人である**事実があれば，本人がみずから法律行為をしたのと同様の地位を生じたものとして（最判昭40.6.18：資格融合説），または，本人の地位と無権代理人の地位の併存を認めつつ，みずからした無権代理行為について本人の資格において追認を拒絶することが信義則に反することになるものとして（最判昭37.4.20：資格併合説），追認が擬制され，無権代理人の行為は，契約時にさかのぼって本人に対する代理行為として有効となる（民116）。

ただし，無権代理人が本人を他の相続人と共同相続した場合には，無権代理行為を追認する権利は，その性質上，共同相続人全員に不可分的に帰属する。この場合，共同相続人全員が共同して追認権を行使しないかぎり，追認の効果は発生しない（最判平5.1.21）。

事例では，事実2から事実1の売買契約後に本人Aが死亡し，無権代理行為をした子Cが単独相続をしているため，上記の判例により追認が擬制され，事例の売買契約は事実1の契約時点から有権代理と同視できることになる（民116）。

② 原因関係の判断

事例の売買契約の法律効果は，事実1の時点での，甲土地の所有権の売主Aから買主Bへの移転である。この物権変動は**変更**であり（民177），登記の対象となる権利変動は権利主体の変更として**移転**となり（法3），**権利変動の登記の原因関係**となる。

なお，事実2には，A死亡の事実が示されており，被相続人をAとする**法定相続**の法律関係が問題となる。しかし，甲土地の所有権は，事実1の契約時点ですでに買主Bに移転しており，甲土地の所有権は相続財産とはならない。当該法定相続の法律効果は，上記①で指摘した本人追認の擬制効果と登記義務が被相続人Aから相続人Cに包括承継され，Cが一般承継人として登記義務を履行しなければならないというものであり（法62），当該法定相続の法律関係は独立した原因関係とはならない。

③ 登記の種類の判断

登記の種類は，登記の対象となる権利変動が移転であり（法3），移転原因が相続または合併以外（法63Ⅱ）であるため，特定移転登記となる（個別フレームは 36〔82頁〕参照）。なお，甲土地はすでに甲区2番まで登記がされており，保存登記に代替する余地はない。

【参考・答案例—事例73（無権代理人の本人相続による代理売買の移転登記）】

登記の目的	所有権移転
原　　因	平成28年2月1日売買
申　請　人	権利者 B　義務者 亡A 相続人 C
添 付 情 報	登記原因証明情報（C作成の報告式）　登記識別情報（Aの甲区2番） 印鑑証明書（C）　住所証明情報（B）　一般承継証明情報（戸籍謄抄本） 代理権限証明情報（CAの委任状）
登録免許税	金120万円（＝6,000万円×1,000分の20）

（2） 他人物売買

【事例74—他人物売買—】 連件

問　次の事実について，法律構成の判断，原因関係の判断，登記の種類の判断をしなさい。
　　なお，甲土地の課税標準の額は金6,000万円とする。
（甲土地の登記記録）
甲区2番　所有権移転　所有者 A
（事実関係）
1　Cは，Bに対して，平成28年2月1日，甲土地を代金8,000万円で売った。
2　平成28年7月1日にAが死亡し，その相続人は子Cのみである。

順序	法律構成の判断	原因関係の判断		登記の種類の判断	物件
		民177の効果	法3の権利変動		
2	事1—他人物売買	変更	移転	特定移転登記	甲
1	事2—Aの法定相続	変更	移転	包括移転登記	甲

① 法律構成の判断

事実1には，CがBに対して甲土地を代金8,000万円で売ったとする事実が示されており，売買契約を法律構成する。

また，事実2には，A死亡の事実が示されており，Aが遺言書を作成した事実が示されていないため法定相続を法律構成する。

93 無権代理と他人物売買

② 原因関係の判断

i 売買契約の判断

登記記録によれば，事実1の売買契約時点で売主Cが甲土地の所有権登記名義人ではなく，甲土地の所有者と推定できないため，事実1の売買契約は他人物売買となる。他人物売買であっても債権契約としては有効であるが（民560），売主Cが甲土地の所有権を取得することを法定条件と解して，甲土地の所有権が買主Bに移転することになる。したがって，売主Cが甲土地の所有権を取得する事実が確認されるまで，権利変動は発生せず，契約時点でこれを原因関係として判断することはできない。

ii 法定相続の判断

事実2の被相続人をAとする法定相続の法律効果は，相続財産である甲土地の所有権が単独相続人であるCに移転する。この物権変動は**変更**であり（民177），登記の対象となる権利変動は権利主体の変更として**移転**となり（法3），**権利変動の登記の原因関係**となる。

また，この法律効果の発生により，事実1の他人物売買の売主Cは，売買目的物である甲土地の所有権を取得し，法定条件が成就するため，Cの甲土地の所有権の取得と同時に事実1の売買契約により甲土地の所有権がCからBに移転することになる。この物権変動は**変更**であり（民177），登記の対象となる権利変動は権利主体の変更として**移転**となり（法3），**権利変動の登記の原因関係**となる。

③ 登記の種類の判断

法定相続の登記の種類は，登記の対象となる権利変動が**移転**であり（法3），移転原因が相続であるため（法63Ⅱ），**包括移転登記**となる（個別フレームは**41**〔97頁〕参照）。

また，売買契約の登記の種類は，登記の対象となる権利変動が**移転**であり（法3），移転原因が相続または合併以外であるため（法63Ⅱ），**特定移転登記**となる（個別フレームは**36**〔82頁〕参照）。なお，甲土地はすでに甲区2番まで登記がされており，いずれの移転登記も保存登記による代替の余地はない。

④ 申請の個数と申請順序の判断

甲土地について，上記のとおり2つの移転登記が問題となるが，登記原因が異なるため，これらを一申請することはできない（規35⑨）。

2個の移転登記の原因関係は，同時発生しているが，論理的には他人物売買

契約の権利変動は，法定相続の権利変動を法定条件としているため，1番目に相続による包括移転登記を申請し，2番目に売買による特定移転登記を連件申請することになる。

【参考・答案例―事例 74（他人物売買の売主の相続による権利取得による連件申請）】

○1番目の申請
登記の目的　　所有権移転
原　　　因　　平成 28 年 7 月 1 日相続
申　請　人　　相続人（被相続人 A）C
添 付 情 報　　登記原因証明情報（戸籍謄抄本）　住所証明情報（C）　代理権限証明情報（C の委任状）
登録免許税　　金 24 万円（＝6,000 万円×1,000 分の 4）

○2番目の申請
登記の目的　　所有権移転
原　　　因　　平成 28 年 7 月 1 日売買
申　請　人　　権利者 B　義務者 C
添 付 情 報　　登記原因証明情報（C 作成の報告式）　登記識別情報（C の甲区 3 番）　印鑑証明書（C）　住所証明情報（B）　代理権限証明情報（CB の委任状）
登録免許税　　金 120 万円（＝6,000 万円×1,000 分の 20）

94　直接移転取引

(1) 買主の地位譲渡方式

【事例 75 ―買主の地位譲渡方式―】 先例

> 問　次の事実について，法律構成の判断，原因関係の判断，登記の種類の判断をしなさい。
> 　　なお，甲土地の課税標準の額は金 6,000 万円とする。
> （甲土地の登記記録）
> 甲区 2 番　所有権移転　所有者 A
> （事実関係）
> 1　A は，B との間で，平成 28 年 2 月 1 日，甲土地を代金 8,000 万円で移転する契約を締結した。
> 2　その際，A および B は，代金支払を条件として甲土地の所有権を移転する旨を合意した。
> 3　B は，C に対し，同年 7 月 1 日，上記 1 の甲土地の買主の地位を代金 8,500 万円で売り，その旨を A に通知した。
> 4　C は，A に対し，同年 7 月 4 日，上記 1 の代金全額を支払った。

順序	法律構成の判断	原因関係の判断		登記の種類の判断	物件
		民177の効果	法3の権利変動		
1	事1―AB間売買契約 事2―所有権留保特約 事3―BC間売買契約 事4―代金弁済	変更 （買主の地位の譲渡） （AC売買の効力発生）	移転	特定移転登記	甲

① 法律構成の判断

　事実1には，AB間で甲土地を代金8,000万円で移転する契約を締結した事実が示されており，売買契約を法律構成する。

　また，事実3にも，BがCに対して甲土地の買主の地位を代金8,500万円で売った旨の事実が示されており，売買契約を法律構成する。

② 原因関係の判断

　事実1の売買契約による権利変動は，事実2からAB間で，代金支払を条件として甲土地の所有権を移転する旨の所有権留保特約が合意されているため，代金支払時まで発生しない。

　事実3の売買契約は，目的物が事実1の売買契約の買主の地位である。それにより事実1の売買契約の買主の地位はBからCに移転する。しかし，それにより甲土地の所有権を変動させる効果は発生せず，事実2の売買契約は原因関係とはならない。

　事実4には，事実1の売買契約について，事実3の売買契約で買主となったCが事実1の売買契約の代金全額を支払った事実が示されている。これにより事実2の停止条件が成就し，甲土地の所有権は，売主Aから新たに買主となったCに移転する。この物権変動は変更であり（民177），登記の対象となる権利変動は権利主体の変更として移転となり（法3），事実1の売買契約のみが権利変動の登記の原因関係となる。

　事例のようにABCの三者が関与し，AB間の契約とBC間の契約が関連する形態により，現在の登記名義人AからCに直接，所有権が移転する取引形態を直接移転取引という（平18.12.22民二2878回）。直接移転取引は，複数の法律関係を1個の原因関係として評価する例外として位置づけられている。

③ 登記の種類の判断

　登記の種類は，登記の対象となる権利変動が移転であり（法3），移転原因が相続または合併以外であるため（法63Ⅱ），特定移転登記となる（個別フレーム

は 36〔82 頁〕参照）。なお，甲土地はすでに甲区 2 番まで登記がされており，保存登記に代替する余地はない。

【参考・答案例―事例 75（買主の地位譲渡方式による直接移転取引の移転登記）】

登記の目的　　所有権移転
原　　　因　　平成 28 年 7 月 4 日売買
申　請　人　　権利者 C　義務者 A
添付情報　　　登記原因証明情報（A，B，C 作成の報告式）　登記識別情報（A の甲区 2 番）　印鑑証明書（A）　住所証明情報（C）　代理権限証明情報（C A の委任状）
登録免許税　　金 120 万円（＝6,000 万円×1,000 分の 20）

（2）　第三者のための契約方式

【事例 76―第三者のための契約方式―】 先例

問　次の事実について，法律構成の判断，原因関係の判断，登記の種類の判断をしなさい。
　なお，甲土地の課税標準の額は金 6,000 万円とする。
（甲土地の登記記録）
甲区 2 番　所有権移転　所有者 A
（事実関係）
1　A は，B との間で，平成 28 年 2 月 1 日，甲土地を代金 8,000 万円で移転する契約を締結した。
2　その際，A および B は，代金支払までに B が甲土地の所有権移転先となる者を指定し，代金全額の支払を条件に甲土地の所有権を，直接に指定した移転先に移転する旨を合意した。
3　B は，A に対し，同年 7 月 1 日，甲土地の移転先として C を指定し，代金全額を支払った。
4　C は，A に対し，同年 7 月 4 日，甲土地の移転を受ける旨の受益の意思表示をした。

順序	法律構成の判断	原因関係の判断		登記の種類の判断	物件
		民 177 の効果	法 3 の権利変動		
1	事 1―AB 間売買契約 事 2―第三者のための契約 事 3―移転先指定と弁済 事 4―受益の意思表示	変更	移転	特定移転登記	甲

① 法律構成の判断

事実1には，AB間で甲土地を代金8,000万円で移転する契約を締結した事実が示されており，売買契約を法律構成する。

② 原因関係の判断

事実1の売買契約による権利変動は，事実2からAB間で，Bが代金支払までに甲土地の移転先を指定し，代金の支払を条件に甲土地の所有権を直接，指定した移転先に移転する旨の所有権留保特約および第三者のための契約特約が合意されているため，これら特約の条件となっている事実を確認するまでは発生しない。

事実3には，BがAに対して移転先をCと指定し，代金全額を支払った事実が示されており，これにより，事実2で合意した条件のすべてがみたされることになる。しかし，事実2の特約には，第三者のための契約特約が含まれており，受益者であるCが債務者Aに対して受益の意思表示をした時点で，特約に従い甲土地の所有権は売主Aから受益者Cに移転する（民537Ⅱ）。

この物権変動は変更であり（民177），登記の対象となる権利変動は権利主体の変更として移転となり（法3），事実1の売買契約のみが権利変動の登記の原因関係となる。事例も「直接移転取引」の1つとして位置づけられ，第三者のための契約方式とよばれている（平18.12.22民二2878回）。

③ 登記の種類の判断

登記の種類は，登記の対象となる権利変動が移転であり（法3），移転原因が相続または合併以外であるため（法63Ⅱ），特定移転登記となる（個別フレームは**36**〔82頁〕参照）。なお，甲土地は，すでに甲区2番まで登記がされており，保存登記に代替する余地はない。

【参考・答案例—事例76（第三者のための契約方式による直接移転取引の移転登記）】

登記の目的	所有権移転
原　　因	平成28年7月4日売買
申 請 人	権利者C　義務者A
添付情報	登記原因証明情報（A，B，C作成の報告式）　登記識別情報（Aの甲区2番）　印鑑証明書（A）　住所証明情報（C）　代理権限証明情報（CAの委任状）
登録免許税	金120万円（＝6,000万円×1,000分の20）

95　共有の形成と不分割特約
(1)　不分割特約の例外処理
【事例77―権利の一部移転と不分割特約―】　過問　(H4)

> 問　次の事実について，法律構成の判断，原因関係の判断，登記の種類の判断をしなさい。
> 　　なお，甲土地の課税標準の額は金6,000万円とする。
> (甲土地の登記記録)
> 甲区2番　所有権移転　所有者 A
> (事実関係)
> 1　Aは，Bとの間で，平成28年7月1日，甲土地の2分の1を代金4,000万円で移転する契約を締結した。
> 2　その際，AおよびBは，5年間甲土地を分割しない旨を合意した。

順序	法律構成の判断	原因関係の判断		登記の種類の判断	物件
		民177の効果	法3の権利変動		
1	事1―AB 売買契約 事2―AB 不分割特約	変更 (移転登記に吸収)	移転	特定移転登記	甲

① 法律構成の判断

　事実1には，AB間で甲土地の2分の1を代金4,000万円で移転する契約を締結した事実が示されており，**売買契約**を法律構成する。

　また，事実2には，ABが5年間，甲土地を分割しない旨の合意をしている事実が示されており，**共有物の不分割特約契約**を法律構成する。

② 原因関係の判断

　i　売買の判断

　事実1の売買契約の法律効果は，甲土地の所有権2分の1の売主Aから買主Bへの移転であり，これにより甲土地はABの共有となる。この物権変動は**変更**であり（民177），登記の対象となる権利変動は権利主体の一部変更として**移転**となり（法3），売買契約は**権利変動の登記の原因関係**となる。

　ii　不分割特約の判断

　事実2の共有物の不分割特約契約の法律効果は，共有物において原則許される分割請求を5年間禁止し，共有権の内容を変更するものである。この物権変動は**変更**であり（民177），登記の対象となる権利変動は権利内容の変更として**変更**となり（法3），本来，**権利変動の登記の原因関係**となる。

　ただし，事例のように一部移転の機会に共有物不分割を定めた場合，例外的

に当該定めを移転登記の登記事項として公示することが可能であり，この場合，共有物不分割の特約契約は，独立した原因関係とはならない。これは，旧法（法39条ノ2）に由来し，実務の連続性の観点から認められる特例であり，複数の法律関係が1個の原因関係として評価される例外となっている（清水響編著『Q＆A不動産登記法』213頁〔商事法務〕）。

③ 登記の種類の判断

登記の種類は，登記の対象となる権利変動が移転であり（法3），移転原因が相続または合併以外であるため（法63Ⅱ），特定移転登記となる（個別フレームは36〔82頁〕参照）。なお，甲土地は，すでに甲区2番まで登記がされており，保存登記に代替する余地はない。

【参考・答案例──事例77（権利の一部移転と不分割特約の例外処理）】
登記の目的　　所有権一部移転
原　　因　　平成28年7月1日売買
そ の 他　　特約　5年間共有物不分割
申 請 人　　権利者　持分2分の1　B　義務者　A
添付情報　　登記原因証明情報（A作成の報告式）　登記識別情報（Aの甲区2番）
　　　　　　印鑑証明書（A）　住所証明情報（B）　代理権限証明情報（BAの委任状）
登録免許税　　金60万円（＝6,000万円×2分の1×1,000分の20）

（2）不分割特約の原則処理

（事実関係）
1　Aは，BおよびCとの間で，平成28年7月1日，甲土地（BC各2分の1）を代金8,000万円で移転する契約を締結した。
2　その際，BおよびCは，5年間甲土地を分割しない旨を合意した。

たとえば，事例の事実が上記のとおりである場合，事実1の甲土地の売買が権利の一部ではなくBCに対する権利の全部である。したがって，上記**（1）**のような例外的な取扱いは許されず，原則どおり事実2の共有物不分割の特約契約を事実1の売買契約とは別の原因関係として評価しなければならない。この場合，移転と変更とが同時に発生することになるが，変更の原因関係は，BC間の共有登記名義がなければ論理上ありえないものであるため，登記の連続性の観点から1番目で売買によるAからBCへの特定移転登記を申請し，2番目で共有物不分割の特約契約による変更登記を連件申請すべきことになる。

【参考（共有物不分割特約の原則処理による連件申請）】
○１番目の申請
登記の目的　　　所有権移転
原　　　因　　　平成28年7月1日売買
申　請　人　　　権利者　持分2分の1 B　2分の1 C　義務者 A
添付情報　　　登記原因証明情報（A作成の報告式）　登記識別情報（Aの甲区2番）
　　　　　　　　印鑑証明書（A）　住所証明情報（BC）　代理権限証明情報（ABCの委任状）
登録免許税　　金120万円（＝6,000万円×1,000分の20）
○２番目の申請
登記の目的　　　3番所有権変更（付記）
原　　　因　　　平成28年7月1日特約
変更後の事項　　特約　5年間共有物不分割
申　請　人　　　申請人（権利者兼義務者）B　C
添付情報　　　登記原因証明情報（BC作成の報告式）　登記識別情報（BおよびCの甲区3番）　印鑑証明書（BC）　代理権限証明情報（BCの委任状）
登録免許税　　金1,000円（＝甲土地1個×1,000円）

（３）　共有根抵当権の優先の定め

　共有根抵当権では，元本確定前にかぎり，共有者の全員で優先の定めをすることができる（民398の14Ⅰただし書）。この優先の定めも共有を前提とする定めであるため，例外的に一部移転登記の登記事項となるか否かが問題となる。

　しかし，共有物分割禁止特約のような例外は認められず，常に，共有を形成する設定または移転登記と別個の変更登記として申請しなければならない（「質疑応答7920」『登記研究』757号165頁）。

１－４　数個の原因関係を１個の原因関係と評価する申請個数減少の例外

96　遺産分割までの中間処分の省略

（１）　寄与分協議と遺産分割協議の関係

【事例78─寄与分協議と遺産分割協議の関係─】　先例

問　次の事実について，法律構成の判断，原因関係の判断，登記の種類の判断をしなさい。
　　なお，甲土地の課税標準の額は金6,000万円とする。
（甲土地の登記記録）
甲区2番　所有権移転　所有者 A

> 3番　所有権移転　平成28年2月1日相続　共有者　持分2分の1 B　2分の1 C
>
> （事実関係）
> 1　BおよびCは，平成28年7月1日，Aの療養看護に尽くしたBに寄与分として甲土地を取得させる旨の協議をした。

順序	法律構成の判断	原因関係の判断		登記の種類の判断	物件
		民177の効果	法3の権利変動		
1	事1―①寄与分協議 　　　②遺産分割協議	（中間省略許容） 変更	移転	特定移転登記	甲

① 法律構成の判断

　事実1には，BCがBに寄与分として甲土地を取得させる協議をした事実が示されている。寄与分とは，相続人間の実質的な平等性を確保するため，被相続人の維持または増加に特別の寄与をした相続人（寄与分権者）の相続分を修正するための制度であり（民904の2），寄与分協議の内容は，本来，修正相続分を計算できるように相続財産全体の割合や金額を定めなければならない。

　事例のように具体的な財産である甲土地をBに取得させる協議の法律構成について，先例は，当該協議をi．Bに取得させる甲土地と同額の寄与分を定める寄与分協議と，ⅱ．当該寄与分を考慮し，甲土地をBに取得させる遺産分割協議の2つの協議と解釈すべきものとしている（昭55.12.10民三7145通）。したがって，事例の事実1の協議から**寄与分協議**とそれを前提とした**遺産分割協議**と2個の法律関係を法律構成することになる。

② 原因関係の判断

　寄与分協議の法律効果は，相続放棄型であるため（**90(2)**），先例の宣言主義による遡及効果の解釈により甲区3番でされている共同相続登記は，はじめから相続分を誤って登記していることになり**是正登記の原因関係**となる（昭55.12.20民三7145通）。

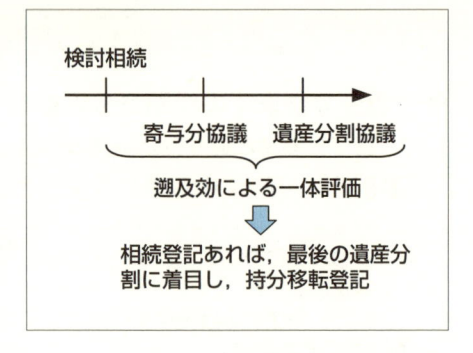

　また，遺産分割協議の法律効果は，遺産分割型であるため（**89(2)**），事例のようにすでに甲区3番で共同相続登記

がされていれば，遡及効果を後退させ，当該登記は，遺産分割までは実体と一致していた登記とし，将来に向けてＣの持分のＢへの移転となり，**権利変動の登記の原因関係**となる（昭 28.8.10 民甲 1392 回，昭 42.10.9 民三 706 回）。

このように事例では，本来，2 個の原因関係が観念できることになり，これに対応して 2 つの登記申請が問題となるはずである。しかし，先例は，事例のようにすでに共同相続登記が完了されていれば，寄与分協議による持分の更正登記を経ることなく，**遺産分割**による持分移転の登記のみを申請すれば足りるとしている（昭 55.12.10 民三 7145 通）。これは，寄与分協議が遺産分割の前提にすぎず，関係人が相続人のみで第三者の利益を害さない点に着目し，寄与分協議による更正登記の中間省略を認める例外であり，数個の原因関係を 1 個の原因関係と評価する例外となっている（松尾英夫「Ⅳ民法および家事審判法の一部改正に伴う登記事務の取扱いについて」『不動産登記先例百選』293～294 頁）。

③　登記の種類の判断

登記の種類は，登記の対象となる権利変動が**移転**であり（法 3），移転原因が相続または合併以外であるため（法 63 Ⅱ），**特定移転登記**となる（個別フレームは **36**〔82 頁〕参照）。なお，甲土地は，すでに甲区 3 番まで登記がされており，保存登記による代替の余地はない。

【参考・答案例―事例 78（遺産分割協議と寄与分協議の関係・更正登記の中間省略）】

登記の目的　　Ｃ持分全部移転
原　　因　　　平成 28 年 7 月 1 日遺産分割
申 請 人　　　権利者　持分 2 分の 1　Ｂ　義務者　Ｃ
添 付 情 報　　登記原因証明情報（寄与分協議を含む遺産分割協議書）　登記識別情報（Ｃの甲区 3 番）　印鑑証明書（Ｃ）　住所証明情報（Ｂ）　代理権限証明情報（ＢＣの委任状）
登録免許税　　金 12 万円（＝6,000 万円×2 分の 1×1,000 分の 4）

（2）　相続分譲渡と遺産分割協議との関係

【事例 79―相続分譲渡と遺産分割協議―】　**実例**

> 問　次の事実について，法律構成の判断，原因関係の判断，登記の種類の判断をしなさい。
> 　　なお，甲土地の課税標準の額は金 6,000 万円とする。
> （甲土地の登記記録）
> 甲区 2 番　所有権移転　所有者　Ａ

> 3番　所有権移転　平成28年2月1日相続　共有者　持分4分の2 B　4分の1 C　4分の1 D
>
> （事実関係）
> 1　BおよびCは，平成28年7月1日，被相続人Aの相続におけるCの相続分をBに無償で移転する贈与契約を締結した。
> 2　同日，BおよびDは，被相続人Aの相続財産である甲土地をBが単独相続する旨の協議をした。

順序	法律構成の判断	原因関係の判断		登記の種類の判断	物件
		民177の効果	法3の権利変動		
1	事1―BC相続分贈与 事2―遺産分割	（中間省略許容） 変更	移転	特定移転登記	甲

① 法律構成の判断

事実1には，BCがCの相続分を無償でBに移転する贈与契約を締結した事実が示されており相続分の譲渡（相続分の贈与）を法律構成する。

また，事実2には，BDが，甲土地をBが単独で相続する旨の協議をしている。BDの協議を共有物分割協議と法律構成するか，遺産分割協議として法律構成するかは，BDの共有の性質に応じて判断する（**72**参照）。被相続人Aの相続開始により被相続人Aの相続財産は，法定相続人BCDが遺産共有する。遺産共有の状態は，事実1でCの相続分をBに譲渡しても変化せず，その後はBDが相続財産を遺産共有していることになる。したがって，BDの共有状態が遺産共有であるため，事実2の法律関係は遺産分割協議として法律構成することになる。

② 原因関係の判断

● 相続分譲渡の判断

相続分の譲渡の法律効果は，遺産分割型であるが（**89（3）**），相続分の譲渡が相続人間でされているか否か，共同相続登記がすでにされているか否かを検討して判断する。事例の相続分譲渡は，相続人であるBC間でされており，すでに甲区3番で共同相続登記がされているため，共同相続登記は相続分譲渡がされるまでは実体と一致していたとして是正登記の原因関係となることを否定し，将来に向かって譲渡した相続分に対応する個々の相続財産の持分がCからBに移転するものとして判断する。この物権変動は変更であり（民177），登記の対象となる権利変動は権利主体の変更として移転となり（法3），相続分譲渡は

権利変動の登記の原因関係となる。

　また，遺産分割協議の法律効果は，遺産分割型（**89（2）**）であり，すでに甲区3番で共同相続登記がされているため，甲区3番の共同相続登記は，遺産分割までは実体と一致していたとして是正登記の原因関係となることを否定し，将来に向けてDの持分のBへの移転となり，遺産分割協議は**権利変動の登記の原因関係**となる。

　このように事例では，本来，2つの原因関係が観念できることになり，これに対応して2つの登記の申請が問題となるはずである。しかし，実例は，事例のようにすでに共同相続登記が完了されている場合，相続分の贈与による持分の移転登記を経ることなく，**遺産分割**による持分移転の登記のみを申請すれば足りるとしている（「質疑応答7915」『登記研究』752号169頁，「登記簿」『登記研究』753号183頁）。これは，相続分譲渡が遺産分割までしかすることができない遺産分割の前提にすぎず，相続人間の相続分譲渡であれば関係人が相続人のみで第三者の利益を害さず，上記**（1）**の寄与分協議の取扱いと同様の利益状況となるため，相続分譲渡による持分移転登記の中間省略を認め，数個の原因関係を1個の原因関係と評価できる例外となっている。

③　登記の種類の判断

　登記の種類は，登記の対象となる権利変動が**移転**であり（法3），移転原因が相続または合併以外であるため（法63Ⅱ），**特定移転登記**となる（個別フレームは**36**〔82頁〕参照）。なお，甲土地は，すでに甲区3番まで登記がされており，保存登記による代替の余地はない。

【参考・答案例—事例79（遺産分割協議と相続分譲渡・相続分譲渡の中間省略）】

登記の目的	C, D持分全部移転
原　　因	平成28年7月1日遺産分割
申　請　人	権利者　持分4分の2　B　義務者　CD
添付情報	登記原因証明情報（相続分贈与契約書，遺産分割協議書）　登記識別情報（CおよびDの甲区3番）　印鑑証明書（CD）　住所証明情報（B）　代理権限証明情報（BCDの委任状）
登録免許税	金12万円（＝6,000万円×2分の1×1,000分の4）

97　中間過剰相続登記の許容

（1）　生前売買と誤ってなされた相続登記の評価

【事例80 ―生前売買と誤ってなされた相続登記の評価―】 判例 先例

> 問　次の事実について，法律構成の判断，原因関係の判断，登記の種類の判断をしなさい。
> 　なお，甲土地の課税標準の額は金6,000万円とする。
> （甲土地の登記記録）
> 甲区2番　所有権移転　所有者A
> 　　3番　所有権移転　平成28年2月1日相続　所有者B
> （事実関係）
> 1　AおよびDは，平成27年12月1日，甲土地を代金8,000万円で移転する売買契約を締結した。
> 2　Aは，平成28年2月1日に死亡し，その相続人は子BおよびCである。
> 3　上記1の事実を知らないBおよびCは，平成28年6月1日，甲土地をBが単独相続する旨の協議を行い，甲区3番の登記を完了させた。
> 4　Dは，Aの相続人全員に対して，平成28年7月1日，事実1に基づく登記請求権を行使した。Cは，無関係だとして協力を拒絶したが，Bはこれに応ずることとした。

順序	法律構成の判断	原因関係の判断		登記の種類の判断	物件
		民177の効果	法3の権利変動		
1	事1―AD間売買契約 事2―Aの法定相続 事3―遺産分割協議 事4―Dの登記請求	変更 （3番相続の抹消登記省略）	移転	特定移転登記	甲

①　法律構成の判断

　事実1には，ADが甲土地を代金8,000万円で移転する契約を締結した事実が示されているため，**売買契約**を法律構成する。

　事実2には，Aが死亡した事実が示されており，Aが遺言書を作成した事実が示されていないため，**法定相続**を法律構成する。

　事実3には，BCが甲土地についてBが単独相続する旨の協議をした事実が示されている。BCの関係は事実2から被相続人Aの法定相続人であるため，BCの共有は**遺産共有**であり，事実3の協議について**遺産分割協議**を法律構成する。

② 原因関係の判断

売買契約の法律効果は，甲土地の所有権の A から D への移転である。この物権変動は変更であり（民177），登記の対象となる権利変動は権利主体の変更として移転となり（法3），権利変動の登記の原因関係となる。

法定相続および遺産分割協議の関係は，遺産分割協議が「遺産分割型」であり（89（2）），共同相続登記がされていなければ，遡及効果によりはじめから B が甲土地を単独相続したことになる。しかし，甲土地の所有権は，事実1の AD 間の売買契約によりすでに A から D に移転しているため，甲土地は相続財産とならず，事実3の協議に基づく甲区3番の B を単独相続人とする登記は，登記と実体とが原始的に不一致の登記となり，「是正登記の原因関係」としてこれをとらえるべきものとなる。

その結果，本来は，甲区3番の相続登記を抹消する登記を申請し，事実1の売買契約の売主 A の登記義務を包括承継した法定相続人全員が事実1の売買契約の登記を買主 D とともに一般承継人による登記（法62）として申請すべきことになる。

しかし，先例（昭37.3.8民甲638回），判例（大判大15.4.30）ともに，誤ってなされた相続登記を抹消登記することなく，登記名義人となっている相続人 B から直接に買主 D への移転登記を申請すれば足りるとしている（「登記簿」『登記研究』761号141頁）。これは，ⅰ．登記名義人と中間者との間に相続関係があり，法的には同一人格と評価できること，ⅱ．原因日付から本来の権利変動の過程を読みとることが可能であることから，例外的に是正登記（抹消登記）の省略を認めるものである。これは，本来，原因関係となるはずの是正登記（抹消登記）の省略を認める中間省略登記であり，2個の原因関係を1個の原因関係と評価する例外となっている。

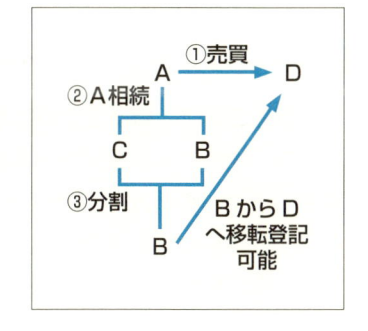

したがって，事実4には，買主 D が売主 A の相続人に対して売買契約に基づく登記の申請手続に協力する登記請求権を行使し，相続人の1人 C が無関係として協力を拒絶しているが，甲区3番の誤った相続登記により甲土地の登記名義人となっている B が協力するかぎり，事実1の売買契約に基づく登記を申請するについて何の支障もないことになる。

③ 登記の種類の判断

登記の種類は，登記の対象となる権利変動が**移転**であり（法3），移転原因が相続または合併以外であるため（法63Ⅱ），**特定移転登記**となる（個別フレームは **36**〔82頁〕参照）。なお，甲土地は，すでに甲区3番まで登記がされており，保存登記に代替する余地はない。

【参考・答案例―事例80（生前売買と誤ってなされた相続登記の評価・抹消登記の中間省略）】

登記の目的	所有権移転
原　　因	平成27年12月1日売買
申　請　人	権利者D　義務者B
添付情報	登記原因証明情報（B作成の報告式）　登記識別情報（Bの甲区3番）　印鑑証明書（B）　住所証明情報（D）　代理権限証明情報（BDの委任状）
登録免許税	金120万円（＝6,000万円×1,000分の20）

---

④ 委任の終了と誤ってされた相続登記の評価

判例・先例ともに権利能力なき社団名義で登記することを認めていない（最判昭47.6.2，昭23.6.21民甲1897号）。先例は，規約により財産を代表者名義に登記する定めがある場合には，代表者の名義とし，それにより難い場合には，社団の構成員全員名義の登記をすべきであるとし（昭28.12.24民甲2523），代表者の名義の登記を認める理論的根拠を，代表者が構成員全員から登記名義の委託を受ける委任関係と解している（法務省法務総合研究所編『実務解説　権利の登記』132頁〔日本加除出版〕）。

登記名義を委託された代表者が交代した場合，構成員の全員が総有する権利そのものには権利変動が生じないが，旧代表者と構成員との登記名義に関する委任契約が終了し，本来，登記名義を，構成員全員名義に戻すべきことになる。しかし，先例は，その登記をするまでの間に，新代表者への委任がなされれば，中間過程を省略し旧代表者から新代表者へ登記名義を変更することを認めており，これを**委任の終了**を登記原因とする**特定移転登記**の原因関係としている（昭41.4.18民甲1126回，昭53.2.22民三1102回）。

ただし，代表者Aの個人名義に登記がされている不動産について，Aが死亡し，事情を知らない唯一の相続人Bが相続登記を完了させた場合，新代表者Dに委任の終了により移転登記をするには，必ず前提として誤ってなされたBの相続登記を抹消しなければならない。相続人Bは死亡したA名義の登記を維

持する義務を負っており（民654の委任終了後の善処義務），誤ってなされた相続登記の存在を認めれば二重の中間省略登記となり，便宜の限界を超えるからである。したがって，この場合，1番目でBの相続登記の抹消登記，2番目でAからDへの委任の終了による移転登記の連件申請をすることになる（**118（6）**②，**事例122**を参照）。

(2) 2号仮登記と誤ってなされた相続登記の関係

【事例81 ─2号仮登記と誤ってなされた相続登記の関係─】 実例

> 問　次の事実について，法律構成の判断，原因関係の判断，登記の種類の判断をしなさい。
> 　　なお，甲土地の課税標準の額は金6,000万円とする。
> （甲土地の登記記録）
> 　　甲区2番　所有権移転　　所有者　A
> 　　　　3番　所有権移転請求権仮登記　平成26年9月1日売買予約　権利者　D
> 　　　　4番　所有権移転　平成28年2月1日相続　所有者　B
> （事実関係）
> 　1　DはAに対して，平成27年12月1日，甲土地の甲区3番で仮登記されている売買予約の予約完結権を行使する意思表示をした。
> 　2　Aは，平成28年2月1日に死亡し，その相続人はBである。1の事実を知らないBは，甲区3番の登記を完了させた。
> 　3　Dは，Aの相続人Bに対して，平成28年7月1日，事実1に基づく登記請求権を行使し，Bはこれに応ずることとした。

順序	法律構成の判断	原因関係の判断		登記の種類の判断	物件
		民177の効果	法3の権利変動		
1	事1─予約完結権行使 事2─A法定相続 事3─Dの登記請求	変更 （4番相続の抹消登記省略）	移転	特定移転登記 （仮登記の本登記）	甲

① 法律構成の判断

　事実1には，DがAに対して売買予約の予約完結権を行使した事実が示されているため，**予約完結権行使による売買契約**を法律構成する。

　事実2には，Aが死亡した事実が示されており，Aが遺言書を作成した事実が示されていないため，**法定相続**を法律構成する。

② 原因関係の判断

ⅰ　2号仮登記の場合

　民法に規定されている予約契約は売買の一方の予約であり，予約完結権が行使されればそれにより売買契約が成立する（民556Ⅰ）。したがって，事実1の

予約完結権行使により売買契約が成立し，当該売買契約の法律効果は，甲土地の所有権のAからDへの移転である。この物権変動は**変更**であり（民177），登記の対象となる権利変動は権利主体の変更として**移転**となり（法3），権利変動の登記の原因関係となる。

事実2の法定相続の法律効果は，本来，相続財産である甲土地の所有権の被相続人Aから相続人Bへの移転である。しかし，甲土地の所有権は，事実1の予約完結権の行使によりすでに買主Dに移転しており，甲土地の所有権は相続財産とならず，事実2の法定相続に基づく甲区3番の相続登記は，登記と実体が原始的に不一致の登記となり，**是正登記の原因関係**としてこれをとらえるべきものとなる。

その結果，本来は，甲区3番の登記を抹消登記し，事実1の予約完結権行使による売買契約の登記（仮登記の本登記）を買主Dと売主Aの法定相続人Bとが一般承継人による登記（法62）として申請すべきことになる。

しかし，実例は，事例のように2号仮登記で先に本登記原因が発生しながら，誤って相続登記がなされてしまった場合に，便宜，甲区3番のBの相続登記を抹消せずに登記名義人Bを登記義務者として買主Dのための仮登記の本登記を申請することを認めている（「質疑応答」『登記研究』273号73頁）。これは，上記 **(1)** の場合と同様，ⅰ．登記名義人と中間者との間に相続関係があり，法的には同一人と評価できること，ⅱ．原因日付から本来の権利変動の過程を読みとることが可能であることから，例外的に是正登記（抹消登記）の省略を認めているものといえよう。これは，本来，原因関係となるはずの是正登記（抹消登記）の省略を認める中間省略登記であり，2個の原因関係を1個の原因関係と評価する例外となっている。

ちなみに，事例のように2号仮登記が登記されている場合，本登記原因の発生までに登記義務者Aが死亡すれば，甲土地の所有権は相続財産となるため，相続による移転登記を申請し，その後に仮登記の本登記を申請しなければならない。しかし，便宜，Bのための相続登記を省略し，買主DとAの相続人Bが一般承継人による登記（法62）として仮登記の本登記のみを申請することも認められている。これは，仮登記の本登記により相続登記が登記官の職権により抹消されてしまう点を考慮した便宜措置である（法109Ⅱ，昭38.9.28民甲2660通）。

ⅱ　1号仮登記の場合

　これに対して，すでに物権変動が発生していることが明らかな1号仮登記については，売主Aが死亡しても甲土地の所有権が相続により売主Aの相続人Bに移転することは論理上ありえず，それが登記記録上も明確である。したがって，誤って甲土地についてBの相続による登記がなされてしまった場合，例外なく誤ってなされた相続登記を抹消登記しなければ，Dのための仮登記の本登記を申請することはできない。2号仮登記の場合と対比して知識を整理しておかなければならない（**118（6）**①，**事例121**参照）。

③　登記の種類の判断

　登記の種類は，登記の対象となる権利変動が**移転**であり（法3），移転原因が相続または合併以外であるため（法63Ⅱ），**特定移転登記**となる（個別フレームは **36**〔82頁〕参照）。なお，甲土地は，すでに甲区4番まで登記がされており，保存登記に代替する余地はない。

　事例では，甲区3番で買主Dのために仮登記がされているため，事例の特定移転登記は，所有権の仮登記の本登記として申請すべきであり，申請手続の骨格が修正されることになる（**86**参照）。

【参考・答案例―事例81（2号仮登記と誤ってなされた相続登記の評価・抹消登記の中間省略）】

登記の目的	所有権移転（3番仮登記の本登記）
原　　因	平成27年12月1日売買
申　請　人	権利者D　義務者B
添付情報	登記原因証明情報（B作成の報告式）　登記識別情報（Bの甲区4番）　印鑑証明書（B）　住所証明情報（D）　代理権限証明情報（BDの委任状）
登録免許税	金60万円（登録免許税法第17条第1項）（＝6,000万円×(1,000分の20－1,000分の10)）

98　その他の中間省略登記の許容

（1）　保存登記の中間省略登記

　詳細は，**42（2）事例6**のたすきがけ保存，**45（1）事例8**の判決保存と中間省略登記を参照せよ。

（2）　判決による登記の中間省略登記

　詳細は，**84（6）事例55**を参照せよ。

99 代物弁済

（3） 数次相続の中間省略登記

詳細は，**91（2）事例71**を参照せよ。

1-5　1個の法律関係を数個の原因関係と評価する申請個数増加の例外

99　代物弁済

（1）　債務者の不動産による代物弁済

【事例82 ―債務者による代物弁済―】　過問　（H10）　連件

> 問　次の事実について，法律構成の判断，原因関係の判断，登記の種類の判断をしなさい。
> 　なお，申請日は，平成28年7月4日とし，甲土地の課税標準の額は金6,000万円とする。
> （甲土地の登記記録）
> 甲区2番　所有権移転　所有者 A
> 乙区1番　抵当権設定　債権額金3,000万円　債務者 A　抵当権者 X
> 　2番　抵当権設定　債権額金1,000万円　債務者 A　抵当権者 Y
> （事実関係）
> 1　A および X は，平成28年7月1日，1番抵当権の被担保債権全額の弁済に代えて，代物として甲土地を移転する代物弁済契約を締結した。

順序	法律構成の判断	原因関係の判断		登記の種類の判断	物件
		民177の効果	法3の権利変動		
1 2	事1―代物弁済契約 　①代物給付合意 　②本来債務消滅	変更 消滅	移転 消滅	特定移転登記 抹消登記	甲 甲

① 法律構成の判断

事実1には，AXが1番抵当権の被担保債権全額の弁済に代えて代物として甲土地を移転する旨の契約を締結した事実が示されており，**代物弁済契約**を法律構成する。

② 原因関係の判断

i　意義と着眼点

代物弁済契約は，本来の債務の弁済に代えて代物を給付し，本来の債務を消滅させ，弁済と同一の法律効果を発生させる契約である（民482）。

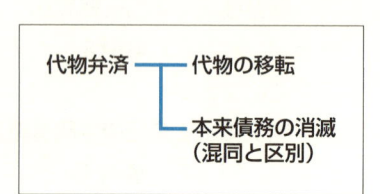

代物弁済 ─┬─ 代物の移転
　　　　　└─ 本来債務の消滅
　　　　　　　（混同と区別）

代物弁済の法律効果は，代物についての効果と本来の債務についての効果に分けて評価することになり，代物弁済は，1個の法律関係を数個の原因関係と評価する例外となっている。

ⅱ　**代物についての法律効果**

物権行為の独自性が否定されているため（大判大 2.10.25, **37（2）**参照），代物の給付合意は，民法 176 条の意思の合致にあたり，代物である財産権が移転する。事例の場合であれば，甲土地の所有権が代物であるため，契約が締結された平成 27 年 7 月 1 日の時点で甲土地の所有権が債務者 A から抵当権者 X に移転する。この物権変動は**変更**であり（民 177），登記の対象となる権利変動は，権利主体の変更として**移転**となり（法 3），代物弁済契約の代物給付合意は**権利変動の登記の原因関係**となる。

ⅲ　**本来債務についての法律効果**

代物弁済は，弁済と同様の効果を発生させる契約であるため，弁済と同様，弁済者および弁済分量に着目して効果を判断する。

事例の場合，代物弁済契約を締結したのは，1番抵当権の「**債務者 A**」であり，弁済分量は 1 番抵当権の被担保債権の**全部**であるため，代物弁済契約により 1 番抵当権の被担保債権が消滅し，消滅の附従性により 1 番抵当権も消滅する。この物権変動は**消滅**であり（民 177），登記の対象となる権利変動も**消滅**となり（法 3），代物弁済契約は，本来の債務についても**権利変動の登記の原因関係**となるのである。

ただし，本来の債務の債権者を保護するため，代物は代物弁済契約の所有物でなければならず，対抗要件が問題となる代物については，代物についての対抗要件をみたさなければ**給付**の要件をみたさないと解されている。ちなみに，**給付**の要件が課せられていることから代物弁済契約を要物契約と解する見解と，給付の要件は債権者を保護するための本来の債務を消滅させるための特別要件と解する見解とがある。

事例の代物は甲土地であり，登記が対抗要件となっているため，7月1日の代物弁済契約時ではなく，甲土地の移転登記を申請する 7 月 4 日（登記は即日処理が建前）に**給付**の要件がみたされ，その時点で上記の法律効果が発生する。

なお，事例の場合，甲土地の所有権を抵当権者 X へ移転するため**混同**によって 1 番抵当権が消滅すると誤解してはならない。あくまでも，弁済と同一の効力を有する代物弁済契約が 1 番抵当権の消滅原因となるからである。もっとも，

99 代物弁済

事例では，2番抵当権が存在するため，混同を原因とする場合であれば，2番抵当権が目的物についての第三者の権利に該当し，混同例外となり1番抵当権は消滅しないことになるが（民179Ⅰただし書），事例の1番抵当権の消滅原因は，代物弁済であるため，2番抵当権が存在していても適法に抹消登記を申請できることになる。

③ 登記の種類の判断

代物についての登記の種類は，登記の対象となる権利変動が**移転**であり（法3），移転原因が相続または合併以外（法63Ⅱ）であるため，**特定移転登記**となる（個別フレームは **36** 〔82頁〕参照）。なお，甲土地は，すでに甲区2番まで登記がされており，保存登記に代替する余地はない。

本来債務についての登記の種類は，登記の対象となる権利変動が**消滅**であるため（法3），**抹消登記**となる（個別フレームは **54** 〔132頁〕参照）。

④ 申請の個数と申請順序の判断

甲土地の2つの登記は，登記の目的および登記原因が異なるため一申請をすることはできず（規35⑨），原則どおり2つの申請が必要となる。

代物である甲土地の特定移転登記を申請しなければ，2番目の代物弁済による抹消登記をするために必要な**給付**の要件具備が明らかにならないため，1番目に代物の特定移転登記を，2番目に本来債務の抹消登記を連件申請すべきことになる。

【参考・答案例―事例82（債務者の不動産の代物弁済による連件申請）】

○1番目の申請
登記の目的	所有権移転
原　　因	平成27年7月1日代物弁済
申　請　人	権利者 X　義務者 A
添 付 情 報	登記原因証明情報（A作成の報告式）　登記識別情報（Aの甲区2番） 印鑑証明書（A）　住所証明情報（X）　代理権限証明情報（AXの委任状）
登録免許税	金120万円（＝6,000万円×1,000分の20）

○2番目の申請
登記の目的	1番抵当権抹消
原　　因	平成28年7月4日代物弁済
申　請　人	権利者兼義務者 X
添 付 情 報	登記原因証明情報（X作成の報告式）　登記識別情報（Xの乙区1番） 代理権限証明情報（Xの委任状）
登録免許税	金1,000円（＝甲土地1個×1,000円）

(2) 遺産分割または共有物分割における代物弁済型の代償分割

詳細は，**73（3）事例36** を参照せよ。

(3) 代位弁済と次順位者代位の競合

詳細は，**77（4）** を参照せよ。

100 混同

(1) 所有権の移転による混同

【事例83 ─所有権の移転による混同─】 過問 （H11，H18） 連件

> 問　次の事実について，法律構成の判断，原因関係の判断，登記の種類の判断をしなさい。
> 　なお，甲土地の課税標準の額は金6,000万円とする。
> （甲土地の登記記録）
> 甲区2番　所有権移転　所有者 A
> 乙区1番　抵当権設定　債権額金3,000万円　債務者 A　抵当権者 X
> （事実関係）
> 1　Aは，Xに対して，平成28年7月1日，甲土地を代金8,000万円で売った。

順序	法律構成の判断	原因関係の判断		登記の種類の判断	物件
		民177の効果	法3の権利変動		
1	事1─AX間売買契約	変更	移転	特定移転登記	甲
2	▽1番抵当権の混同	消滅	消滅	抹消登記	甲

① 法律構成の判断

事実1には，AがXに対し甲土地を代金8,000万円で売った事実が示されており，「売買契約」を法律構成する。

② 原因関係の判断

i 売買契約の判断

事実1の売買契約の法律効果は，甲土地の所有権の売主Aから買主Xへの移転である。この物権変動は**変更**であり（民177），登記の対象となる権利変動は，権利主体の変更として**移転**となり（法3），売買契約は**権利変動の登記の原因関係**となる。

ii 混同の検討の必要性とその判断

なんらかの原因で他物権と所有権が同一人に帰属すれば，他物権は混同により消滅する（民179Ⅰ本文）。これは，他物権が所有権の機能の一部を実現する物権であるため，同一人に所有権と他物権が帰属すれば他物権を存続させる必

要がなくなるからである。

ただし，他物権が第三者の権利の目的である場合や他物権の目的物が第三者の権利の目的である場合には，混同の例外となり他物権は消滅しない（民179Ⅰただし書）。この場合，他物権を存続させる必要性が認められるからである。

上記の混同における原則および例外から，権利が移転する局面と第三者の権利が消滅し混同例外が解かれる局面で，混同が発生する可能性が考えられることになり，これらの局面では意識して混同の有無を検討しなければならないことになる。この検討を習慣化しなければ，混同の法律関係の発生を見落としかねないことになるからである。

事例は，所有権が移転する局面として混同の有無を検討すべき局面である。売主Aから所有権が移転する買主Xは，登記記録から1番抵当権者であり，1番抵当権または設定目的物である甲土地について第三者の権利が存在しないため，1番抵当権について混同の法律関係が問題となる。

混同の法律効果は，他物権である1番抵当権の消滅である。この物権変動は消滅であり（民177），登記の対象となる権利変動も消滅となり（法3），混同は権利変動の登記の原因関係となる。

なお，1番抵当権の被担保債権は，無担保債権として存続する。

③ 登記の種類の判断

売買契約に基づく登記の種類は，登記の対象となる権利変動が移転であり（法3），移転原因が相続または合併以外（法63Ⅱ）であるため，特定移転登記となる（個別フレームは36〔82頁〕参照）。なお，甲土地はすでに甲区2番まで登記がされており，保存登記に代替する余地はない。

また，混同に基づく登記の種類は，登記の対象となる権利変動が消滅であるため（法3），抹消登記となる（個別フレームは54〔132頁〕参照）。

④ 申請の個数と申請順序の判断

甲土地の2つの登記は，登記の目的および登記原因が異なるため一申請することができず（規35⑨），原則どおり2つの申請が必要となる。

売買による特定移転登記を申請しなければ，2番目の混同が登記記録上から明らかにならないため，1番目に売買による特定移転登記を，2番目に混同による抹消登記を連件申請することになる。

【参考・答案例―事例83（所有権移転による混同の連件申請）】
○1番目の申請
登記の目的　　　所有権移転
原　　　因　　　平成28年7月1日売買
申　請　人　　　権利者X　義務者A
添　付　情　報　　登記原因証明情報（A作成の報告式）　登記識別情報（Aの甲区2番）
　　　　　　　　印鑑証明書（A）　住所証明情報（X）　代理権限証明情報（AXの委任
　　　　　　　　状）
登録免許税　　　金120万円（＝6,000万円×1,000分の20）
○2番目の申請　※混同の場合は登記原因証明情報が不要
登記の目的　　　1番抵当権抹消
原　　　因　　　平成28年7月1日混同
申　請　人　　　権利者兼義務者　X
添　付　情　報　　登記識別情報（Xの乙区1番）　代理権限証明情報（Xの委任状）
登録免許税　　　金1,000円（＝甲土地1個×1,000円）

（2）混同例外

【事例84―混同例外―】

> 問　次の事実について、法律構成の判断、原因関係の判断、登記の種類の判断を
> しなさい。
> 　　なお、甲土地の課税標準の額は金6,000万円とする。
> （甲土地の登記記録）
> 甲区2番　所有権移転　所有者A
> 乙区1番　抵当権設定　債権額金3,000万円　債務者A　抵当権者X
> 　　2番　抵当権設定　債権額金1,000万円　債務者A　抵当権者Y
> （事実関係）
> 1　Aは、Xに対して、平成28年7月1日、甲土地を代金8,000万円で売った。

順序	法律構成の判断	原因関係の判断		登記の種類の判断	物件
		民177の効果	法3の権利変動		
1	事1―AX間売買契約 ▽1番抵当権混同	変更 （2番の存在が混合例外）	移転	特定移転登記	甲

① 法律構成の判断

　事実1には、AがXに対し甲土地を代金6,000万円で売った事実が示されており、売買契約を法律構成する。

② 原因関係の判断

ⅰ　売買契約の法律効果

　事実1の売買契約の法律効果は、甲土地の所有権の売主Aから買主Xへの

移転である。この物権変動は**変更**であり（民177），登記の対象となる権利変動は，権利主体の変更として**移転**となり（法3），売買契約は**権利変動の登記の原因関係**となる。

ⅱ　混同の検討

本事例では，所有権が移転する局面として混同の法律関係を検討する。所有権が移転するＸは，登記記録から1番抵当権者であり，所有権と1番抵当権が同一人Ｘに帰属することになる。かりに，1番抵当権を混同により消滅させれば，Ｘは無担保債権者となり，2番抵当権の順位が上昇するだけでなく，その後2番抵当権が実行されればＸは甲土地の所有権を失うことになり，踏んだり蹴ったりの結果となる。そのため，甲土地の2番抵当権を目的物についての第三者の権利と解し，**混同**の例外と判断する。したがって，事例では混同の法律関係が発生しないことになる。

ちなみに，甲土地の買主が2番抵当権者のＹである場合，1番抵当権の存在は，甲土地についての第三者の権利にはあたらず，原則どおり混同の法律関係が発生し，これが**権利変動の登記の原因関係**となる。

③　登記の種類の判断

登記の種類は，登記の対象となる権利変動が**移転**であり（法3），移転原因が相続または合併以外であるため（法63Ⅱ），**特定移転登記**となる（個別フレームは**36**〔82頁〕参照）。なお，甲土地は，すでに甲区2番まで登記がされており，保存登記に代替する余地はない。

【参考・答案例―事例84（物に第三者の権利が存在することでの混同例外）】

登記の目的	所有権移転
原　　因	平成28年7月1日売買
申 請 人	権利者Ｘ　義務者Ａ
添 付 情 報	登記原因証明情報（Ａ作成の報告式）　登記識別情報（Ａの甲区2番）　印鑑証明書（Ａ）　住所証明情報（Ｘ）　代理権限証明情報（ＡＸの委任状）
登録免許税	金120万円（＝6,000万円×1,000分の20）

④　共有根抵当権者の1人の設定目的物の取得

（甲土地の登記記録）
甲区2番　所有権移転　所有者　Ａ

> 乙区1番　根抵当権設定　極度額　金1億円　債権の範囲　売買取引　債務者　A
> 　　　　　根抵当権者　X Y

　1番根抵当権がXYの共有であり，共有者の1人であるXが設定目的物である甲土地の所有権を設定者Aから売買で取得した場合に混同が生ずるか否かが問題となる。

　この場合，Xの根抵当権の共有権が混同で消滅すると解せば，他の共有者Yが根抵当権を単有することになり，当該根抵当権が実行されれば，所有権を取得した根抵当権共有者Xは，所有権を失うだけでなく，自己の有する債権の配当にもあずかれないという不都合が生ずる。したがって，この場合，その物（甲土地）に第三者（他の根抵当権共有者Y）が権利を有する場合に該当するとして，混同の効果は例外的に発生しないと解すべきことになる（房村精一「最近の根抵当登記実務の問題点」『登記先例解説集』376号27頁）。

　これは，賃借権の共有者の1人が賃借土地の所有権を取得した場合，その者の有する賃借権の共有権は，混同で消滅しないとする先例（昭38.6.18民甲1733通）と同様の結論を認めるものである（借地借家15Ⅱ）。

　これに関連し，原始的な自己借地や自己抵当が認められるか否かが問題となる。土地所有者Xが他の者Yと共同してXの有する所有権にXYを共有者とする借地権（賃借権または地上権）の設定は認められているが（借地借家15Ⅰ），原始的な自己抵当は認められていない。

（3）　第三者の権利の消滅による混同

【事例85 ―第三者の権利の消滅による混同―】 連件

> 問　次の事実について，法律構成の判断，原因関係の判断，登記の種類の判断をしなさい。
> 　　なお，甲土地の課税標準の額は金6,000万円とする。
> （甲土地の登記記録）
> 甲区2番　所有権移転　所有者 A
> 乙区1番　抵当権設定　債権額　金3,000万円　債務者 B　抵当権者 X
> 　付記1号　1番抵当権移転　平成27年2月1日相続　抵当権者 A
> 　　2番　抵当権設定　債権額　金1,000万円　債務者 A　抵当権者 Y
> （事実関係）
> 1　Aは，Yに対して，平成28年7月1日，2番抵当権の被担保債権全額を弁済した。

100 混同

順序	法律構成の判断	原因関係の判断		登記の種類の判断	物件
		民177の効果	法3の権利変動		
1	事1—2番抵当権の弁済	消滅	消滅	抹消登記	甲
2	▽1番抵当権の混同	消滅	消滅	抹消登記	甲

① 法律構成の判断

　事実1には，弁済の事実が示されているため，弁済者および弁済分量に着目して法律構成する。登記記録から2番抵当権の被担保債権について，弁済者Aは**債務者**であり，分量は**全額**であるため，**弁済**を法律構成する。

② 原因関係の判断

ⅰ　弁済の判断

　弁済の法律効果は，2番抵当権の被担保債権の消滅であり，消滅の附従性による2番抵当権の消滅である。この物権変動は**消滅**であり（民177），登記の対象となる権利変動も**消滅**となり（法3），弁済は**権利変動の登記の原因関係**となる。

ⅱ　混同の検討の必要性とその判断

　事例は，2番抵当権が消滅する局面であるため，混同の法律関係を検討する。登記記録から1番抵当権が平成27年2月1日の相続により被相続人Xから相続人Aに移転していることが確認できる。本来，この移転により甲土地の所有権と1番抵当権が同一人Aに帰属するため混同が生ずるはずであった。しかし，2番抵当権が設定目的物についての第三者の権利に該当し，混同の例外となるため，混同の法律関係は発生していないことになる（**（2）**，**事例84**参照）。

　しかし，事例は，2番抵当権が弁済によって消滅する局面であり，混同の例外となっていた第三者の権利である2番抵当権が消滅すれば，その時点で混同の法律関係が発生する。その物権変動は**消滅**であり（民177），登記の対象となる権利変動も**消滅**となり（法3），混同は**権利変動の登記の原因関係**となる。

③ 登記の種類の判断

　弁済に基づく2番抵当権の登記の種類は，登記の対象となる権利変動が**消滅**であるため（法3），**抹消登記**となる（個別フレームは**54**〔132頁〕参照）。

　また，混同に基づく1番抵当権の登記の種類は，登記の対象となる権利変動が**消滅**であるため（法3），**抹消登記**となる。

④ 申請の個数と申請順序の判断

　甲土地の2つの抹消登記は，登記原因が異なるため一申請ができず（規35⑨），

原則どおり別個の抹消登記として申請しなければならない。

弁済による2番抵当権の抹消登記を先に申請しなければ，混同の発生が登記記録上明らかにならないため，1番目に弁済による2番抵当権の抹消登記を，2番目に混同による1番抵当権の抹消登記を連件申請することになる。

【参考・答案例—事例85（第三者の権利の消滅に伴う混同の連件申請）】
○1番目の申請
登記の目的　　2番抵当権抹消
原　　因　　平成28年7月1日弁済
申　請　人　　権利者A　義務者Y
添 付 情 報　　登記原因証明情報（Y作成の報告式）　登記識別情報（Yの乙区2番）
　　　　　　　代理権限証明情報（YAの委任状）
登録免許税　　金1,000円（＝甲土地1個×1,000円）
○2番目の申請
登記の目的　　1番抵当権抹消
原　　因　　平成28年7月1日混同
申　請　人　　権利者兼義務者A
添 付 情 報　　登記原因証明情報（なし）　登記識別情報（Aの乙区1番）　代理権限
　　　　　　　証明情報（Aの委任状）
登録免許税　　金1,000円（＝甲土地1個×1,000円）

101　対抗できない権利の抹消

（1）所有権の時効取得

【事例86—所有権の時効取得—】　過問　（H17）　連件

問　次の事実について，法律構成の判断，原因関係の判断，登記の種類の判断をしなさい。
　　なお，甲土地の課税標準の額は金6,000万円とする。
（甲土地の登記記録）
甲区2番　所有権移転　所有者A
　　3番　所有権移転　平成16年2月2日受付第22号　平成16年2月2日贈与　所有者C
乙区1番　根抵当権設定　平成16年2月2日受付第23号　平成16年2月2日設定　債権額　金3,000万円　債務者C　根抵当権者X
（事実関係）
1　Bは，Aの代理人と称するHとの間で，平成7年2月1日，甲土地を代金8,000万円で移転する契約を締結し，同日，Hから甲土地の引渡しを受けた。Bは，平成27年2月2日時点でも甲土地を占有していた。

101 対抗できない権利の抹消

> 2 Bは，Cに対し，平成28年7月1日到達の内容証明郵便によって甲土地の時効を援用する意思表示をした。

順序	法律構成の判断	原因関係の判断		登記の種類の判断	物件
		民177の効果	法3の権利変動		
1 2	事1―売買→時効完成 事2―時効援用 ▽1番根抵当権対抗不可	（長期取得時効） 消滅，発生 （是正登記）	移転 ―	特定移転登記 抹消登記	甲 甲

① 法律構成の判断

i 代理売買等の法律構成

　事実1には，BがAの代理人と称するHとの間で甲土地を代金8,000万円で移転する契約を締結した事実が示されており，**代理人による売買契約**を法律構成する。しかし，代理売買の登記根拠事実のうち，行為に先立つ代理権の授与の事実が示されておらず，表見代理（民109，同110），本人の追認（民113），無権代理人の本人相続の事実も存在しないため（最判昭40.6.18：資格融合説，最判昭37.4.20：資格併合説），当該契約は狭義の無権代理となり，これをAB間の売買契約と判断し，それをBが甲土地を取得する法律関係だとして判断することはできない。

　この場合であっても，法律効果は表意者に帰属するという原則により，表意者BH間の他人物売買として法律構成することは可能である（民560）。しかし，売主Hが甲土地を取得した事実が存在しないため，当該他人物売買をBが甲土地を取得する法律関係だとして判断することもできない。

ii 長期取得時効の法律構成

　事実1には，平成7年2月1日のBH間の契約の際にBはHから甲土地の引渡しを受け甲土地の占有を開始し，Bは平成27年2月2日の時点でも甲土地を占有していた事実が示されている。また，事実2には，占有者Bが時効援用の意思表示をした事実が示されているため**長期取得時効**を法律構成する。

　なお，事例の登記記録から，甲土地は時効完成前にAからCに贈与され，Cのために甲区3番でその登記がすでに完了している。時効による権利取得者Bは，甲土地の譲受人Cに対して，登記なしで時効取得した所有権を対抗できる。時効完成前の時効取得者Bに登記を要求することは不可能であり，また，時効で権利を取得する反射的効果として譲受人Cの権利が失われるため，譲受人Cはあたかも**当事者**類似の関係に立つからである（大判大13.10.29，最判昭

41.11.22)。

　ちなみに，AからCへの贈与がBの時効完成後であれば，時効取得者Bと譲受人Cとの間に，二重譲渡類似の関係を認めて対抗問題とし，時効取得者Bは登記なくして譲受人Cに権利の取得を対抗できず（大判大 14.7.8，最判 33.8.28，最判 36.7.20），すでに甲区3番でCのための登記が完了している以上，結果としてBははじめから甲土地の所有権を取得できないことになる（対抗要件具備による所有権喪失の抗弁）。

② 原因関係の判断

　占有者Bの長期取得時効の法律効果は，占有開始時にさかのぼっての甲土地の所有権の原始取得である（民144）。原始取得の物権変動は，本来，取得対象権利の**消滅**と法の規定による取得対象権利と同一権利の**発生**であるが（民177），判例および先例はこれを**移転**として処理すれば足りるとしており（大判大 14.7.8，明 44.6.22 民 414 回），登記の対象となる権利変動は判例により**移転**となり（法3），**権利変動の登記の原因関係**となる（**35（1）**参照）。

　また，事例では，乙区1番で時効取得者Bに対抗できない所有者Cから設定を受けているXの根抵当権設定登記がある。Xの根抵当権は，時効取得の遡及効を伴う原始取得の効果によりはじめからその存在が否定される。しかし，所有権の仮登記の本登記のような特則規定（法109）がないため，Xの承諾書の添付を根拠として登記官が職権でXの根抵当権を抹消登記することはできず，時効取得による移転登記とは別個にXの根抵当権の**抹消登記**を申請しなければならない。その意味で，**所有権の時効取得**が**是正登記の原因関係**となり，時効取得は，1個の法律関係が複数の原因関係と評価される例外のひとつとなる。

③ 登記の種類の判断

　時効取得による登記の種類は，登記の対象となる権利変動が**移転**であり（法3），移転原因が相続または合併以外であるため（法63Ⅱ），**特定移転登記**となる（個別フレームは **36**〔82頁〕参照）。なお，甲土地は，すでに甲区3番まで登記がされており，保存登記に代替する余地はない。

　また，Xの根抵当権についての登記の種類は，1番根抵当権の全部が時効取得者Bに対抗できないため，登記事項の全部を法律上消滅させる**抹消登記**となる（個別フレームは **54**〔132頁〕参照）。なお，当然のことながら是正登記の種類は，時効取得者に対抗できない権利の分量により変化し，権利の一部が対抗で

きない場合には，登記の種類は一部抹消登記の実質を有する更正登記となる（平17）。

④ 申請の個数と申請順序の判断

　甲土地の2つの登記は，登記の目的，登記原因が異なるため一申請ができず（規35⑨），原則どおり別個に申請しなければならない。

　時効取得による特定移転登記を先に申請しなければ，Xの根抵当権が時効取得者Bに対抗できないことが登記記録上明らかにならないため，1番目に時効取得による特定移転登記を，2番目に所有権の時効取得による1番根抵当権の抹消登記を連件申請することになる。

【参考・答案例―事例86（時効取得による所有権移転と抵触権利の抹消登記の連件申請）】

○1番目の申請
登記の目的　　所有権移転
原　　　因　　平成7年2月1日時効取得
申　請　人　　権利者B　義務者C
添付情報　　　登記原因証明情報（C作成の報告式）　登記識別情報（Cの甲区3番）
　　　　　　　印鑑証明書（C）　住所証明情報（B）　代理権限証明情報（BCの委任状）
登録免許税　　金120万円（＝6,000万円×1,000分の20）

○2番目の申請
登記の目的　　1番根抵当権抹消
原　　　因　　平成7年2月1日所有権の時効取得
申　請　人　　権利者B　義務者X
添付情報　　　登記原因証明情報（X作成の報告式）　登記識別情報（Xの乙区1番）
　　　　　　　代理権限証明情報（X，Bの委任状）
登録免許税　　金1,000円（＝甲土地1個×1,000円）

（2）買戻権行使による消滅

【事例87―買戻権行使による消滅―】 連件

問　次の事実について，法律構成の判断，原因関係の判断，登記の種類の判断をしなさい。
　　なお，甲土地の課税標準の額は金6,000万円とする。
（甲土地の登記記録）
甲区2番　所有権移転　所有者A
　　3番　所有権移転　平成23年7月1日売買　所有者B
　　　付記1号　買戻特約　平成23年7月1日特約　売買代金500万円　契約費用なし　買戻権者A

101 対抗できない権利の抹消

> 乙区1番　根抵当権設定　平成25年4月1日設定　債権額　金3,000万円　債務者 B　根抵当権者 X
>
> （事実関係）
> 1　Aは，Bに対して，平成28年7月1日，売買代金500万円を現実に提供し，買戻権行使の意思表示をした。

順序	法律構成の判断	原因関係の判断		登記の種類の判断	物件
		民177の効果	法3の権利変動		
1	事1―買戻し	変更 （是正登記）	移転	特定移転登記	甲
2	▽1番根抵当権対抗不可		―	抹消登記	甲

① 法律構成の判断

　事実1には，AがBに対して売買代金を提供し，買戻権行使の意思表示をした事実が示されているため**買戻し**を法律構成する。

② 原因関係の判断

　買戻権は，民法上，特約で留保した解除権を行使する約定解除の一形態として規定されており，買戻しは，本来，さかのぼっての売買契約の消滅となるはずである。しかし，不動産登記手続上は，一種の物権取得権と位置づけられ，買戻しの法律効果は，甲土地の所有権のBからAへの移転となる。この物権変動は**変更**であり（民177），登記の対象となる権利変動は権利主体の変更として**移転**となり（法3），**権利変動の登記の原因関係**となる。

　また，登記記録から買戻特約後にXの1番根抵当権が設定されており，買戻権行使により，特約登記から買戻権行使までに発生したXの1番根抵当権は，買戻権者Aに対抗できなくなる。しかし，所有権の仮登記の本登記のような特則規定（法109）がないため，Xの承諾書の添付を根拠として登記官が職権でXの根抵当権を抹消登記することはできず，対抗できない権利は，買戻しによる移転登記の後に，買戻権者Bと第三者Xの共同申請によって抹消することになる。

　その意味で，買戻しは，「**買戻権行使による所有権移転**」による抹消登記の原因関係にもなり，1個の法律関係が複数の原因関係と評価される例外のひとつと位置づけられている。

　なお，買戻権の行使による登記をすれば，買戻特約の登記は，登記官により主登記で職権抹消されるため（規174，記録例506），買戻特約の登記の抹消登記を申請する必要はない。

③ 登記の種類の判断

買戻しによる登記の種類は，登記の対象となる権利変動が**移転**であり（法3），移転原因が相続または合併以外であるため（法63Ⅱ），**特定移転登記**となる（個別フレームは **36**〔82頁〕参照）。なお，甲土地は，すでに甲区3番付記1号まで登記がされており，保存登記に代替する余地はない。

また，Xの根抵当権についての登記の種類は，1番根抵当権の登記事項の全部を法律上消滅させる必要があるため**抹消登記**となる（個別フレームは **54**〔132頁〕参照）。

④ 申請の個数と申請順序の判断

甲土地の2つの登記は，登記の目的，登記原因が異なるため一申請ができず（規35⑨），原則どおり別個に申請しなければならない。

買戻しによる特定移転登記を先に申請しなければ，Xの根抵当権が買戻権者Aに対抗できないことが登記記録上明らかにならないため，1番目に買戻しによる特定移転登記を，2番目に買戻権行使による所有権移転を原因とした1番根抵当権の抹消登記を連件申請することになる。

【参考・答案例—事例87（買戻しによる所有権移転と抵触権利の抹消登記の連件申請）】

○1番目の申請
登記の目的　　所有権移転
原　　因　　　平成28年7月1日買戻
申　請　人　　権利者A　義務者B
添　付　情　報　登記原因証明情報（B作成の報告式）　登記識別情報（Bの甲区3番）
　　　　　　　印鑑証明書（B）　住所証明情報（A）　代理権限証明情報（ABの委任状）
登録免許税　　金120万円（＝6,000万円×1,000分の20）

○2番目の申請
登記の目的　　1番根抵当権抹消
原　　因　　　平成28年7月1日買戻権行使による所有権移転
申　請　人　　権利者A　義務者X
添　付　情　報　登記原因証明情報（X作成の報告式）　登記識別情報（Xの乙区1番）
　　　　　　　代理権限証明情報（XAの委任状）
登録免許税　　金1,000円（＝甲土地1個×1,000円）

---

⑤ 関連事項

上記②の末尾に指摘した買戻しによる登記の際に買戻特約の登記は登記官が職権抹消することになるため（規174），かりに，買戻権に質権が設定されてい

る状況で，買戻権の行使があれば，抹消登記に準じて（法68），質権者を登記上の利害関係を有する第三者ととらえ質権者の承諾書を添付する。

これにより買戻特約を登記官が職権抹消する際に，質権の登記もまた職権で抹消することになり，これも，便宜，2個の原因関係を1個の原因関係として処理する例外の一種となっている。

1－6　一申請情報申請の判断

102　申請の個数の原則と例外
（1）　一件一申請情報主義の原則

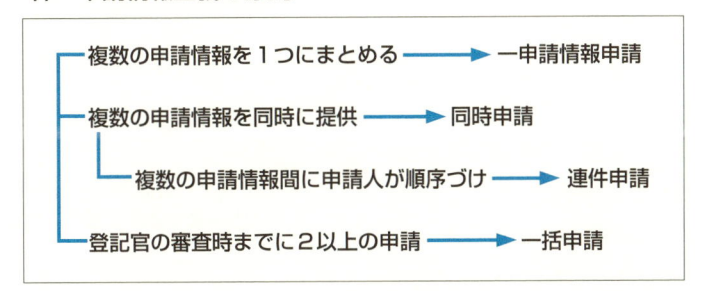

```
┌─ 複数の申請情報を1つにまとめる ───→ 一申請情報申請
├─ 複数の申請情報を同時に提供 ───→ 同時申請
│  └─ 複数の申請情報間に申請人が順序づけ ───→ 連件申請
└─ 登記官の審査時までに2以上の申請 ───→ 一括申請
```

本来，当事者申請主義により当事者は申請の個数を自由に決定できるはずである（**15（1）**）。しかし，不動産登記制度は，**一不動産一登記記録主義**により1個の不動産の登記情報は1個の登記記録に連続・集中して登記されることになっている点をふまえると（**14（3）①**），誤って登記がなされることを防止する観点から，当事者の自由が制約され，1個の不動産の1個の権利変動を発生させる原因関係を1個の申請情報を使って申請する**一件一申請情報主義**が原則とされている（令4本文）。

（2）　一申請情報申請の例外

ただし，誤って登記がなされる可能性が低い場合や誤って登記がなされる可能性があるとしても申請人の負担軽減や登記事務の負担軽減のような，それを上回る価値が認められる場合には，一定の要件のもと，本来，複数の申請となるものを1つの申請情報にまとめて申請することが認められることになる。これを**一申請情報申請**（以下，**一申請**と略称する）といい（令4ただし書，規35），上記の原則の例外となっている。一申請の例外が認められれば，申請の個数が減少することになり，連件申請における**申請の個数**の判断に重大な影響を与える

ことになる。

そこで、Ｆコン Step 2 の申請の個数の判断では、申請の個数に重大な影響を与える一申請の判断を取り扱うことになる。一申請の例外は、複数不動産にかかる登記の場合（令4ただし書，規35⑩），1つの不動産の複数登記事項にかかる登記の場合（規35⑨），名変登記の場合（規35⑧）に問題となるため、以下順に説明する。

103　複数不動産の一申請
（1）例外要件
① 要件の検討

複数の不動産に関する登記は，ⅰ．管轄登記所が同一であり，ⅱ．登記の目的が同一であり，ⅲ．登記原因およびその日付が同一であれば，例外的に一申請ができる（令4ただし書）。

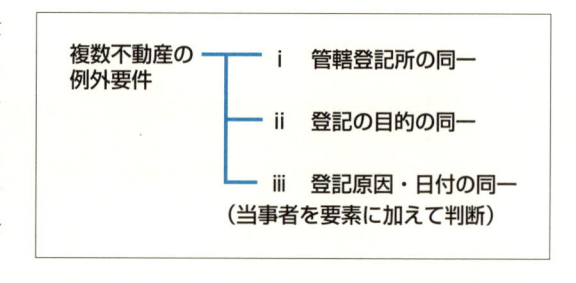

```
複数不動産の      ⅰ  管轄登記所の同一
例外要件
                 ⅱ  登記の目的の同一

                 ⅲ  登記原因・日付の同一
                   （当事者を要素に加えて判断）
```

上記ⅱの「登記の目的の同一」とは，申請情報に記載する具体的な登記の目的ではなく，登記事項の種類の同一を意味する。通常，登記の種類が同一であれば，登記の目的は同一と判断することができる。

たとえば，Ａが同一管轄内において甲土地に持分権，乙土地に所有権を有している場合，これらをまとめて同時にＢに売却すれば，甲土地は持分権，乙土地は所有権が移転対象となるが，いずれも登記の種類は特定移転登記であり，登記の種類が同一となる。これにより登記事項の種類が同一となり，登記の目的は同一と判断できることから，一申請が可能となる。

上記ⅲの「登記原因およびその日付の同一」は，登記原因の当事者を含めて判断する。これは，判断の前提としてＡがＢに甲土地を売買した場合，その登記原因を特定するには，単に売買契約では足りず，ＡＢ間の売買契約として特定しなければならず，当事者（人の要素）が特定要素として当然に含まれることによるものである。

たとえば，ＡがＢに対して，同一管轄内のＡの所有する甲土地および乙土地を同時に売却した場合，売買契約の当事者が同一であるため，登記原因は同

一となり，一申請が可能と判断できる。

他方，同一管轄内のAの所有する甲土地とBの所有する乙土地をCに対して同時に売買した場合，これらの売買は，当事者をACとする売買と当事者をBCとする売買となるため，登記原因が異なることとなり，一申請が許されない。

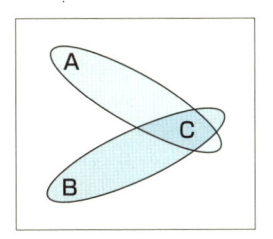

② 事例へのあてはめ

【事例88 —複数不動産の一申請の判断—】 連件

> 問　次の事実について，Fコン Step 1（法律構成の判断，原因関係の判断，登記の種類の判断），Fコン Step 2（申請の個数と申請の順序の判断）の判断をしなさい。なお，甲土地および乙土地の管轄登記所は，同一であり，甲土地の課税標準の額は金6,000万円とし，乙土地の課税標準の額は金3,000万円とする。また，一申請情報申請ができない場合には，甲土地，乙土地の順で申請するものとする。
> （甲土地の登記記録）
> 甲区2番　所有権移転　所有者 A
> （乙土地の登記記録）
> 甲区2番　所有権移転　所有者 B
> （事実関係）
> 1　AおよびBは，Cとの間で，平成28年7月1日，甲土地を代金8,000万円で移転し，乙土地を代金4,000万円で移転する契約を締結した。

順序	法律構成の判断	原因関係の判断		登記の種類の判断	物件
		民177の効果	法3の権利変動		
1	事1—①AC間甲地の売買契約	変更	移転	特定移転登記	甲
2	②BC間乙地の売買契約	変更	移転	特定移転登記	乙

i　Fコン Step 1の判断

　事実1から甲土地および乙土地の**売買契約**を法律構成する。それらの物権変動は**変更**であり（民177），登記の対象となる権利変動は権利主体の変更として**移転**となり（法3），いずれも**権利変動の登記の原因関係**となる。登記の種類は，移転原因が相続または合併以外（法63Ⅱ）であるため，**特定移転登記**となる（個別フレームは**36**〔82頁〕参照）。なお，甲土地，乙土地いずれも甲区2番まで登記がされており，保存登記に代替する余地はない。

ii　Fコン Step 2の判断

　甲土地および乙土地の複数不動産の登記が問題となっているため，一申請の

可否を検討する。問題文から甲土地および乙土地は，同一管轄であり，いずれも登記の種類が特定移転登記であることから登記の目的は同一と判断できる。しかし，登記原因は，甲土地がAC間の売買契約であり，乙土地がBC間の売買契約であるため，登記原因が同一ではなく，一申請は許されない（令4ただし書）。

したがって，一件一申請情報申請の原則どおり，甲土地分，乙土地分計2つの申請をすることになる。

【参考・答案例―事例88（複数不動産の売買で一申請ができない場合の連件申請）】

○1番目の申請（甲土地分）
登記の目的　　所有権移転
原　　　因　　平成28年7月1日売買
申　請　人　　権利者C　義務者A
添付情報　　登記原因証明情報（A作成の報告式）　登記識別情報（Aの甲土地の甲区2番）　印鑑証明書（A）　住所証明情報（C）　代理権限証明情報（AC の委任状）
登録免許税　　金120万円（＝6,000万円×1,000分の20）
○2番目の申請（乙土地分）
登記の目的　　所有権移転
原　　　因　　平成28年7月1日売買
申　請　人　　権利者C　義務者B
添付情報　　登記原因証明情報（B作成の報告式）　登記識別情報（Bの乙土地の甲区2番）　印鑑証明書（B）　住所証明情報（C）　代理権限証明情報（BC の委任状）
登録免許税　　金60万円（＝3,000万円×1,000分の20）

（2）　共同担保の要件緩和

① 要件の検討

複数不動産に関する登記であっても，それが共同担保に関する登記である場合には，ⅰ．管轄登記所が同一であり，ⅱ．登記の目的が同一であるかぎり，登記原因およびその日付が同一か否かを問わず，一申請ができる（規35⑩）。共同担保は，同一の債権を保全するため複数不動産に設定された担保であり，複数不動産をまとめて処分対象とし，まとめて登記することが多く，申請人の便宜を考慮した要件緩和の例外である。

たとえば，同一管轄内のAの所有する甲土地とBの所有する乙土地を目的物として，Cのために同一の債権を担保するための共同抵当権の設定契約をし

た場合，当該設定契約は，当事者を AC とする設定契約と当事者を BC とする設定契約となり，登記原因は異なることになる。しかし，上記共同担保における要件緩和により登記原因の同一性が問われないため，結果として一申請が可能となる。

また，かりに，Aの所有する甲土地を目的物として7月1日に設定契約し，Bの所有する乙土地を目的物として7月2日に設定契約したとしても，登記原因日付の同一性が問われないため，一申請が可能である。

ただし，共同担保の順位変更は，複数不動産の順位番号が完全に同一の場合しか一申請が許されない。誤登記の可能性が高く，登記の目的の同一性が否定されるからである。このように登記の目的の同一は，要件をみたしていながら一申請を認めるのが妥当でない場合の調整として使われることが多い（**35（2）**③の保存登記の一申請要件の説明参照）。

② 事例へのあてはめ

【事例89 ─共同担保の要件緩和─】

> 問　次の不動産の事実について，Ｆコン Step 1（法律構成の判断，原因関係の判断，登記の種類の判断），Ｆコン Step 2（申請の個数と申請の順序の判断）の判断をしなさい。なお，甲土地および乙土地の管轄登記所は，同一である。
> （甲土地の登記記録）
> 甲区2番　所有権移転　所有者 A
> （乙土地の登記記録）
> 甲区2番　所有権移転　所有者 B
> （事実関係）
> 1　Xは，Aに対して，平成28年7月1日，金3,000万円を貸し渡した。
> 2　同日，XおよびAは，上記1の債権を担保するため甲土地を目的として抵当権の設定契約を締結し，同年7月4日，XおよびBは，上記1の債権を担保するため乙土地を目的として抵当権の設定契約を締結した。

順序	法律構成の判断	原因関係の判断		登記の種類の判断	物件
		民177の効果	法3の権利変動		
1	事1─XA 金銭消費貸借 事2─①XA 抵当権設定 　　　②XB 抵当権設定	発生 発生	設定 設定	設定登記 （一申請可能）	甲乙

ⅰ　Ｆコン Step 1 の判断

事実2から甲土地および乙土地の**抵当権設定契約**を法律構成する。それらの物権変動は**発生**であり（民177），登記の対象となる権利変動は合意による権利

の発生として**設定**となり（法3），いずれも**権利変動の登記の原因関係**となる。登記の種類は，登記の対象となる権利変動が**設定**であるため，**設定登記**となる（個別フレームは **47**〔116頁〕参照）。なお，追加設定契約ではないため，**及ぼす変更登記**に代替する余地はない。

ⅱ　Ｆコン Step 2 の判断

甲土地および乙土地の複数不動産の登記が問題となっているため，一申請の可否を検討する。甲土地および乙土地の抵当権は，いずれも事実１のＸのＡに対する貸金債権を担保するものであるため，当然に共同抵当となり，共同担保の要件緩和の特則が適用できることになる。

問題文から甲土地および乙土地は，同一管轄であり，いずれも登記の種類が設定登記であることから登記の目的は同一と判断できる。事例では甲土地がＸＡ間の７月１日付け設定契約であり，乙土地がＸＢ間の７月４日付け設定契約であり，登記原因が異なるが，共同担保の特則では登記原因の同一性は問題とならないため，一申請が可能であり，申請の個数は１つと判断できることになる（規35⑩）。

【参考・答案例—事例89（登記原因が異なる場合の共同抵当権設定の一申請）】

登記の目的	１番抵当権設定
原　　因	後記のとおり （または，平成28年７月１日金銭消費貸借甲土地について同日設定，乙土地について同年７月４日設定）
そ の 他	債権額　金3,000万円　債務者　Ａ
申 請 人	抵当権者　Ｘ　設定者　ＡＢ
添 付 情 報	登記原因証明情報（ＡＢ作成の報告式）　登記識別情報（Ａの甲土地の甲区２番，Ｂの乙土地の甲区２番）　印鑑証明書（ＡＢ）　代理権限証明情報（ＡＢＸの委任状）
登録免許税	金12万円（＝3,000万円×1,000分の4）

104　複数登記の一申請

(1)　例外要件

①　要件の検討

同一の不動産の複数登記は，

ⅰ．登記の目的が同一であり，

ⅱ．登記原因およびその日付

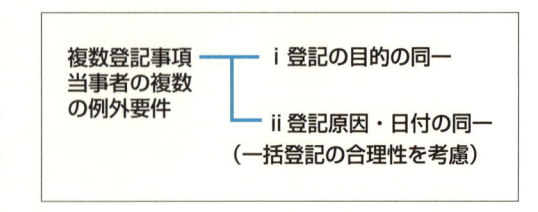

複数登記事項　　　ⅰ 登記の目的の同一
当事者の複数
の例外要件　　　　ⅱ 登記原因・日付の同一
　　　　　　　　　　（一括登記の合理性を考慮）

が同一であれば，例外的に一申請情報申請ができる（規35⑨）。

なお，同一の不動産の複数登記が問題となるため，管轄登記所の同一性は問題とならない。

たとえば，甲土地の1番根抵当権の設定者Aと根抵当権者Xが，債権の範囲および債務者を，同時に変更契約したとすれば，いずれも変更登記として登記の目的が同一であり，変更契約の当事者および変更の効力発生日が同一であるため，登記原因およびその日付も同一となり，一申請が可能となる（平27）。

また，甲土地の1番抵当権者および2番抵当権者であるX社を消滅会社とし，Y社を存続会社とする吸収合併の効力が生じた場合，合併を原因とする1番抵当権および2番抵当権の移転登記は，いずれも登記の種類が包括移転登記であるため登記の目的が同一となり，登記原因は，ともに「合併」であり，同一となるため一申請が可能となる。

同様に，Aの甲土地にBのためになされた仮登記とそれに基づく本登記とを同時に解除すれば，いずれも登記の種類は抹消登記として登記の目的が同一となり，解除の当事者および解除の日付が同一であるため，登記原因および日付も同一となり，仮登記および本登記の抹消登記を一申請することが可能となる。

② 事例へのあてはめその1

【事例90―極度額の増加および債務者の減少の混在―】 過問
（S54，H3，H5，H27類似）

問　次の事実について，Fコン Step 1（法律構成の判断，原因関係の判断，登記の種類の判断），Fコン Step 2（申請の個数と申請の順序の判断）の判断をしなさい。
（甲土地の登記記録）
甲区2番　所有権移転　所有者A
乙区1番　根抵当権設定　極度額金3,000万円　債権の範囲　売買取引　債務者AB　根抵当権者X
（事実関係）
1　XおよびAは，平成28年7月1日，債務者をAに，極度額を5,000万円に変更する変更契約を締結した。

| 順序 | 法律構成の判断 | 原因関係の判断 | | 登記の種類の判断 | 物件 |
		民177の効果	法3の権利変動		
1	事1―①XA 極度額変更 　　　②XA 間の債務者変更	変更 変更	変更 変更	変更登記 （一申請可能）	甲

i Fコン Step 1 の判断

事実2から1番根抵当権の債務者の減少，極度額の増加の**変更契約**を法律構成する。それらの物権変動は**変更**であり（民177），登記の対象となる権利変動は権利内容の変更として**変更**となり（法3），いずれも**物権変動の登記の原因関係**となる。登記の種類は，登記の対象となる権利変動が**変更**であるため，**変更登記**となる（個別フレームは50〔120頁〕参照）。

ii Fコン Step 2 の判断

甲土地の1番根抵当権の債務者，極度額と複数の登記事項の変更登記が問題となっているため，一申請の可否を検討する。いずれも登記の種類が「変更登記」であるため登記の目的が同一となり，また，いずれもXA間の変更契約が同日に行われているため登記原因も同一であり，2つの変更登記は一申請が可能であると判断できる（規35⑨）。

なお，登記原因の同一性は，あくまでも実体上の変更契約を基準として判断する。したがって，事例では，債務者の減少変更については，根抵当権者Xが登記義務者に分配され，極度額の増加は，根抵当権者Xが登記権利者に分配されることになるが，これが原因の同一性の判断に影響を与えることはない。

また，極度額の増加変更の課税方式は，定率課税となり（登免税12），債務者の変更は原則どおり定額課税となるが，この点も一申請の判断に影響を与えることはなく，課税根拠が異なるため，合算額が登録免許税額となる（登免税18）。

【参考・答案例―事例90（極度額の増加変更と債務者の減少変更の一申請）】

登記の目的	1番根抵当権変更
原　　因	平成28年7月1日変更
変更後の事項	極度額 金5,000万円　債務者 A
申　請　人	権利者兼義務者 X A
添付情報	登記原因証明情報（XA作成）　登記識別情報（Aの甲区2番，Xの乙区1番）　印鑑証明書（A）　代理権限証明情報（AXの委任状）
登録免許税	金8万1,000円（＝2,000万円×1,000分の4）＋（甲土地1個×1,000円）

---

③　事例へのあてはめその2

【事例91―仮登記を本登記した抵当権への弁済―】 実例

> 問　次の事実について，Fコン Step 1（法律構成の判断，原因関係の判断，登記の種類の判断），Fコン Step 2（申請の個数と申請の順序の判断）の判断を

104 複数登記の一申請

> しなさい。
> （甲土地の登記記録）
> 甲区2番　所有権移転　所有者 A
> 乙区1番　抵当権設定請求権仮登記　債権額 金3,000万円　債務者 A　抵当権者 X
> 　　　　　抵当権設定　債権額 金3,000万円　債務者 A　抵当権者 X
> （事実関係）
> 1　A は X に対して，平成28年7月1日，仮登記を本登記した1番抵当権の被担保債権の全額を弁済した。

順序	法律構成の判断	原因関係の判断		登記の種類の判断	物件
		民177の効果	法3の権利変動		
1	事1—1番抵当権の弁済 ①本登記 ②仮登記	本登記の消滅 仮登記の消滅	本登記の消滅 仮登記の消滅	抹消登記 （一申請可能）	甲

i　F コン Step 1 の判断

　事実1は，1番抵当権の被担保債権について**債務者**の**全額**弁済の事実が示されているため「弁済」を法律構成する。それらの物権変動は**消滅**であり（民177），登記の対象となる権利変動も**消滅**となるため（法3），**権利変動の登記の原因関係**となる。登記の種類は，登記の対象となる権利変動が**消滅**であるため**抹消登記**となる（個別フレームは **54**〔132頁〕参照）。

ii　F コン Step 2 の判断

　弁済対象となった1番抵当権は，登記記録から仮登記を本登記したものであるため，抹消対象となるのは1番仮登記とそれに基づく本登記と2つの登記であり，一申請の可否の検討が必要となる。

　いずれも登記の種類が抹消登記であるため，登記の目的は同一であり，また，いずれも債務者 A の抵当権者 X への弁済であるため，登記原因も同一であり，2つの抹消登記は一申請が可能である（規35⑨）。ちなみに登記の目的は「**1番抵当権本登記および仮登記抹消**」と記載する（『登記研究』412号165頁）。

　この事例から，仮登記が本登記された権利では，仮登記と本登記の2つの登記を意識しなければならない点がきわめて重要な論点となる。

【参考・答案例—事例91（仮登記を本登記した抵当権の抹消登記の一申請）】

登記の目的　　1番抵当権本登記および仮登記抹消

104 複数登記の一申請

原　　　因	平成28年7月1日弁済
申　請　人	権利者A　義務者X
添付情報	登記原因証明情報（X作成の報告式）　登記識別情報（Xの乙区1番〔本登記分〕）　代理権限証明情報（AXの委任状）
登録免許税	金1,000円（＝甲土地1個×1,000円）

（2）譲受人（権利者）複数の場合の先例による便宜措置
① 要件の検討

たとえば，Aが死亡し，その相続人がBCである場合，登記の種類は**包括移転登記**であるため，登記の目的は同一となり，登記原因はいずれも**相続**として同一となるため，一申請が可能である（規35⑨）。

これに対して，Aの所有する甲土地をBCに対して同時に売買した場合，登記の種類は**特定移転登記**となるため，登記の目的は同一であるが，当該売買は，当事者を基準として，AB間の売買とAC間の売買に区別することができるため，登記原因の同一性は認められない。

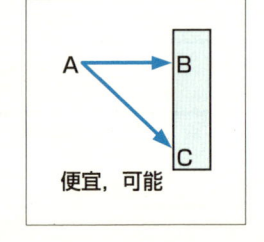

しかし，売買後，甲土地はBCの共有となるため，Bへの移転登記とCへの移転登記との一申請を認め，これらの登記をまとめて1つの登記として実行するほうが，申請人および登記事務の負担軽減につながるため，便宜，一申請が認められている（昭42.10.30民三655回参照）。このことから，登記権利者が複数となる登記には，少なくとも複数登記の一申請の論点が伏在していることを意味し，必ず一申請の検討をすべきことになる。

これに関連して，登記権利者が複数となる複数の登記の一申請では，登記権利者の1人から保存行為（民252ただし書）として申請手続ができるか否かが問題となる。申請する登記が**保存，設定，移転**のような記入登記の場合には，持分を含めて共有者の1人からの恣意的な登記申請が予想されるため，登記の真実性を確保する観点から保存行為による登記申請は認められていない。

ただし，所有権の保存登記，相続による移転登記の場合には，明瞭公示の観点から権利の一部またはある権利者が取得した持分権のみついての登記が許されない（昭30.10.15民甲2216回）。このような登記を認めれば，残りの権利がだれに帰属するのかが登記記録上，不明確となるからである。よって，この場合には，例外的に共有者の1人から，保存行為（民252ただし書）により共有者全

員のための申請手続が認められている（明33.12.18民刑1661回）。共有者の1人からの保存行為による申請を認めなければ，1人でも申請手続に協力しない者がいるかぎり申請ができないことになり，また，保存行為を認めたとしても，所有権証明情報等により登記事項の真実性を確保できるからである。

② 事例へのあてはめ

【事例92 ―買主が複数の場合の一申請―】 先例

問　次の事実について，Ｆコン Step 1（法律構成の判断，原因関係の判断，登記の種類の判断），Ｆコン Step 2（申請の個数と申請の順序の判断）の判断をしなさい。なお，甲土地の課税標準の額は金6,000万円とする。
（甲土地の登記記録）
甲区2番　所有権移転　所有者 A
（事実関係）
　1　A並びにBおよびCは，平成28年7月1日，甲土地を代金8,000万円でB（持分3分の2），C（持分3分の1）に移転する契約を締結した。

順序	法律構成の判断	原因関係の判断		登記の種類の判断	物件
		民177の効果	法3の権利変動		
1	事1―①AB売買契約 　　　②AC売買契約	変更 変更	移転 移転	特定移転登記 （一申請可能）	甲

ⅰ　Ｆコン Step 1の判断

　事実1から売買契約を法律構成する。それらの物権変動は変更であり（民177），登記の対象となる権利変動は権利主体の変更として移転となり（法3），権利変動の登記の原因関係となる。登記の種類は，移転原因が相続または合併以外であるため特定移転登記となる（個別フレームは 36〔82頁〕参照）。なお，甲土地は，甲区2番まで登記されており，保存登記に代替する余地はない。

ⅱ　Ｆコン Step 2の判断

　事例は，AからBへの移転登記とAからCへの移転登記と1つの不動産の2つの登記が問題となっており一申請の可否の検討が必要となる。いずれも登記の種類が特定移転登記であるため登記の目的は同一であるが，登記原因は当事者を基準とするとAB間の売買，AC間の売買に区別できるため，同一性は認められない（規35⑨）。この場合でも，先例は売買後にABが甲土地を共有するため，便宜，一申請を認めている（昭42.10.30民三655回参照）。

　なお，登記権利者となるBCのいずれかが保存行為（民252ただし書）としてAと共同して本事例の登記を申請することは認められていない。

【参考・答案例―事例 92（買主複数の場合の所有権移転の一申請）】
登記の目的　　所有権移転
原　　因　　　平成 28 年 7 月 1 日売買
申　請　人　　権利者　持分 3 分の 2 B　3 分の 1 C　義務者 A
添　付　情　報　登記原因証明情報（A 作成の報告式）　登記識別情報（A の甲区 2 番）
　　　　　　　　印鑑証明書（A）　住所証明情報（B C）　代理権限証明情報（A B C の
　　　　　　　　委任状）
登録免許税　　金 120 万円（＝ 6,000 万円× 1,000 分の 20）

（3）譲渡人（義務者）複数の場合の先例による便宜措置
① 要件の検討
i　一申請許容の例外

　たとえば，AB 共有の甲土地を C に対して同時に売買した場合，登記の種類は**特定移転登記**となるため，登記の目的は同一となるが，当事者を基準とすると当該売買は，AC 間の売買と BC 間の売買とに区別できるため，登記原因の同一性は認められない。

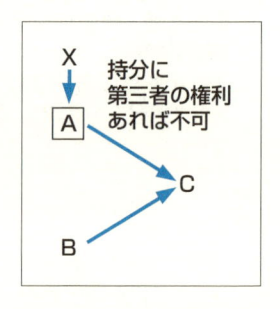

　しかし，売買前の甲土地は AB の共有であったため，A 持分権の移転登記と B 持分権の移転登記を一申請することを認め，これらの登記をまとめて 1 つの登記として実行する方が申請人および登記事務の負担軽減や経済につながるため，便宜，一申請が認められている（昭 35.5.18 民甲 1186 回）。これは，登記義務者が複数となる登記には，少なくとも複数登記の一申請の論点が伏在していることを意味し，必ず一申請の検討をすべきことになる。

ii　第三者の権利追求のための再例外

　ただし，売主である共有者の 1 人の持分権について，第三者の担保権や処分の制限の登記がされている場合，少なくともその持分権については別個に申請すべきであるとし，原則どおり一申請が認められないことになる（昭 37.1.23 民甲 112 通）。この場合に一申請を認め 1 個の移転登記（共有者全員持分全部移転登記）として登記を実行すれば，それによって第三者の権利の目的となっていた部分が 1 個の登記のどの部分にあたるのかが登記記録上，不明確となり，その後の第三者の権利追求（に伴う移転等の登記）が困難となるからである。

　これに対して，売主である共有者全員の持分権を目的（不動産を目的）として

第三者の担保権や処分の制限の登記がされているにすぎない場合には、上記のような第三者の権利追求の困難性は問題とならず、便宜、上記 i により例外としての一申請が認められることになる。

iii 相続移転の再例外（必要的一申請）

さて、A が甲土地に有する権利が、甲区 2 番で登記されている持分 3 分の 1 と甲区 3 番で登記されている持分 3 分の 1 の合計 3 分の 2 であり、甲区 2 番の持分権に X のための抵当権が設定されているとした場合、A が死亡し、その相続人が B のみである場合の相続による包括移転登記は、公示の明瞭性の観点から持分権の一部にすることは許されず（昭 30.10.15 民甲 2216 回）、甲区 2 番の持分権と甲区 3 番の持分権を必要的に一申請しなければならない（登記の目的は「A 持分全部移転」と記載）。被相続人 A の有していた甲区 2 番の持分権には X の抵当権が設定されているが、上記 ii のルールよりも権利の一部について相続による移転登記をすることができないとするルールが優先するのである。

しかし、上記の登記が完了した後であれば、相続人 B は、かつての甲区 2 番の持分またはかつての甲区 3 番の持分のみを移転することが可能とされている（登記の目的は「B 持分一部（順位 3 番から移転した持分）移転」と記載、平 11.7.14 民三 141 回）。この取扱いは、持分権の登記（これを実務上は「歯」という）は、先例により物としての独立性・特定性を認められ一物一権主義に反することなく、これを処分できるものだったからである（昭 58.4.4 民甲 2252 通、**46（2）**参照）。

② 事例へのあてはめその 1

【事例 93 ─売主が複数の場合の一申請─】 先例 連件

> 問　次の事実について、F コン Step 1（法律構成の判断、原因関係の判断、登記の種類の判断）、F コン Step 2（申請の個数と申請の順序の判断）の判断をしなさい。
> 　なお、他の登記と一申請情報申請できない登記があれば、それを後件として連件申請するものとし、甲土地の課税標準の額は金 6,000 万円とする。
> （甲土地の登記記録）
> 甲区 2 番　所有権移転　共有者　持分 3 分の 1 A　3 分の 1 B　3 分の 1 C
> 　　3 番　C 持分仮差押　平成 26 年 2 月 1 日甲地方裁判所仮差押命令　債権者 X
> （事実関係）
> 1　A、B、C および D は、平成 28 年 7 月 1 日、甲土地を代金 8,000 万円で D に移転する契約を締結した。

順序	法律構成の判断	原因関係の判断		登記の種類の判断	物件
		民177の効果	法3の権利変動		
1	事1—①ABD売買契約	変更	移転	特定移転登記	甲
2	②CD売買契約	変更	移転	特定移転登記	甲

i Fコン Step 1 の判断

　事実1から売買契約を法律構成する。それらの物権変動は変更であり（民177），登記の対象となる権利変動は権利主体の変更として移転となり（法3），権利変動の登記の原因関係となる。登記の種類は，移転原因が相続または合併以外であるため，特定移転登記となる（個別フレーム36〔82頁〕参照）。なお，甲土地は，すでに甲区3番まで登記がされており，保存登記に代替する余地はない。

ii Fコン Step 2 の判断

　事例は，AからDへの移転登記，BからDへの移転登記，CからDへの移転登記と3つの登記が問題となっており一申請の可否の検討が必要となる。いずれも登記の種類が特定移転登記であるため登記の目的は同一と判断できる。しかし，登記原因はAD間の売買，BD間の売買，CD間の売買と区別できるため，同一性は認められない（規35⑨）。

　この場合，先例は売買前にABCが甲土地を共有しているため，便宜，例外的に一申請を認めているが（昭35.5.18民甲1186回），事例のようにCの持分権にXの仮差押えが登記されている場合には，Xの後日の権利追求を考慮して，少なくともCの持分権の移転登記は，他の持分権の移転登記とは一申請することができないとしている（昭37.1.23民甲112通）。したがって，事例では，問題の指示に従い一申請できないCD間の移転登記を後件とし，他の移転登記を前件として2つの特定移転登記の連件申請で処理することになる。

【参考・答案例—事例93（売主複数の場合の例外措置と一申請できない再例外の連件申請）】

○1番目の申請
登記の目的　　A，B持分全部移転（またはCを除く共有者持分全部移転）
原　　因　　　平成28年7月1日売買
申　請　人　　権利者　持分3分の2　D　義務者　AB
添 付 情 報　　登記原因証明情報（AB作成の報告式）　登記識別情報（AおよびBの甲区2番）　印鑑証明書（AB）　住所証明情報（D）　代理権限証明情報（ABDの委任状）
登録免許税　　金80万円（＝6,000万円×3分の2×1,000分の20）
○2番目の申請

登記の目的	C持分全部移転	
原　　因	平成28年7月1日売買	
申　請　人	権利者　持分3分の1 D　義務者 C	
添付情報	登記原因証明情報（C作成の報告式）　登記識別情報（Cの甲区2番）印鑑証明書（C）　住所証明情報（D）　代理権限証明情報（DCの委任状）	
登録免許税	金40万円（＝6,000万円×3分の1×1,000分の20）	

③　事例へのあてはめその2
【事例94 ―相続の場合の特殊性―】 先例

> 問　次の事実について，Fコン Step 1（法律構成の判断，原因関係の判断，登記の種類の判断），Fコン Step 2（申請の個数と申請の順序の判断）の判断をしなさい。なお，甲土地の課税標準の額は金6,000万円とする。
> （甲土地の登記記録）
> 甲区2番　所有権移転　共有者　持分3分の1 A　3分の1 B　3分の1 C
> 　　3番　C持分仮差押　平成26年7月1日甲地方裁判所仮差押命令　債権者 X
> 　　4番　C持分全部移転　平成26年9月1日贈与　持分3分の1 A
> （事実関係）
> 1　Aは，平成28年2月1日に死亡した。Aの相続人は子DEである。

| 順序 | 法律構成の判断 | 原因関係の判断 | | 登記の種類の判断 | 物件 |
		民177の効果	法3の権利変動		
1	事1―Aの法定相続 ①甲区2番の持分権 ②甲区4番の持分権	変更 変更	移転 移転	包括移転登記 （必要的一申請）	甲

　i　Fコン Step 1の判断

　事実1から法定相続を法律構成する。この物権変動は変更であり（民177），登記の対象となる権利変動は権利主体の変更として移転となり（法3），権利変動の登記の原因関係となる。登記の種類は，移転原因が相続であるため（法63Ⅱ），包括移転登記となる（個別フレームは41〔97頁〕参照）。なお，甲土地は，甲区4番まで登記されており，保存登記に代替する余地はない。

　ii　Fコン Step 2の判断

　事例の場合もAからDへの移転登記，AからEへの移転登記と2つの登記が問題となっており一申請の可否の検討が必要となる。相続の場合は，公示の明瞭性の観点から権利の一部についての登記は認められず，被相続人Aの権

利全部について必要的に一申請しなければならない（昭 30.10.15 民甲 2216 回，**107（2）**参照）。

　また，事例では，被相続人Aは，甲区2番と甲区4番の2個の登記によって持分の3分の2を保有しており，そのうち甲区4番の持分部分には，第三者であるXの仮差押えの登記があるが，上記の必要的一申請の制約が優先し，これを甲区2番の権利と甲区4番の権利に分けて申請することも許されない。

【参考・答案例 ― 事例 94（相続登記の複数持分，複数相続人の必要的一申請）】
登記の目的　　A持分全部移転
原　　　因　　平成 28 年 2 月 1 日相続
申　請　人　　相続人（被相続人A）持分3分の1 D　3分の1 E
添　付　情　報　登記原因証明情報（戸籍謄抄本）　住所証明情報（DE）　代理権限証明情報（DEの委任状）
登録免許税　　金 16 万円（＝6,000 万円×3分の2×1,000 分の 4）

（4）　複数登記の一申請情報申請が認められる他の例外

①　所有権の共有と共有物不分割特約

　Aの所有する甲土地をBCに売買し，その際に，BCが共有物不分割の特約契約をした場合，売買契約は所有権の**特定移転登記**の原因関係となり，特約は共有所有権の**変更登記**の原因関係となり，これらに対応して2つの申請が問題となる。しかし，登記の目的，登記原因がともに異なるため，一申請は許されず，原則どおり2つの申請をすることになる（規 35 ⑨，**95（2）**参照）。

　ただし，Aの所有する甲土地の一部をBに売買し，その際，AB間で共有物分割禁止特約をした場合は，共有物分割禁止特約を所有権の一部移転登記の登記事項の一部として登記することができるため，例外的に1つの**特定移転登記**を申請すれば足りることになる（**95（1）**，**事例 77**参照，平 4）。

②　根抵当権の共有と優先の定め

　甲土地にXYを共有者とする根抵当権の設定契約をする際に，XY間で優先の定めを合意した場合，設定契約は根抵当権の**設定登記**の原因関係となり，優先の定めの合意は共有根抵当権の**変更登記**の原因関係となり，これに対応して2つの申請が問題となる。しかし，登記の目的，登記原因がともに異なるため，一申請は許されず，原則どおり2つの申請をすることになる（規 35 ⑨，「質疑応答 4920」『登記研究』757 号 165 頁）。

同様に，甲土地の乙区1番で登記されている元本確定前の根抵当権を根抵当権者XがYに一部譲渡し，その際，XY間で優先の定めを合意した場合も，登記の目的，登記原因がともに異なるため，一申請は許されず，原則どおり2つの申請をすることになる（規35⑨，平3）。

優先の定めは，上記①の共有物分割禁止特約と登記事項に関する条文の規定構造が類似しているため，対比して整理すべき論点となっている。

105　複合事案の一申請の判断
①　要件の検討
複数の不動産の複数登記が問題となる複合事案では，まず，1つの不動産の複数登記について，ⅰ．登記の目的の同一，ⅱ．登記原因およびその日付の同一の要件を使って一申請を判断し（規35⑨，**104**参照），次いで，他の不動産でも同様の判断ができることを確認したうえで，③管轄登記所が同一か否かの観点から複数不動産の一申請を判断する（令4ただし書，規35⑩，**103**参照）。複数登記の一申請の要件と複数不動産の一申請の要件の相違点は，複数不動産の一申請で問題となる管轄登記所の同一のみであり，このように検討するほうが効率的だからである。

また，譲受人（権利者）と譲渡人（義務者）がともに複数人となる複合事案では，まず，制約の多い譲渡人（義務者）の複数について一申請を判断し（**104（3）**参照），次いで譲受人（権利者）の複数についての一申請を検討する（**104（2）**参照）。さらに，不動産が複数であれば，他の不動産についても同様の判断ができるか否かを確認し，管轄登記所が同一か否かから複数不動産の一申請を判断する（**103**参照）。

②　事例へのあてはめ
【事例95―複合事案の一申請―】

> 問　次の事実について，Fコン Step 1（法律構成の判断，原因関係の判断，登記の種類の判断），Fコン Step 2（申請の個数と申請の順序の判断）の判断をしなさい。なお，甲土地および乙土地の管轄登記所は，同一であり，甲土地の課税標準の額は金6,000万円とし，乙土地の課税標準の額は金3,000万円とする。
> （甲土地および乙土地に共通の登記記録）
> 甲区2番　所有権移転　共有者　持分3分の1A　3分の1B　3分の1C
> （事実関係）

> 1　A，B，CおよびDは，平成28年7月1日，甲土地および乙土地を代金1億円でDに移転する契約を締結した。

順序	法律構成の判断	原因関係の判断		登記の種類の判断	物件
		民177の効果	法3の権利変動		
1	事1―①AD売買契約 　　②BD売買契約 　　③CD売買契約	変更 変更 変更	移転 移転 移転	特定移転登記 （一申請可能）	甲乙

ⅰ　Fコン Step 1 の判断

　事実1から売買契約を法律構成する。それらの物権変動は変更であり（民177），登記の対象となる権利変動は権利主体の変更として移転となり（法3），権利変動の登記の原因関係となる。登記の種類は，移転原因が相続または合併以外（法63Ⅱ）であるため特定移転登記となる（個別フレームは36〔82頁〕参照）。なお，甲土地および乙土地は，いずれも甲区2番まで登記されており，保存登記に代替する余地はない。

ⅱ　Fコン Step 2 の判断

　事例は，甲土地および乙土地の複数不動産で，かつ，各土地について，AからDへの移転登記，BからDへの移転登記，CからDへの移転登記という3つの登記が問題となっている複合事案として一申請の可否の検討が必要となる。
　まず，甲土地について複数登記の一申請を検討する。3つの移転登記は，いずれも登記の種類が特定移転登記であるため登記の目的は同一と判断できる。登記原因はAD間の売買，BD間の売買，CD間の売買と区別できるため，同一性は認められないが（規35⑨），先例により売買前の甲土地をABCが共有しているため，便宜，一申請が認められる（昭35.5.18民甲1186回）。この判断は，乙土地でも同様である。
　最後に，複数不動産の一申請について，甲土地および乙土地の管轄登記所が同一であり，各不動産の登記の目的，登記原因は，すでに検討したとおり同一と判断できるため，甲土地および乙土地の複数登記を一申請できることになる（令4ただし書）。

【参考・答案例―事例95（複数不動産，複数売主の複合事案の一申請）】
登記の目的　　共有者全員持分全部移転
原　　因　　　平成28年7月1日売買
申　請　人　　権利者D　義務者ABC

添付情報	登記原因証明情報（ABC作成の報告式）　登記識別情報（ABCの甲土地および乙土地の甲区2番）　印鑑証明書（ABC）　住所証明情報（D）　代理権限証明情報（ABCDの委任状）
登録免許税	金180万円（＝9,000万円×1,000分の20）

106　名変登記の一申請の判断
(1)　要件

　名変登記については，①管轄登記所が同一であれば，②2以上の登記が，いずれも同一の登記名義人の氏名（名称）または住所についての変更の登記または更正の登記であるかぎり一申請が認められている（規35⑧）。名変登記では，複数不動産の登記であっても，別個の登記事項である氏名（名称）と住所が混在する複数登記であっても，旧法同様，幅広く一申請を認める趣旨である（平26）。

　たとえば，同一登記所の管轄内の甲土地はAの単有，乙土地はABの共有の場合，同一の登記名義人Aの名変登記は，複数不動産の登記であるが，上記の要件をみたすため甲土地分と乙土地分とを一申請することができる。

　Aが甲土地の甲区2番と甲区3番の複数の登記で登記名義を有する場合，同一の登記名義人Aに関する名変登記は，複数登記であるが，上記の要件をみたすため一申請することができる（「質疑応答7221」『登記研究』525号211頁，平25）。

　登記名義人Aが住所を移転し，その後に住居表示が実施されるか，行政区画が変更された場合，複数の原因関係に基づく複数登記であるが，上記の要件をみたすため，原因を併記して一申請することができる（平22.11.1民二2759課長通知）。

　また，同一の登記名義人Aについて，複数回の住所移転など，同一の登記事項について，同種の原因が数個存在する場合，上記の要件をみたすため，一申請することが可能であり，この場合，すべての変更を証する書面を登記原因証明情報として添付すれば，申請情報に記載する登記原因およびその日付は，便宜，最終の原因のみで足りることになる（昭32.3.22民甲423通）。これは，名変登記が，登記名義人の現在の正しい表示を公示するための手段にすぎず，権利変動そのものを公示するものではないため，中間省略登記禁止の原則が適用されないことによるものである。

　さらに，同一の登記名義人Aに関するものであれば，氏名の変更と住所の錯

誤，氏名の錯誤と住所の変更等，異なる登記事項の変更登記と更正登記とが混在する複数登記であっても，上記の要件をみたすため，一申請することが可能である。

（２） 複数登記名義人の一申請許容の例外

たとえば，甲土地の共有者BCが同時に同一地に住所移転をした場合は，BとCとで登記名義人が異なるため，（１）の例外要件をみたせない。しかし，便宜，一申請情報申請が認められている（昭38.9.25民甲2654回）。共有は，夫婦や親子である場合が多く，1つの登記としての処理を認めることが，効率的で登記事務の負担を軽減することにつながるからである。

（３） 事例へのあてはめ

① 複数の登記原因

【事例96 ―住所移転後の行政区画変更―】 先例 連件

> 問　次の事実について，Ｆコン Step 1（法律構成の判断，原因関係の判断，登記の種類の判断），Ｆコン Step 2（申請の個数と申請の順序の判断）の判断をしなさい。なお，甲土地の課税標準の額は金6,000万円とする。
> （甲土地の登記記録）
> 甲区2番　所有権移転　所有者 A
> 　　3番　所有権移転　平成27年2月3日受付第234号　平成27年2月1日
> 　　　　　　　　　　　売買　所有者　乙地 B
> （事実関係）
> 1　Bは，平成27年2月4日，乙地から甲地に住所を移転し，平成28年4月1日，行政区画の変更により甲地は丙地に変更された。
> 2　BおよびCは，平成28年7月1日，甲土地を代金8,000万円で移転する旨の契約を締結した。

順序	法律構成の判断	原因関係の判断		登記の種類の判断	物件
		民177の効果	法3の権利変動		
1	事1―住所移転，行政区画変更	（名変の原因関係）	―	名変登記	甲
2	事2―BC間売買契約	変更	移転	包括移転登記	甲

i　Ｆコン Step 1 の判断

事実1からBの住所は，住所移転と行政区画の変更の結果，現在，丙地となっており，登記記録の乙地とは異なるため，事実1は**名変登記の原因関係**となり，登記の種類は，住所移転も行政区画の変更も甲区3番登記を基準として後発的に生じたものであるため**変更登記**としての名変登記となる（個別フレームは**61**

〔152 頁〕参照）。なお，甲区 3 番の登記は現に効力を有する登記として名変登記が可能であり（**63** 参照），事例は単なる行政区画の変更ではなく，住所移転後の行政区画の変更であるため，名変登記の申請を省略できる例外には該当しない（**64** 参照）。

　事実 2 から**売買契約**を法律構成する。その物権変動は**変更**であり（民 177），登記の対象となる権利変動は権利主体の変更として**移転**となり（法 3），**権利変動の登記の原因関係**となる。登記の種類は，移転原因が相続または合併以外であるため，**特定移転登記**となる（個別フレーム **36**〔82 頁〕参照）。なお，甲土地は甲区 3 番まで登記されており，保存登記に代替する余地はない。

ⅱ　F コン Step 2 の判断

　事例の名変登記の原因関係は，同一登記名義人の A についてのものであり，住所という同一登記事項の住所移転と行政区画の変更という複数原因であるが，これらを併記して一申請することができる（規 35 ⑧，平 22.11.1 民二 2759 課長通知）。これは，先例を変更し，最終原因が行政区画の変更であることを明らかにして登録免許税法第 5 条第 5 号を適用し登録免許税を非課税にできるようにするための措置である。

　また，名変登記と売買による特定移転登記とでは，登記の目的も登記原因も異なるため，一申請することはできず（規 35 ⑨），別個の登記として申請する。

　その申請順序は，かりに，名変登記を申請せずに，売買による特定移転登記を申請すれば当該申請は，申請情報に記載した登記義務者 B の住所が登記記録から判断される登記義務者（甲土地の所有権の登記名義人）の住所と合致しないことを理由として却下される（法 25 ⑦）。不合致の原因は登記義務者 B を特定する要素である住所が異なることであるため，前提登記として 1 番目に名変登記を，2 番目に売買による特定移転登記を申請する連件申請となる。

【参考・答案例―事例 96（住所移転後の行政区画の変更による名変登記を前提登記とする連件申請）】

○ 1 番目の申請
登記の目的　　　3 番所有権登記名義人住所変更
原　　　因　　　平成 27 年 2 月 4 日住所移転　平成 28 年 4 月 1 日行政区画変更
変更後の事項　　住所　丙地
申　請　人　　　申請人 B
添　付　情　報　　登記原因証明情報（B の住民票の写し）　代理権限証明情報（B の委任状）

登録免許税　　登録免許税法第5条第5号による非課税
○2番目の申請
登記の目的　　所有権移転
原　　　因　　平成28年7月1日売買
申　請　人　　権利者C　義務者B
添　付　情　報　　登記原因証明情報（B作成の報告式）　登記識別情報（Bの甲区3番）
　　　　　　　印鑑証明書（B）　住所証明情報（C）　代理権限証明情報（BCの委任状）
登録免許税　　金120万円（＝6,000万円×1,000分の20）

② 複数登記事項の変更，更正

【事例97—氏名の変更，住所の更正—】 連件

問　次の事実について，Fコン Step 1（法律構成の判断，原因関係の判断，登記の種類の判断），Fコン Step 2（申請の個数と申請の順序の判断）の判断をしなさい。なお，甲土地の課税標準の額は金6,000万円とする。
（甲土地の登記記録）
甲区2番　所有権移転　所有者　A
　　3番　所有権移転　平成27年2月3日受付第234号　平成27年2月1日
　　　　　　　　　　売買　所有者　乙地　B
（事実関係）
1　Bは，平成27年2月2日に住所を乙地から甲地に移転し，同年2月4日に甲市役所にその旨の届出をした。また，Bは，同年4月1日に離婚の届出をしてその氏名が婚姻前のCに復氏している。
2　CおよびDは，平成28年7月1日，財産分与として甲土地をCからDに移転する旨を合意した。

順序	法律構成の判断	原因関係の判断		登記の種類の判断	物件
		民177の効果	法3の権利変動		
1	事1—住所錯誤，氏名変更	（名変の原因関係）	—	名変登記	甲
2	事1—CD財産分与	変更	移転	特定移転登記	甲

i　Fコン Step 1の判断

　事実1は，甲土地甲区3番の所有権登記名義人Bの氏名および住所が現在の氏名および住所と異なることを示すものであるため**名変登記の原因関係**となる。より正確には，Bは平成27年2月2日にその住所を乙地から甲地に移転した事実が示されているが，甲区3番の登記がされた時点（受付日付の平成27年2月3日）を基準とすれば，すでにその時点でBの住所は住所移転後の甲地であるため，住所については，錯誤による更正登記としての名変登記が問題となる。

また，平成27年4月1日の離婚によるBからCへの復氏は，甲区3番の登記がされた時点（受付日付の平成27年2月3日）を基準とすれば，後発的であり，氏名変更による変更登記としての名変登記が問題となる。いずれも登記の種類は，**名変登記**となる（個別フレームは **61**〔152頁〕参照）。なお，甲区3番の登記は現に効力を有する登記として名変登記が可能であり（**63** 参照），事例は名変登記の申請を省略できる例外には該当しない（**64** 参照）。

事実2から**財産分与**を法律構成する。その法律効果は，甲土地の所有権のCからDへの移転である。この物権変動は**変更**であり（民177），登記の対象となる権利変動は権利主体の変更として**移転**となり（法3），**権利変動の登記の原因関係**となる。登記の種類は，移転原因が相続または合併以外であるため，**特定移転登記**となる（個別フレームは **36**〔82頁〕参照）。なお，甲土地は甲区3番まで登記されており，保存登記による代替の余地はない。

ⅱ　Fコン Step 2 の判断

　事例の名変登記の原因関係は，住所については更正登記，氏名については変更登記という異なる登記事項で，かつ，登記の種類を異にする原因関係であるが，同一登記名義人Bについてのものであるため，これら複数の名変原因を併記して一申請することができる（規35⑧）。

　また，名変登記と財産分与による特定移転登記とでは，登記の目的も登記原因も異なるため，一申請することはできず（規35⑨），別個の登記として申請する。

　その申請順序は，かりに，名変登記を申請せずに，財産分与による特定移転登記を申請すれば当該申請は，申請情報に記載した登記義務者Cの氏名および住所が登記記録から判断される登記義務者（甲土地の所有権の登記名義人）の氏名および住所と合致しないことを理由として却下される（法25⑦）。不合致の原因は登記義務者B（現C）を特定する要素である氏名および住所が異なることであるため，前提登記として1番目に名変登記を，2番目に財産分与による特定移転登記を申請する連件申請となる。

【参考・答案例─事例97（住所移転後の行政区画の変更による名変登記を前提登記とする連件申請）】

○1番目の申請（記録例607参照）
登記の目的　　3番所有権登記名義人住所氏名変更更正
原　　　因　　錯誤　平成27年4月1日氏名変更

変更後の事項	氏名住所　甲地 C
申　請　人	申請人 C
添 付 情 報	登記原因証明情報（C の住民票の写し，C の戸籍謄抄本）　代理権限証明情報（C の委任状）
登録免許税	金 2,000 円（＝更正分甲土地 1 個×1,000 円＋変更分甲土地 1 個×1,000 円）

○ 2 番目の申請

登記の目的	所有権移転
原　　　因	平成 28 年 7 月 1 日財産分与
申　請　人	権利者 D　義務者 C
添 付 情 報	登記原因証明情報（C 作成の報告式）　登記識別情報（C の甲区 3 番）　印鑑証明書（C）　住所証明情報（D）　代理権限証明情報（CD の委任状）
登録免許税	金 120 万円（＝ 6,000 万円×1,000 分の 20）

107　必要的一申請
（１）　法の規定による必要的一申請
①　敷地権付き区分建物

　敷地権の表示をした区分建物（以下「敷地権付き区分建物」という）では，所有権に関する登記および一般先取特権，質権，抵当権の登記を申請するには，申請情報として敷地権の表示を記載しなければならない（令 3 ⑪ヘ）。敷地権付き区分建物では，区分建物の登記を使って敷地権についての登記も一体公示するため（法 73 Ⅰ柱書），区分建物のみを目的とした所有権の移転を登記原因とする所有権の登記，または区分建物のみを目的とした一般先取特権，質権，抵当権にかかる登記をすることが禁止されているからである（法 73 Ⅲ本文）。

　この場合の申請は，形式上は，敷地権の表示を記載した 1 つの申請であるが，一体公示により登記の効力は敷地権にも及ぶため，実質的は区分建物および敷地権についての計 2 つの申請を，必要的に一申請するものとなっている（**39（3）**，**事例 4** 参照）。

　たとえば，敷地権付き区分建物に根抵当権を設定する場合，敷地権の種類が所有権であれば，所有権の持分権は根抵当権の設定目的物となるため，専有部分と敷地権とを一体として根抵当権の設定契約の目的物として設定契約をしなければならず（区分 22），それに対応して，区分建物を使って敷地権についても一体公示をしなければならないため（法 73 Ⅰ柱書），上記の規定により根抵当権の設定登記の申請情報には，敷地権の表示を記載しなければならない（令 3 ⑪

へ)。

　これに対して，かりに，上記の例で敷地権の種類が賃借権の場合，賃借権は根抵当権の設定目的物とはならず（民369Ⅱ），専有部分のみを目的として根抵当権の設定契約を締結しても，本来的一方処分の場合として，分離処分禁止の原則に反しない（区分22）。この場合，区分建物の登記を使って一体公示をする必要がないことから，申請書に敷地権の表示を記載してはならないことになる（平21）。

② 信託に関連する登記

　信託の登記は，当該信託にかかる権利の設定，保存，移転，変更と同一の原因（信託行為，信託財産の物上代位性，原状回復請求）に基づき，その対象となる不動産の権利が信託財産に属することを公示するためのものである。

　信託の登記と信託にかかる権利の設定，保存，移転，変更の登記は，登記の正確性を確保する観点から，同時申請しなければならないと規定されている（法98Ⅰ）。この場合の同時申請にかかる信託の登記と権利の移転等の登記は，権利部の相当区に１つの順位番号を用いて記録されるため（規175Ⅰ），実質的にこれらの複数の登記申請は，必要的に一申請すべきものとなる（令5Ⅱ）。

　このような取扱いは，信託の併合または分割（法104の２Ⅰ前段，令5Ⅳ），受託者を同一人とする信託財産間の移転による変更登記（法104の２Ⅰ後段，令5Ⅳ），信託の抹消登記（法104Ⅰ，令5Ⅲ，平26）の局面でも要求されており，必要的な一申請となる。

(2) 解釈による必要的一申請情報申請

　所有権の保存登記，相続による移転登記では，明瞭公示の観点から権利の一部または持分権のみついての登記が許されない（昭30.10.15民甲2216回）。これを認めれば残部についての権利帰属が不明瞭となるからである。これは，解釈上，対象権利の全部について必要的に一申請が要求されていることを意味する（相続による移転登記について **104（3）**③，**事例94** 参照）。

第2章

申請順序の判断

2−1　総説

108　申請の順序の判断の流れ

　上記第1章の申請の個数の判断により申請の暫定個数が判断できることになる。暫定個数が複数の場合，複数の申請の申請順序が問題となる。

　申請順序の判断は，まず，①中間省略登記禁止の原則により申請を原因関係の発生順に整理するが，②問題に申請順序の指示があれば，それに従って申請順を整理する。これを本書では，便宜，暫定順序とよぶことにする。

　次いで，③登記の連続性によりその順序を検証することで，最終的に申請する申請の個数および順序を確定することになる。

　また，暫定個数が1つの場合であっても登記の連続性を検討することで，前提登記の必要性を判断し，最終的に申請する申請の個数と申請順序を確定することになる。

2−2　原因関係の発生順序による整理

109　原因関係の発生順序による整理（暫定順序）

（1）　異時発生の原因関係の申請順序

① 同一権利の原因関係の異時発生

　申請が複数の場合，その申請順序は，原則として原因関係（権利変動）の発生順となる。不動産登記制度は，権利変動そのものを登記の対象としており（民177），中間省略登記を禁止しているため，すべての権利変動を登記すべきことになり，その順序は原因関係の発生順と考えるのがもっとも自然だからである。

　たとえば，元本確定前の根抵当権の債務者が死亡し，指定債務者が合意された場合，相続による変更登記と指定債務者の合意による変更登記の2つの申請が問題となる。それらの申請順序は，原因関係（権利変動）の発生順に，1番目に相続による変更登記，2番目に指定債務者の合意による変更登記を連件申請

することになる（昭58，平18，平23）。法92条には，指定債務者の合意による変更登記は，相続による債務者の変更登記をした後でなければすることができない旨が規定されているが，当該規定は，上記の原則論を注意的に規定したものにすぎない。

② 所有権と所有権以外の権利の原因関係の異時発生

さて，所有権に関する登記の申請と所有権以外の権利に関する登記の申請が混在する場合，実務では，所有権に関する登記の申請を時間順に整理するとともに，所有権以外の権利に関する登記の申請を時間順に整理し，まず，所有権に関する登記を申請し，次いで，所有権以外の権利に関する登記を申請することが多い。すべての権利の起点となる所有権に関する登記を先に固めてしまうほうが，所有権以外の権利に関する登記の処理が単純化することが多いからである。これを受けて書式の試験でもそのような指示が行われることがある（**110**参照，昭58，平24）。

③ 事例へのあてはめ

【事例98 ―設定者兼債務者の死亡と指定債務者の合意―】 過問
（S58，H18，H23） 連件

問　次の事実について，Ｆコン Step 1（法律構成の判断，原因関係の判断，登記の種類の判断），Ｆコン Step 2（申請の個数と申請の順序の判断）の判断をしなさい。なお，甲土地の課税標準の額は金6,000万円とする。
（甲土地の登記記録）
甲区2番　所有権移転　所有者Ａ
乙区1番　根抵当権設定　極度額　金3,000万円　債権の範囲　売買取引　債務者Ａ　根抵当権者Ｘ
（事実関係）
1　Ａは，平成28年2月1日に死亡した。Ａの相続人は，配偶者ＢおよびＣである。
2　Ｘ並びにＢおよびＣは，平成28年7月1日，1番根抵当権の指定債務者をＢと合意した。

順序	法律構成の判断	原因関係の判断		登記の種類の判断	物件
		民177の効果	法3の権利変動		
1	事1―Ａの法定相続 　①所有権の相続	変更	移転	包括移転登記	甲
2	②債務者の相続	変更	変更	変更登記	甲
3	事2―指定債務者の合意	変更	変更	変更登記	甲

i Fコン Step 1 の判断

　事実1から**法定相続**を法律構成する。被相続人Aは，甲土地の所有権登記名義人であるため所有権がAからBCに移転する。その物権変動は**変更**であり（民177），登記の対象となる権利変動は権利主体の変更として**移転**となり（法3），登記の種類は，移転原因が相続であるため（法63Ⅱ）**包括移転登記**となる（個別フレームは**41**〔97頁〕参照）。なお，甲土地は，甲区2番まで登記されており，保存登記に代替する余地はない。

　また，被相続人Aは，1番根抵当権の債務者であり，民法は相続開始時の被担保債務は根抵当権の被担保債務となる旨の特則を規定しているため（民398の8Ⅱ），それとの関係で債務者がAからBCに変更される。その物権変動は**変更**であり（民177），登記の対象となる権利変動は権利内容の変更として**変更**となり（法3），登記の種類は，**変更登記**となる（個別フレームは**50**〔120頁〕参照）。

　さらに，事実2から**指定債務者の合意**を法律構成する。相続開始後6か月以内に指定債務者の合意をすることで1番根抵当権の被担保債権は，相続開始時の既発生債権のほか，相続開始後に指定債務者との間で発生する不特定債権に変更される（民398の8Ⅱ）。この物権変動は**変更**であり（民177），登記の対象となる権利変動は権利内容の変更として**変更**となり（法3），登記の種類は，**変更登記**となる（個別フレームは**50**〔120頁〕参照）。

ii Fコン Step 2 の暫定個数の判断

　事例では，甲土地について，1つの**包括移転登記**と2つの**変更登記**の申請が問題となり，1つの不動産の複数登記事項の登記として一申請の可否の検討が必要となる。包括移転登記と変更登記とでは，登記の種類が異なり，登記の目的が異なるため一申請はできない（規35⑨）。また，2つの変更登記は，登記原因が異なるため一申請はできない（規35⑨）。したがって，3つの登記は，原則どおり別個の申請として3つの申請が必要となる。

iii Fコン Step 2 の暫定順序の判断

　3つの申請を原因関係の発生順に整理すると，相続による包括移転登記と相続による1番根抵当権の変更登記は，被相続人Aの死亡と同時に原因関係が発生しており，その後に合意による1番根抵当権の変更登記をすることとなる。

　所有権の登記と根抵当権の登記が問題となる場合には，起点となる所有権の登記を先に申請し，その後に所有権以外の権利である根抵当権の登記を申請するため，1番目に相続による所有権の包括移転登記，2番目に相続による1番根

抵当権の変更登記，3番目に合意による1番根抵当権の変更登記を連件申請する順序となる。

iv　Fコン Step 2 の登記の連続性による検証

　かりに，所有権の包括移転登記を申請せずに，1番根抵当権の変更登記を申請すれば，申請情報に記載した登記義務者ＢＣが登記記録から判断する登記義務者（所有権の登記名義人Ａ）と合致せず，変更登記の申請は却下される（法25⑦）。不合致の原因は，人格の不合致であるため，前提として甲土地の所有権の登記名義人をＢＣに変更しなければならない。主体の登記の連続性の観点から1番目に申請する登記が相続による所有権の包括移転登記であるべきことが検証できることになる。また，法92条には，指定債務者の合意による変更登記は，相続による債務者の変更登記をした後でなければすることができない旨が規定されているため，客体の連続性の観点から2番目で相続による変更登記を，3番目で合意による変更登記を申請すべきことが検証できることになり，これにより申請の個数と申請順序が確定することになる。

【参考・答案例 — 事例98（設定者兼債務者の相続に伴う指定債務者の合意の連件申請）】

○1番目の申請
登記の目的　　所有権移転
原　　　因　　平成28年2月1日相続
申　請　人　　相続人（被相続人Ａ）持分2分の1Ｂ　2分の1Ｃ
添付情報　　　登記原因証明情報（戸籍謄抄本）　住所証明情報（ＢＣ）　代理権限証明情報（ＢＣの委任状）
登録免許税　　金24万円（＝6,000万円×1,000分の4）

○2番目の申請
登記の目的　　1番根抵当権変更
原　　　因　　平成28年2月1日相続
変更後の事項　債務者（被相続人Ａ）ＢＣ
申　請　人　　権利者Ｘ　義務者ＢＣ
添付情報　　　登記原因証明情報（戸籍謄抄本）　登記識別情報（ＢおよびＣの甲区3番）　印鑑証明書（ＢＣ）　代理権限証明情報（ＢＣＸの委任状）
登録免許税　　金1,000円（＝甲土地1個×1,000円）

○3番目の申請
登記の目的　　1番根抵当権変更
原　　　因　　平成28年7月1日合意
変更後の事項　指定債務者Ｂ
申　請　人　　権利者Ｘ　義務者ＢＣ
添付情報　　　登記原因証明情報（ＢＣ作成の報告式）　登記識別情報（ＢおよびＣの

	甲区3番) 印鑑証明書 (BC) 代理権限証明情報 (BCXの委任状)
登録免許税	金1,000円 (＝甲土地1個×1,000円)

(2) 同時発生の原因関係の申請順序

実務上，複数の行為が同時に行われることで，原因関係（権利変動）が同時に発生する局面が少なくない。この場合，複数の申請を上記**(1)**のように原因関係の発生順によって整理することができず，複数申請の順序をどう考えるかが問題となる。

① 同時申請

買戻特約のように同時申請することが第三者対抗要件（民581 I）となる場合，不動産売買の先取特権のように同時申請することが効力の保存要件（民340）となる場合，仮処分の効力による抹消のように同時申請することが単独申請の手続要件（法111，昭62，平17）となる場合，または複数の金融機関による協調融資（シンジケート・ローン）のように同時申請することが特別な経済的な意味をもつ場合には，**同時申請（複数の申請を同時に行い，申請人が数個の申請が同時申請であることを宣言する申請）**として申請手続を行うことになる。

同時申請の場合，その対象となる申請は同時に受け付けられ（法19 Ⅲ），同時に登記官の審査対象となり，同時に登記が実行されるため（法20），本来，複数の申請の間に順序が観念されない。しかし，実務では論理的な順序が観念できるものについては，「同時申請その1」，「同時申請その2」の要領でそれを明らかにして申請している。

たとえば，甲土地の甲区2番の所有権登記名義人Aから甲土地の売買を受けたBが甲区3番で処分禁止の仮処分の登記をしており，甲区4番で被保全登記請求権と抵触するCの所有権移転登記がされている場合，同時申請の1番目が4番所有権の抹消登記であり，2番目が仮処分債務者Aを義務者とする仮処分債権者Bのための所有権の移転登記の順となる（昭62）。論理上，抹消登記をしなければ，仮処分債務者Aが甲土地の現に効力を有する所有権の登記名義人となれず登記義務者の定義をみたせないことになるからである。

また，上記の事例で仮処分債務者Aに名変原因があれば，同時申請の1件目が4番所有権の抹消登記，2件目がAの名変登記，3件目がBのための所有権の移転登記の順となる（昭62）。論理上，最初にCの抹消登記をしなければ，Aの登記が現に効力を有する登記にならず，名変登記が申請できないからである

(**63**参照)。

　以上の例示のとおり，ここでいう論理的な順序とは，登記義務者の定義をみたすにはどのような順序で申請すればよいのか，変更または更正登記の一種である名変登記は，現に効力を有する登記にしかすることができないため，そのためにはどのような順序で申請すればよいのかなど，基本的な手続的制約をクリアするための工夫にすぎず，けっして難しい判断が迫られているわけではない。

② 連件申請

　上記①のような同時申請すべき例外的な局面に該当しない場合には，**連件申請（複数の申請を同時に行い，申請人が数個の申請に順序を付す申請）**として申請手続を行うことになる。その場合の申請順序は，暫定的に次のように考える。

  i 　実体要件への配慮

　実務上，もっとも基本となり，処理量が多いのは，AがBに甲土地を売買し，それと同時に売主AがXのために甲土地に設定していた抵当権の被担保債権の全額を弁済し，買主Bが購入資金の融資を受けるYのために甲土地に新たな抵当権を設定する**同時決済**の場合である。

　この場合すべての行為が同時に行われるが，1番目に弁済によるXの抵当権の**抹消登記**，2番目に売買による**特定移転登記**，3番目にYの抵当権の**設定登記**の連件申請を考える（平21）。売買による特定移転登記に先立ってXの抵当権の抹消登記を申請するのは，売主の担保責任上，負担のない所有権をBに移転しなければならないからである（民567参照）。

　また，2番目の売買による特定移転登記に遅れて3番目にYの抵当権の設定登記を申請するのは，設定契約は物権契約であるため，買主Bが抵当権の設定者として甲土地の処分権（所有権）を有することを，2番目に申請する売買による特定移転登記によって登記上も明らかにする必要があるからである。

  ii 　起点権の先行処理

　原因関係の異時発生で述べたとおり，所有権に関する登記と所有権以外の権利に関する登記が同時に問題となる場合には，前件で所有権に関する登記を申請し，後件で所有権以外の権利に関する登記を申請する申請順序を考えるのが通常である。これは，所有権はすべての権利の起点となる権利であり，所有権の登記を固めるほうが，処理が単純化し，効率化するからである。

　たとえば，Aが所有する甲土地にAを設定者兼債務者とするXの抵当権が

109 原因関係の発生順序による整理（暫定順序）

乙区１番で設定登記されている状況で設定者兼債務者Ａが死亡した場合，相続人Ｂへの所有権の**包括移転登記**と債務者をＢとする相続による抵当権の**変更登記**の原因関係が同時発生することになるが，１番目で所有権の**包括移転登記**，２番目で抵当権の**変更登記**の連件申請を考えることになる（平9，平15）。

また，同時に同じ種類の権利に関する複数の登記の申請が問題となる場合には，前件で記入登記（保存登記，設定登記，移転登記）を申請し，後件でそれ以外の登記（変更登記，抹消登記等）を申請する連件申請順序を考えることが多い。これは，通常，新たに権利者となる者が，その権利の変更や処分をすることが多いことに着目したものであり，起点権の先行処理の一種である。ただし，事案によっては，譲渡人が権利内容を変更し，移転すべき権利の内容をととのえてから移転する場合もあるため（平27），事案をよく見て判断すべきであり，思い込みは禁物である。

たとえば，甲土地の乙区１番でＸが根抵当権の設定登記をしている状況で，ＸＹ間で当該１番根抵当権の全部譲渡契約を締結し，同時に譲受人Ｙと設定者Ａの間で１番根抵当権の変更契約を締結した場合，１番目で全部譲渡による**特定移転登記**，２番目で変更契約による**変更登記**の連件申請を考える（平5）。ただ，事案によっては，まず，譲渡人Ｘと設定者との間で１番根抵当権の極度額を増加変更する変更契約を締結すると同時に，ＸＹが変更後の根抵当権を全部譲渡する契約を締結することもあり，この場合には，１番目で変更契約による**変更登記**を申請し，２番目で全部譲渡による**特定移転登記**を連件申請することになる（平27）。

このような要領で暫定順序を判断するが，最終的に**登記の連続性の判断**により申請の個数と順序を検証し確定することになるため，この段階の判断は正確でなくとも差し支えがないため，難しく考えすぎる必要はなく，その意味で**暫定順序**で足りるのである。

③　事例へのあてはめその１

【事例99 ─買戻特約付売買契約─】 ▶連件

> 問　次の事実について，Ｆコン Step１（法律構成の判断，原因関係の判断，登記の種類の判断），Ｆコン Step２（申請の個数と申請の順序の判断）の判断をしなさい。なお，甲土地の課税標準の額は金6,000万円とする。
> （甲土地の登記記録）
> 甲区２番　所有権移転　所有者　Ａ

109　原因関係の発生順序による整理（暫定順序）

（事実関係）
1　AおよびBは，平成28年7月1日，甲土地を代金8,000万円で移転する契約を締結した。
2　AおよびBは，上記の契約と同時に，Aが売買代金のみを支払うことで，甲土地を買い戻すことができる旨を合意した。

順序	法律構成の判断	原因関係の判断		登記の種類の判断	物件
		民177の効果	法3の権利変動		
同1	事1―AB売買契約	変更	移転	特定移転登記	甲
同2	事2―BA買戻特約	発生	設定	設定登記	甲

ⅰ　Fコン Step 1 の判断

　事実1から売買契約を法律構成する。これにより甲土地の所有権はAからBに移転する。その物権変動は変更であり（民177），登記の対象となる権利変動は権利主体の変更として移転となり（法3），登記の種類は，移転原因が相続または合併以外であるため特定移転登記となる（個別フレームは 36〔82頁〕参照）。なお，甲土地は甲区2番まで登記されており，保存登記に代替する余地はない。

　また，事実2から買戻特約を法律構成する。買戻特約は民法の規定上は解除権の留保特約であるが（民579），登記実務は，Aの所有権取得権の発生と解釈している。その物権変動は発生であり（民177），登記の対象となる権利変動は合意による権利の発生として設定となり（法3），登記の種類は，設定登記となる（個別フレームは 47〔116頁〕参照）。なお，買戻特約については売買契約と同時に契約しなければならないとの制約があり，追加設定的に特約ができないため，及ぼす変更登記への代替は論理上考えられない。

ⅱ　Fコン Step 2 の暫定個数の判断

　事例では，甲土地についての複数登記である特定移転登記と設定登記の申請が問題となるため，一申請の可否の検討が必要となる。これらは登記の目的および登記原因が異なるため一申請は許されず（規35⑨），原則どおり2つの申請をしなければならない。

ⅲ　Fコン Step 2 の申請順序の判断

　2つの申請を原因関係の発生順に整理すると，事実2から買戻特約は売買契約と同時にされている（民579Ⅰ）。買戻特約を第三者に対抗するには売買契約と同時に登記をすることが必要であるため（民581Ⅰ），これら2つの申請の申請順序は，同時申請となる。論理上は，同時申請の1番目として売買による移

109 原因関係の発生順序による整理（暫定順序）

転登記を申請し，2番目として買戻特約を申請することになる。

【参考・答案例―事例99（買戻特約による同時申請）】
○同時申請の1番目
登記の目的　　所有権移転
原　　　因　　平成28年7月1日売買
申　請　人　　権利者B　義務者A
添 付 情 報　　登記原因証明情報（A作成の報告式）　登記識別情報（Aの甲区2番）
　　　　　　　印鑑証明書（A）　住所証明情報（B）　代理権限証明情報（ABの委任状）
登録免許税　　金120万円（＝6,000万円×1,000分の20）
○同時申請の2番目
登記の目的　　買戻特約
原　　　因　　平成28年7月1日特約
そ　の　他　　売買代金 金8,000万円　契約費用 なし
申　請　人　　権利者A　義務者B
添 付 情 報　　登記原因証明情報（B作成の報告式）　代理権限証明情報（ABの委任状）
登録免許税　　金1,000円（＝甲土地1個×1,000円）

④ 事例へのあてはめその2

【事例100―通常の決済立会における連件申請―】 過問 （H21）
連件

問　次の事実について，Fコン Step 1（法律構成の判断，原因関係の判断，登記の種類の判断），Fコン Step 2（申請の個数と申請の順序の判断）の判断をしなさい。なお，甲土地の課税標準の額は金6,000万円とする。
（甲土地の登記記録）
甲区2番　所有権移転　平成22年2月2日受付第220号　平成22年2月2日売買　所有者 甲地A
乙区1番　抵当権設定　平成22年2月2日受付第221号　債権額 金6,000万円　債務者 甲地A　抵当権者 X
（事実関係）
1　Aは，平成28年6月30日に住所を甲地から乙地に移転した。
2　AおよびBは，同年7月1日，甲土地を代金8,000万円で移転する契約を締結した。
3　同日，AはXに1番抵当権の被担保債権の全額を弁済した。
4　同日，YはBに金2,000万円を貸し渡し，YBは，当該貸金債権を担保するため，BがAから取得した甲土地に抵当権の設定契約を締結した。

109 原因関係の発生順序による整理（暫定順序）

順序	法律構成の判断	原因関係の判断		登記の種類の判断	物件
		民 177 の効果	法 3 の権利変動		
1	事 1―①A の住所移転 ②債務者の住所移転	（名変原因） （申請省略）	―	名変登記	甲
3	事 2―AB 間売買契約	変更	移転	特定移転登記	甲
2	事 3―弁済	消滅	消滅	抹消登記	甲
4	事 4―YB 抵当権設定契約	発生	設定	設定登記	甲

i　F コン Step 1 の判断

A　事実 1 の検討

　事実 1 の住所移転は，A が甲土地の甲区 2 番の所有権登記名義人であることから名変登記の原因関係である。登記の種類は，甲区 2 番の登記後の後発的な住所移転であるため変更登記としての名変登記となる（個別フレームは **61**〔152 頁〕参照）。また，A は，甲土地の乙区 1 番抵当権の債務者として登記されているため，債務者の住所も変更されることになる。債務者は抵当権の権利内容であるため登記の対象となる権利変動は変更となり（法 3），登記の種類は変更登記となる（個別フレームは **50**〔120 頁〕参照）。

B　事実 2 の検討

　事実 2 から売買契約を法律構成する。これにより甲土地の所有権は A から B に移転する。その物権変動は変更であり（民 177），登記の対象となる権利変動は権利主体の変更として移転となり（法 3），登記の種類は，移転原因が相続または合併以外であるため特定移転登記となる（個別フレームは **36**〔82 頁〕参照）。なお，甲土地は甲区 2 番まで登記されており，保存登記に代替する余地はない。

C　事実 3 の検討

　事実 3 には 1 番抵当権の被担保債権について債務者 A による全額弁済の事実が示されているため弁済を法律構成する。これにより当該債権は満足に達して消滅し，消滅の附従性により 1 番抵当権も消滅する。その物権変動は消滅であり（民 177），登記の対象となる権利変動も消滅となり（法 3），登記の種類は抹消登記となる（個別フレームは **54**〔132 頁〕参照）。

　なお，上記 A で検討した 1 番抵当権の債務者 A の変更登記は，抹消登記の前提としてのものと位置づけられるため，債務者の変更登記は申請を省略できることになる（**64（4）**，**事例 24** 参照）。

D　事実 4 の検討

　事実 4 から抵当権設定契約を法律構成する。その物権変動は発生であり（民

109 原因関係の発生順序による整理（暫定順序）

177），登記の対象となる権利変動は合意による権利の発生として**設定**となり（法3），登記の種類は**設定登記**となる（個別フレーム **47**〔116頁〕参照）。なお，追加設定ではないため，**及ぼす変更登記**に代替する余地はない。

ii Ｆコン Step 2 の暫定個数の判断

事例で問題となる4つの登記は，1つの不動産に関する複数登記であるため一申請の検討が必要となる。いずれも登記の目的および原因が異なるため一申請はできず（規35⑨），原則どおり4つの申請として処理することになる。

iii Ｆコン Step 2 の暫定順序の判断

4つの申請を原因関係の発生順に整理すると，名変登記を除いて3つの登記の原因関係が同日に生じている。売主の担保責任との関係でＡからＢへの移転登記に先立って1番抵当権の抹消登記を申請しなければならない。また，Ｙのための抵当権の設定登記は，ＢがＡから取得した甲土地を目的とするため，物権契約である設定契約の性質上，Ｂが甲土地の処分権を有することが明らかにならなければならず，移転登記に後れて申請しなければならない。以上から，暫定順序は，1番目に名変登記，2番目に抹消登記，3番目に特定移転登記，4番目に設定登記の連件申請と判断する。

iv Ｆコン Step 2 の登記の連続性の判断

最後に登記の連続性の判断として，1番目に名変登記を申請しなければ，2番目の抹消登記の登記権利者Ａが登記記録と不合致となるため（法25④），1番目と2番目の申請順序は妥当となる。また，3番目に移転登記を申請しなければ4番目の設定登記の登記義務者Ｂが登記記録と不合致となるため（法25⑦），3番目と4番目の申請順序も妥当となり，暫定個数と暫定順序のとおりの申請の個数と順序を確定してよいことが検証できたことになる。

【参考・答案例 ─ 事例100（決済立会による名変→抹消→移転→設定の典型的な連件申請）】

○1番目の申請

登記の目的	2番所有権登記名義人住所変更
原　　因	平成28年6月30日住所移転
変更後の事項	住所　乙地
申　請　人	申請人Ａ
添　付　情　報	登記原因証明情報（Ａの住民票の写し）　代理権限証明情報（Ａの委任状）
登録免許税	金1,000円（＝甲土地1個×1,000円）

○2番目の申請
登記の目的　　１番抵当権抹消
原　　　因　　平成28年7月1日弁済
申　請　人　　権利者A　義務者X
添付情報　　登記原因証明情報（X作成の報告式）　登記識別情報（Xの乙区1番）
　　　　　　　代理権限証明情報（AXの委任状）
登録免許税　　金1,000円（＝甲土地1個×1,000円）
○3番目の申請
登記の目的　　所有権移転
原　　　因　　平成28年7月1日売買
申　請　人　　権利者B　義務者A
添付情報　　登記原因証明情報（A作成の報告式）　登記識別情報（Aの甲区2番）
　　　　　　　印鑑証明書（A）　住所証明情報（B）　代理権限証明情報（ABの委任状）
登録免許税　　金120万円（＝6,000万円×1,000分の20）
○4番目の申請
登記の目的　　抵当権設定
原　　　因　　平成28年7月1日金銭消費貸借同日設定
そ　の　他　　債権額　金2,000万円　債務者B
申　請　人　　抵当権者Y　設定者B
添付情報　　登記原因証明情報（B作成の報告式）　登記識別情報（Bの甲区3番）
　　　　　　　印鑑証明書（B）　代理権限証明情報（BXの委任状）
登録免許税　　金8万円（＝2,000万円×1,000分の4）

110　申請の順序についての問題の指示

　書式の試験では、問題中に申請順序に関する指示がされることがあり、その場合には、その指示に従って、申請順序を考える。このような問題の指示には、下記のような例があり、そのバリエーションは必ずしも多くはないが、下記(3)のように問題の指示を正確に把握しなければ、作成する答案が致命傷を受けるものもあり、早く正確に問題が読めるように努めなければならない。

(1)　指示がないのと同様となる指示

　答案用紙を無個性化し、単に「**登記を申請すべき順序に従って記載**」する旨が指示されているにすぎない出題（平11、平12、平成15）や「**各時点において申請すべき登記はすべて申請する**」ものと指示され、申請順序について特に指示がない出題（平10）については、特に何も指示がない場合と同じことであり、**109** に従って申請順序を考えれば足りる。
　また、「**複数の登記の申請をする場合には、申請件数、申請人の数および登録**

免許税の額がもっとも少なくなるように登記を申請」する旨が指示されることがある（平8，平21，平23，平24，平25，平26，平27）。これは，司法書士の実務処理上，処理コストの点で当然に考慮すべき内容であり，このような指示がない場合でも，指示がある場合と同様の対応が必要となるという意味で，指示がありながら，指示がないのと同様の取扱いとなる。

(2) 所有権と所有権以外の権利とを区別する指示

たとえば，「**所有権に関する登記の申請は，根抵当権に関する登記の申請の前に**」行い，根抵当権に関する登記の申請情報は，「**その登記を申請すべき順序に従って**」記載する旨を指示する出題がある（昭58，平24類似）。これは，**109（2）**②で指摘した実務が起点権である所有権と所有権以外の権利を分けて処理する処理と同趣旨のものである。

また，答案用紙を甲区に関する登記と乙区に関する登記に分け，「**登記を申請すべき順序に従って**」答案を記載することを求める指示の出題がある（平2，平3，平4）。これも上記と同趣旨の指示であり，後段の「**登記を申請すべき順序に従って**」の部分は，登記の連続性の原則に適合するように申請する程度の意味としてこれを理解すれば足りる。

(3) 答案作成に決定的な影響を与える指示

「**事実関係の発生の順序および登記を申請すべき順序に従い，かつ，現時点において申請すべき登記はすべて申請する**」ものと指示しつつ，そのうち「**3番目，4番目および最後に申請すべき登記について，登記の目的，登記原因，登記事項，……を記載し，前記3件以外に申請すべき登記の目的を，順番を明らかにして記載**」することを指示する出題（平9）や，「**登記の申請が2件以上の連件であった場合には，権利の消滅以外の登記に関するもののうち，1件目と2件目の申請情報を，その順番に従って記載**」しなければならないと指示する出題（平20）がある。

これらの出題は，申請の個数と順序を厳しく問うだけでなく，問題の指示を正確に把握しないと複数ある申請のうちどの申請の何を答案に書くべきが決まらず，欄ズレと同様に大きく減点されることになるため，細心の注意を払って答案を作成しなければならない。

また，「**複数の登記の申請をする場合には，登記原因の日付の古い順に登記を申請し，当該複数の登記の申請のうち登記原因日付が同一であり，かつ，申請の前後を問わないものがあるときには，登録免許税額が高額となるものから順**

に申請するものとする」旨が指示される場合がある（平27）。この指示のうち「**申請の前後を問わないもの**」とは，登記の連続性により論理的な申請順序が決まらないか，実体上の要件具備など登記の連続性による制約とまではいえないが，通常，ある一定の順序による申請を行うものを除いて，という意味としてこれを解することになる。

2－3　登記の連続性の判断

111　登記の連続性の判断
（1）　意義
　不動産登記は**一不動産一登記記録主義**（法2⑤）により，ある不動産に関する登記事項は1つの登記記録に集中して，かつ，連続的に記録され，記録した登記には**何人も既登記を無視して行為できない**という形式的確定力が生ずる。したがって，新たな登記事項を記録する場合，その登記事項は，既存の登記記録と論理的に整合しなければならないことになる。この建前を**登記の連続性原則**という（**14（4）**参照）。登記の連続性原則は，その内容が当然のことであるとして，条文には規定されていないが，本来，共同申請の原則（法60）の前提として規定されるべき重要原則であり，**その理解なくして不動産登記制度の理解なし**とまでいいうるきわめて重要な位置づけをもっている。

　登記の連続性原則により，申請情報の内容となる主体（登記権利者および登記義務者），客体（登記の目的），行為（登記原因）は，既登記と論理的に整合しなければならないことになり，それをチェックするのが**登記の連続性の判断**である。

　登記の連続性の判断の結果，かりに，申請情報と登記記録との間に論理的な整合が認められなければ，申請が却下されることになるため（法25⑦等），論理的に整合するような前提登記の申請を考えるか，論理的に整合するように**2－2**の暫定的な申請順序を修正することになる。これは，登記の連続性原則こそが最終的に**申請の個数**と**申請の順序**を決定していることを意味し，**登記の連続性の判断**は，**全体フレーム**を判断する最後の**切り札**となっている。

（2）　判断の方法

（甲土地の登記記録）
甲区2番　所有権移転　平成22年2月2日受付第220号　平成22年2月2日

	売買　所有者 甲地 A
乙区1番　抵当権設定	平成22年2月2日受付第221号　債権額 金6,000万円　債務者 甲地 A　抵当権者 X

たとえば，上記のとおり登記されている甲土地について，暫定的な申請順序を，1番目にAが設定したXの抵当権の抹消登記，2番目にAからBへの売買による特定移転登記，3番目にAの名変登記と判断していた場合，この暫定順序に従って，まず，1番目の抹消登記の内容として書くべき申請当事者（主体），登記の目的（客体），登記原因（行為）と，別紙の登記記録（登記事項証明書）とを突き合わせて論理的に整合するか否かを検討する。

論理的に整合していれば1番目の登記は，1番目の申請として正しい位置づけであることが登記の連続性から検証できたことになる。

これに対して，不整合であれば，暫定順序の2番目の登記または3番目の登記を，1番目の登記よりも先に申請すれば，論理的な整合を実現できるかという要領で申請の順序を修正するか，または，これまでの検討には現れていない新たな前提登記が必要となるのか，を検討する。

上記の例でいえば，1番目の抹消登記の登記権利者Aに名変原因が生じているため，1番目の抹消登記の登記権利者が登記記録と合致せず，申請権限を有しない者の申請として却下される不整合が生じていることになる（法25④）。不整合の原因は，上記のとおり登記権利者の表示の不一致であるため，これを整合させるには，3番目に位置づけられているAの名変登記を抹消登記の前提登記として1番目に申請すべきことになり，登記の連続性の観点から申請の順序を修正することになる。

1番目の申請の検討が終われば，次いで，暫定順序2番目の申請について，1番目の申請と同じ要領で，申請情報の内容と別紙の登記記録（登記事項証明書）とを突き合わせて検討する。その際，登記記録（登記事項証明書）を1番目の検討をふまえて書き換える必要はなく，そのままの状態で（1件目の登記がないものとして）突き合わせて作業を行うことになる。

上記の例でいえば，暫定順序2番目の売買による特定移転登記をそのまま申請すれば，少なくとも登記義務者Aの氏名・住所が登記記録と合致しない不整合が生じていることになり，その申請は却下される（法25⑦）。不整合の原因は，登記義務者Aの表示の不一致であるため，これを整合させるには，Aの名変登

記を前提登記として申請することが必要となる。1番目の申請の検討で，1番目の抹消登記に先立ってAの名変登記を申請することの結論が得られているため，1番目にAの名変登記，2番目に抹消登記，そして3番目に特定移転登記を申請すれば，論理的な整合が得られることになり，登記の連続性の観点から申請の順序を確定できたことになる。

なお，申請順序を2番目に修正した抹消登記と3番目に修正した特定移転登記には登記の連続性が問題とならず，登記の連続性上は，いずれの申請を先に行っても差し支えなく，その間の関係は，売主の担保責任を考慮した実体要件の具備のための順序性しか問題とならない。

このような要領で，登記の連続性の判断を行うが，この判断作業でもっとも重要なことは，何件目の申請を検討する場合であっても，別紙の登記記録（登記事項証明書）を，そのままの状態で（書き換えずに），突合せに使う点にある。そのほうが，作業が単純であるだけでなく，そうするからこそ，2番目の申請にとって1番目の申請が不可欠であり，3番目の申請にとって1番目および2番目の申請が不可欠であることが検証できることになるのである。

112　主体における登記の連続性の判断（申請当事者の連続性）

主体の連続性を判断するには，申請する登記の申請方式と申請当事者が判断できなければならない。申請方式は，FコンStep 1の登記の種類を判断することで申請手続の骨格が決定できれば，それによりいかなる申請方式によるべきかが当然に決定されるため，問題は申請当事者の判断となる。以下，主要な登記の申請当事者の判断方法を説明する。

(1)　申請当事者の判断

①　基本の考え方

本来，申請当事者には，申請について強い利害関係をもつ実体上の当事者がなるべきであり，中間省略登記禁止の原則を前提とすれば，ⅰ．ある権利の，ⅱ．権利変動ごとに，ⅲ．権利変動が生じた時点，を基準にその登記申請について，有利な当事者と不利な当事者を判断すべきことになる。

しかし，登記官の審査方法は，審査資料が登記簿，申請情報，添付情報に審査資料が限定されている形式的審査であるため，これを前提として，登記官の審査が可能となるように，申請にかかる登記がされることで，登記上，直接に利益を受ける者（間接に利益を受ける者を除く）を登記権利者と定義し（法2⑫），

登記上，直接に不利益を受ける登記名義人（間接に不利益を受ける登記名義人を除く）を<u>登記義務者</u>（法2⑬）と定義し，申請当事者を<u>手続上の概念</u>としている。

主体の連続性とは，言葉を換えれば，<u>実体的に考えられる申請当事者（登記記録以外から判断できる当事者）</u>が，上記の手続上の要件をみたした<u>登記権利者，登記義務者（登記記録から判断できる当事者）</u>と合致するか否かを検討し，合致しない場合，合致するように前提登記や申請順序を工夫する作業を意味する。

たとえば，Aが所有権登記名義人である甲土地について，AからB，BからCへと順次売買契約が行われた場合，同じ甲土地の所有権について，AからBへの権利変動とBからCへの権利変動と2つの権利変動が存在する。そこで，まず，ⅰ．AからBへの権利変動について，その発生時を基準として，権利を取得するBを登記権利者，権利を失うAを登記義務者と判断する。次いで，ⅱ．BからCへの権利変動についてその発生時を基準として，権利を取得するCを登記権利者と判断し，権利を失うBを登記義務者と判断する。

この場合，AからBへの移転登記を先にしなければ，Bが登記名義人とならず，手続上の当事者である登記義務者の要件をみたせないことになり，申請内容と登記記録とが論理的に整合しないことになる（法25⑦）。そこで，BからCへの移転登記におけるBが登記義務者の手続要件をみたせるように，1番目にAからBへの移転登記を，2番目にBからCへの移転登記を申請すべきことになり，これにより登記の連続性の観点から2つの申請の順序が確定できることになる。

② 変更登記の論点

ⅰ 根抵当権の債権の範囲，債務者の変更

元本確定前の根抵当権の債権の範囲の変更登記は，本来，当該変更が根抵当権者または設定者のいずれに有利か不利かが判断できないため，変更後の債権の範囲等で根抵当権を新規設定する実質を考慮し（設定者意思中心主義），設定者を登記義務者，根抵当権者を登記権利者とする。

ただし，縮減が明らかな変更の場合（ABをAに変更，Aをそれに含まれるαに変更）には，設定者にとって有利であることが明らかになるため，例外的に申請人の分配を逆転し，設定者を登記権利者，根抵当権者を登記義務者とする（昭46.10.4民甲3230通）。

元本確定前の債務者の変更登記の申請人の判断は，債権の範囲のように先例で直接に指示されていないが，同様と解釈されており（枇杷田泰助他「第一編

新根抵当の設定・変更・処分と登記手続の解説・質疑」『新根抵当設定書式と登記手続』30頁〔枇杷田泰助発言〕（商事法務研究会，1972)），原則は，設定者を登記義務者，根抵当権者を登記権利者とするが，たとえば，債務者をABからAに変更する場合には，縮減が明らかであるため，申請人の分配を逆転させ，設定者を登記権利者，根抵当権者を登記義務者とする。

　これらに対して，抵当権の債務者変更は，変更後の債務者の債務を担保しつづけることができるという意味で，登記上，直接に利益を受ける抵当権者が登記権利者となり，負担が継続するという意味で，登記上，直接に不利益を受ける登記名義人である設定者が登記義務者となり，元本確定前の債務者変更のように申請当事者の分配が変化しないため，比較して知識を整理しておかなければならない。

ii　根抵当権の確定期日の変更

　根抵当権の確定期日は，根抵当権者にとって設定者の元本確定請求を排斥し安定した根抵当権取引を継続する利益が認められ，設定者にとっては確定期日の到来により元本が確定し被担保債権との附従性・随伴性が回復し根抵当権が消滅しやすくなるという利益が認められ，双面的である。

　したがって，確定期日の新設，変更，廃止の登記の申請人は，いずれに有利・不利かが断定できないため設定者意思中心主義を考慮し，設定者を登記義務者，根抵当権者を登記権利者とする。

　ただし，繰上変更の場合には，安定した根抵当権取引の期間が短くなり，附従性・随伴性が回復するタイミングが早まるという意味で，設定者にとって有利であることが明らかであるため，申請人の分配を逆転させ，設定者を登記権利者に，根抵当権者を登記義務者とする（昭46.10.4民甲3230通）。

iii　根抵当権の元本確定

　根抵当権の元本確定登記は，それにより被担保債権との附従性・随伴性が回復し根抵当権が消滅しやすくなるため，設定者を登記権利者，根抵当権者を登記義務者とする。

③　更正登記の論点

i　訂正内容による申請人の分配の変化

　たとえば，地上権の存続期間を更正する場合，既存の登記記録よりも長期に訂正すれば，地上権登記名義人が登記権利者となり，設定者である所有権登記名義人が登記義務者となる。他方，短期に訂正すれば，所有権登記名義人が登

記権利者となり，地上権登記名義人が登記義務者となる。このように更正登記は，変更登記と同様，その内容により，申請人の分配が逆転する（幾代通『不動産登記法』194頁注1〔有斐閣，第4版〕）。

ⅱ 前登記名義人の関与

売買によるAからBへの移転登記をAからBCへの移転登記に更正するには，新たに共有登記名義人となるCを登記権利者として，単有の登記名義を失うBだけでなく，前主Aを登記義務者としなければならない（昭40.8.26民甲2429回）。これは，前主である前登記名義人Aには，正しい登記を実現する登記義務が残留しているからと説明されている。

とすれば，更正対象となる登記が相続による移転登記（法63Ⅱ），所有権の保存登記（法74）など，単独申請による登記である場合には，例外的に前登記名義人を登記義務者とすることを要しないことになる。更正対象となる登記の申請には，前登記名義人が関与しておらず登記義務の残留がないからである。

同様の発想からX単有名義の担保権をXY共有名義に更正登記する場合，登記権利者をYとし，登記義務者をXとするのみでは足りず，設定者Aも登記義務者としなければならないことになる。

ⅲ 利益，不利益の判断が困難な場合の対応

たとえば，所有権移転登記の登記原因を売買から贈与に更正する場合のように更正により当事者の地位がプラス変動するともマイナス変動するともいえない場合には，既存登記をなす際の登記権利者，登記義務者をそのまま更正登記の申請当事者とすれば足りる（幾代通前掲書194頁注1）。

④ 抹消登記の論点

ⅰ 移転登記の抹消

移転登記の抹消登記をする場合，前登記名義人が登記権利者となり，現在の登記名義人が登記義務者となる。

ⅱ 設定登記の抹消

所有権以外の権利の設定登記を抹消登記する場合，所有権登記名義人が登記権利者となり，所有権以外の権利の登記名義人が登記義務者となる。しかし，これらの者の権利について移転登記がなされた場合を，有力学説は**複雑型**とよび（幾代通前掲書80頁），新旧いずれの権利者が当事者となるかが問題となる。なお，複雑型は仮登記の当事者に変動があった場合にも問題となる。

A 設定目的物の権利に移転があった場合

たとえば，所有者AがXのために抵当権の設定登記をした後，AからBに所有権移転登記があった場合，Xの抵当権の抹消登記については，抹消原因が原始的に存するか後発的に生じたかを問わず，また，抹消原因がA所有名義時代に生じたかB所有名義時代に生じたかを問わず，登記権利者は現在の登記名義人Bであるとするのが実務の取扱いである（明32.8.1民刑1361回，大8.7.26民事2788回，昭30.2.4民甲226通）。他方，判例は，抹消登記請求権の行使について，AからXへの請求を認める見解と，BのみがXに請求しうるとする見解とがある（幾代通前掲書80頁，81頁注1）。

B 抹消対象となる権利に移転があった場合

たとえば，所有者Aから抵当権の設定登記を受けているXが，当該抵当権をYに移転する付記登記を完了させている場合，Y名義となった後に抹消原因が発生していれば，登記権利者A，登記義務者Yとなることについては争いがない。

しかし，X名義時代にすでに抹消原因が存した場合，AはYのみを被告として設定の主登記および移転の付記登記の双方の抹消を訴求すべきものとしているのが判例であり（大判昭7.8.9，大判昭13.8.17，最判昭44.4.22），登記実務も判例の解釈の線に沿い，Aを登記権利者，Yを登記義務者として設定登記および移転付記登記をともに抹消するものとしている。

この点について，有力学説は，付記登記は主登記と一体をなして公示機能を果たすものではあるが，XY間の移転のみが無効または不存在であり，Xが有効に抵当権を保有することも考えられることから，AとYの共同申請でXの設定登記をも抹消できるとする取扱いは，危険であり不当であるとしている。したがって，所有権の2段以上に及ぶ移転登記を抹消するための**巻き戻し式**により，まず，XY間の共同申請で移転付記登記を抹消し，次いでAX間の共同申請で設定の主登記を抹消するという手順を原則とすべき旨を指摘している（幾代通前掲書80頁，81頁注2）。

C 後順位担保権者の当事者性

たとえば，AB共有の不動産にX名義の1番抵当権とY名義の2番抵当権がある場合，1番抵当権を弁済により抹消するときの登記権利者は，設定者ABまたは後順位抵当権者Yのいずれでも差し支えないと解されている（昭31.12.24民甲2916回）。2番抵当権者Yは，1番抵当権が抹消されることで，順

位上昇の利益を受けるため，登記権利者の要件をみたしうるという見解である。

この点について，有力学説は，所有者 AB が登記権利者，1番抵当権者 X が登記義務者となることに異論はないが，この場合，直接に利益を受ける者は所有者であり，2番抵当権者 Y は，論理上は間接的・反射的に受益する者にとどまる。上記の解釈に従えば1番抵当権に劣後する最先順位でない地上権者，賃借権者が登記権利者となることを否定できなくなるため（民執59参照），上記の解釈は，いささか便宜にはしりすぎたきらいがあるとして疑問を呈している（幾代通前掲書80頁，82頁注3）。現行法の登記権利者の定義が「**登記上，直接に利益を受ける者をいい，間接に利益を受ける者を除く**」（法2⑬）と規定されたことで，上記の先例の解釈が変更されることになるか否か，今後の解釈の動向に注意を要することになる。

⑤ 抹消回復登記の論点

i 申請方式と申請か嘱託かの区別

抹消回復登記は，不法抹消の対象となった原登記の種類に応じてなされるため，相続による所有権移転登記の不法抹消の場合には，相続人が単独申請により抹消回復登記を申請し（幾代通前掲書203頁，204頁注2），処分の制限登記は，裁判所書記官等により抹消回復登記が嘱託されることになる。

ii 抵当権設定の不法抹消後の所有権移転

抹消回復登記の申請人は，登記を回復する者を登記上直接に利益を受ける者（法2⑫）として登記権利者とし，それにより登記名義を失うなど不利益を受ける登記名義人を，登記上直接に不利益を受ける登記名義人（法2⑬）として登記義務者とする。

原則的には，不法抹消時の登記義務者が登記権利者に，登記権利者が登記義務者になるイメージであるが，不法抹消後に所有権が移転した場合，だれが登記義務者となるべきかについては，判例と先例とで見解が対立している。

たとえば，A 所有の甲土地に X が抵当権を設定し，当該抵当権が不法抹消された後，A から B に所有権が移転した場合，判例は A が X の抵当権の設定者であり，かつ，X の抵当権が不法抹消された当時の所有者であることから，抵当権登記を原状回復すべき責務を負い，A が登記義務者となり，B は X の抵当権が回復されると抵当権の負担を受けることで不利益を受けるため登記上の利害関係を有する第三者と解している（大判明43.4.30）。

これに対して，先例は，登記義務者を抵当権の設定目的物の現在の登記名義

人Bと解している（昭57.5.7民三3291回）。登記義務者とは，登記上直接に不利益を受ける登記名義人と定義されているため（法2⑬），Xの抵当権の回復により登記上直接不利益を受けるのは現在の登記名義人Bにほかならないからである。また，かつての登記名義人Aは現在登記名義を失っており登記義務者となる要件をみたせず，さらに，抹消登記が無効であるためXの抵当権の対抗力は存続し（大判昭10.4.4），BはXの抵当権付の所有権を取得したことになり，その点でBはXの登記を回復する義務を有するからである（青山正明「4 抵当権の登記の抹消回復の登記義務者」『新訂民事訴訟と不動産登記一問一答』456〜457頁〔テイハン〕）。

iii 所有権移転の不法抹消後の所有権移転

AからB，BからCへと順次所有権移転登記が完了した後に，Cへの所有権移転登記が不法抹消され，さらに，BからDへの所有権移転登記がなされている状況で，Cの所有権移転登記を抹消回復する場合，登記義務者を現在の登記名義人Dとすることはできない。回復すべきCの所有権とDの所有権とは，Bを起点とするものであり，両立しえないからである。また，登記義務者をBとし，Dを登記上の利害関係を有する第三者として申請することも許されない。Bは，現に効力を有する登記名義人ではなく，登記義務者の要件をみたさないからである。

この場合，1番目で登記権利者をBとし，登記義務者をDとするDへの所有権移転登記の抹消登記を申請し，2番目で登記義務者をBとして登記権利者をCとする抹消回復登記を連件申請しなければならない。

⑥ 合同申請の論点

合同申請の実質を有する共同申請は，申請人の全員が登記権利者兼登記義務者となって共同申請を履行する例外的な共同申請であるため，申請内容にかかわらず，申請人のうちのいずれかの者を登記権利者，登記義務者に分類することができない点に特色を有することになる。

共有物不分割の定めによる変更登記では，共有者である登記名義人の全員を申請人としなければならない（法65）。

また，順位変更では順位変更の合意当事者となる担保権の登記名義人の全員を申請人としなければならない（法89Ⅰ）。

さらに，共有根抵当権の優先の定めでは根抵当権の共有者である登記名義人の全員を申請人としなければならない（法89Ⅱ）。ただし，優先の定めの内容を

「ABCの順位で優先する」旨の定めから「ACBの順位で優先する」旨の定めに変更する場合は，BCの合意があれば，それをAにも対抗できるため，共有者中のBCを申請人として適法に変更登記を申請できるものと解されている（貞家克己・清水湛『新根抵当法』218頁〔金融財政研究会〕）。

⑦ 単独申請の論点

申請方式の例外として位置づけられる単独申請については，だれが申請人となるのかは単独申請を許容する条文に規定されており，その規定に従って当事者を判断する。たとえば，名変登記であれば，登記の対象となる登記名義人であり（法64），相続または合併による移転登記であれば，登記権利者である相続人または合併後の法人となる（法63Ⅱ）。

(2) 登記義務者の登記の連続性の判断

① 判断方法

申請情報に記載する登記義務者の氏名（名称）および住所と，登記記録上から判断できる登記義務者となる登記名義人の氏名（名称）および住所とが完全に合致しているか否かを検討する。かりに，これらが合致していなければ，その登記の申請は法25条7号を根拠に却下されてしまうからである。

② 不合致の場合の対応

登記義務者の氏名（名称）および住所が登記記録の登記名義人と合致していない場合，不合致の原因が，人の特定要素である登記名義人の表示の不合致なのか，人格の不合致なのかを検討する。

ⅰ 表示の不合致

不合致の原因が，表示の不合致である場合には，前提として**名変登記**を申請して表示を一致させる。

ただし，登記義務者となる登記名義人の登記が現に効力を有しない場合には，名変登記をすることができず，変更または更正証明情報を添付して申請する（**63**，**事例20** 参照）。

また，名変登記の申請を省略できる例外に該当する場合には，名変登記を要しないことになる（**64**，**事例21**，**事例22**，**事例23** 参照）。

ⅱ 人格の不合致

不合致の原因が，人格の不合致である場合には，不合致の原因に対応して，前提として申請情報の登記義務者を登記名義人とするための記入登記（保存・設定・移転登記）または是正登記（更正・抹消・抹消回復登記）を申請する。

たとえば，Aの所有する甲土地にXのための抵当権を設定登記している状況で，Aが死亡し，その後，Xが抵当権を実行する場合，差押えの前提として相続人Bを所有権の登記名義人としなければならない。この場合，前提として相続による包括移転登記を申請すべきことになる（平19）。

同様に，甲土地を所有するAが死亡し，被相続人Aの債権者もしくは相続人Bの債権者が甲土地について仮差押えをする場合も前提として相続による包括移転登記の申請が必要となる（昭56）。

また，甲土地の所有権登記名義人Aが死亡して，その相続人BがXのために甲土地に抵当権を設定契約した場合，甲土地に誤ってなされたAからCへの所有権移転登記が存在していれば，Xのための抵当権の設定登記の前提として，1番目で錯誤によるCへの移転登記の抹消登記を，2番目で相続による包括移転登記を連件申請すべきことになる（平6）。

ただし，相続人不存在を前提とする特別縁故者への相続財産分与審判による包括移転登記，特別縁故者不存在確定による民法255条による特定移転登記は，いずれも登記義務者が相続財産法人となり，相続財産法人と被相続人とは人格が異なることになる。しかし，先例により包括移転登記ではなく名変登記によって相続財産法人の登記名義を実現すれば足りるとされているため（昭10.1.14民甲39民事局長通牒），これらの場合，移転登記の前提として移転登記ではなく，名変登記を申請すべきことになる（平2，平22，42（3），事例7参照）。また，被相続人が表題部所有者である場合には，前提として相続財産法人名義に所有権の保存登記を申請する（42（3）④参照）。

③ 事例へのあてはめ

【事例 101 ―移転登記と名変登記の関係―】 連件

> 問　次の事実について，Fコン Step 1（法律構成の判断，原因関係の判断，登記の種類の判断），Fコン Step 2（申請の個数と申請の順序の判断）の判断をしなさい。なお，甲土地の課税標準の額は金6,000万円とする。
> （甲土地の登記記録）
> 甲区2番　所有権移転　所有者　甲地 A
> （事実関係）
> 1　AおよびBは，平成28年7月1日，甲土地を代金8,000万円で移転する契約を締結した。
> 2　同年7月4日，Aは，住所を甲地から乙地に移転し，Bは，住所を乙地から甲地に移転した。

112　主体における登記の連続性の判断（申請当事者の連続性）

順序	法律構成の判断	原因関係の判断		登記の種類の判断	物件
		民177の効果	法3の権利変動		
2	事1―AB売買契約	変更	移転	特定移転登記	甲
1	事2―Aの住所移転 Bの住所移転	（名変原因） （原因とならず）	―	名変登記	甲

i　Fコン Step 1 の判断

　事実1から**売買契約**を法律構成する。これにより甲土地の所有権はAからBに移転する。その物権変動は**変更**であり（民177），登記の対象となる権利変動は権利主体の変更として**移転**となり（法3），登記の種類は，移転原因が相続または合併以外であるため**特定移転登記**となる（個別フレームは **36**〔82頁〕参照）。なお，甲土地は甲区2番まで登記されており，保存登記に代替する余地はない。

　また，事実2は，売主Aの**住所移転**と買主Bの**住所移転**を示す事実である。売主Aは，甲区2番の所有権の登記名義人であるため，住所移転が「名変登記」の原因関係となり，住所移転が甲区2番の登記よりも後発的に生じているため登記の種類は変更登記としての**名変登記**となる（個別フレームは **61**〔152頁〕参照）。なお，甲区2番の登記は現に効力を有するため名変登記は可能であり，事例は名変登記の申請を省略できる場合ではないため，原則どおり名変登記を申請する。

　他方，買主Bは，登記名義人ではなく担保権の債務者でもないため，単に移転後の住所で登記をすれば足り，Bの住所移転は原因関係とはならない。

ii　Fコン Step 2 の暫定個数の判断

　事例では，甲土地について特定移転登記と名変登記の2つの申請が問題となるため一申請の検討が必要となる。特定移転登記と名変登記は，登記の目的および原因が異なるため一申請は許されず（規35⑨），原則どおり別個の2つの申請をすべきことになる。

iii　Fコン Step 2 の暫定順序の判断

　2つの申請を原因関係の発生順に整理すると，1番目に売買による特定移転登記，2番目に住所移転による名変登記となる。

iv　Fコン Step 2 の登記の連続性の判断

　1番目の売買による特定移転登記の申請は，申請情報の登記義務者Aの住所（事実2の住所移転後のAの住所）と登記記録から判断できる登記義務者Aの住所（甲区2番のAの住所）が不合致となり申請は却下される（法25⑦）。その原

因は，事実2のAの住所移転であり，表示の不合致であるため，売買による特定移転登記の前提として名変登記を申請すべきことになる。したがって，登記の連続性の観点から1番目に住所移転による名変登記を，2番目に売買による特定移転登記を連件申請すべきことになり，申請の個数と申請順序が確定できることになる。

【参考・答案例─事例101（移転登記の前提として名変登記が必要となる連件申請）】
○1番目の申請
　登記の目的　　2番所有権登記名義人住所変更
　原　　　因　　平成28年7月4日住所移転
　更正後の事項　住所　乙地
　申　請　人　　申請人A
　添付情報　　　登記原因証明情報（Aの住民票の写し）　代理権限証明情報（Aの委任状）
　登録免許税　　金1,000円（＝甲土地1個×1,000円）
○2番目の申請
　登記の目的　　所有権移転
　原　　　因　　平成28年7月1日売買
　申　請　人　　権利者B　義務者A
　添付情報　　　登記原因証明情報（A作成の報告式等）　登記識別情報（Aの甲区2番）
　　　　　　　　印鑑証明書（A）　住所証明情報（B）　代理権限証明情報（A B の委任状）
　登録免許税　　金120万円（＝6,000万円×1,000分の20）

（3）　登記権利者の登記の連続性の判断
①　判断方法
i　記入登記以外の登記の場合

登記権利者は，登記上，直接に利益を受ける者と定義されており（法2⑫），規定上は登記名義人と関連づけられていない。

しかし，記入登記以外の変更登記，更正登記，抹消登記，抹消回復登記については，登記上，直接に利益を受ける者は，登記記録中の登記名義人から判断されるため（そうでなければ登記上利益を受ける者の要件をみたせない），申請情報に記載した登記権利者の氏名（名称）および住所と，登記記録上から判断できる登記権利者となる登記名義人の氏名（名称）および住所とが合致しているか否かの検討が必要となる。かりに，これらが合致していなければ，その登記の申請は，申請の権限を有しない者の申請として却下されることになるからである

（法25④）。

ⅱ　記入登記の場合

　上記に対して，新たに登記名義人を記録する記入登記（保存登記，設定登記，特定移転登記，包括移転登記）は，その性質上，上記の検討を要しない。

　ただし，記入登記のなかでも共有を前提とした登記原因（共有物分割，遺産分割，持分放棄，特別縁故者不存在確定）による特定移転登記については，登記権利者は，論理上，他の共有登記名義人でなければならず，上記の検討を要する。

　また，設定登記であっても追加設定であれば，同一債権担保性との関係で，登記権利者となる抵当権者または根抵当権者は，すでに登記されている設定登記の登記名義人と合致しなければならず，上記の検討を要することになる。

② 不合致の場合の対応

　登記権利者の氏名（名称）および住所が登記記録の登記名義人と合致していない場合，（2）②と同様の要領で，不合致の原因が人の特定要素である登記名義人の表示の不合致なのか，人格の不合致なのかを検討し，表示の不合致ならば名変登記により，人格の不合致であれば申請情報に記載した登記義務者を登記名義人とするための記入登記（保存・設定・移転登記）または是正登記（更正・抹消・抹消回復登記）を申請することで対応することになる。

③ 事例へのあてはめ

【事例102―記入登記で登記権利者の名変登記が問題となる例外―】 先例 連件

> 問　次の事実について，Ｆコン Step 1（法律構成の判断，原因関係の判断，登記の種類の判断），Ｆコン Step 2（申請の個数と申請の順序の判断）の判断をしなさい。なお，甲土地の課税標準の額は金6,000万円とする。
> （甲土地の登記記録）
> 甲区2番　所有権移転　共有者　甲地　持分2分の1 A　甲地　2分の1 B
> （事実関係）
> 1　BはAに対して，平成28年7月1日，甲土地の持分を放棄する意思表示をした。
> 2　同年7月4日，Aは住所を甲地から乙地に移転した。

順序	法律構成の判断	原因関係の判断		登記の種類の判断	物件
		民177の効果	法3の権利変動		
2	事1―Bの持分放棄	消滅、発生（名変原因）	移転（判例）	特定移転登記	甲
1	事2―Aの住所移転		―	名変登記	甲

i　Fコン Step 1 の判断

事実1から持分放棄を法律構成する。これにより甲土地のBの共有持分が他の共有者であるAに帰属する（民255）。その物権変動は原始取得として消滅，発生であるが（民177），判例は，移転登記をすれば足りるとしているため（大判大3.11.3），登記の対象となる権利変動は権利主体の変更として移転となり（法3），登記の種類は，移転原因が相続または合併以外であるため特定移転登記となる（個別フレームは **36**〔82頁〕参照）。なお，甲土地は甲区2番まで登記されており，保存登記に代替する余地はない。

また，事実2は，Aの住所移転を示す事実である。Aは，甲区2番の所有権の共有登記名義人であるため，住所移転が名変登記の原因関係となる。登記の種類は，住所移転が甲区2番の登記よりも後発的に生じているため変更登記としての名変登記となる（個別フレームは **61**〔152頁〕参照）。なお，甲区2番の登記は現に効力を有するため名変登記は可能であり（**63** 参照），事例は名変登記の申請を省略できる場合ではないため（**64** 参照），原則どおり名変登記を申請する。

ii　Fコン Step 2 の暫定個数の判断

事例では，甲土地について特定移転登記と名変登記の2つの申請が問題となるため一申請の検討が必要となる。登記の目的および原因が異なるため一申請は許されず（規35⑨），原則どおり別個の申請として2つの申請をすべきことになる。

iii　Fコン Step 2 の暫定順序の判断

2つの申請を原因関係の発生順に整理すると，1番目に持分放棄による特定移転登記，2番目にAの住所移転による名変登記となる。

iv　Fコン Step 2 の登記の連続性の判断

1番目の持分放棄による特定移転登記の申請は，申請情報の登記権利者Aの住所（事実2の住所移転後の住所である乙地）と登記記録から判断できるAの住所（甲区2番の登記記録上の住所である甲地）が不合致となり，申請権限を有しない者の申請として申請は却下される（法25④，昭60.12.2民三5441通）。これは，実体上の可能性があるかぎり，登記官は登記申請を却下できないとする従来の見解を改め（昭44.6.5民甲1132回，昭45.2.2民甲439回），登記簿の記録のみを基礎として審査をなし，その記録と矛盾抵触する申請を却下する見解を採用するものである。この先例は，登記記録の推定力をより強調し，登記の公示性をより強固なものとする趣旨と評価されている（法務省法務総合研究所編『実務解

説　権利の登記』258頁〔日本加除出版〕）。これにより本来，記入登記では登記権利者の登記の連続性は問題とならないが，持分放棄を原因とする登記は，論理上，登記されている他の共有者が登記権利者にならなければならず，例外的に登記権利者についても登記の連続性が問題となることになる。

　不合致の原因は，事実2のAの住所移転であり，表示の不合致であるため，持分放棄による特定移転登記の前提として**名変登記**を申請すべきことになる。したがって，登記の連続性の観点から，1番目に住所移転による名変登記を，2番目に持分放棄による特定移転登記を連件申請すべきことになり，事例の申請の個数と申請順序が確定できることになる。

【参考・答案例―事例102（持分放棄の場合の登記権利者の名変登記との連件申請）】
○1番目の申請
登記の目的　　2番所有権登記名義人住所変更
原　　　因　　平成28年7月4日住所移転
更正後の事項　住所　乙地
申　請　人　　申請人A
添付情報　　　登記原因証明情報（Aの住民票の写し）　代理権限証明情報（Aの委任状）
登録免許税　　金1,000円（＝甲土地1個×1,000円）
○2番目の申請
登記の目的　　B持分全部移転
原　　　因　　平成28年7月1日持分放棄
申　請　人　　権利者　2分の1　A　義務者　B
添付情報　　　登記原因証明情報（B作成の報告書等）　登記識別情報（Bの甲区2番）印鑑証明書（B）　住所証明情報（A）　代理権限証明情報（ABの委任状）
登録免許税　　金60万円（＝6,000万円×2分の1×1,000分の20）

113　客体における登記の連続性の判断（登記の目的の連続性）
（1）判断方法

　客体の連続性とは，申請情報に記載した登記の目的が，登記記録と論理的に整合するか否かの検討を意味する。

　論理的な整合が認められない場合は，きわめて限定されている。これらは，却下条項の根拠をどの条文に求めるべきかの判断こそ難しいものの，どのような場合に論理的な不整合が問題となるのかという観点でみれば，きわめて常識

的な内容であり，その対応は容易である。
（２） 目的となる権利登記の不存在
①　抵当権未登記の場合の転抵当
　抵当権の登記がなされていない状態で申請された転抵当の登記は，目的とする権利の不存在を理由として却下される（法25⑬・令20⑤）。この場合，前提として抵当権の設定登記の申請が必要となり，１番目で抵当権の設定登記を，２番目で転抵当権設定による変更登記を連件申請することになる。
②　保存登記が未登記の場合の設定または移転登記
　所有権の保存登記がなされていない状態で申請された所有権の移転登記，所有権以外の権利の設定登記は，方式違反を理由として却下される（法25⑤）。この場合，前提として所有権の保存登記を申請することが必要となり，１番目で所有権の保存登記を，２番目で所有権の「移転登記」または所有権以外の権利の設定登記を連件申請することになる（**45（２）**，**事例９**参照）。
　この場合，上記①と却下条項は異なるが，移転登記や設定登記の目的となる権利の登記が存在していなければ申請が却下されるという発想では共通したものとなっている。
③　一部移転が未登記の場合の「及ぼさない変更登記」
　さて，Ａが所有する甲土地をＢに売買し，それと同時に甲土地の乙区１番でＸが設定登記していた抵当権の被担保債権の全部を弁済する同時決済の場合，売主の担保責任の問題として負担のない所有権をＢに移転しなければならないという意味で，１番目でＸの抵当権の抹消登記を，２番目で買主Ｂへの売買による特定移転登記を連件申請することになる（平20，平21，**109（２）**④，**事例100**参照）。
　これに対して，Ａが所有する甲土地の一部をＢに売買し，それと同時に甲土地の乙区１番でＸが設定登記していた抵当権を買主Ｂが取得した持分権について放棄する同時決済の場合，１番目でＢ持分の放棄による及ぼさない変更登記を申請することはできない（法25⑥）。Ｂへの所有権一部移転の登記をしなければ，抵当権を放棄するＢの持分権の存在が登記記録上明らかにならないからである。したがって，及ぼさない変更登記の前提として放棄の対象となる持分権を明らかにする所有権一部移転登記の申請が必要となり（昭59，平7，平9，平17），１番目で権利の一部についての特定移転登記を，２番目で及ぼさない変更登記を連件申請することになる（**78（４）**，**事例46**参照）。

113 客体における登記の連続性の判断（登記の目的の連続性）

④ 権利取得登記が未了の場合の「及ぼす変更登記」

たとえば，本来，Aが単有している甲土地について誤ってAB共有名義の登記がされており，それを前提にA持分権にXのための抵当権が乙区1番で設定登記されている場合，AX間で，Aが保有しているB持分権相当部分にXの抵当権の追加設定契約をした場合であっても1番目で及ぼす変更登記の申請をすることができない（法25⑥）。Aを所有者とする更正登記をしなければ追加設定の目的物が登記記録上明らかにならないからである。したがって，及ぼす変更登記の前提として追加設定目的物を明らかにする更正登記が必要となり，1番目で所有権の更正登記を，2番目で及ぼす変更登記を連件申請することになる（昭60，48（1），事例10参照）。

同様に，ABが共有している甲土地について，Aの持分権にXのための抵当権が乙区1番で設定登記されている状況で，Bが相続人なくして死亡し，特別縁故者の不存在が確定した場合，AX間で，Aが民法255条で取得した持分権にXの抵当権の追加設定契約をした場合，及ぼす変更登記の前提として追加設定目的物を明らかにするため1番目で相続人不存在による名変登記，2番目で特別縁故者不存在確定による特定移転登記を連件申請することが必要となる（平22，42（3），事例7参照）。

⑤ 事例へのあてはめその1

【事例103 ─ 一部移転と及ぼさない変更との関係─】 過問 （S59，H7，H9，H17） 連件

> 問 次の事実について，Fコン Step 1（法律構成の判断，原因関係の判断，登記の種類の判断），Fコン Step 2（申請の個数と申請の順序の判断）の判断をしなさい。なお，甲土地の課税標準の額は金6,000万円とする。
> （甲土地の登記記録）
> 甲区2番　所有権移転　所有者 A
> 乙区1番　抵当権設定　債権額 金1,000万円　債務者 A　抵当権者 X
> （事実関係）
> 1　AおよびBは，平成28年7月1日，甲土地の一部2分の1を代金4,000万円で移転する旨の契約を締結した。
> 2　同日，XはBに対して，甲土地のB持分について1番抵当権を放棄する意思表示をした。

113 客体における登記の連続性の判断（登記の目的の連続性）

順序	法律構成の判断	原因関係の判断		登記の種類の判断	物件
		民177の効果	法3の権利変動		
1	事1―AB売買契約	変更	移転	特定移転登記	甲
2	事2―B持分の放棄	一部消滅	一部消滅	及ぼさない変更	甲

i　FコンStep 1の判断

事実1から**売買契約**を法律構成する。これにより甲土地の所有権の一部がAからBに移転する。その物権変動は**変更**であり（民177），登記の対象となる権利変動は権利主体の一部変更として**移転**となり（法3），登記の種類は，移転原因が相続または合併以外（法63Ⅱ）であるため**特定移転登記**となる（個別フレームは**36**〔82頁〕参照）。なお，甲土地は甲区2番まで登記されており，保存登記に代替する余地はない。

事実2の放棄は，抵当権者の**単独行為**であり，対象権利は甲土地の**B持分に対する1番抵当権の全部**であるため，**B持分の放棄**を法律構成する。このことにより事実1の売買でABの共有となったB持分について1番抵当権が消滅し，以後1番抵当権はA持分を目的としたものとなる。この物権変動は**一部消滅**であり（民177），登記の対象となる権利変動も**一部消滅**となり（法3），登記の種類は，一部消滅原因が後発的に生じているため**一部抹消登記の実質を有する変更登記**である**及ぼさない変更登記**となる（**78（4）**，**事例46**参照）。

ii　FコンStep 2の暫定個数の判断

事例で問題となるのは甲土地の特定移転登記と変更登記であり，一申請の検討が必要となる。これら2つの登記は，登記の目的および原因が異なるため一申請は許されず（規35⑨），原則どおり別個の申請として2つの申請をすべきことになる。

iii　FコンStep 2の暫定順序の判断および登記の連続性の判断

2つの申請は，原因関係が同日に生じており時間順に申請順序を決めることができない。しかし，AからBへの一部移転登記がされなければ，Xが1番抵当権を放棄したB持分が明らかにならず，B持分の放棄に基づく及ぼさない変更登記の申請は，申請情報の内容である登記の目的権利が登記記録と不合致となり却下されることになる（法25⑥）。この不都合を回避するには，客体の連続性の観点から1番目に**特定移転登記**を，2番目に**及ぼさない変更登記**を連件申請すべきことになる。

113 客体における登記の連続性の判断（登記の目的の連続性）

> **【参考・答案例―事例103（所有権一部移転登記と及ぼさない変更登記の連件申請）】**
> ○1番目の申請
> 登記の目的　　所有権一部移転
> 原　　　因　　平成28年7月1日売買
> 申　請　人　　権利者　2分の1 B　義務者 A
> 添　付　情　報　　登記原因証明情報（A作成の報告式）　登記識別情報（Aの甲区2番）
> 　　　　　　　　　印鑑証明書（A）　住所証明情報（B）　代理権限証明情報（ABの委任状）
> 登録免許税　　金60万円（＝6,000万円×2分の1×1,000分の20）
> ○2番目の申請
> 登記の目的　　1番抵当権をA持分の抵当権とする変更
> 原　　　因　　平成28年7月1日B持分の放棄
> 申　請　人　　権利者 B　義務者 X
> 添　付　情　報　　登記原因証明情報（X作成の報告式）　登記識別情報（Xの乙区1番）
> 　　　　　　　　　代理権限証明情報（XBの委任状）
> 登録免許税　　金1,000円（＝甲土地1個×1,000円）

⑥　事例への当てはめその2

【事例104―所有権更正と及ぼす変更登記―】 過問 （S60，H22） 連件

> 問　次の事実について，Fコン Step 1（法律構成の判断，原因関係の判断，登記の種類の判断），Fコン Step 2（申請の個数と申請の順序の判断）の判断をしなさい。なお，甲土地の課税標準の額は金6,000万円とする。
> （甲土地の登記記録）
> 甲区2番　所有権移転　所有者 A
> 　　3番　所有権移転　平成28年6月1日売買　共有者　持分2分の1 B　2分の1 C
> 乙区1番　根抵当権設定　平成28年6月1日設定　極度額 金3,000万円　債務者 B　根抵当権者 X
> （事実関係）
> 1　AはBに対して，平成28年6月1日，甲土地を代金8,000万円で売ったにもかかわらず，誤って甲区3番のような登記がされている。
> 2　同年7月1日，Xは上記1に基づく登記を承諾し，同日，XおよびBは，1番根抵当権と同一の債権を担保するためBの所有権のうち上記1に基づく登記により拡張されるBの権利を目的として，共同根抵当権の追加設定契約を締結した。

113 客体における登記の連続性の判断（登記の目的の連続性）

順序	法律構成の判断	原因関係の判断		登記の種類の判断	物件
		民177の効果	法3の権利変動		
1	事1―甲区3番の錯誤	（是正登記の原因）発生	設定	更正登記	甲
2	事2―抵当権の追加設定			及ぼす変更登記	甲

i Fコン Step 1 の判断

事実1には，AがBに甲土地を売却したにもかかわらず，甲区3番でBCの共有登記がされた事実が示されており，当該事実は是正登記の原因関係となる。登記の種類は，①登記と実体とが原始的に不一致であり，②誤ってされている甲区3番の登記はBの所有権の一部である2分の1にあたる部分については，実体と合致している一部有効の登記と評価できるため，更正登記の前後で登記の同一性が認められ，更正登記の手続要件がみたされているため，更正登記と判断する（個別フレームは **58**〔143頁〕参照）。なお，更正対象となる甲区3番の登記は，移転登記であり抹消する記号を伴う登記ではないため抹消回復登記による代替の余地はない。

また，事例の更正登記は，Cの持分を抹消する一部抹消登記の実質を有する更正登記となり，登記上の利害関係を有する第三者として1番根抵当権者Xの承諾が必要となる（法68）。事実2にはXがそれを承諾した事実が示されており，1番根抵当権は，更正登記に伴う登記官の職権登記として「所有権2分の1」に根抵当権の目的が更正登記される（規152，記録例236）。

また，事実2には，BX間で，上記の更正登記の処理についての理解を前提として，1番根抵当権と同一債権を担保するため，更正登記によってBが権利を拡張した部分を目的として共同根抵当権の追加設定をした事実が示されているため，根抵当権追加設定契約を法律構成する。これにより甲区3番付記1号で拡張されたBの権利を目的として合意による根抵当権が発生する。この物権変動は発生であり（民177），登記の対象となる権利変動は合意による権利の発生として設定となり（法3），登記の種類は設定登記となるが，担保権の設定登記を申請すべき場合として及ぼす変更登記への代替の検討が必須となる。

事例では，i．追加設定契約がされており，ii．甲区3番付記1号でBが単有所有権の登記名義人に更正されることを受け，Bの権利が拡張される持分を追加設定の目的とし，それがAの所有権のうちすでに根抵当権が設定登記されている所有権2分の1の残りの部分であり，iii．既登記の目的物と新たな設定目的物の権利者が同一人Bであり，及ぼす変更登記をするための手続要件の

113 客体における登記の連続性の判断（登記の目的の連続性）

権　利　部　（甲区）（所有権に関する事項）			
順位番号	登記の目的	受付年月日・受付番号	権利者その他の事項
3	所有権移転	平成28年6月1日 第610号	原因　平成28年6月1日売買 共有者　○市○町○丁目○番○号 　　　　持分2分の1　B 　　　　○市○町○丁目○番○号 　　　　　　　　2分の1　C
付記1号	3番所有権更正	平成28年7月1日 第123号	原因　錯誤 所有者　○市○町○丁目○番○号　B

権　利　部　（乙区）（所有権以外の権利に関する事項）			
順位番号	登記の目的	受付年月日・受付番号	権利者その他の事項
1	根抵当権設定	平成28年6月1日 第611号	（事項省略） 根抵当権者　甲市乙町○番地　X
付記1号	1番根抵当権更正	余　白	根抵当権の目的　所有権2分の1 甲区3番付記1号の登記により平成28年 7月1日付記

すべてをみたしている。したがって，登記の種類は**設定登記**から設定登記の実質を有する変更登記である**及ぼす変更登記**に修正すべきことになる（**48（1）**，**事例10** 参照）。

ii　Fコン Step 2 の暫定個数の判断

事例では甲土地について**更正登記**と**及ぼす変更登記**の2つの申請が問題となるため一申請の検討が必要となる。これらの登記は登記の目的および登記原因が異なるため一申請は許されず（規35⑨），原則どおり別個の申請として2つの申請をしなければならない。

iii　Fコン Step 2 の暫定順序および登記の連続性の判断

2つの申請を原因関係の発生順に整理すると，甲区3番の登記時点で錯誤が生じているため，1番目に更正登記，2番目に及ぼす変更登記となる。及ぼす変更登記は，更正登記がされないかぎり，申請情報の登記の目的たる権利が登記記録と合致しない場合として申請が却下されるため（法25⑥），登記の連続性の観点から上記の1番目で**更正登記**を，2番目で**及ぼす変更登記**を連件申請することが妥当と判断できることになり，申請の個数と順序が検証できたことになる。

【参考・答案例―事例 104（単有への所有権更正と根抵当権の及ぼす変更登記の連件申請）】

○1番目の申請
登記の目的　　　3番所有権更正
原　　因　　　　錯誤
更正後の事項　　所有者Ｂ
申　請　人　　　権利者Ｂ　義務者ＣＡ
添 付 情 報　　登記識別情報（ＣＡ作成の報告式）　登記識別情報（Ｃの甲区3番、Ａの甲区2番）　印鑑証明書（ＣＡ）　承諾証明情報（Ｘ）　代理権限証明情報（ＢＣＡの委任状）
登録免許税　　　金1,000円（＝甲土地1個×1,000円）

○2番目の申請
登記の目的　　　1番根抵当権の効力を所有権全部に及ぼす変更（付記）
原　　因　　　　平成28年7月1日設定
変更後の事項　　なし
申　請　人　　　権利者Ｘ　義務者Ｂ
添 付 情 報　　登記原因証明情報（Ｂ作成の報告式）　登記識別情報（Ｂの甲区3番付記1号）　印鑑証明書（Ｂ）　代理権限証明情報（ＢＸの委任状）
登録免許税　　　金1,500円（登録免許税法第13条第2項）（＝甲土地1個×1,500円）

（3）　目的となる権利登記との矛盾

①　前提登記の余地がなく，申請却下の場合

　根抵当権の元本確定が登記記録上明らかな甲土地について，元本確定前にしかすることができない債権の範囲，債務者等の変更，全部譲渡等の処分の登記を申請すれば，それら登記の目的とする権利が登記記録から読みとれる権利と矛盾する場合として申請が却下される（法25⑬・令20⑦）。この場合，前提登記を申請することで登記の連続性が回復される余地がなく，申請された登記は，本来的に不適法なものとして却下される。

②　前提登記の申請で，適法申請に転化できる場合

　Ａを地上権者とする設定登記（地上権の存続期間が満了している場合を含む）がある甲土地にＢを地上権者とする地上権の設定登記を申請すれば，その登記の目的とする権利が登記記録の権利と矛盾する場合（一物一権主義違反）として申請が却下される（法25⑬・令20⑦）。この場合，前提として，Ａの地上権の抹消登記を申請すれば，登記の連続性が回復され（権利登記の矛盾が解消され），Ｂを地上権者とする設定登記を適法に申請することができる。

　同様に，元本確定前の根抵当権の根抵当権者または債務者に相続が発生した

113　客体における登記の連続性の判断（登記の目的の連続性）

場合，相続による**包括移転登記**または**変更登記**をせずに，指定根抵当権者または指定債務者の合意による**変更登記**を申請すれば，当該登記は，法92条により登記することができない場合として申請が却下される（法25⑬・令20③）。この場合，前提として相続による**包括移転登記**または**変更登記**を申請すれば，登記の連続性が回復され，指定債務者等の**変更登記**を適法に申請することができる（昭58，平18，平23，**109（1）**③，**事例98**参照）。

また，元本確定後にしかできない根抵当権の変更または処分の登記を申請する場合，前提として元本確定による**変更登記**を申請しなければならない（平8，平20）。当該登記がなければ登記記録上は元本が確定していない根抵当権となるため，元本確定後の根抵当権を対象とした登記は，登記の目的たる権利が登記記録と合致しないことになるからである（法25⑥）。

ただし，元本の確定が登記上明らかな場合には，例外的に前提登記としての元本確定による**変更登記**を要しない（昭46.12.27民三960依命通知，平10，平12，平13，**88（1）事例58，（2）事例59，（3）事例60，（4）事例61**参照）。

（4）　目的とする権利登記の無効

共同相続人の1人の相続分についての相続による**包括移転登記**，共有者の1人の持分権についての所有権の**保存登記**の申請は，実体上無効であることが申請情報，添付情報，登記記録から明らかな場合として申請が却下される（法25⑬・令20⑧）。これらの場合，**（3）**①と同様，前提登記を申請することで登記の連続性が回復される余地がなく，申請された登記は，本来的に不適法なものとして却下される。

（5）　同時申請した権利間の矛盾

Aが所有する甲土地についてBへの所有権の移転登記とCへの所有権の移転登記の申請が同時申請された場合，同時受付を行い，同一の受付番号を付番し，いずれの申請も同一の不動産に関し同時に2以上の申請がされた場合で，申請にかかる登記の目的である権利が相互に矛盾する申請として却下される（法25⑬・令20⑥）。

これと同様の理由により，同一不動産に，仮登記権利者を異にする数個の所有権移転仮登記申請が同時になされた場合も，すべての申請が却下されることになる（昭30.4.11民甲693通）。

114 行為における登記の連続性の判断（登記原因の連続性）

（1） 判断方法

　申請しようとする登記の申請情報に記載する登記原因が，登記記録と論理的に整合するか否かを検討しなければならない。かりに，不整合であれば，是正登記を行わないかぎり，形式的確定力によって登記記録が尊重され，これから申請しようとする登記は，不適法な原因を記載した申請として方式不適合を理由に却下されることになる（法25⑤）。

　不整合の場合には，申請しようとする登記の前提とし，申請しようとする登記の登記原因が論理的に整合するように登記記録を修正する必要がある。そのため，不整合の原因を検討し，それが原始的に生じている場合には，是正登記（更正・抹消・抹消回復登記）を，後発的に生じている場合には，権利変動の登記（記入・変更・抹消登記）を前提登記として申請する。

　登記原因と登記記録との整合性は，すべての登記で問題となる論点ではなく，それが問題となる局面は，次に示す場合に限定されているため，対応は容易である。

（2） 共有を前提とした登記

①　検討の必要性

　共有であることを前提とした登記原因（共有物分割，遺産分割，持分放棄）による持分移転登記は，登記記録が共有登記でなければ，論理上ありえないことになるため，登記原因と登記記録との整合性の検討が必要となる。

　甲土地に遺産分割方法の指定により，相続人Bが所有権移転登記をしている状態で，他の相続人Cが遺留分減殺請求を行い，その後にBC間で共有物分割協議をした場合には，共有物分割による特定移転登記の前提として，甲土地を共有とするための遺留分減殺による特定移転登記を申請しなければならないことになる（平24）。

②　事例へのあてはめ

【事例105 ―遺留分減殺請求後の共有物分割―】　過問　（H24）
連件

> 問　次の事実について，Fコン Step 1（法律構成の判断，原因関係の判断，登記の種類の判断），Fコン Step 2（申請の個数と申請順序の判断）の判断をしなさい。なお，甲土地の課税標準の額は金6,000万円とする。
> （甲土地の登記記録）

甲区2番　所有権移転　所有者 A
　　3番　所有権移転　平成28年2月1日相続　所有者 B
(事実関係)
1　Cは，Aの「私の全財産をBに相続させる」旨の公正証書遺言に基づき甲区3番で登記しているBに対して，平成28年7月1日到達の内容証明郵便によって遺留分減殺請求の意思表示をした。なお，被相続人Aの相続人は配偶者Bと子Cであり，Aの遺産は甲土地のみとする。
2　BおよびCは，同年7月4日，甲土地をCの単有とする旨を協議した。

| 順序 | 法律構成の判断 | 原因関係の判断 | | 登記の種類の判断 | 物件 |
		民177の効果	法3の権利変動		
1	事1―Cの遺留分減殺	変更	移転	特定移転登記	甲
2	事2―共有物分割協議	変更	移転	特定移転登記	甲

i　Fコン Step 1の判断

　事実1から**遺留分減殺**を法律構成する。これによってAの死亡時に遡ってCの遺留分の侵害額に相当する甲土地の4分の1が被相続人Aから直接に遺留分権利者である相続人Cに移転する。遺留分減殺請求は遺産分割型に属し，すでに遺言に基づく相続登記が甲区3番でされているため，当該登記は遺留分減殺請求までは実体と一致していた登記として甲土地の所有権の4分の1が侵害者Bから遺留分権利者Cに移転すると解釈する（**89（5）**，**事例67** 参照）。この物権変動は**変更**であり（民177），登記の対象となる権利変動は権利主体の変更として**移転**となり（法3），登記の種類は，移転原因が相続または合併以外であるため**特定移転登記**となる（個別フレームは**36**〔82頁〕参照）。なお，甲土地は甲区3番まで登記されており，保存登記に代替する余地はない。

　事実1の全部包括**「相続させる」**旨の遺言の効果が，遺言者Aの遺産全部がBに移転し，物権帰属するものであるため（**69（3）**），Cの遺留分減殺請求により甲土地はBCの**物権共有**となっており，事実2の協議は，これを**共有物分割協議**と法律構成する（**72（2）**，**事例33** 参照）。これによりBの持分がCに移転するため，その物権変動は**変更**であり（民177），登記の対象となる権利変動は権利主体の変更として**移転**となり（法3），登記の種類は，移転原因が相続または合併以外（法63Ⅱ）であるため**特定移転登記**となる（個別フレームは**36**〔82頁〕参照）。

ii　Fコン Step 2の暫定個数の判断

　事例では，甲土地について2つの特定移転登記の申請が問題となるため一申

請の検討が必要となる。2つの登記は，登記の目的がいずれも特定移転登記として同一であるが，登記原因が異なるため一申請は許されず（規35⑨），原則どおり別個の申請として2つの申請をすることになる。

iii　Fコン Step 2の暫定順序の判断

　2つの申請を原因関係の発生順に整理すると1番目が遺留分減殺による**特定移転登記**となり，2番目が共有物分割による**特定移転登記**となる。

iv　Fコン Step 2の登記の連続性の判断

　かりに，現在の登記記録の状態のまま共有物分割による特定移転登記を申請すれば，当該申請は，登記記録上，共有を前提としなければ論理上，成り立たない登記原因であるため不適法な登記原因を記載した申請として却下される（法25⑤）。したがって，登記の連続性の観点から前提として甲土地がBCの共有となる登記が必要となり，1番目で遺留分減殺による**特定移転登記**を，2番目で共有物分割による**特定移転登記**を連件申請すべきことになり，上記の申請の個数および順序が妥当であることが検証できることになる。

【参考・答案例―事例105（遺留分減殺請求後の共有物分割による連件申請）】

○1番目の申請
登記の目的　　所有権一部移転
原　　因　　　平成28年7月1日遺留分減殺
申 請 人　　　権利者　持分4分の1　C　義務者　B
添付情報　　　登記原因証明情報（Cが遺留分減殺権者であることを証する戸籍謄抄本　遺留分減殺請求をした内容証明郵便の謄本）　登記識別情報（Bの甲区3番）　印鑑証明書（B）　住所証明情報（C）　代理権限証明情報（BCの委任状）
登録免許税　　金6万円（＝6,000万円×4分の1×1,000分の4）

○2番目の申請
登記の目的　　B持分全部移転
原　　因　　　平成28年7月4日共有物分割
申 請 人　　　権利者　持分4分の3　C　義務者　B
添付情報　　　登記原因証明情報（B作成の報告式）　登記識別情報（Bの甲区3番）　印鑑証明書（B）　住所証明情報（C）　代理権限証明情報（CBの委任状）
登録免許税　　金90万円（＝6,000万円×4分の3×1,000分の20）

（3） 変更契約による債権額の増加
① 検討の必要性

抵当権の債権額を物権契約である変更契約で変更する登記は，附従性との関係で，一部設定の登記，債権額を設定契約時に合意で定めた被担保債権であることが登記記録から明らかでなければ論理上ありえないことになり，登記原因と登記記録との整合性の検討が必要となる。

たとえば，被担保債権が貸金債権の場合において，Aの所有する甲土地にXが債権額1億円の1番抵当権を設定登記している状況で，本来，1番抵当権は債権額2億円の一部設定であったとして，AとXの変更契約により1番抵当権の債権額を2億円に増加変更した場合，変更契約による変更登記の前提として，1番抵当権を一部設定とする更正登記を連件申請しなければならない。

② 事例へのあてはめ

【事例106 ─更正登記を前提とする債権額の増加変更─】 連件

> 問　次の事実について，Ｆコン Step 1（法律構成の判断，原因関係の判断，登記の種類の判断），Ｆコン Step 2（申請の個数と申請順序の判断）の判断をしなさい。
> （甲土地の登記記録）
> 甲区2番　所有権移転　所有者　A
> 乙区1番　抵当権設定　平成27年2月1日金銭消費貸借同日設定　債権額　金1億円　抵当権者 X
> （事実関係）
> 1　XおよびAは，平成28年7月1日，1番抵当権の債権額を金2億円に増加する変更契約を締結した。
> 2　1番抵当権は，XがAに対して，平成27年2月1日に金2億円を貸し付け，その債権の一部金1億円を担保するため，同日，XおよびAの間で抵当権の設定契約をしたにもかかわらず，誤って登記されたものである。

順序	法律構成の判断	原因関係の判断		登記の種類の判断	物件
		民177の効果	法3の権利変動		
2	事1─債権額の変更契約	変更	変更	変更登記	甲
1	事2─乙区1番の錯誤	（是正登記の原因）	─	更正登記	甲

ⅰ　Ｆコン Step 1 の判断

事実1からXA間で1番抵当権の債権額を金2億円に増加変更する物権契約がされているため「変更契約」を法律構成する。債権額を変更契約で増加できる場合は，附従性の観点から被担保債権の同一性が保たれている場合に限定

されている。事例の1番抵当権は、登記記録から一部設定であることが判明しないものの、事実2によれば金2億円の貸金債権のうち金1億円を担保するための一部設定に基づくものであり、1番抵当権の債権額を元の貸金額である金2億円に増加しても、被担保債権の同一性は保たれており、適法に変更契約することが可能である。この物権変動は変更であり（民177）、登記の対象となる権利変動は権利内容の変更として変更となり（法3）、登記の種類は、設定登記の実質を有する変更登記となる（個別フレームは50〔120頁〕参照）。

事実2には、1番抵当権の設定がXのAへの金2億円の貸金債権のうちの金1億円分についての一部設定であったのに誤って登記された錯誤の事実が示されており、当該事実は是正登記の原因関係となる。①登記と実体が原始的に不一致であり、②誤ってされている1番抵当権の登記は登記原因に誤りがあるものの債権額は実体と合致し、有効と評価できるため、更正登記の前後の登記の同一性が認められる。したがって、是正登記の種類は、更正登記となる（個別フレームは58〔143頁〕参照）。なお、更正対象は、乙区1番の設定登記であり、抹消する記号を伴わない登記であるため抹消回復登記に代替する余地はない。

ii　Fコン Step 2の暫定個数の判断

事例では、甲土地について変更登記と更正登記の2つの申請が問題となるため一申請の判断が必要となる。これらの登記は、登記の目的および登記原因が異なるため一申請は許されず（規35⑨）、原則どおり別個の申請として2つの申請をすることになる。

iii　Fコン Step 2の暫定順序の判断

2つの申請を原因関係の発生順に整理すると、1番目が1番抵当権の設定登記がされた時点で生じた錯誤による更正登記であり、2番目が変更契約による変更登記となる。

iv　Fコン Step 2の登記の連続性の判断

かりに、現在の登記記録の状態で、変更登記を申請すれば、当該変更登記は、登記記録上、附従性に反しないことが判断できる一部設定登記ではないため、その申請は方式違反をもって却下される（法25⑤）。したがって、登記の連続性の観点から、前提として1番抵当権の更正登記が必要となり、1番目に更正登記を、2番目に変更登記を連件申請することが妥当であることが検証できることになる。

114 行為における登記の連続性の判断（登記原因の連続性）

【参考・答案例 ―事例106（一部設定への更正登記を前提とする債権額増加変更登記の連件申請）】
○1番目の申請
登記の目的　　1番抵当権更正
原　　因　　錯誤
更正後の事項　原因　平成27年2月1日金銭消費貸借金2億円のうち金1億円同日設定
申　請　人　　権利者X　義務者A
添付情報　　登記原因証明情報（A作成の報告式）　登記識別情報（Aの甲区2番）
　　　　　　　印鑑証明書（A）　代理権限証明情報（AXの委任状）
登録免許税　　金1,000円（＝甲土地1個×1,000円）
○2番目の申請
登記の目的　　1番抵当権変更（付記）
原　　因　　平成28年7月1日変更
変更後の事項　債権額 金2億円
申　請　人　　権利者X　義務者A
添付情報　　登記原因証明情報（A作成の報告式）　登記識別情報（Aの甲区2番）
　　　　　　　印鑑証明書（A）　代理権限証明情報（AXの委任状）
登録免許税　　金40万円（＝1億円×1,000分の4）

（4）仮登記の本登記

① 検討の必要性

　仮登記を本登記する場合、本登記の登記原因は、1号仮登記の本登記であれば仮登記原因と同一でなければならず、2号仮登記では、仮登記原因と論理的に整合したものでなければならない（昭34.11.13民甲2438通）。したがって、登記原因と登記記録との整合性の検討が必要となる。

　たとえば、Aの所有する甲土地（農地）をAがBに売却し、農地法の許可を条件とした2号仮登記を甲区2番で登記している状況で、売買契約時に目的物が非農地であったことが判明した場合、既成条件として売買契約は無条件の行為となり（民131 I）、それが表題部の地目変更の原因日付から判明するため、仮登記の誤りは登記記録上明らかとなる。したがって、仮登記の本登記の前提として、2号仮登記を1号仮登記に訂正する更正登記を申請しなければならない（昭40.12.7民甲3409回）。

　これに対して、Aの所有する甲土地（農地）をAがBに売却し、農地法の許可を条件とする2号仮登記をすべきところ、誤って売買予約を原因とする2号仮登記をしている状況で、当該土地が後発的に非農地になり、仮登記権利者B

が所有者となった場合は，仮登記原因を更正することなく，農地が非農地となった日を原因日付とする仮登記に基づく本登記を申請することができることになる（最判昭 53.9.7，法務省法務総合研究所編『対話式不動産登記ケーススタディ 40 選』211〜212 頁〔日本加除出版〕）。

② 事例へのあてはめ

【事例 107 —仮登記原因の更正登記を前提とする仮登記の本登記—】 先例 連件

問　次の事実について，Ｆコン Step 1（法律構成の判断，原因関係の判断，登記の種類の判断），Ｆコン Step 2（申請の個数と申請順序の判断）の判断をしなさい。なお，甲土地の課税標準の額は金 6,000 万円とする。
（甲土地の登記記録）
表題部　所在　甲市乙町　地番 1 番　地目　畑　宅地　平成 25 年月日不詳変更
甲区 2 番　所有権移転　所有者　Ａ
　　 3 番　条件付所有権移転仮登記　平成 26 年 2 月 1 日売買（条件　農地法第 3 条の許可）　権利者 Ｂ
　　　　　余白
（事実関係）
1　甲土地の表題部の地目の変更は，平成 27 年 7 月 1 日にされたものであり，地目変更登記後に，Ｂは Ａ に対して，甲区 3 番仮登記の本登記を請求し，Ａはそれに応ずることとした。

順序	法律構成の判断	原因関係の判断		登記の種類の判断	物件
		民 177 の効果	法 3 の権利変動		
1	事 1— 甲区 3 番の錯誤	（是正登記の原因）		更正登記	甲
2	事 1— 売買契約	変更	移転	特定移転登記	甲

ⅰ　Ｆコン Step 1 の判断

事実 1 から，Ｂが Ａ に対して甲土地の 3 番仮登記の本登記を請求し，Ａがそれに応ずる事実が示されている。登記記録から 3 番仮登記は，登記原因から農地法 3 条の許可を法定条件にした 2 号仮登記であることがわかる。

本来，3 番仮登記を本登記するには，農地法 3 条の許可が得られ，法定条件が成就していることが必要となるが，事例には，農地法の許可が得られた事実は示されていない。代わりに事実 1 には，表題部の地目の変更が平成 27 年 7 月 1 日に登記された事実が示されている。登記記録によれば，甲土地は，平成 25 年には地目が農地である畑から非農地である宅地に変更されていたことになり，甲区 3 番の仮登記原因である売買契約は，農地法 3 条の許可が効力発生要件と

114 行為における登記の連続性の判断（登記原因の連続性）

なっていない通常の売買契約であったことになる。したがって，3番仮登記の原因である平成26年2月1日の売買契約の締結のみで甲土地は売主Aから買主Bに移転しており，いつでも本登記をすることが可能であったことになる。この物権変動は変更であり（民177），登記の対象となる権利変動は権利主体の変更として移転となり（法3），登記の種類は，移転原因が相続または合併以外（法63Ⅱ）であるため特定移転登記となる（個別フレームは **36**〔82頁〕参照）。この特定移転登記は，甲区3番で仮登記がされているという手続事実により，仮登記の本登記によってそれをすることになる（**86** 参照）。

　仮登記の本登記は，それが1号仮登記であれば仮登記原因と同一でなければならず，2号仮登記であれば仮登記原因と関連したものでなければならない。事例の3番仮登記は，登記記録上，農地法3条の許可を法定条件としたものとして登記されているが，表題部の地目変更との関係では，仮登記原因の発生当時，非農地であることが明らかであるため，本来，1号仮登記をすべきところを誤って2号仮登記をしたものであることが登記記録上，明らかであり，当該事実が是正登記の原因関係となる。登記の種類は，①登記と実体とに原始的な不一致があり，②2号仮登記を1号仮登記に更正することについては更正前後で登記の同一性が認められるため（昭34.11.13民甲2438通），「更正登記」となる（個別フレームは **58**〔143頁〕参照）。なお，更正対象となる登記は抹消する記号を伴う登記ではないため抹消回復登記による代替の余地はない。

ⅱ　Fコン Step 2 の暫定個数の判断

　事例では，甲土地について特定移転登記と更正登記の2つの登記の申請が問題となっているため一申請の検討が必要となる。これら2つの登記は，登記の目的および登記原因が異なるため一申請は許されず（規35⑨），原則どおり別個の申請として2つの申請をすべきことになる。

ⅲ　Fコン Step 2 の暫定順序，登記の連続性の判断

　2つの申請を原因関係の発生順に整理すると，3番仮登記をした時点での錯誤による更正登記と地目変更により仮登記時点を登記原因とする3番仮登記の本登記原因とは同時発生していることになる。しかし，かりに，1番目の仮登記の更正登記をしなければ，2番目の仮登記の本登記は，本登記原因が仮登記原因と同一とならない方式違反により申請が却下される（法25⑤）。したがって，登記の連続性の観点から，1番目に錯誤による更正登記を，2番目に3番仮登記の本登記による特定移転登記を連件申請すべきことになる。

114 行為における登記の連続性の判断（登記原因の連続性）

【参考・答案例—事例107（仮登記原因の更正登記を前提とする仮登記の本登記の連件申請）】

○1番目の申請
登記の目的　　3番仮登記更正
原　　因　　錯誤
更正後の事項　目的　所有権移転仮登記
　　　　　　　原因　平成26年2月1日売買
申　請　人　　権利者B　義務者A
添付情報　　登記原因証明情報（A作成の報告式）　登記識別情報（Aの甲区2番）
　　　　　　印鑑証明書（A）　代理権限証明情報（ABの委任状）
登録免許税　　金1,000円（＝甲土地1個×1,000円）

○2番目の申請
登記の目的　　所有権移転（3番仮登記の本登記）
原　　因　　平成26年2月1日売買
申　請　人　　権利者B　義務者A
添付情報　　登記原因証明情報（A作成の報告式）　登記識別情報（Aの甲区2番）
　　　　　　印鑑証明書（A）　住所証明情報（B）　代理権限証明情報（ABの委任状）
登録免許税　　金60万円（登録免許税法第17条第1項）（＝6,000万円×（1,000分の20－1,000分の10）

（5）　混同による抹消登記

①　混同の場合

　混同による抹消登記は，所有権と所有権以外の権利が同一人に帰属していることが登記記録から明らかでなければ論理上ありえないことになる。したがって，登記原因と登記記録との整合性の検討が必要となる。

　たとえば，Aの所有する甲土地にXのための抵当権を乙区1番で設定登記している状況で，XA間で甲土地を売買した場合，混同による抵当権の「抹消登記」の前提として，売買による特定移転登記を申請しなければならない（**100（1）, 事例83** 参照）。

　また，A社の所有する甲土地にX社のための抵当権を乙区1番で設定登記している状況で，A社を消滅会社とし，X社を存続会社とする吸収合併の効力が生じた場合には，混同による抵当権の抹消登記の前提として，合併による所有権の包括移転登記を申請しなければならない（平11）。

　同様に，Aの所有する甲土地にXのための抵当権を乙区1番で設定登記している状況で，Xが死亡しAがその相続人である場合，混同による抵当権の抹

消登記の前提として，相続による抵当権の包括移転登記を申請しなければならない（平 18，**100（3）**，**事例 85** 参照）。

　なお，債権混同の場合，債権者と債務者が同一人に帰属していることが登記記録から明らかでなければならないと解すべきであろう（平 9）。

② 代物弁済の場合

　さて，混同と対比すべき論点として代物弁済契約がある。たとえば，A の所有する甲土地に X のための抵当権を乙区 1 番で設定登記している状況で，A および X が 1 番抵当権の被担保債権の弁済に代えて甲土地を移転する代物弁済契約を締結した場合，代物弁済による抵当権の抹消登記の前提として，代物弁済による所有権の特定移転登記の申請が必要となる（平 10，**99（1）**，**事例 82** 参照）。

　これは，本来の債務である 1 番抵当権の被担保債権の消滅には，代物の給付（対抗要件を要する財産権については対抗要件の具備を含む）が特別要件とされているため，その要件の満足を登記記録上も明らかにするためのものである。これにより混同が生ずることはなく，混同と異なり代物が甲土地の所有権以外の財産権の場合には，前提登記の申請が必須ではない点に注意しなければならない。

第3章
連件申請パターン

3-1　総説

115　連件申請パターンの意義

　書式の問題の出題形式である連件申請は，複数の登記申請を構成要素として，それら複数の登記申請が，登記の連続性などの一定の関係性を有する構造となっている。したがって，原則的には，2つ以上の登記申請の関係性に着目すれば，これを分類し，パターン化することが可能である。現実の出題は，原則として2連件から構成される連件申請パターンを組み合わせることで，4連件から6連件までのかたちで出題されている。

　したがって，問題がどのような連件申請パターンの組合せかを分析し，各連件申請パターンがどのような複数申請の関係性をもつものなのかを，第2章で説明した登記の連続性の原則や中間省略登記禁止の原則に照らして考えれば，連件申請パターンを覚えるまでもなく問題を解くことが可能である。

　その意味で，連件申請パターンは，これを暗記するようなものではない。しかし，典型的な連件申請パターンをあらかじめ知っておけば，問題の分析がより簡単に行えるようになるため，以下，①手続的制約をみたすための連件申請，②実体要件をみたすための連件申請，③中間省略登記禁止からくる連件申請の3つの観点から分類される典型的な連件申請パターンを説明する。

3-2　実体的要件をみたすための連件申請パターン

116　実体的要件をみたすための連件申請
（1）　代物弁済による連件申請

　たとえば，設定者兼債務者が設定目的物である甲土地を1番抵当権の被担保債権の弁済に代えて給付する代物弁済契約をした場合，代物の給付合意は，民法176条の物権変動の意思の合致として判断できるため，甲土地の所有権が移転する。

しかし，本来債務を消滅させる代物の給付は，債権者を保護するため，代物について対抗要件を要する場合には，対抗要件の具備が給付の要件となる。甲土地の移転登記を申請した時点ではじめて代物の給付が完了し，その時点で本来の債務が消滅し，消滅の附従性によって抵当権が消滅することになる。そこで，1番目で代物である所有権の特定移転登記を，2番目で代物弁済による抵当権の抹消登記を連件申請するパターンとなる（平10）。

【事例82 ―債務者による代物弁済―】 過問 （H10） 連件

> 問　次の事実について，法律構成の判断，原因関係の判断，登記の種類の判断をしなさい。
> 　　なお，申請日は，平成28年7月4日とし，甲土地の課税標準の額は金6,000万円とする。
> （甲土地の登記記録）
> 甲区2番　所有権移転　所有者 A
> 乙区1番　抵当権設定　債権額 金3,000万円　債務者 A　抵当権者 X
> 　　2番　抵当権設定　債権額 金1,000万円　債務者 A　抵当権者 Y
> （事実関係）
> 1　AおよびXは，平成28年7月1日，1番抵当権の被担保債権全額の弁済に代えて，代物として甲土地を移転する代物弁済契約を締結した。

順序	法律構成の判断	原因関係の判断		登記の種類の判断	物件
		民177の効果	法3の権利変動		
1 2	事1―代物弁済契約 　①代物給付合意 　②本来債務消滅	変更 消滅	移転 消滅	特定移転登記 抹消登記	甲 甲

　詳細は，**事例82**の説明を参照せよ。なお，代物弁済は，弁済と同様の効果を発生させる契約であるため，抹消対象となる権利または物に第三者の権利が付着していても混同例外のような取扱いにはならない点に注意を要する。

（2） 混同による連件申請

　所有権と他物権とが同一人に帰属することで，他物権は混同により消滅する（民179Ⅰ本文）。混同が生じていることは形式的審査権限を有する登記官でも判断できるように登記記録上，明確でなければならないとの制約を受ける。そこで，1番目で所有権または他物権の移転登記を，2番目で混同による抹消登記を連件申請するパターンとなる（平9，平11，平18）。
　また，混同の対象となる他物権に第三者の権利が存在するか，または他物権

が設定されている物に第三者の権利が存在する場合には，混同の例外に該当し，混同の効果は生じない（民179Ⅰただし書）。この混同の例外に該当する場合であっても，後日，第三者の権利が消滅すれば，その時点で混同の効果が発生することになる。そこで，1番目で第三者の権利の抹消登記を，2番目で混同による抹消登記を連件申請するパターンとなる。

① 移転登記に伴う混同の連件申請

【事例83 ―所有権の移転による混同―】 過問 (H11，H18) 連件

> 問　次の事実について，法律構成の判断，原因関係の判断，登記の種類の判断をしなさい。
> 　　なお，甲土地の課税標準の額は金6,000万円とする。
> （甲土地の登記記録）
> 甲区2番　所有権移転　所有者A
> 乙区1番　抵当権設定　債権額　金3,000万円　債務者A　抵当権者X
> （事実関係）
> 1　Aは，Xに対して，平成28年7月1日，甲土地を代金8,000万円で売った。

順序	法律構成の判断	原因関係の判断		登記の種類の判断	物件
		民177の効果	法3の権利変動		
1	事1―AX間売買契約	変更	移転	特定移転登記	甲
2	▽1番抵当権の混同	消滅	消滅	抹消登記	甲

詳細は，**事例83**の説明を参照せよ。

② 第三者の権利の消滅に伴う混同の連件申請

【事例85 ―第三者の権利の消滅による混同―】 連件

> 問　次の事実について，法律構成の判断，原因関係の判断，登記の種類の判断をしなさい。
> 　　なお，甲土地の課税標準の額は金6,000万円とする。
> （甲土地の登記記録）
> 甲区2番　所有権移転　所有者A
> 乙区1番　抵当権設定　債権額　金3,000万円　債務者B　抵当権者X
> 　　付記1号　1番抵当権移転　平成27年2月1日相続　抵当権者A
> 　　　2番　抵当権設定　債権額　金1,000万円　債務者A　抵当権者Y
> （事実関係）
> 1　Aは，Yに対して，平成28年7月1日，2番抵当権の被担保債権全額を弁済した。

順序	法律構成の判断	原因関係の判断		登記の種類の判断	物件
		民177の効果	法3の権利変動		
1	事1―2番抵当権の弁済	消滅	消滅	抹消登記	甲
2	▽1番抵当権の混同	消滅	消滅	抹消登記	甲

詳細は，**事例 85** の説明を参照せよ。

（3） 受益者が一定の登記名義人に制約されることによる連件申請

たとえば，順位変更の合意当事者は，登記した担保権者でなければならない。この制約を前提とすると未登記の担保権者を含む順位変更の合意は，未登記担保権者が設定登記をすることを法定条件とした合意と解釈されることになる。そこで，1番目で受益者の適格性をみたすための設定登記を，2番目で合意に基づく順位変更の変更登記を連件申請するパターンとなる（平16は分割譲渡後の順位変更）。

① 担保権の設定と順位変更の連件申請

【事例108―担保権の設定と順位の変更―】 過問 （H16 類似）
連件

> 問 次の事実について，Fコン Step 1（法律構成の判断，原因関係の判断，登記の種類の判断），Fコン Step 2（申請の個数と申請順序の判断）の判断をしなさい。なお，登記の申請日は，平成28年7月4日とする。
> （甲土地の登記記録）
> 甲区2番　所有権移転　所有者 A
> 乙区1番　抵当権設定　債権額 金3,000万円　債務者 A　抵当権者 X
> 　　2番　根抵当権設定　極度額 金2,000万円　債権の範囲　売買取引　債務者 B　根抵当権者 Y
> （事実関係）
> 1　WおよびAは，平成28年7月1日，同日付けのWのAに対する貸金債権金1,000万円を担保するため，甲土地を目的とする抵当権設定契約を締結した。
> 2　同日，X, Y, Wは，Wの抵当権を第1，Yの根抵当権を第2，Xの抵当権を第3とする順位変更を合意した。

順序	法律構成の判断	原因関係の判断		登記の種類の判断	物件
		民177の効果	法3の権利変動		
1	事1―抵当権設定契約	発生	設定	設定登記	甲
2	事2―順位変更の合意	変更	変更	変更登記	甲

i　Ｆコン Step 1 の判断

　事実1から抵当権設定契約を法律構成する。これにより甲土地には合意により抵当権が発生する。この物権変動は発生であり（民177），登記の対象となる権利変動は合意による権利の発生として設定となり（法3），登記の種類は，設定登記となる（個別フレームは 47〔116頁〕参照）。なお，事例の設定契約は，追加設定契約でなく，設定目的物も権利の一部ではないため及ぼす変更登記に代替する余地はない。

　事実2から順位変更の合意を法律構成する。合意当事者のうち抵当権者Wは，抵当権設定登記を完了していないため設定登記をすることを法定条件とした合意と解釈することになり，法定条件がみたされれば合意の効力が発生し，順位変更の登記がされることで順位変更の効力が発生することになる（民374Ⅱ）。この物権変動は変更であり（民177），登記の対象となる権利変動は担保権の内容である優先弁済権の変更であるため変更となり（法3），登記の種類は，変更登記となる（個別フレームは 50〔120頁〕参照）。

ii　Ｆコン Step 2 の暫定個数の判断

　事例では，甲土地について設定登記と変更登記の2つの申請が問題となるため，一申請の検討が必要となる。これらの登記は，登記の目的および登記原因が異なるため，一申請は許されず（規35⑨），原則どおり2つの申請をしなければならない。

iii　Ｆコン Step 2 の暫定順序と登記の連続性の判断

　原因関係の発生順に申請を整理すれば，1番目にWの抵当権の設定登記，2番目に順位変更の合意による順位の変更登記の順となる。事例では，上記のとおりWの設定登記が順位変更の合意の法定条件となっているため，上記の申請順序が実体要件をみたすうえでも妥当と判断できることになる。

【参考・答案例―事例108（担保権の設定登記と順位変更の連件申請）】
〇1番目の申請
登記の目的　　抵当権設定
原　　因　　　平成28年7月1日金銭消費貸借同日設定
その他　　　　債権額　金1,000万円　債務者　A
申　請　人　　抵当権者W　設定者A
添付情報　　　登記原因証明情報（A作成の報告式）　登記識別情報（Aの甲区2番）
　　　　　　　印鑑証明書（A）　代理権限証明情報（AWの委任状）
登録免許税　　金4万円（＝1,000万円×1,000分の4）

○2番目の申請
登記の目的　　1番，2番，3番順位変更
原　　　因　　平成28年7月4日合意
変更後の順位　第1　3番抵当権　第2　2番根抵当権　第3　1番抵当権
申　請　人　　申請人　ＸＹＷ
添付情報　　　登記原因証明情報（ＸＹＷ作成の報告式）　登記識別情報（Ｘの乙区1番，Ｙの乙区2番，Ｗの乙区3番）　代理権限証明情報（ＸＹＷの委任状）
登録免許税　　金3,000円（＝3件の担保権×1,000円）

② 担保権の設定と順位の譲渡（放棄）の連件申請

【事例109 ―順位譲渡―】 連件

問　次の事実について，ＦコンStep1（法律構成の判断，原因関係の判断，登記の種類の判断），ＦコンStep2（申請の個数と申請順序の判断）の判断をしなさい。なお，登記の申請日は，平成28年7月4日とする。
（甲土地の登記記録）
甲区2番　所有権移転　所有者　Ａ
乙区1番　抵当権設定　債権額　金3,000万円　債務者　Ａ　抵当権者　Ｘ
　　2番　根抵当権設定　極度額　金2,000万円　債権の範囲　売買取引　債務者　Ｂ　根抵当権者　Ｙ
（事実関係）
1　ＷおよびＡは，平成28年7月1日，同日付けのＷのＡに対する貸金債権金1,000万円を担保するため，甲土地を目的とする抵当権設定契約を締結した。
2　同日，ＸおよびＷは，1番抵当権からＹがＸに優先して弁済を受ける旨の順位の譲渡契約を締結した。

順序	法律構成の判断	原因関係の判断		登記の種類の判断	物件
		民177の効果	法3の権利変動		
1	事1―抵当権設定契約	発生	設定	設定登記	甲
2	事2―順位譲渡契約	変更	変更	変更登記	甲

ⅰ　ＦコンStep1の判断

　事実1から**抵当権設定契約**を法律構成し，**事例108**と同様の検討を経て，なすべき登記の種類は，**設定登記**となる（個別フレームは **47**〔116頁〕参照）。

　事実2は，1番抵当権から事実1で後順位抵当権を設定したＷが優先して弁済を受ける旨の契約をしており**順位譲渡契約**を法律構成する。順位譲渡の受益者は，解釈上，後順位担保権者とされ，順位変更と異なり，後順位担保権者が

登記をしている必要はなく，事実2の順位譲渡契約はWの設定登記を法定条件とすることなく，事実2の契約締結時に順位譲渡の効力が発生することになり，この点が順位変更との差異となっている。この物権変動は変更であり（民177），登記の対象となる権利変動は1番抵当権の内容である優先弁済権の変更であるため変更となり（法3），登記の種類は，変更登記となる（個別フレームは50〔120頁〕参照）。

ii　Fコン Step 2 の暫定個数の判断

　事例では，甲土地について設定登記と変更登記の2つの申請が問題となるため，一申請の検討が必要となる。これらの登記は，登記の目的および登記原因が異なるため，一申請は許されず（規35⑨），原則どおり2つの申請をしなければならない。

iii　Fコン Step 2 の暫定順序および登記の連続性の判断

　原因関係の発生順に申請を整理すれば，Wの抵当権の設定登記，順位譲渡契約は同日に行われており，その間に時間的な順序はない。しかし，登記官の形式審査上，順位譲渡の受益者は後順位担保権者でなければならず，それを登記記録上も明らかにするため，1番目でWの抵当権の設定登記を，2番目で順位譲渡による変更登記を連件申請すべきことになる。

【参考・答案例―事例109（担保権の設定登記と順位譲渡の連件申請）】
○1番目の申請
登記の目的　　抵当権設定
原　　　因　　平成28年7月1日金銭消費貸借同日設定
そ　の　他　　債権額　金1,000万円　債務者　A
申　請　人　　抵当権者　W　設定者　A
添　付　情　報　登記原因証明情報（A作成の報告式）　登記識別情報（Aの甲区2番）
　　　　　　　印鑑証明書（A）　代理権限証明情報（AWの委任状）
登録免許税　　金4万円（＝1,000万円×1,000分の4）
○2番目の申請
登記の目的　　1番抵当権の3番抵当権への順位譲渡
原　　　因　　平成28年7月1日順位譲渡
変更後の事項　なし
申　請　人　　権利者　W　義務者　X
添　付　情　報　登記原因証明情報（X作成の報告式）　登記識別情報（Xの乙区1番）
　　　　　　　代理権限証明情報（XWの委任状）
登録免許税　　金1,000円（＝甲土地1個×1,000円）

③ 賃借権の設定と抵当権に優先する同意の連件申請

【事例110 ─ 登記賃借権が抵当権に優先する同意─】 連件

> 問　次の事実について，Ｆコン Step 1（法律構成の判断，原因関係の判断，登記の種類の判断），Ｆコン Step 2（申請の個数と申請順序の判断）の判断をしなさい。なお，登記の申請日は，平成28年7月4日とし，甲土地の課税標準の額は金6,000万円とする。
> （甲建物の登記記録）
> 甲区2番　所有権移転　所有者 A
> 乙区1番　抵当権設定　債権額 金3,000万円　債務者 A　抵当権者 X
> （事実関係）
> 1　AおよびBは，平成28年7月1日，甲建物につき賃料を月100万円として使用する賃貸借契約を締結し，当該契約に基づく賃借権を登記する旨を合意した。
> 2　同日，BおよびXは，Bの甲土地の賃借権がXの1番抵当権に優先する同意について合意した。

順序	法律構成の判断	原因関係の判断		登記の種類の判断	物件
		民177の効果	法3の権利変動		
1	事1─賃借権設定契約	発生	設定	設定登記	甲
2	事2─抵当権に優先する同意	変更	変更	変更登記	甲

i　Ｆコン Step 1 の判断

　事実1から**賃貸借契約**を法律構成する。これにより甲建物には合意により賃借権が発生する。賃借権は債権であるため，当然には賃借権の設定登記の登記請求権は発生しないが，事実1にはABが特別の合意をしているため，事例の賃借権設定は権利変動の登記の原因関係となる。この権利変動は**発生**であり（民177，同605），登記の対象となる権利変動は合意による権利の発生として**設定**となり（法3），登記の種類は，**設定登記**となる（個別フレームは**47**〔116頁〕参照）。なお，担保権と異なり，及ぼす変更登記への代替の余地はない。

　また，事実2から**賃借権の抵当権に優先する同意**を法律構成する（民387）。賃借権が先に登記している抵当権に優先する同意をするには，賃借権が登記されていることが要件となっており，事例の同意は，Bの賃借権が設定登記されることを法定条件とするものと解することになる（民387 I）。賃借権の設定登記がされることで同意の効力が発生し，同意の登記がされることで登記したBの賃借権がXの1番抵当権に優先することになる（民387 I）。この権利変動は**変更**であり（民177），登記の対象となる権利変動は権利内容の変更であるため

変更となり（法3），登記の種類は，**変更登記**となる（個別フレームは50〔120頁〕参照）。

ii　Ｆコン Step 2 の暫定順序の判断

事例では，甲土地について**設定登記**と**変更登記**の申請が問題となり，一申請の検討が必要となる。これら2つの登記は，登記の目的および登記原因が異なるため，一申請は許されず（規35⑨），原則どおり別個に2つの申請をしなければならない。

iii　Ｆコン Step 2 の暫定順序および登記の連続性の判断

原因関係の発生順に申請を整理すれば，1番目にＢの賃借権の設定登記，2番目に同意による変更登記の順となる。事例では，上記のとおりＢの設定登記が抵当権に優先する同意による変更登記の登記原因である同意の法定条件となっているため，上記の申請順序が実体要件をみたすうえでも妥当と判断できることになる。

【参考・答案例 —事例110（賃借権の設定登記と賃借権の抵当権に優先する同意の連件申請）】

〇1番目の申請
登記の目的　　賃借権設定
原　　因　　　平成28年7月1日設定
そ の 他　　　賃料　1月100万円
申 請 人　　　権利者Ｂ　設定者Ａ
添 付 情 報　　登記原因証明情報（Ａ作成の報告式）　登記識別情報（Ａの甲区2番）
　　　　　　　印鑑証明書（Ａ）　代理権限証明情報（ＡＢの委任状）
登録免許税　　金60万円（＝6,000万円×1,000分の10）

〇2番目の申請
登記の目的　　2番賃借権の1番抵当権に優先する同意
原　　因　　　平成28年7月4日同意
変更後の事項　なし
申 請 人　　　権利者Ｂ　義務者Ｘ
添 付 情 報　　登記原因証明情報（Ｘ作成の報告式）　登記識別情報（Ｘの乙区1番）
　　　　　　　代理権限証明情報（ＢＸの委任状）
登録免許税　　金2,000円（＝抵当権および賃借権の件数2件×1,000円）

（4）　売主の担保責任からくる連件申請

実務上，立会決済では，ＡがＢに甲土地を売却し，Ａが甲土地にＸのために設定していた抵当権を売却代金で弁済することが同時に行われる。これは，売主の担保責任上，負担のない所有権を買主に移転するためのものであり（民567

参照，平21，平26），1番目で担保権の抹消登記を，2番目で売買による特定移転登記を連件申請するパターンとなる。

【事例100 ―通常の決済立会における連件申請―】 過問 （H21）
連件

> 問　次の事実について，FコンStep 1（法律構成の判断，原因関係の判断，登記の種類の判断），FコンStep 2（申請の個数と申請の順序の判断）の判断をしなさい。なお，甲土地の課税標準の額は金6,000万円とする。
> （甲土地の登記記録）
> 甲区2番　所有権移転　平成22年2月2日受付第220号　平成22年2月2日
> 　　　　　　　　　　　売買　所有者 甲地A
> 乙区1番　抵当権設定　平成22年2月2日受付第221号　債権額 金6,000万
> 　　　　　　　　　　　円　債務者 甲地A　抵当権者 X
> （事実関係）
> 1　Aは，平成28年6月30日に住所を甲地から乙地に移転した。
> 2　AおよびBは，同年7月1日，甲土地を代金8,000万円で移転する契約を締結した。
> 3　同日，AはXに1番抵当権の被担保債権の全額を弁済した。
> 4　同日，YはBに金2,000万円を貸し渡し，YBは，当該貸金債権を担保するため，BがAから取得した甲土地に抵当権の設定契約を締結した。

順序	法律構成の判断	原因関係の判断		登記の種類の判断	物件
		民177の効果	法3の権利変動		
1	事1―①Aの住所移転 　　　②債務者の住所移転	（名変原因） （申請省略）	―	名変登記	甲
3	事2―AB間売買契約	変更	移転	特定移転登記	甲
2	事3―弁済	消滅	消滅	抹消登記	甲
4	事4―YB抵当権設定契約	発生	設定	設定登記	甲

詳細は，**事例100**の説明を参照せよ。

（5）共同担保の追加要件をみたすための連件申請

　共同根抵当権の追加設定をする場合，追加物件の根抵当権の4要素（根抵当権者，債務者，債権の範囲，極度額）は既登記物件と完全に同一でなければならない。当該要件は，追加物件が既登記物件と同一の管轄登記所内にあれば，追加設定登記の申請情報と登記記録を形式照合して審査され，追加物件が既登記物件と異なる管轄登記所内にあれば，前登記証明情報を添付することで審査されることになるため（令別表56添ロ），既登記物件の4要素に変更が生じていれば，1番目に4要素の変更にかかる登記を申請し，2番目に共同根抵当権の追加設

定による設定登記を連件申請するパターンとなる（昭60，平5，平6）。

【事例111―全部譲渡後の共同根抵当権の追加設定による連件申請―】 連件

> 問　次の事実について，Fコン Step 1（法律構成の判断，原因関係の判断，登記の種類の判断），Fコン Step 2（申請の個数と申請順序の判断）の判断をしなさい。なお，甲土地および乙土地の管轄登記所は，同一である。
> （甲土地の登記記録）
> 甲区2番　所有権移転　所有者A
> 乙区1番　根抵当権設定　極度額金3,000万円　債権の範囲　売買取引　債務者A　根抵当権者X
> （乙土地の登記記録）
> 甲区2番　所有権移転　所有者B
> （事実関係）
> 1　平成28年7月1日，XおよびYは，Aの承諾を得て，1番根抵当権を移転する全部譲渡契約を締結した。
> 2　同日，YおよびBは，甲土地の1番根抵当権と同一債権を担保するため，乙土地を目的として共同根抵当権の追加設定契約を締結した。

順序	法律構成の判断	原因関係の判断		登記の種類の判断	物件
		民177の効果	法3の権利変動		
1	事1―甲地の全部譲渡契約	変更	移転	特定移転登記	甲
2	事2―乙地の追加設定契約	発生	設定	設定登記	乙

①　Fコン Step 1の判断

　事例の場合，まず，甲土地の乙区1番の根抵当権は共同担保ではなく，1番根抵当権には登記記録上明らかな元本確定事由は示されておらず，登記記録外の元本確定事由も示されていないため，甲土地の乙区1番根抵当権は，元本未確定の根抵当権と判断できる。

　事実1には，XYが，設定者Aの承諾を得て，1番根抵当権について全部譲渡契約を締結しており，**全部譲渡契約**を法律構成できる。その法律効果は，1番根抵当権のXからYへの移転である。この物権変動は**変更**であり（民177），登記の対象となる権利変動は権利主体の変更として**移転**となり（法3），登記の種類は，移転原因が相続または合併以外であるため**特定移転登記**となる（個別フレームは **36**〔82頁〕参照）。

　また，事実2には，上記により1番根抵当権者となったYと乙土地の所有者Bが甲土地の1番根抵当権と同一債権を担保するため共同根抵当権の追加設定

契約を締結しており，共同根抵当権の追加設定契約を法律構成する。その法律効果は，合意による根抵当権の発生である。この物権変動は発生であり（民177），登記の対象となる権利変動は合意による権利の発生として設定となり（法3），登記の種類は設定登記となる（個別フレームは47〔116頁〕参照）。なお，事例は追加設定であるが，設定目的物が乙土地であるため，及ぼす変更登記に代替する余地はない。

② Ｆコン Step 2 の暫定個数の判断

事例で問題となる登記は，甲土地の特定移転登記と乙土地の設定登記であり，複数不動産の一申請の検討が必要となる。これらの登記は，管轄登記所は同一であるが，登記の目的および登記原因が異なるため，一申請することはできない（令4ただし書）。原則どおり，2つの申請をすべきことになる。

③ Ｆコン Step 2 の暫定順序および登記の連続性の判断

原因関係の発生順に申請を整理すると，特定移転登記と設定登記は，同日に原因行為が行われており，時間順の整理ができない。しかし，共同根抵当権の追加設定をするには，既登記の根抵当権と根抵当権の4要素（根抵当権者，債務者，債権の範囲，極度額）が完全に同一でなければならない。当該要件は，本事例のように追加物件が既登記物件と同一の管轄登記所内にあれば，追加設定登記の申請情報と登記記録を形式照合して審査されることになるため，上記の要件をみたすためには，1番目で全部譲渡による特定移転登記を，2番目で追加設定による設定登記を連件申請すべきことになる。

【参考・答案例─事例111（全部譲渡後の追加設定による連件申請）】
○1番目の申請
登記の目的　　1番根抵当権移転
原　　　因　　平成28年7月1日譲渡
申　請　人　　権利者 Y　義務者 X
添付情報　　登記原因証明情報（X作成の報告式）　登記識別情報（Xの乙区1番）
　　　　　　　代理権限証明情報（X，Yの委任状）
登録免許税　　金6万円（＝3,000万円×1,000分の2）
○2番目の申請
登記の目的　　共同根抵当権設定（追加）
原　　　因　　平成28年7月1日設定
そ　の　他　　極度額 金3,000万円　債権の範囲　売買取引　債務者 A
申　請　人　　根抵当権者 Y　設定者 B
添付情報　　登記原因証明情報（B作成の報告式）　登記識別情報（Bの甲区2番）

	印鑑証明書（B）　代理権限証明情報（B，Xの委任状）
登録免許税	金1,500円（登録免許税法第13条第2項）（＝乙地の根抵当権1件×1,500円）

（6）対抗できない権利の抹消による連件申請

　たとえば，取得時効の法律効果は，占有開始時にさかのぼっての所有権の原始取得であり（民144），時効取得者に対抗できない所有者から設定を受けている担保権があれば，当該担保権は，時効取得の遡及効を伴う原始取得の効果によりはじめからその存在が否定される。

　また，買戻特約後に担保権が設定登記された場合，買戻権行使により，特約登記から買戻権行使までに発生した担保権は買戻権者に対抗できなくなる。

　これらの場合，所有権に関する仮登記の本登記のように，対抗できない権利の登記名義人を登記上の利害関係を有する第三者として承諾証明情報の必要的添付と引き換えにそれら第三者の権利を登記官が職権抹消する規定は存在しないため（法109参照），対抗できない権利の抹消登記の申請が必要となる。そこで，1番目で時効取得または買戻による所有権の移転登記を，2番目で対抗できない権利の抹消登記を連件申請するパターンとなる。

① 時効取得と対抗できない権利の抹消登記の連件申請

【事例86 ―所有権の時効取得―】　過問　（H17）　連件

問　次の事実について，法律構成の判断，原因関係の判断，登記の種類の判断をしなさい。
　　なお，甲土地の課税標準の額は金6,000万円とする。
（甲土地の登記記録）
甲区2番　所有権移転　所有者　A
　　 3番　所有権移転　平成16年2月2日受付第22号　平成16年2月2日贈与　所有者　C
乙区1番　根抵当権設定　平成16年2月2日受付第23号　平成16年2月2日設定　債権額　金3,000万円　債務者　C　根抵当権者　X

（事実関係）
1　Bは，Aの代理人と称するHとの間で，平成7年2月1日，甲土地を代金8,000万円で移転する契約を締結し，同日，Hから甲土地の引渡しを受けた。Bは，平成27年2月2日時点でも甲土地を占有していた。
2　Bは，Cに対し，平成28年7月1日到達の内容証明郵便によって甲土地の時効を援用する意思表示をした。

順序	法律構成の判断	原因関係の判断		登記の種類の判断	物件
		民177の効果	法3の権利変動		
1	事1―売買→時効完成 事2―時効援用 ▽1番根抵当権対抗不可	(長期取得時効) 消滅，発生 (是正登記)	移転 ―――	特定移転登記 抹消登記	甲 甲
2					

詳細は，**事例86**の説明を参照せよ。

② 買戻しと対抗できない権利の抹消登記の連件申請

【**事例87**―買戻権行使による消滅―】 連件

> 問　次の事実について，法律構成の判断，原因関係の判断，登記の種類の判断をしなさい。
> 　　なお，甲土地の課税標準の額は金6,000万円とする。
> (甲土地の登記記録)
> 甲区2番　所有権移転　所有者A
> 　　3番　所有権移転　平成23年7月1日売買　所有者B
> 　　　　付記1号　買戻特約　平成23年7月1日特約　売買代金500万円　契約費用なし　買戻権者A
> 乙区1番　根抵当権設定　平成25年4月1日設定　債権額金3,000万円　債務者B　根抵当権者X
> (事実関係)
> 1　Aは，Bに対して，平成28年7月1日，売買代金500万円を現実に提供し，買戻権行使の意思表示をした。

順序	法律構成の判断	原因関係の判断		登記の種類の判断	物件
		民177の効果	法3の権利変動		
1	事1―買戻	変更 (是正登記)	移転 ―――	特定移転登記 抹消登記	甲 甲
2	▽1番根抵当権対抗不可				

詳細は，**事例87**の説明を参照せよ。

(7) 設定者の一般承継人が登記請求権を直接取得したことによる連件申請

　設定者の相続等の一般承継が生じた後に担保権が消滅した場合，設定者の一般承継人は，抹消登記の登記請求権を直接に取得する。そこで，登記請求権を一般承継によって取得したのでないことを明らかにするため，1番目で相続または合併による所有権の移転登記を，2番目で担保権の抹消登記を連件申請するパターンとなる(「質疑応答7770」『登記研究』661号225頁，日本法令不動産登記研究会編『事項別不動産登記のＱ＆Ａ200選』192頁Q105)。

● 所有権の相続登記と担保権の抹消登記の連件申請

【事例54 —相続と弁済の関係—】 実例 連件

> 問　次の事実について，法律構成の判断，原因関係の判断，登記の種類の判断をしなさい。
> 　　なお，事実1に基づく登記を実現するための最少の申請件数によるものとし，甲土地の課税標準の額は金6,000万円とする。
> （甲土地の登記記録）
> 甲区2番　所有権移転　所有者A
> 乙区1番　抵当権設定　債権額　金3,000万円　債務者A　抵当権者X
> （事実関係）
> 1　債務者は，抵当権者に対して，平成28年7月1日，1番抵当権の被担保債権の全額を弁済した。
> 2　Aは，平成28年2月1日に死亡し，その相続人は子Bである。

順序	法律構成の判断	原因関係の判断		登記の種類の判断	物件
		民177の効果	法3の権利変動		
2	事1 — 弁済	消滅	消滅	抹消登記	甲
1	事2 — 所の法定相続	所有権の変更	移転	包括移転登記	甲
	債務の法定相続	抵当権の変更	変更	変更登記	甲

　詳細は，**事例54**の説明を参照せよ。

3-3　手続的制約をみたすための連件申請パターン

117　手続的制約をみたすための連件申請
(1)　巻き戻し抹消による連件申請

　AからB，BからCへと順次に所有権の移転登記がされた後に，AB間の移転登記を抹消するには，Cの所有権の登記を抹消しないかぎり，AB間の抹消登記の登記義務者となるBが登記名義人として登記義務者の定義をみたせず，AB間の抹消登記の申請は却下されてしまう（法25⑦）。したがって，上記の手続的制約をみたすには，1番目にBC間の抹消登記を，2番目にAB間の抹消登記を連件申請するパターンとなる。ちなみに，これら一連の抹消登記の処理を巻き戻し抹消とよぶのが通例である。
　なお，買戻特約付きの所有権移転登記を抹消する場合，買戻権が一種の所有権取得権であることを尊重し，巻き戻し抹消の手法を使うことになる。

① 巻き戻し抹消による連件申請

【事例112 ─巻き戻し抹消─】 連件

> 問 次の事実について，Fコン Step 1（法律構成の判断，原因関係の判断，登記の種類の判断），Fコン Step 2（申請の個数と申請順序の判断）の判断をしなさい。
>
> （甲土地の登記記録）
> 甲区2番　所有権移転　　　　　　　　　　所有者A
> 　　3番　所有権移転　平成27年2月1日売買　所有者B
> 　　4番　所有権移転　平成27年3月1日売買　所有者C
>
> （事実関係）
> 1　A，B，Cは，平成28年7月1日，甲区3番のAからBへの移転登記は，登記原因が存在しないにもかかわらず誤ってされた登記であること，それに基づく手続に全員が協力することを確認した。

順序	法律構成の判断	原因関係の判断		登記の種類の判断	物件
		民177の効果	法3の権利変動		
2	事1─AB間の売買の錯誤	（是正登記の原因）	─	抹消登記	甲
1	▽BC間の売買の錯誤	（是正登記の原因）	─	抹消登記	甲

i　Fコン Step 1の判断

事実1から甲区3番のAからBへの移転登記が誤ってなされた登記である事実が示されており，当該事実は，錯誤による是正登記の原因関係となる。誤ってなされている甲区3番の登記が真の所有者Aにとってまったく無意味な登記であり，更正前後の登記の同一性が認められないため，登記の種類は，原則どおり抹消登記となる（個別フレームは**54**〔132頁〕参照）。なお，抹消対象となる甲区3番は移転登記であり，抹消する記号を記録する登記ではないため抹消回復登記による代替の余地はない。

さて，抹消登記は，登記上の利害関係を有する第三者との間の手続上の利害調整を必要的承諾型として行う必要がある（法68）。誤ってなされた甲区3番の抹消登記を申請するについて，Aを登記権利者とし，Bを登記義務者とし，甲区4番の所有権の登記名義人Cを当該第三者として1つの抹消登記で処理することができるか否かが問題となる。しかし，これでは，登記義務者Bが甲区4番のCの登記との関係で，登記義務者は必ず登記名義人でなければならないとする登記義務者の定義をみたせないことになり（法2⑬），1つの抹消登記で処理することはできないことになる。この点，Cが甲区3番のBの所有権を目的とする抵当権者であれば，上記の不都合が生じないため，1つの抹消登記で

とすれば，不動産登記には，公信力がない以上，Bが所有権を有しない無権利者であれば，BからCへの甲区4番の移転登記も誤ってされた登記となり，事実1は甲区4番の登記にとっても錯誤による是正登記の原因関係となる。誤ってされている甲区4番の登記が真の所有者Aにとってまったく無意味な登記であり，更正前後の登記の同一性が認められないため，登記の種類は，原則どおり抹消登記となる（個別フレーム54〔132頁〕参照）。なお，抹消対象は移転登記であるため抹消回復登記による代替の余地はない。

ii　FコンStep2の暫定個数の判断

　事例では，甲土地について2つの抹消登記が問題となり，一申請の検討が必要となる。2つの登記は，登記の目的は同一と認められるが，登記原因がBC間の錯誤とAB間の錯誤で異なるため，一申請はできない（規35⑨）。原則どおり2つの申請が必要となる。

iii　FコンStep2の暫定順序および登記の連続性の判断

　原因関係の発生順に申請を整理すれば，1番目に3番所有権の抹消登記，2番目に4番所有権の抹消登記の順となる。しかし，4番所有権を先に抹消しなければ，3番所有権の抹消登記の登記義務者Bは，登記義務者の定義をみたせないため，当該手続的な制約をみたすため，1番目で4番所有権の抹消登記を，2番目で3番所有権の抹消登記を連件申請すべきことになる。

【参考・答案例 ― 事例112（所有権の巻き戻し抹消による連件申請）】
○1番目の申請
登記の目的　　4番所有権抹消
原　　因　　　錯誤
申　請　人　　権利者B　義務者C
添付情報　　　登記原因証明情報（C作成の報告式）　登記識別情報（Cの甲区4番）
　　　　　　　印鑑証明書（C）　代理権限証明情報（BCの委任状）
登録免許税　　金1,000円（＝甲土地1個×1,000円）
○2番目の申請
登記の目的　　3番所有権抹消
原　　因　　　錯誤
申　請　人　　権利者A　義務者B
添付情報　　　登記原因証明情報（B作成の報告式）　登記識別情報（Bの甲区3番）
　　　　　　　印鑑証明書（B）　代理権限証明情報（ABの委任状）
登録免許税　　金1,000円（＝甲土地1個×1,000円）

② 巻き戻し的な抹消回復登記の連件申請
【事例25 ─抹消回復登記 ─】 連件

> 問　次の事実について，法律構成の判断，原因関係の判断，登記の種類の判断をしなさい。
> （甲土地の登記記録）
> 甲区2番　所有権移転　所有者A
> 　　3番　所有権移転　平成25年4月1日受付第410号　平成25年4月1日
> 　　　　　　　　　　売買　所有者B
> 　　4番　3番所有権抹消　錯誤
> 　　5番　所有権移転　所有者C
> （事実関係）
> 1　A, B, Cは，平成28年7月1日，甲区4番の抹消登記が誤ってなされたことを確認し，Bの所有権の回復のために必要な手続に協力する旨の和解契約を締結した。

順序	法律構成の判断	原因関係の判断		登記の種類の判断	物件
		民177の効果	法3の権利変動		
2	事1─抹消登記の錯誤	是正登記の原因関係	──	抹消回復登記	甲
1	▽移転登記の錯誤	是正登記の原因関係	──	抹消登記	甲

詳細は，**事例25**の説明を参照せよ。

（2）権利の一部について相続登記ができないことによる連件申請

　所有権の一部や共有者の1人の持分権について相続による移転登記を申請することができない（昭30.10.15民甲2216号民事局長電報回答，法25⑬・令20⑧）。これは，申請にかかる登記が民法898条の規定により無効となることが申請情報もしくは添付情報または登記記録から明らかだからである。たとえば，甲土地の一部である2分の1についてAから第三者Cへの特定遺贈する遺言がなされ，残りの2分の1についてAからBへの遺産分割方法の指定の遺言がされた場合，これらの権利変動はAの死亡時点で同時に発生することになる。この場合の申請順序は，上記の手続的制約から，1番目で遺贈による所有権一部の**特定移転登記**を，2番目で相続による持分全部の**包括移転登記**を連件申請するパターンとなる（平元，平25）。

① 遺贈に対する遺留分減殺による連件申請
【事例67 ─ 遺留分減殺─】 判例 先例 連件

> 問　次の事実について，法律構成の判断，原因関係の判断，登記の種類の判断を

117　手続的制約をみたすための連件申請

しなさい。
　なお，甲土地の課税標準の額は金6,000万円とする。
(甲土地の登記記録)
甲区2番　所有権移転　所有者A
(事実関係)
1　Aは，平成26年4月1日，「甲土地をDに遺贈する。遺言執行者はDとする。」旨の公正証書遺言書を作成した。
2　Aは，平成28年2月1日に死亡した。Aの相続人は，配偶者Bおよび子Cである。A死亡時のAが保有している権利義務は甲土地所有権のみである。
3　Bは，Dに対して，平成28年7月1日到達の内容証明郵便をもって遺留分減殺請求の意思表示をした。

順序	法律構成の判断	原因関係の判断		登記の種類の判断	物件
		民177の効果	法3の権利変動		
1	事1―A遺言書作成 事2―A死亡 ▽特定遺贈	―― ―― 変更	 移転	 特定移転登記	 甲
2	事3―BD遺留分減殺	変更	移転	包括移転登記	甲

詳細は，**事例67**の説明を参照せよ。

② 割合的包括遺贈による相続登記との連件申請

【**事例29**―割合的包括遺贈―】　連件

問　次の事実について，法律構成の判断，原因関係の判断，登記の種類の判断をしなさい。
　なお，甲土地の課税標準の額は金6,000万円とする。
(甲土地の登記記録)
甲区2番　所有権移転　所有者A
(事実関係)
1　Aは，平成25年4月1日，「私の全財産の3分の1をDに遺贈する。遺言執行者をDとする。」旨の公正証書遺言書を作成した。
2　Aは，平成28年2月1日に死亡した。Aの配偶者はBであり，AB間には子Cがいる。

順序	法律構成の判断	原因関係の判断		登記の種類の判断	物件
		民177の効果	法3の権利変動		
2	事1―A遺言書作成 事2―A死亡→▽法定相続	―― 変更	 移転	 包括移転登記	 甲
1	▽割合的包括遺贈	変更	移転	特定移転登記	甲

詳細は，**事例29**の説明を参照せよ。

第3章　連件申請パターン　433

（3） 相続を原因として第三者のための登記ができないことによる連件申請

登記実務では，相続を原因として第三者を登記名義人として登記しないのが不文律となっている。たとえば，被相続人Aが死亡し，その相続人が子B，Cである場合，共同相続登記未了の間に相続人Bがその相続分をDに売却した場合（第三者への相続分譲渡の場合），上記の手続的制約から1番目で法定相続による**包括移転登記**を，2番目で相続分の売買による第三者Dへの持分移転の**特定移転登記**を連件申請するパターンとなる。

【事例66 ―第三者への相続分の譲渡―】 先例 連件

問　次の事実について，法律構成の判断，原因関係の判断，登記の種類の判断をしなさい。
　　なお，甲土地の課税標準の額は金6,000万円とする。
（甲土地の登記記録）
甲区2番　所有権移転　所有者 A
（事実関係）
1　Aは，平成28年2月1日に死亡した。Aの配偶者はB，AB間には子Cがおり，Bには，Aとの婚姻前にBが出産した子Dがいる。
2　BおよびDは，平成28年7月1日，Bの相続分を無償でDに移転する旨を合意した。

順序	法律構成の判断	原因関係の判断		登記の種類の判断	物件
		民177の効果	法3の権利変動		
1	事1―Aの法定相続	変更	移転	包括移転登記	甲
2	事2―BD相続分贈与	変更	移転	特定移転登記	甲

詳細は，**事例66**の説明を参照せよ。

（4） 前提登記として保存登記の申請が必要となる連件申請

所有権の保存登記がされていない登記状態で所有権の移転登記や他物権の設定登記を申請することができない。方式違反として申請が却下されるからである（法25⑤）。たとえば，甲建物の表題部所有者Aが当該建物を第三者Dに特定遺贈した場合，上記の手続的制約から1番目で所有権の**保存登記**を，2番目で遺贈による所有権の**特定移転登記**を連件申請するパターンとなる。

また，所有権保存登記は，相続または合併による移転登記と同様，権利の一部や持分権を対象としてすることができない。この制約をみたすため，敷地権付き区分建物の表題部所有者Aからの一部移転を受けたBについて，その取得部分についての保存登記は許されず，Aの保存登記（法74Ⅰ①）とBの保存

登記（法74Ⅱ）は登記の目的を異にして一申請ができないため，1番目でAのための法74条1項1号による**保存登記**を，2番目でBのための一部移転による**特定移転登記**を連件申請するパターンとなる。

同様に，表題部所有者Aからの一部移転登記の判決を取得したBは，1番目でAのための法74条1項1号による**保存登記**を代位による登記として申請し，2番目で一部移転による**特定移転登記**を判決による登記として連件申請することになる。

① 表題部所有者の包括遺贈による連件申請

【事例9 ―包括遺贈と登記の種類の判断―】 連件

> 問　次の事実について，法律構成の判断，原因関係の判断，登記の種類の判断をしなさい。
>   なお，甲建物の課税標準の額は金3,000万円とする。
> （甲建物の登記記録）
> 表題部　所在　甲市乙町一丁目1番地　家屋番号　1番　種類　居宅　構造欄　省略　床面積　省略　所有者　A
> ※　権利部は設けられていない。
> （事実関係）
> 1　Aは，平成25年4月1日，「私の全財産をDに遺贈する。遺言執行者をDとする。」旨の公正証書遺言書を作成した。
> 2　Aは，平成28年2月1日に死亡した。Aの相続人は配偶者BとAB間の子Cである。

順序	法律構成の判断	原因関係の判断		登記の種類の判断	物件
		民177の効果	法3の権利変動		
1 2	事1―A遺言書作成 事2―遺言者Aの死亡 ▽包括遺贈	―― 変更	―― 移転	Aの保存登記（74Ⅰ①） 特定移転登記	甲 甲

詳細は，**事例9**の説明を参照せよ。

② 敷地権付き区分建物の一部移転による連件申請

【事例113 ―敷地権付き区分建物の一部移転にかかる連件申請―】
連件

> 問　次の事実について，FコンStep1（法律構成の判断，原因関係の判断，登記の種類の判断），FコンStep2（申請の個数と申請順序の判断）の判断をしなさい。なお，甲建物の課税標準の額は金3,000万円とし，敷地権の課税標準の額は金500万円とし，Aは敷地権の目的である乙土地の甲区3番で敷地利

117　手続的制約をみたすための連件申請

> 用権の取得の登記を受けているものとする。
> （甲建物の登記記録）
> 表題部（一棟の建物の表示）（中略）
> 表題部（専有部分の建物の表示）
> 家屋番号欄　乙町一丁目 123 番 4 の 56　建物の名称欄 56
> 種類欄　事務所　構造欄 省略　床面積欄 省略　原因および日付欄 省略
> 敷地権の表示欄
> 土地の符号 1　敷地権の種類欄 所有権　敷地権の割合欄 10 分の 1 省略
> 所有者　A
> ※　権利部は設けられていない。
> （事実関係）
> 1　AおよびBは，平成 28 年 7 月 1 日，甲建物および敷地権の 2 分の 1 を代金 4,000 万円で移転する契約を締結した。
> 2　同日，敷地権者であるAは，Bが不動産登記法所定の登記をすることを承諾し，その他必要な手続に応ずる意向を示した。

順序	法律構成の判断	原因関係の判断		登記の種類の判断	物件
		民 177 の効果	法 3 の権利変動		
2	事 1—一部の売買契約	変更	移転	特定移転登記	甲乙甲
1	▽保存登記の必要性			保存登記（74 I ①）	

i　Fコン Step 1 の判断

事実 1 から売買契約が法律構成できる。これにより甲建物および敷地権の 2 分の 1 が売主 A から買主 B に移転する。この物権変動は変更であり（民 177），登記の対象となる権利変動は権利主体の変更として移転となり（法 3），登記の種類は，移転原因が相続または合併以外（法 63 II）であるため特定移転登記となる（個別フレームは 36〔82 頁〕参照）。

所有権の移転登記が問題となるため，移転登記に代えて保存登記を申請できるかの検討が必要となる。甲建物はいまだ表題登記にとどまっており，表題部が一棟建物と専有部分との二重構造となっているため区分建物であり，専有部分に敷地権が表示されているため，敷地権付き区分建物であることが確認できる。

区分建物として法 74 条 2 項から検討すると，買主 B は表題部所有者である売主 A からの直接に譲渡を受けた者であり，かつ，事実 2 から敷地権者であるAからの承諾が得られているため，敷地権付き区分建物の法 74 条 2 項の要件をすべてみたせることになる。しかし，所有権保存登記は，公示の明瞭性の観

点から共有者の1人の持分権についての保存登記のみを申請することができず，Bの保存登記と他の共有者Aの保存登記を一申請できるか否かが問題となる。この場合，同一不動産についての複数登記の一申請としてこれを検討することになるが，その際の登記の目的の同一には，保存登記の申請根拠条項の同一性が含まれる。Bの保存登記は，上記の検討により法74条2項となるが，他の共有者Aについては，表題部所有者として法74条1項1号が申請根拠条項となるため，登記の目的の同一性が認められず，所有権の保存登記を一申請することはできない。

この場合，事例の登記状態のままBの特定移転登記を申請すれば，当該申請は方式違反をもって却下されてしまうことになる（法25⑤）。そこで，前提として売主A名義の法74条1項1号による保存登記を申請すべきことになる（個別フレームは **41**〔97頁〕参照）。

ii　FコンStep 2の暫定個数の判断

上記の検討のとおり，事例では，甲建物について**保存登記**と**特定移転登記**の2つの申請が問題となるため一申請の検討が必要となる。これらの登記は，登記の目的および登記原因が異なるため一申請はできず（規35⑨），原則どおり2つの申請をすべきことになる。

iii　FコンStep 2の暫定順序および登記の連続性の判断

事例で問題となる所有権の**保存登記**は，上記iで検討したとおり，売買による所有権の一部についての**特定移転登記**を適法に申請するための前提登記であるため，1番目で売主Aのための法74条1項1号による**保存登記**を，2番目に売買による所有権の一部についての**特定移転登記**を連件申請することになる。

なお，1番目に申請するAの法74条1項1号の登記は，専有部分についてしか効力を有しない保存登記であるため，申請情報に敷地権を記載することができず，登録免許税についても建物の保存登記分を納付すれば足りることになる。

他方，2番目に申請する売買による所有権の一部についての**特定移転登記**は，敷地権を一体公示するものであるため申請情報には敷地権を記載し，登録免許税も専有部分だけでなく敷地権分を含めて納付しなければならない。

117 手続的制約をみたすための連件申請

> 【参考・答案例―事例113（敷地権付き区分建物の一部移転による保存登記との連件申請）】
> ○１番目の申請
> 登記の目的　　所有権保存
> 原　　因　　　なし
> 申　請　人　　所有者A
> 添 付 情 報　　登記原因証明情報（なし）　所有権証明情報（なし）　住所証明情報（A）
> 　　　　　　　代理権限証明情報（Aの委任状）
> 登録免許税　　金12万円（＝3,000万円×1,000分の4）
> ○２番目の申請
> 登記の目的　　所有権一部移転
> 原　　因　　　平成28年7月1日売買
> 申　請　人　　権利者　持分2分の1 B　義務者 A
> 添 付 情 報　　登記原因証明情報（A作成の報告式）　登記識別情報（Aの甲建物の甲区1番，Aの乙土地の甲区3番）　印鑑証明書（A）　住所証明情報（B）
> 　　　　　　　代理権限証明情報（ABの委任状）
> 登録免許税　　金35万円（＝〔3,000万円＋500万円〕×2分の1×1,000分の20）

(5) 同時申請義務による同時申請

　同時申請義務が課せられている売買による権利取得の登記と買戻特約の登記（民581Ⅰ），仮処分債務者を登記義務者とする所有権の登記と仮処分による抹消（または更正）登記（法111Ⅰ）は，登記の目的および登記原因が異なるため，一申請することができない（規35⑨）。

　これらの場合の「同時申請」にも順序があり，次の①②の事例に示された順序で申請する必要がある。

① 買戻特約付売買の同時申請

【事例99 ―買戻特約付売買契約―】 `連件`

> 問　次の事実について，ＦコンStep 1（法律構成の判断，原因関係の判断，登記の種類の判断），ＦコンStep 2（申請の個数と申請の順序の判断）の判断をしなさい。なお，甲土地の課税標準の額は金6,000万円とする。
> （甲土地の登記記録）
> 甲区2番　所有権移転　所有者 A
> （事実関係）
> 1　AおよびBは，平成28年7月1日，甲土地を代金8,000万円で移転する契約を締結した。
> 2　AおよびBは，上記の契約と同時に，Aが売買代金のみを支払うことで，甲土地を買い戻すことができる旨を合意した。

117　手続的制約をみたすための連件申請

順序	法律構成の判断	原因関係の判断		登記の種類の判断	物件
		民177の効果	法3の権利変動		
同1	事1―AB売買契約	変更	移転	特定移転登記	甲
同2	事2―BA買戻特約	発生	設定	設定登記	甲

　詳細は，**事例99**の説明を参照せよ。

② 仮処分による失効による同時申請

【事例15―仮処分による失効―】 過問 （S62，H17） 連件

> 問　次の事実について，法律構成の判断，原因関係の判断，登記の種類の判断をしなさい。
> 　　なお，甲土地の課税標準の額は金6,000万円とする。
> （甲土地の登記記録）
> 甲区2番　所有権移転　所有者A
> 　　3番　処分禁止仮処分　債権者B
> 　　4番　所有権移転　所有者C
> （事実関係）
> 1　AおよびBは，平成27年7月1日，甲土地を代金8,000万円で移転する売買契約を締結した。
> 2　BはAが登記手続に協力しないため，甲区3番の仮処分申請を行い，Aを被告として所有権移転登記手続請求訴訟を提起し，Bの全面勝訴判決が平成28年6月1日に確定した。
> 3　Bは，Cに対して，本件の登記申請日である平成28年7月1日の1週間前までに本件登記の申請について必要となる通知を内容証明郵便で行っている。

順序	法律構成の判断	原因関係の判断		登記の種類の判断	物件
		民177の効果	法3の権利変動		
同2	事1―売買契約	変更	移転	特定移転登記	甲
同1	事2―仮処分，B勝訴 事3―抹消通知	（仮処分での失効）	―	抹消登記	甲

　詳細は，**事例15**の説明を参照せよ。

③ 名変登記を伴う仮処分による失効による同時申請

【事例114―名変登記を伴う仮処分による失効の同時抹消―】
過問 （S62） 連件

> 問　次の事実について，Fコン Step1（法律構成の判断，原因関係の判断，登記の種類の判断），Fコン Step2（申請の個数と申請順序の判断）の判断をしなさい。なお，依頼人は，Bのみとし，甲土地の課税標準の額は金6,000万円とする。

第3章　連件申請パターン　439

117 手続的制約をみたすための連件申請

> （甲土地の登記記録）
> 甲区 2 番　所有権移転　所有者　甲地 A
> 　　 3 番　処分禁止仮処分　債権者 B
> 　　 4 番　所有権移転　所有者 C
> （事実関係）
> 1　A および B は，平成 26 年 7 月 1 日，甲土地を代金 8,000 万円で移転する売買契約を締結した。
> 2　A は，平成 28 年 2 月 1 日，住所を甲地から乙地に移転した。
> 3　B は A が登記手続に協力しないため，甲区 3 番の仮処分申請を行い，A を被告として所有権移転登記手続請求訴訟を提起し，B の全面勝訴判決が平成 28 年 6 月 1 日に確定した。
> 4　B は，C に対して，本件の登記申請日である平成 28 年 7 月 1 日の 1 週間前までに本件登記の申請について必要となる通知を内容証明郵便で行っている。

順序	法律構成の判断	原因関係の判断		登記の種類の判断	物件
		民 177 の効果	法 3 の権利変動		
同 3	事 1 ― 売買契約	変更	移転	特定移転（判決）	甲
同 2	事 2 ― A の住所移転	（名変原因）	―	名変登記（代位）	甲
同 1	事 3 ― 仮処分，B 勝訴 事 4 ― 抹消通知	（仮処分での失効）		抹消登記	甲

i　F コン Step 1 の判断

　事実 1 から売買契約が法律構成できる。これにより甲土地の所有権は売主 A から買主 B に移転する。この物権変動は変更であり（民 177），登記の対象となる権利変動は権利主体の変更として移転となり（法 3），登記の種類は，移転原因が相続または合併以外であるため特定移転登記となる。なお，甲土地は甲区 4 番まで登記されており保存登記に代替する余地はない（個別フレームは 36〔82 頁〕参照）。

　事実 2 には，A の住所移転の事実が示されている。A は甲区 2 番の所有権登記名義人であるため当該事実は名変登記の原因関係となる。登記の種類は，甲区 2 番よりも後発的に住所が移転されているため変更登記としての名変登記となる（個別フレームは 61〔152 頁〕参照）。甲区 2 番は甲区 4 番の C の所有権移転登記との関係で現に効力を有しないためこのままでは名変登記の申請ができないことになる。しかし，次に検討する抹消登記をすれば甲区 2 番の登記は現に効力を有する登記となるため，この手続的制約は，申請の順序を判断するための論点となる。

　事例の登記記録の甲区 3 番には，仮処分債権者を B とする処分禁止仮処分の

登記がされている。当該登記の後にされている甲区4番のCの所有権の取得登記は、仮処分債権者Bに全面的に対抗できず（民保58Ⅰ）、抹消登記が可能であるため（民保58Ⅱ）、これらの事実は、是正登記の原因関係となり、登記の種類は、Cの所有権の全部が対抗できないため抹消登記となる（個別フレームは **54**〔132頁〕参照）。

ⅱ　FコンStep2の暫定個数の判断

　事例では、甲土地についての3つの申請が問題となるため一申請の検討が必要となる。これらの登記は、登記の目的および登記原因が異なるため一申請はできず（規35⑨）、原則どおり3つの申請をすべきことになる。

ⅲ　FコンStep2の暫定順序および登記の連続性の判断

　仮処分によるCの4番所有権の抹消登記は、仮処分債務者Aを登記義務者とする売買による移転登記と同時申請することで仮処分債権者Bの単独申請が可能となるため、これら2つの登記は同時申請の対象となる。

　他方、Aの名変登記は、Cの4番所有権の抹消登記がされなければ、Aの甲区2番の登記が現に効力を有する登記とならず、申請することができない。そこで、この手続的な制約をふまえると、事例の申請は同時申請ではあるが、1番目にCの4番所有権の抹消登記を、2番目にAの名変登記を、3番目にBのための売買による特定移転登記を申請する論理的な順序となる。なお、依頼人はBのみであるため、2番目の名変登記は代位による登記として申請し（前記 **85**）、3番目の移転登記は、判決による登記（前記 **84**）として申請する。

　この事例は、仮処分による抹消の2連件（**事例15**）と、前提として名変登記を要する移転登記の2連件（**事例101**）が複合した構造となっている（昭62）。

【参考・答案例—事例114（名変登記を伴う仮処分による失効の同時抹消）】
○同時申請の1番目
登記の目的　　4番所有権抹消
原　　因　　　仮処分による失効
申 請 人　　　義務者C　申請人B
添付情報　　　登記原因証明情報（なし）　通知証明情報（Cへの内容証明郵便謄本）
　　　　　　　代理権限証明情報（Bの委任状）
登録免許税　　金1,000円（＝甲土地1個×1,000円）
○同時申請の2番目
登記の目的　　2番所有権登記名義人住所変更
原　　因　　　平成28年2月1日住所移転
そ の 他　　　変更後の事項　住所　乙地

申　請　人	代位原因　平成26年7月1日売買による所有権移転登記請求権 申請人（被代位者）A　代位者B	
添付情報	登記原因証明情報（Aの住民票の写し）　代位原因証明情報（判決正本および確定証明書）　代理権限証明情報（Bの委任状）	
登録免許税	金1,000円（＝甲土地1個×1,000円）	

○同時申請の3番目
登記の目的	所有権移転
原　　　因	平成26年7月1日売買
申　請　人	権利者（申請人）B　義務者A
添付情報	登記原因証明情報（判決正本および確定証明書）　住所証明情報（B）　代理権限証明情報（Bの委任状）
登録免許税	金120万円（＝6,000万円×1,000分の20）

（6）一申請ができないことによる連件申請

　たとえば，複数の登記の申請が問題となる場合，一申請の要件をみたさなければ，原則どおり複数の登記を申請しなければならず，この場合には，連件申請として処理することになる。申請の順序は，112，113，114で述べた方法で決定することになる。

① 売主が異なる複数不動産登記売買の連件申請

【事例88　―複数不動産の一申請の判断―】　連件

　問　次の事実について，Fコン Step 1（法律構成の判断，原因関係の判断，登記の種類の判断），Fコン Step 2（申請の個数と申請の順序の判断）の判断をしなさい。なお，甲土地および乙土地の管轄登記所は，同一であり，甲土地の課税標準の額は金6,000万円とし，乙土地の課税標準の額は金3,000万円とする。また，一申請情報申請ができない場合には，甲土地，乙土地の順で申請するものとする。
（甲土地の登記記録）
甲区2番　所有権移転　所有者A
（乙土地の登記記録）
甲区2番　所有権移転　所有者B
（事実関係）
　1　AおよびBは，Cとの間で，平成28年7月1日，甲土地を代金8,000万円で移転し，乙土地を代金4,000万円で移転する契約を締結した。

順序	法律構成の判断	原因関係の判断		登記の種類の判断	物件
		民177の効果	法3の権利変動		
1	事1―①AC間甲地の売買契約	変更	移転	特定移転登記	甲
2	②BC間乙地の売買契約	変更	移転	特定移転登記	乙

117 手続的制約をみたすための連件申請

詳細は，**事例88**の説明を参照せよ。

② 売主の1人の持分権に第三者の権利が付着している場合の連件申請

【事例93 ─売主が複数の場合の一申請─】 `先例` `連件`

> 問 次の事実について，Fコン Step 1（法律構成の判断，原因関係の判断，登記の種類の判断），Fコン Step 2（申請の個数と申請の順序の判断）の判断をしなさい。
> 　なお，他の登記と一申請情報申請できない登記があれば，それを後件として連件申請するものとし，甲土地の課税標準の額は金6,000万円とする。
> （甲土地の登記記録）
> 甲区2番　所有権移転　共有者　持分3分の1 A　3分の1 B　3分の1 C
> 　3番　C持分仮差押　平成26年2月1日甲地方裁判所仮差押命令　債権者 X
> （事実関係）
> 1　A，B，CおよびDは，平成28年7月1日，甲土地を代金8,000万円でDに移転する契約を締結した。

順序	法律構成の判断	原因関係の判断		登記の種類の判断	物件
		民177の効果	法3の権利変動		
1	事1─①ABD売買契約	変更	移転	特定移転登記	甲
2	②CD売買契約	変更	移転	特定移転登記	甲

詳細は，**事例93**の説明を参照せよ。

③ 共有根抵当権の形成と優先の定めの登記

共有根抵当権者間の優先の定めは，根抵当権を共有とする一部譲渡による一部移転登記や共有根抵当権の設定登記と登記の目的および登記原因が異なるため，一申請することができない（規35⑨）。そこで，1番目で根抵当権の一部移転による特定移転登記または共有根抵当権の設定登記を，2番目で優先の定めによる変更登記を連件申請するパターンとなる（平3）。

【事例115 ─ 一部譲渡と優先の定め─】 `実例` `連件`

> 問 次の事実について，Fコン Step 1（法律構成の判断，原因関係の判断，登記の種類の判断），Fコン Step 2（申請の個数と申請順序の判断）の判断をしなさい。
> （甲土地の登記記録）
> 甲区2番　所有権移転　所有者 A
> 乙区1番　根抵当権設定　極度額　金3,000万円　債権の範囲　売買取引　債務者 A　根抵当権者 X

117 手続的制約をみたすための連件申請

(事実関係)
1 XおよびYは，Aの承諾を得て，平成28年7月1日，1番根抵当権を分割せずに共有するための一部譲渡契約を締結した。
2 同日，XおよびYは，1番根抵当権について「YがXに優先する」旨を合意した。

順序	法律構成の判断	原因関係の判断		登記の種類の判断	物件
		民177の効果	法3の権利変動		
1	事1——一部譲渡契約	変更	移転	特定移転登記	甲
2	事2——優先の定めの合意	変更	変更	変更登記	甲

i Fコン Step 1の判断

1番根抵当権には，元本確定事由に該当する事実が存在せず，元本未確定の根抵当権であることを前提として検討する（**88**参照）。

事実1から**一部譲渡契約**を法律構成する。これにより1番根抵当権はXYの共有となる。この物権変動は**変更**であり（民177），登記の対象となる権利変動は，後発共有を公示する方法として権利主体の一部変更を使うため**移転**となり（法3），登記の種類は，移転原因が相続または合併以外であるため**特定移転登記**となる（個別フレームは **36**〔82頁〕参照）。

事実2から**優先の定めの合意**を法律構成する。これにより1番根抵当権の優先弁済権の内容が変更される。この物権変動は**変更**であり（民177），登記の対象となる権利変動は，権利内容の変更として**変更**となり（法3），登記の種類は，**変更登記**となる（個別フレームは **50**〔120頁〕参照）。

ii Fコン Step 2の暫定個数の判断

事例では，甲土地の**特定移転登記**と**変更登記**の申請が問題となるため一申請の検討が必要となる。これらの登記は，登記の目的および登記原因が異なるため一申請はできず（規35⑨），原則どおり2つの申請をしなければならない。

iii Fコン Step 2の暫定順序および登記の連続性の判断

2つの申請は，原因関係の発生順が同日であり，時間順に申請を整理することができない。しかし，優先の定めは共有根抵当権の固有の現象であるため，それを登記記録上も明らかにするため，1番目に1番根抵当権の一部譲渡による**特定移転登記**を，2番目に優先の定めによる**変更登記**を連件申請すべきことになる。

【参考・答案例―事例115（一部譲渡と優先の定めの連件申請）】
○1番目の申請
登記の目的　　1番根抵当権一部移転
原　　　因　　平成28年7月1日一部譲渡
申　請　人　　権利者Y　義務者X
添付情報　　登記原因証明情報（X作成の報告式）　承諾証明情報（A）　登記識別情報（Xの乙区1番）　代理権限証明情報（XYの委任状）
登録免許税　　金3万円（＝3,000万円÷一部譲渡後の共有者数2×1,000分の2）
○2番目の申請
登記の目的　　1番根抵当権優先の定
原　　　因　　平成28年7月1日合意
そ　の　他　　優先の定　YがXに優先する
申　請　人　　申請人XY
添付情報　　登記原因証明情報（X，Y作成の報告式）　登記識別情報（Xの乙区1番，Yの乙区1番付記1号）　代理権限証明情報（XYの委任状）
登録免許税　　金1,000円（＝甲土地1個×1,000円）

（7）　主体の連続性からの連件申請

①　登記義務者の連続性をみたすための連件申請

　申請する登記の登記義務者に名変原因が存在する場合，申請情報の登記義務者の氏名（名称）および住所が登記記録から判断される登記義務者の氏名（名称）および住所と合致せず，その申請は却下されることになる（法25⑦）。そこで，1番目で**名変登記**を，2番目で本来申請すべき登記を連件申請するパターンとなる（昭62，昭58，平20，平21，平24，平25，平26）。

ⅰ　売買と売主の名変登記の連件申請その1

【事例101―移転登記と名変登記の関係―】 連件

> 問　次の事実について，Fコン Step1（法律構成の判断，原因関係の判断，登記の種類の判断），Fコン Step2（申請の個数と申請の順序の判断）の判断をしなさい。なお，甲土地の課税標準の額は金6,000万円とする。
> （甲土地の登記記録）
> 甲区2番　所有権移転　所有者　甲地A
> （事実関係）
> 1　AおよびBは，平成28年7月1日，甲土地を代金8,000万円で移転する契約を締結した。
> 2　同年7月4日，Aは，住所を甲地から乙地に移転し，Bは，住所を乙地から甲地に移転した。

順序	法律構成の判断	原因関係の判断		登記の種類の判断	物件
		民177の効果	法3の権利変動		
2	事1―AB売買契約	変更	移転	特定移転登記	甲
1	事2―Aの住所移転 Bの住所移転	（名変原因）（原因とならず）	―	名変登記	甲

詳細は，**事例101**の説明を参照せよ。

ii　売買と売主の名変登記の連件申請その2

【事例96―住所移転後の行政区画変更―】 先例　連件

問　次の事実について，Fコン Step 1（法律構成の判断，原因関係の判断，登記の種類の判断），Fコン Step 2（申請の個数と申請の順序の判断）の判断をしなさい。なお，甲土地の課税標準の額は金6,000万円とする。
（甲土地の登記記録）
甲区2番　所有権移転　所有者　A
　　3番　所有権移転　平成27年2月3日受付第234号　平成27年2月1日
　　　　　　　　　　　売買　所有者　乙地　B
（事実関係）
1　Bは，平成27年2月4日，乙地から甲地に住所を移転し，平成28年4月1日，行政区画の変更により甲地は丙地に変更された。
2　BおよびCは，平成28年7月1日，甲土地を代金8,000万円で移転する旨の契約を締結した。

順序	法律構成の判断	原因関係の判断		登記の種類の判断	物件
		民177の効果	法3の権利変動		
1	事1―住所移転，行政区画変更	（名変の原因関係）	―	名変登記	甲
2	事2―BC間売買契約	変更	移転	特定移転登記	甲

詳細は，**事例96**の説明を参照せよ。

iii　財産分与と登記義務者の名変登記の連件申請

【事例97―氏名の変更，住所の更正―】 連件

問　次の事実について，Fコン Step 1（法律構成の判断，原因関係の判断，登記の種類の判断），Fコン Step 2（申請の個数と申請の順序の判断）の判断をしなさい。なお，甲土地の課税標準の額は金6,000万円とする。
（甲土地の登記記録）
甲区2番　所有権移転　所有者　A
　　3番　所有権移転　平成27年2月3日受付第234号　平成27年2月1日

売買　所有者　乙地　B
(事実関係)
1　Bは，平成27年2月2日に住所を乙地から甲地に移転し，同年2月4日に甲市役所にその旨の届出をした。また，Bは，同年4月1日に離婚の届出をしてその氏名が婚姻前のCに復氏している。
2　CおよびDは，平成28年7月1日，財産分与として甲土地をCからDに移転する旨を合意した。

順序	法律構成の判断	原因関係の判断		登記の種類の判断	物件
		民177の効果	法3の権利変動		
1	事1―住所錯誤，氏名変更	(名変の原因関係)	―	名変登記	甲
2	事1―CD財産分与	変更	移転	特定移転登記	甲

詳細は，**事例97**の説明を参照せよ。

② 登記権利者の連続性をみたすための連件申請

【事例102―記入登記で登記権利者の名変登記が問題となる例外―】 先例　連件

問　次の事実について，Fコン Step 1（法律構成の判断，原因関係の判断，登記の種類の判断），Fコン Step 2（申請の個数と申請の順序の判断）の判断をしなさい。なお，甲土地の課税標準の額は金6,000万円とする。
(甲土地の登記記録)
甲区2番　所有権移転　共有者　甲地　持分2分の1　A　甲地　2分の1　B
(事実関係)
1　BはAに対して，平成28年7月1日，甲土地の持分を放棄する意思表示をした。
2　同年7月4日，Aは住所を甲地から乙地に移転した。

順序	法律構成の判断	原因関係の判断		登記の種類の判断	物件
		民177の効果	法3の権利変動		
2	事1―Bの持分放棄	消滅，発生（名変原因）	移転（判例）	特定移転登記	甲
1	事2―Aの住所移転		―	名変登記	甲

詳細は，**事例102**の説明を参照せよ。

③ 名変登記と債務者の変更登記等の連件申請

【事例19―設定者兼債務者の住所の錯誤―】 過問　（S58根名変）
連件

問　次の事実について，法律構成の判断，原因関係の判断，登記の種類の判断を

しなさい。
(甲土地の登記記録)
甲区 2 番　所有権移転　所有者 A
　　 3 番　所有権移転　平成 28 年 2 月 3 日受付第 234 号　平成 28 年 2 月 1 日
　　　　　　　　　　　売買　所有者 乙地 B
乙区 1 番　根抵当権設定　平成 28 年 2 月 3 日受付第 235 号　平成 28 年 2 月 1
　　　　　　　　　　　　日設定　債務者 乙地 B　根抵当権者 X
(事実関係)
1　B は，平成 28 年 2 月 2 日に住所を乙地から甲地に移転し，同年 2 月 4 日に
　甲市役所にその旨の届出をした。

順序	法律構成の判断	原因関係の判断		登記の種類の判断	物件
		民 177 の効果	法 3 の権利変動		
1	事 1 ― 所 B の住所錯誤	名変登記の原因関係	―	名変登記	甲
2	事 1 ― 債務者 B 同上	是正登記の原因関係	―	更正登記	甲

詳細は，**事例 19** の説明を参照せよ。

(8)　客体の連続性からの連件申請

①　目的権利の不存在回避のための連件申請

　売主の担保責任（民 566，同 567 等）との関係で，売主の所有権についている他物権を抹消登記し，負担のない所有権を買主に移転しなければならない。そこで，1 番目に抹消登記を，2 番目に特定移転登記を連件申請するパターンとなる（**109（2）**，**事例 100** 参照）。

　しかし，一部移転の場合には，買主が取得する権利について他物権を消滅させるには，他物権を消滅させる対象となる買主の権利が登記上，明らかにならなければ，一部消滅にかかる変更登記の目的となる権利登記の不存在で申請が却下される（法 25 ⑬・令 20 ⑤）。そこで，1 番目で権利の一部についての特定移転登記を，2 番目で及ぼさない変更登記を連件申請すべきことになる（昭 59，平 7，平 17）。

　この連件申請のパターンには，X が有する 1 番抵当権の被担保債権について Y が一部代位弁済を行い，その後，債務者が原抵当権者 X の債権全額を弁済した場合の 1 番目に一部代位弁済による特定移転登記と，2 番目に X の債権弁済による変更登記の連件申請が含まれることになる（平 4）。

i 一部移転と及ぼさない変更の連件申請

【事例103 ―一部移転と及ぼさない変更との関係―】 過問 (S59, H7, H9, H17) 連件

> 問 次の事実について，Fコン Step 1（法律構成の判断，原因関係の判断，登記の種類の判断），Fコン Step 2（申請の個数と申請の順序の判断）の判断をしなさい。なお，甲土地の課税標準の額は金6,000万円とする。
> （甲土地の登記記録）
> 甲区2番　所有権移転　所有者　A
> 乙区1番　抵当権設定　債権額　金1,000万円　債務者　A　抵当権者　X
> （事実関係）
> 1　AおよびBは，平成28年7月1日，甲土地の一部2分の1を代金4,000万円で移転する旨の契約を締結した。
> 2　同日，XはBに対して，甲土地のB持分について1番抵当権を放棄する意思表示をした。

順序	法律構成の判断	原因関係の判断		登記の種類の判断	物
		民177の効果	法3の権利変動		
1	事1―AB売買契約	変更 一部消滅	移転 一部消滅	特定移転登記 及ぼさない変更	甲 甲
2	事2―B持分の放棄				

詳細は，**事例103**の説明を参照せよ。

ii 持分取得と及ぼす変更登記の連件申請

【事例104 ―所有権更正と及ぼす変更登記―】 過問 (S60, H22) 連件

> 問 次の事実について，Fコン Step 1（法律構成の判断，原因関係の判断，登記の種類の判断），Fコン Step 2（申請の個数と申請の順序の判断）の判断をしなさい。なお，甲土地の課税標準の額は金6,000万円とする。
> （甲土地の登記記録）
> 甲区2番　所有権移転　所有者　A
> 　　3番　所有権移転　平成28年6月1日売買　共有者　持分2分の1 B　2分の1 C
> 乙区1番　根抵当権設定　平成28年6月1日設定　極度額　金3,000万円　債務者　B　根抵当権者　X
> （事実関係）
> 1　AはBに対して，平成28年6月1日，甲土地を代金8,000万円で売ったにもかかわらず，誤って甲区3番のような登記がされている。
> 2　同年7月1日，Xは上記1に基づく登記を承諾し，同日，XおよびBは，

117 手続的制約をみたすための連件申請

> 1番根抵当権と同一の債権を担保するためBの所有権のうち上記1に基づく登記により拡張されるBの権利を目的として，共同根抵当権の追加設定契約を締結した。

順序	法律構成の判断	原因関係の判断		登記の種類の判断	物件
		民177の効果	法3の権利変動		
1	事1─甲区3番の錯誤	（是正登記の原因）発生		更正登記	甲
2	事2─根抵当権の追加設定		設定	及ぼす変更登記	甲

詳細は，**事例104**の説明を参照せよ。

② 目的権利との矛盾回避のための連件申請

　元本確定前の根抵当権の債務者が死亡し相続が開始した場合，特則により相続開始時の既発生債権は根抵当権の被担保債務となり（民398の8Ⅱ），それとの関係で相続人が債務者となり，債務者が変更される。また，相続開始時から6か月以内に設定者と根抵当権者が相続人のなかから指定債務者を合意し，それに基づく変更登記をすれば，当該根抵当権は，相続開始後に指定債務者が発生させる不特定債務を担保することになり根抵当取引を継続することが可能となる。

　この場合，指定債務者の合意による変更登記を申請する前提として，相続による債務者の変更登記を申請しなければならないと規定されているが（法92，同25⑬・令20③），これは中間省略登記禁止の原則から当然のことを注意的に規定したものであり，そこで，1番目で相続による債務者の**変更登記**を申請し，2番目で指定債務者の合意による**変更登記**を連件申請するパターンとなる。

　なお，元本確定前の根抵当権の根抵当権者に相続が開始した場合には（民398の8Ⅰ），1番目で相続による根抵当権の**包括移転登記**を申請し，2番目で指定根抵当権者の合意による**変更登記**を連件申請するパターンとなる（法92，同25⑬・令20③）。

ⅰ　債務者の相続と指定債務者の合意の連件申請

【事例98 ─設定者兼債務者の死亡と指定債務者の合意─】 過問
(S58，H18，H23) 連件

> 問　次の事実について，FコンStep 1（法律構成の判断，原因関係の判断，登記の種類の判断），FコンStep 2（申請の個数と申請の順序の判断）の判断をしなさい。なお，甲土地の課税標準の額は金6,000万円とする。
> （甲土地の登記記録）

117 手続的制約をみたすための連件申請

> 甲区2番　所有権移転　所有者 A
> 乙区1番　根抵当権設定　極度額 金3,000万円　債権の範囲 売買取引　債務者 A　根抵当権者 X
>
> （事実関係）
> 1　Aは，平成28年2月1日に死亡した。Aの相続人は，配偶者Bおよび子Cである。
> 2　X並びにBおよびCは，平成28年7月1日，1番根抵当権の指定債務者をBと合意した。

順序	法律構成の判断	原因関係の判断		登記の種類の判断	物件
		民177の効果	法3の権利変動		
1	事1―Aの法定相続　①所有権の相続	変更	移転	包括移転登記	甲
2	②債務者の相続	変更	変更	変更登記	甲
3	事2―指定債務者の合意	変更	変更	変更登記	甲

詳細は，**事例98**の説明を参照せよ（昭58，平18，平23）。

ⅱ　根抵当権者の相続と指定根抵当権者の合意の連件申請

【事例116―根抵当権者の死亡と指定根抵当権者の合意―】 連件

> 問　次の事実について，Fコン Step1（法律構成の判断，原因関係の判断，登記の種類の判断），Fコン Step2（申請の個数と申請順序の判断）の判断をしなさい。
>
> （甲土地の登記記録）
> 甲区2番　所有権移転　所有者 A
> 乙区1番　根抵当権設定　極度額 金3,000万円　債権の範囲 売買取引　債務者 A　根抵当権者 X
>
> （事実関係）
> 1　Xは，平成28年2月1日に死亡した。Xの相続人は，子Yのみである。
> 2　AおよびYは，平成28年7月1日，1番根抵当権の指定根抵当権者をYと合意した。

順序	法律構成の判断	原因関係の判断		登記の種類の判断	物件
		民177の効果	法3の権利変動		
1	事1―Xの法定相続	変更	移転	包括移転登記	甲
2	事2―指定根抵当権者の合意	変更	変更	変更登記	甲

A　Fコン Step1の判断

　事実1から**法定相続**を法律構成する。特則により相続開始時の既発生債権は1番根抵当権の被担保債権となり（民398の8Ⅰ），それとの関係で相続人は1

117　手続的制約をみたすための連件申請

番根抵当権を相続する。この物権変動は**変更**であり（民177），登記の対象となる権利変動は権利主体の変更として**移転**となり（法3），登記の種類は，移転原因が相続であるため（法63Ⅱ），**包括移転登記**となる（個別フレームは**41**〔97頁〕参照）。

　また，事実2から**指定根抵当権者の合意**を法律構成する。相続開始後6か月以内に相続人中から指定根抵当権者を合意し，その登記をすれば，1番根抵当権の被担保債権は，相続開始時の既発生債権のほか，相続開始後に指定根抵当権者が発生させる不特定債権に変更される（民398の8Ⅱ）。この物権変動は**変更**であり（民177），登記の対象となる権利変動は権利内容の変更として**変更**となり（法3），登記の種類は**変更登記**となる（個別フレームは**50**〔120頁〕参照）。

B　FコンStep2の暫定個数の判断

　事例では，甲土地の**包括移転登記**と**変更登記**の2つの申請が問題となるため一申請の判断を検討することになる。2つの登記は，登記の目的および登記原因が異なるため，一申請は許されず（規35⑨），原則どおり2つの申請をしなければならない。

C　FコンStep2の暫定順序および登記の連続性の判断

　原因関係の発生順に申請を整理すれば，1番目に相続による1番根抵当権の移転登記，2番目に指定根抵当権者の合意による変更登記の順となる。この場合，指定根抵当権者の合意による変更登記を申請する前提として，相続による移転登記を申請しなければ，当該登記は法92条により登記することができない場合として申請が却下される（法25⑬・令20③）。したがって，1番目に相続による**包括移転登記**を申請し，2番目に合意による指定根抵当権者の**変更登記**を連件申請することは，登記の連続性の観点から妥当であることが検証できることになる。

【参考・答案例―事例116（根抵当権者の相続に伴う指定根抵当権者の合意の連件申請）】
○1番目の申請
登記の目的　　1番根抵当権移転
原　　因　　　平成28年2月1日相続
申　請　人　　根抵当権者　（被相続人X）Y
添付情報　　　登記原因証明情報（戸籍謄抄本）　代理権限証明情報（Yの委任状）
登録免許税　　金3万円（＝3,000万円×1,000分の1）
○2番目の申請

登記の目的	１番根抵当権変更	
原　　因	平成28年7月1日合意	
変更後の事項	指定根抵当権者　Y	
申　請　人	権利者　Y　義務者　A	
添付情報	登記原因証明情報（A作成の報告式）　登記識別情報（Aの甲区２番） 印鑑証明書（A）　代理権限証明情報（AYの委任状）	
登録免許税	金1,000円（＝甲土地1個×1,000円）	

（9）　行為の連続性からの連件申請

①　共有を前提とした登記の連件申請

【事例105 ―遺留分減殺請求後の共有物分割―】 過問（H24）

連件

問　次の事実について，Ｆコン Step1（法律構成の判断，原因関係の判断，登記の種類の判断），Ｆコン Step2（申請の個数と申請順序の判断）の判断をしなさい。なお，甲土地の課税標準の額は金6,000万円とする。
（甲土地の登記記録）
甲区2番　所有権移転　所有者 Ａ
　　3番　所有権移転　平成28年2月1日相続　所有者 Ｂ
（事実関係）
1　Ｃは，Ａの「私の全財産をＢに相続させる」旨の公正証書遺言に基づき甲区3番で登記されているＢに対して，平成28年7月1日到達の内容証明郵便によって遺留分減殺請求の意思表示をした。なお，被相続人Ａの相続人は配偶者Ｂと子Ｃであり，Ａの遺産は甲土地のみとする。
2　ＢおよびＣは，同年7月4日，甲土地をＣの単有とする旨を協議した。

順序	法律構成の判断	原因関係の判断		登記の種類の判断	物件
		民177の効果	法3の権利変動		
1	事1―Ｃの遺留分減殺	変更	移転	特定移転登記	甲
2	事2―共有物分割協議	変更	移転	特定移転登記	甲

詳細は，**事例105**の説明を参照せよ（平24）。

②　附従性満足のための連件申請

【事例106 ―更正登記を前提とする債権額の増加変更―】 連件

問　次の事実について，Ｆコン Step1（法律構成の判断，原因関係の判断，登記の種類の判断），Ｆコン Step2（申請の個数と申請順序の判断）の判断をしなさい。
（甲土地の登記記録）
甲区2番　所有権移転　所有者 Ａ

乙区1番　抵当権設定　平成27年2月1日金銭消費貸借同日設定　債権額　金1億円　抵当権者　X
（事実関係）
1　XおよびAは，平成28年7月1日，1番抵当権の債権額を金2億円に増加する変更契約を締結した。
2　1番抵当権は，XがAに対して，平成27年2月1日に金2億円を貸し付け，その債権の一部金1億円を担保するため，同日，XとAとの間で抵当権の設定契約をしたにもかかわらず，誤って登記されたものである。

順序	法律構成の判断	原因関係の判断		登記の種類の判断	物件
		民177の効果	法3の権利変動		
2	事1—債権額の変更契約	変更 （是正登記の原因）	変更	変更登記	甲
1	事2—乙区1番の錯誤		—	更正登記	甲

詳細は，**事例106**の説明を参照せよ。

このほかに，被担保債権が金銭消費貸借予約などの将来債権についても債権額が設定契約で定めた予想額であり，変更契約によって債権額を増加できるため，既登記の被担保債権が本来，将来債権であるのに誤って登記されている場合には，この連件申請パターンとして処理することになる。

③　仮登記の本登記のための連件申請

【事例107—仮登記原因の更正登記を前提とする仮登記の本登記—】 先例　連件

問　次の事実について，Fコン Step 1（法律構成の判断，原因関係の判断，登記の種類の判断），Fコン Step 2（申請の個数と申請順序の判断）の判断をしなさい。なお，甲土地の課税標準の額は金6,000万円とする。
（甲土地の登記記録）
表題部　所在　甲市乙町　地番　1番　地目　畑　宅地　平成25年月日不詳変更
甲区2番　所有権移転　所有者　A
　　　3番　条件付所有権移転仮登記　平成26年2月1日売買（条件　農地法第3条の許可）　権利者　B
　　　　　余白
（事実関係）
1　甲土地の表題部の地目の変更登記は，平成27年7月1日にされたものであり，地目変更登記後に，BはAに対して，甲区3番仮登記の本登記を請求し，Aはそれに応ずることとした。

順序	法律構成の判断	原因関係の判断		登記の種類の判断	物件
		民177の効果	法3の権利変動		
1	事1―甲区3番の錯誤	(是正登記の原因)		更正登記	甲
2	事1―売買契約	変更	移転	特定移転登記	甲

詳細は，**事例107**の説明を参照せよ。

3－4　中間省略登記禁止の原則からくる連件申請パターン

118　中間省略登記禁止の原則からくる連件申請

（1）　他人物売買による連件申請

　他人物売買では，売主に目的物の取得義務が生じ（民560），売主の目的物の取得を法定条件として他人物売買による権利変動が生ずることになる。この場合，売主の目的物の取得による登記は，中間省略登記禁止の原則により省略することはできない。

　この場合，1番目で売主の目的物取得による移転登記を，2番目で売買による特定移転登記を連件申請するパターンとなる。

【事例74―他人物売買―】 連件

> 問　次の事実について，法律構成の判断，原因関係の判断，登記の種類の判断をしなさい。
> 　　なお，甲土地の課税標準の額は金6,000万円とする。
> （甲土地の登記記録）
> 甲区2番　所有権移転　所有者A
> （事実関係）
> 1　Cは，Bに対して，平成28年2月1日，甲土地を代金8,000万円で売った。
> 2　平成28年7月1日にAが死亡し，その相続人は子Cのみである。

順序	法律構成の判断	原因関係の判断		登記の種類の判断	物件
		民177の効果	法3の権利変動		
2	事1―他人物売買	変更	移転	特定移転登記	甲
1	事2―Aの法定相続	変更	移転	包括移転登記	甲

詳細は，**事例74**の説明を参照せよ。

（2）　清算型遺贈による連件申請

　清算型遺贈では，遺言で指定された相続財産を売却し，その代金から負債を清算し，その残代金を遺言で指定された者に遺贈することになる。この場合，

遺言者の死亡により売却対象となる財産は、いったん相続人に帰属することになるため、中間省略登記禁止の原則により相続人への相続による移転登記を申請すべきことになる（昭45.10.5民甲4160回）。

この場合、1番目で相続による所有権の**包括移転登記**を、2番目で売買による所有権の**特定移転登記**を連件申請するパターンとなる（平15、平25）。

① 相続人が存在する場合

【事例30 ―清算型遺贈―】 過問 （H15, H25） 先例 連件

> 問　次の事実について、法律構成の判断、原因関係の判断、登記の種類の判断をしなさい。
> 　　なお、甲土地の課税標準の額は金6,000万円とする。
> （甲土地の登記記録）
> 甲区2番　所有権移転　所有者A
> （事実関係）
> 1　Aは、平成26年4月1日、次の内容の公正証書遺言書を作成した。
> 　(1)　甲土地を売却し、売買代金から負債を弁済し、残金をDに遺贈する。
> 　(2)　遺言執行者をDとする。
> 2　Aは、平成28年2月1日に死亡した。Aの配偶者はBであり、AB間には子Cがいる。
> 3　平成28年7月1日Dは遺言執行者への就任を承諾し、同日遺言執行者Dは、Eに対して甲土地を代金1億円で売った。

順序	法律構成の判断	原因関係の判断		登記の種類の判断	物件
		民177の効果	法3の権利変動		
1	事1―A遺言書作成 事2―A死亡（法定相続） ▽清算型遺贈	― 変更	移転	包括移転登記	甲
2	事3―売買契約	― 変更	移転	特定移転登記	甲

詳細は、**事例30**の説明を参照せよ。

② 相続人不存在の場合

被相続人Aに法定相続人が存在せず、相続財産全部の包括受遺者も存在しなければ（最判平9.9.12）、相続財産は法人化する（民951）。この場合、売却の前提として申請する登記は、相続による移転登記ではなく、便宜、**名変登記**となる（昭10.1.14民甲39民事局長通牒、「質疑応答7842」『登記研究』707号193頁、**42（3）**、**事例7**参照）。

なお、この場合、遺言執行者は、家庭裁判所に相続財産管理人の選任請求をするまでもなく、みずから名変登記を申請することができる（「質疑応答7695」

『登記研究』619号219頁，藤原勇喜『相続・遺贈の登記』734頁〔テイハン〕)。
　また，売却対象の不動産が表題登記にとどまっている場合には，相続人による保存登記（法74Ⅰ①）を申請することになり，相続人が不存在であれば，直接，相続財産法人名義に保存登記をすることになる（「質疑応答」『登記研究』399号82頁，**42（3）**④参照）。

(3) 相続人不存在による連件申請

　相続人の不存在により相続財産法人化した相続財産は，特別縁故者への分与の対象となる（民958の3）。また，相続財産法人化した財産が共有持分権である場合，特別縁故者の不存在が確定すれば，当該持分権は他の共有者に帰属することになる（民255）。

　これらの場合，いずれも被相続人の相続財産は，いったんは相続財産法人化するため，中間省略登記禁止の原則により相続財産法人への名変登記を省略することはできない。

　これらの場合，1番目で相続人不存在による**名変登記**を，2番目で特別縁故者への所有権の**包括移転登記**または特別縁故者不存在確定による持分移転の**特定移転登記**を申請する連件申請のパターンとなる（平2，平22）。

① 特別縁故者への分与による連件申請

【事例117 ―特別縁故者への分与―】 過問 （H2） 連件

問　次の事実について，Fコン Step 1（法律構成の判断，原因関係の判断，登記の種類の判断），Fコン Step 2（申請の個数と申請順序の判断）の判断をしなさい。なお，甲土地の課税標準の額は金6,000万円とする。
（甲土地の登記記録）
甲区2番　所有権移転　所有者　A
（事実関係）
1　Aは，平成25年2月1日に死亡した。Aには，相続人は存在しない。
2　Bは，同年4月1日，管轄家庭裁判所に対して相続財産管理人の選任請求を行い，Cが相続財産管理人に選任された。管轄家庭裁判所は，民法952条2項に基づく相続財産管理人選任公告をした。
3　Cは，上記の公告があった後2か月以内に相続人のあることが明らかにならなかったため，民法957条1項に基づきすべての相続債権者および受遺者に対して2か月以内にその請求の申出をすべき旨を公告した。当該債権申出期間が満了後もなお相続人があることが明らかでないため，Cの請求により管轄家庭裁判所は，民法958条に基づき相続人があるならば6か月以内にその権利を主張すべき旨を公告したが，権利を申し出る者がなく期間が経過した。

4　Bは，Aと生計を同じくしていたとして，上記の公告期間経過後3か月以内に管轄家庭裁判所に対してAが有していた甲土地の分与を申し立てたところ，申立てどおり分与する旨の審判がなされ，平成28年7月1日に当該審判が確定した。

順序	法律構成の判断	原因関係の判断		登記の種類の判断	物件
		民177の効果	法3の権利変動		
1	事1―相続人不存在 事2―相続財産管理人選任 事3―相続人不存在確定	変更 ―― ――	移転	名変登記	甲
2	事4―民法第958条の3の審判	変更	移転	包括移転登記	甲

i　Fコン Step 1の判断

　事実1からAが死亡し，Aが遺言書を作成した事実が示されていないため**法定相続**を法律構成するが，被相続人Aには相続人がいないため結果として**相続人不存在**を法律構成することになる。これによりAの相続財産である甲土地は相続財産法人となる。この物権変動は**変更**であり（民177），登記の対象となる権利変動は権利主体の変更として**移転**となるが（法3），先例により登記の種類は，**名変登記**となる（昭10.1.14民甲39民事局長通牒，「質疑応答7842」『登記研究』707号193頁）。なお，甲土地はすでに甲区2番まで登記がされているため保存登記に代替する余地はない（個別フレームは **61**〔152頁〕参照）。

　また，事実2の相続財産管理人の選任および事実3の相続人不存在確定を経て，事実4から**特別縁故者への財産分与の審判**を法律構成する（民958の3）。これにより分与対象となる甲土地が相続財産法人からBに移転する。この物権変動は**変更**であり（民177），登記の対象となる権利変動は権利主体の変更として**移転**となり（法3），登記の種類は，移転原因が相続または合併ではないが，相続に準ずるものとして**包括移転登記**となる（**40（1）**，個別フレームは **41**〔97頁〕参照）。

ii　Fコン Step 2の暫定個数の判断

　事例では，甲土地について2つの登記が問題となるため一申請の検討が必要となる。これら2つの登記は登記の目的および登記原因が異なるため，一申請は許されず（規35⑨），原則どおり2つの申請が必要となる。

iii　Fコン Step 2の暫定順序の判断

　原因関係の発生順に申請を整理すれば，1番目に相続開始日を原因日付とする相続人不存在による**名変登記**，2番目に審判確定日を原因日付とする財産分

与審判による所有権の包括移転登記の順となる。

iv　F コン Step 2 の登記の連続性の判断

　2番目の所有権の移転登記は，登記義務者が亡A相続財産となるため，1番目の名変登記を申請しなければ申請情報の登記義務者が登記記録と合致しない場合として申請が却下されてしまうため（法25⑦），登記の連続性の観点からも上記の申請順序が妥当であることが検証できることになる。

【参考・答案例—事例 117（相続人不存在の特別縁故者への分与審判による連件申請）】

○1番目の申請
登記の目的　　2番所有権登記名義人氏名変更
原　　　因　　平成 25 年 2 月 1 日相続人不存在
変更後の事項　登記名義人　亡A相続財産
申　請　人　　申請人　亡A相続財産
添　付　情　報　登記原因証明情報（戸籍謄抄本等の相続証明書）　代理権限証明情報（Cの相続財産管理人の選任審判書，Cの委任状）
登録免許税　　金 1,000 円（＝甲土地 1 個×1,000 円）

○3番目の申請
登記の目的　　所有権移転
原　　　因　　平成 28 年 7 月 1 日民法第 958 条の 3 の審判
申　請　人　　権利者（申請人）B　義務者A
添　付　情　報　登記原因証明情報（審判書正本および確定証明書）　住所証明情報（B）
　　　　　　　代理権限証明情報（Bの委任状）
登録免許税　　金 120 万円（＝6,000 万円×1,000 分の 20）

---

② 特別縁故者不存在確定による連件申請

【事例 118 ─特別縁故者不存在確定─】 過問 （H22） 連件

問　甲土地の事実について，法律構成の判断，原因関係の判断，登記の種類の判断を行いなさい。
　　なお，甲土地の課税標準の額は金 6,000 万円とする。
（甲土地の登記記録）
甲区2番　所有権移転　共有者　持分2分の1A　2分の1B
（事実関係）
1　Aは，平成 25 年 2 月 1 日に死亡した。Aには，相続人は存在しない。
2　Bは，同年 4 月 1 日，管轄家庭裁判所に対して相続財産管理人の選任請求を行い，Cが相続財産管理人に選任された。管轄家庭裁判所は，民法 952 条 2 項に基づく相続財産管理人選任公告をした。
3　Cは，上記の公告があった後 2 か月以内に相続人のあることが明らかにな

らなかったため，民法957条1項に基づきすべての相続債権者および受遺者に対して2か月以内にその請求の申出をすべき旨を公告した。当該債権申出期間が満了後もなお相続人があることが明らかでないため，Cの請求により管轄家庭裁判所は，民法958条に基づき相続人があるならば6か月以内にその権利を主張すべき旨を公告したが，権利を申し出る者がなく期間が経過した。
 4 その後，特別縁故者に対する相続財産の分与の申立てがなく，申立期間は平成28年7月1日に満了した。

順序	法律構成の判断	原因関係の判断		登記の種類の判断	物件
		民177の効果	法3の権利変動		
1	事1―相続人不存在 事2―相続財産管理人選任 事3―相続人不存在確定	変更 ―― ――	移転	名変登記	甲
2	事4―特別縁故者不存在確定	消滅・発生	移転	特定移転登記	甲

 i Fコン Step 1 の判断

　事実1の相続人不存在は，事例117と同様の検討により，登記の種類は名変登記となる。

　また，事実2の相続財産管理人の選任および事実3の相続人不存在確定を経て，事実4から特別縁故者不存在確定を法律構成する。相続財産法人となる財産が共有権の場合，判例および先例は，民法255条よりも民法958条の3の特別縁故者への分与を優先適用する見解を採用しており（最判平元.11.24，平3.4.12民三2398通），①相続人不存在確定後，特別縁故者の分与申立期間内に分与請求がなければ申立期間満了日の翌日に，②分与請求はあったが，申立てを却下する審判が確定した場合には，却下審判確定日の翌日に民法255条が適用され（平3.4.12民三2398通，記録例218注2），相続財産法人となった持分権は他の共有者に帰属する。この物権変動の効果は原始取得であるため持分権の消滅と同様の権利の発生であるが（民177），他の原始取得の場合と同様，登記の対象となる権利変動は権利主体の変更として移転となり（法3），登記の種類は，移転原因が相続または合併以外（法63Ⅱ）であるため特定移転登記となる（個別フレームは36〔82頁〕参照）。

 ii Fコン Step 2 の暫定個数の判断

　事例では，甲土地について2つの登記の申請が問題となり，一申請の検討が必要となる。問題となる2つの登記は，登記の目的および登記原因が異なるため，一申請は許されず（規35⑨），原則どおり2つの登記を申請しなければなら

iii　Fコン Step 2 の暫定順序の判断

原因関係の発生順に申請を整理すれば，１番目に相続人不存在による**名変登記**，２番目に特別縁故者不存在確定による持分の移転の**特定移転登記**の順となる。

iv　Fコン Step 2 の登記の連続性の判断

２番目の所有権の移転登記は，登記義務者が亡Ａ相続財産となるため，１番目の名変登記を申請しなければ申請情報の登記義務者が登記記録と合致しない場合として申請が却下されてしまうため（法25⑦），登記の連続性の観点からも上記の申請順序が妥当であることが検証できることになる。

【参考・答案例―事例 118（相続人不存在の特別縁故者不存在による持分移転登記の連件申請）】

○１番目の申請
登記の目的　　２番所有権登記名義人氏名変更
原　　　因　　平成25年２月１日相続人不存在
変更後の事項　登記名義人　亡Ａ相続財産
申　請　人　　申請人　亡Ａ相続財産
添 付 情 報　　登記原因証明情報（戸籍謄抄本等の相続証明書）　代理権限証明情報（Ｃの相続財産管理人の選任審判書，Ｃの委任状）
登録免許税　　金1,000円（＝甲土地１個×1,000円）

○３番目の申請
登記の目的　　亡Ａ相続財産持分全部移転
原　　　因　　平成28年７月２日特別縁故者不存在確定
申　請　人　　権利者　持分２分の１　Ｂ　義務者　亡Ａ相続財産
添 付 情 報　　登記原因証明情報（相続財産管理人Ｃ作成の報告式）　登記識別情報（Ａの甲区２番）　印鑑証明書（亡Ａの相続財産管理人Ｃ）　住所証明情報（Ｂ）　代理権限証明情報（Ｃの相続財産管理人選任審判書　Ｂ，Ｃの委任状）
登録免許税　　金60万円（＝6,000万円×２分の１×1,000分の20）

（４）　一般承継後の抹消原因発生による連件申請

担保権者に相続または合併等の一般承継があり，その後に担保権が消滅した場合，抹消登記の前提として担保権の一般承継による移転登記を申請しなければならない。これを省略すれば中間省略登記に該当することになるからである。

この場合，１番目で一般承継による担保権の**包括移転登記**を，２番目で担保権の**抹消登記**を連件申請するパターンとなる（昭61，平２，平20）。

【事例119 ─合併後の弁済─】 過問 （S61，H2，H20） 連件

問　次の事実について，Ｆコン Step 1（法律構成の判断，原因関係の判断，登記の種類の判断），Ｆコン Step 2（申請の個数と申請順序の判断）の判断をしなさい。

(甲土地の登記記録)
甲区2番　所有権移転　所有者 A
乙区1番　抵当権設定　債権額 金3,000万円　債務者 A　抵当権者 株式会社 X

(事実関係)
1　債務者は，抵当権者に対して，平成28年7月1日，1番抵当権の被担保債権の全額を弁済した。
2　平成28年4月1日，消滅会社を株式会社Xとし，存続会社を株式会社Yとする吸収合併の効力発生日が到来したため，同年4月4日，管轄商業登記所において所定の登記を完了させた。

順序	法律構成の判断	原因関係の判断		登記の種類の判断	物件
		民177の効果	法3の権利変動		
2	事1─弁済	消滅	消滅	抹消登記	甲
1	事2─吸収合併	変更	移転	包括移転登記	甲

① Ｆコン Step 1の判断

事実1から1番抵当権の被担保債権の**債務者**が**全額**を弁済しているため**弁済**を法律構成する。これにより被担保債権は満足に達して消滅し，消滅の附従性により1番抵当権も消滅する。この物権変動は**消滅**であり（民177），登記の対象となる権利変動も**消滅**となり（法3），登記の種類は**抹消登記**となる（個別フレームは **54**〔132頁〕参照）。

事実2から**吸収合併**を法律構成する。合併の効力発生時点でいまだ事実1の弁済は行われておらず，合併により1番抵当権の被担保債権が消滅会社である株式会社Xから存続会社である株式会社Yに移転し，それに随伴して1番抵当権が移転する。この物権変動は**変更**であり（民177），登記の対象となる権利変動は権利主体の変更として**移転**となり（法3），登記の種類は，移転原因が合併であるため（法63Ⅱ），**包括移転登記**となる（個別フレームは **41**〔97頁〕参照）。

② Ｆコン Step 2の暫定個数の判断

事例では，甲土地について2つの登記の申請が問題となっているため，一申請の検討が必要となる。2つの登記は，登記の目的および登記原因が異なるため，一申請は許されず（規35⑨），原則どおり2つの申請をしなければならない。

③ FコンStep2の暫定順序の判断

原因関係の発生順に申請を整理すれば，1番目に合併による1番抵当権の**包括移転登記**，2番目に弁済による1番抵当権の**抹消登記**の順となる。

④ FコンStep2の登記の連続性の判断

中間省略登記禁止の原則により，名変登記と異なり（**64（1）**，**事例21** 参照），所有権以外の権利の抹消登記の前提として合併による移転登記の申請を省略することは許されず，上記の申請順が妥当であることが検証できることになる。

なお，弁済後の合併については，**82** の**事例53**を参照せよ。

【参考・答案例―事例119（抵当権合併後の弁済による連件申請）】
○1番目の申請
登記の目的　　1番抵当権移転
原　　因　　　平成28年4月1日合併
申　請　人　　抵当権者（被合併会社　株式会社X）株式会社Y
添 付 情 報　　登記原因証明情報（登記事項証明書）　代理権限証明情報（株Yの委任状）　会社法人等番号
登録免許税　　金3万円（＝3,000万円×1,000分の1）
○2番目の申請
登記の目的　　1番抵当権抹消
原　　因　　　平成28年7月1日弁済
申　請　人　　権利者A　義務者 株式会社Y
添 付 情 報　　登記原因証明情報（株式会社Y作成の報告書）　登記識別情報（株式会社Yの乙区1番付記1号）　代理権限証明情報（A，株式会社Yの委任状）　会社法人等番号
登録免許税　　金1,000円（＝甲土地1個×1,000円）

（5）時効援用後の占有者の死亡による連件申請

占有者が時効を完成させ，かつ，時効援用の意思表示をした後に死亡した場合，占有者が占有していた不動産の所有権は，占有開始時にさかのぼって，占有者が原始取得し，占有者が取得した当該所有権が相続により相続人に移転する。この場合，占有者の相続人に直接移転登記することは中間省略登記禁止の原則から許されない。

この場合，1番目で時効取得による所有権の**特定移転登記**をその相続人が一般承継人による登記として申請し，2番目で相続による所有権の**包括移転登記**を連件申請するパターンとなる（**92（3）**参照）。

【事例120 ―時効援用後の占有者の死亡―】 連件

問　甲土地の事実について，法律構成の判断，原因関係の判断，登記の種類の判断を行いなさい。
　　なお，甲土地の課税標準の額は金6,000万円とする。
（甲土地の登記記録）
甲区2番　所有権移転　所有者 A
（事実関係）
1　Bは，Aの代理人と称するAの子Cとの間で，平成7年2月1日，甲土地を代金8,000万円で移転する契約を締結し，同日，甲土地の引渡しを受けた。Bは，平成27年2月2日時点でも甲土地を占有していた。
2　Bは，Aに対し，平成27年7月1日到達の内容証明郵便によって甲土地の時効を援用する意思表示をした。
3　平成28年3月1日にBが死亡し，その相続人は配偶者Dと子Eのみである。

順序	法律構成の判断	原因関係の判断		登記の種類の判断	物件
		民177の効果	法3の権利変動		
1	事1―BC売買と引渡し 事2―Bの時効援用 ▽長期取得時効	（無権代理と時効完成） ―― 消滅，発生	移転	特定移転登記	甲
2	事3―Bの法定相続	変更	移転	包括移転登記	甲

① Fコン Step 1 の判断

　事実1から代理人による売買契約を法律構成する（民555，同99）。しかし，代理人Cに本人Aが代理権を授与していた事実がなく，表見代理に該当する事実，本人Aの追認，無権代理人Cが本人Aを相続した事実も存在しないため，物権変動の効果が発生せず，この法律関係は原因関係と判断ができない。そこで，これを他人物売買と再構成するが（民560），売主Cが甲土地を取得した事実が示されていないため，これも原因関係とはならない。

　さらに，事実1には平成7年2月1日に買主Bが甲土地の引渡しを受け甲土地を占有した事実と，それから20年を経過した平成27年2月2日の時点でもBが甲土地を占有している事実に加え，事実2にはBがAに対して時効援用の意思表示をした事実が示されているため長期取得時効を法律構成する（民162 I）。これにより甲土地はBが占有を開始した平成7年2月1日にさかのぼって甲土地を原始取得したことになる（民144）。この物権変動は原始取得として消滅と発生であるが（民177），判例および先例はともにこれを移転として

公示すれば足りるとしており（法3，大判大14.7.8，明44.6.22民414回），登記の種類は，移転原因が相続または合併以外として**特定移転登記**となる（個別フレームは **36**〔82頁〕参照）。なお，甲土地はすでに甲区2番まで登記がされており保存登記の余地はない。

　また，事実3からBが死亡し，Bに遺言書を作成した事実が示されていないため**法定相続**を法律構成する。これによりBが取得した甲土地の所有権は被相続人Bから相続人DEに移転する。この物権変動は**変更**であり（民177），登記の対象となる権利変動は権利主体の変更として**移転**となり（法3），登記の種類は，移転原因が相続であるため（法63Ⅱ），**包括移転登記**となる（個別フレームは **41**〔97頁〕参照）。

② FコンStep 2の暫定個数の判断

　事例で問題となる2個の登記は，登記の目的は移転登記として同一と言えるが，登記原因が異なるため，一申請はできない（規35⑨）。

③ FコンStep 2の暫定順序の判断および登記の連続性の判断

　原因関係の発生順に申請を整理すれば，1番目に時効取得による所有権の移転登記，2番目に相続による所有権の移転登記の順となる。

　中間省略登記禁止の原則により，直接相続人への移転登記は許されず，上記の申請順が妥当であることが検証できることになる。

　なお，占有者が時効を完成させたが時効援用前に死亡した場合の処理は，**事例72**を参照せよ。

【参考・答案例―事例120（取得時効援用後の占有者の死亡による連件申請）】

○1番目の申請
登記の目的　　所有権移転
原　　因　　　平成7年2月1日時効取得
申 請 人　　　権利者（亡）B　左記相続人DE
　　　　　　　義務者A
添 付 情 報　　登記原因証明情報（A作成の報告式）　登記識別情報（Aの甲区2番）
　　　　　　　印鑑証明書（A）　住所証明情報（Bの除かれた住民票の写し）　一般承
　　　　　　　継証明情報（戸籍謄抄本）　代理権限証明情報（ADEの委任状）
登録免許税　　金120万円（＝6,000万円×1,000分の20）
○2番目の申請
登記の目的　　所有権移転
原　　因　　　平成28年3月1日相続

申　請　人	相続人（被相続人 A）持分 2 分の 1 D　2 分の 1 E
添 付 情 報	登記原因証明情報（戸籍等諸本）　住所証明情報（D, E）　代理権限証明情報（D, E の委任状）
登録免許税	金 24 万円（＝6,000 万円×1,000 分の 4）

（6）誤ってされた相続登記の抹消が必須となることによる連件申請

　本来，ある登記を申請しなければならないにもかかわらず，論理上，ありえない相続登記が誤ってされた場合，誤ってされた相続登記を前提として，本来すべきであった登記を申請することはできない。

　この場合，1 番目で錯誤による相続登記の抹消登記を，2 番目で本来，されるべき登記を連件申請するパターンとなる（平 6，平 19）。

① 誤ってされた相続登記がある場合の 1 号仮登記の本登記の連件申請

【事例 121 ─ 1 号仮登記と誤ってされた相続登記─】 連件

　問　次の事実について，F コン Step 1（法律構成の判断，原因関係の判断，登記の種類の判断），F コン Step 2（申請の個数と申請順序の判断）の判断をしなさい。なお，甲土地の課税標準の額は金 6,000 万円とする。
（甲土地の登記記録）
甲区 2 番　所有権移転　所有者 A
　　 3 番　所有権移転仮登記　平成 26 年 9 月 1 日売買　権利者 C
　　　　　余白
　　 4 番　所有権移転　平成 28 年 2 月 1 日相続　所有者 B
（事実関係）
1　A は，平成 28 年 2 月 1 日に死亡し，その相続人は子 B のみである。B は，誤って甲区 4 番の登記を完了させた。
2　C は，B に対して，平成 28 年 7 月 1 日，甲区 3 番仮登記の本登記手続を請求し，B はこれに応ずることとした。

順序	法律構成の判断	原因関係の判断		登記の種類の判断	物件
		民 177 の効果	法 3 の権利変動		
1	事 1─A 法定相続　事 2─CB 登記請求	（4 番是正原因）	─	抹消登記	甲
2	▽仮登記の本登記	変更	移転	特定移転登記	甲

ⅰ　F コン Step 1 の判断

　事実 1 には，甲区 4 番で登記された被相続人を A とする相続登記が誤ってされた登記である事実が示されており，当該事実は錯誤による是正登記の原因関係となる。登記の種類は，誤ってされた登記が真の所有者にとって価値がな

く，更正前後で登記の同一性が認められないため原則どおりの抹消登記となる（個別フレーム**54**〔132頁〕参照）。なお，抹消対象となる登記は甲区4番の移転登記であり，抹消する記号を記録するものではないため抹消回復登記に代替する余地はない。

　また，甲区4番の相続登記は，甲区3番の仮登記がその登記の目的および登記原因から1号仮登記であり，実体上，甲土地の所有権は仮登記の原因日付である平成26年9月1日にAから仮登記権利者Cに移転しており，仮登記義務者であるAの相続により甲土地の所有権が相続人Bに移転しないことは登記記録上も明らかである。したがって，2号仮登記の場合と異なり，抹消登記の申請を省略することはできない（**97（2）**，**事例81**の2号仮登記と対比）。

　事実2には，甲区3番の仮登記権利者Cから仮登記義務者の相続人Bが本登記請求を受けた事実が示されている。上記のとおり，甲区3番の仮登記は1号仮登記であるため，仮登記義務者の地位を包括承継した相続人Bがこれに応じ，甲区3番仮登記の本登記を一般承継人による登記として申請することになる（法62）。

ⅱ　Fコン Step 2 の暫定個数の判断

　事例では，甲土地について2個の登記の申請が問題となり，一申請の検討が必要となる。問題となる2個の登記は，登記の目的および登記原因が異なるため，一申請は許されず（規35⑨），原則どおり2つの申請をしなければならない。

ⅲ　Fコン Step 2 の暫定順序の判断および登記の連続性の判断

　原因関係の発生順に申請を整理すれば，1番目に3番仮登記の本登記，2番目に錯誤による抹消登記の順となる。

　しかし，この申請順序では，仮登記の本登記の登記義務者について申請情報と登記記録とが合致しないことになり申請が却下される（法25⑦）。したがって，登記の連続性の観点から，1番目に錯誤による抹消登記を，2番目に売買による特定移転登記を仮登記の本登記として連件申請すべきことになる。

【参考・答案例―事例121（相続登記の抹消を伴う1号仮登記の本登記の連件申請）】

○1番目の申請
登記の目的　　　4番所有権抹消
原　　因　　　　錯誤
申　請　人　　　権利者（亡）A　左記相続人B　義務者 B

添 付 情 報	登記原因証明情報（B作成の報告式）　登記識別情報（Bの甲区4番）
	印鑑証明書（B）　一般承継証明情報（戸籍謄抄本）　代理権限証明情報（Bの委任状）
登録免許税	金1,000円（＝甲土地1個×1,000円）

○2番目の申請
登記の目的	所有権移転（3番仮登記の本登記）
原　　　因	平成26年9月1日売買
申　請　人	権利者C　義務者亡A相続人B
添 付 情 報	登記原因証明情報（B作成の報告式）　登記識別情報（Aの甲区2番）
	印鑑証明書（B）　住所証明情報（C）　一般承継証明情報（戸籍謄抄本）
	代理権限証明情報（B，Cの委任状）
登録免許税	金60万円（登録免許税法第17条第1項）（＝6,000万円×（1,000分の20－1,000分の10））

② 誤ってされた相続登記がある場合の委任の終了の連件申請

【事例122 ―委任の終了と誤ってされた相続登記―】 連件

> 問　次の事実について，Fコン Step 1（法律構成の判断，原因関係の判断，登記の種類の判断），Fコン Step 2（申請の個数と申請順序の判断）の判断をしなさい。なお，甲土地の課税標準の額は金6,000万円とする。
>
> （甲土地の登記記録）
> 甲区2番　所有権移転　　　　　　　　　　　　　　所有者A
> 　　3番　所有権移転　平成26年9月1日売買　　　所有者B
> 　　4番　所有権移転　平成28年2月1日相続　　　所有者C
>
> （事実関係）
> 1　Aおよび権利能力なき社団であるDは，平成26年9月1日，甲土地を代金3,000万円で移転する売買契約を締結し，それに基づく登記を甲区3番で代表者Bの個人名義の登記として登記を完了させた。
> 2　Bは，平成28年2月1日に死亡し，その相続人は子Cのみである。Cは1の事実を知らなかったため，甲区4番の登記を完了させた。
> 3　権利能力なき社団Dは，平成28年7月1日，代表者Bの後任者としてEを選任し，Eが新代表者に就任した。

| 順序 | 法律構成の判断 | 原因関係の判断 | | 登記の種類の判断 | 物件 |
		民177の効果	法3の権利変動		
1 2	事1―AD間売買 事2―B法定相続 事3―委任の終了	（3番代表者B登記済） （4番是正原因） ―	移転	抹消登記 特定移転登記	甲 甲

i　Fコン Step 1の判断

　事実1から，甲土地はAから権利能力なき社団Dが買い受け，権利能力な

き社団は不動産登記上，当事者能力が認められていないため（最判昭 47.6.2, 昭 23.6.21 民甲 1897 号），代表者 B の個人名義の登記を甲区 3 番で登記したものであることがわかる。したがって，事実 2 で B が死亡し法定相続が開始したが，甲土地は B の相続財産ではなく，相続人 C がした甲区 4 番の相続登記は，錯誤によりされた登記となり是正登記の原因関係となる。

是正登記の種類は，誤ってされた相続登記が真の所有者にとって無価値であり更正前後の登記の同一性が認められないため，原則どおり抹消登記となる（個別フレームは 54〔132 頁〕参照）。抹消対象となる登記は移転登記であるため，抹消回復登記を申請する余地はない。

ちなみに，委任終了後の善処義務（民 654）として相続人 C に必要な処分とは，登記名義を旧代表者 B 名義に維持する義務であり，登記名義を相続人に変更することは必要な処分の範囲を超えるものとして許されない（法務省法務総合研究所編『実務解説　権利の登記』134 頁）。

事実 3 から委任の終了を法律構成する。これは，代表者に変更が生じた場合，旧代表者が登記名義人となる委任契約は終了し，登記名義を構成員全員の総有名義に戻し，新代表者が就任すれば，登記名義の委任により新代表者を登記名義人とする登記をするのが本来であるが，先例は，それらの登記をするまでの間に新代表者 E への委任がされれば，中間を省略し，旧代表者から新代表者へ委任の終了を原因として移転登記によって登記名義を変更することを認めている（昭 41.4.18 民甲 1126 回, 昭 53.2.22 民三 1102 回）。これにより，代表者が変更しても実体上，甲土地が構成員全員の総有となっている点に変動はないが，登記の対象となる権利変動を便宜，権利主体の変更である移転ととらえ（法 3），登記の種類は，移転原因が相続または合併以外となるため特定移転登記となる（個別フレームは 36〔82 頁〕参照）。なお，登記が甲区 4 番までされているため保存登記を申請する余地はない。

ii　F コン Step 2 の暫定個数の判断

事例では，甲土地について 2 つの登記の申請が問題となるため一申請の検討が必要となる。問題となる 2 つの登記は，登記の目的および登記原因が異なるため，一申請は許されず（規 35 ⑨），原則どおり 2 つの申請をしなければならない。

iii　F コン Step 2 の暫定順序の判断および登記の連続性の判断

原因関係の発生順に申請を整理すれば，1 番目に錯誤による抹消登記，2 番目

118　中間省略登記禁止の原則からくる連件申請

に委任の終了による所有権の特定移転登記の順となる。

　旧代表者の相続人が負う登記名義の維持という善処義務から2件目の委任の終了の登記義務者は旧代表者にかぎられることになり，登記の連続性の観点からも上記の申請順序が妥当であることが検証できることになる。

【参考・答案例─事例122（相続登記の抹消を伴う委任の終了による移転の連件申請）】
○1番目の申請
登記の目的　　4番所有権抹消
原　　　因　　錯誤
申　請　人　　権利者（亡）B　左記相続人C　義務者C
添付情報　　登記原因証明情報（C作成の報告式）　登記識別情報（Cの甲区4番）
　　　　　　印鑑証明書（C）　一般承継証明情報（戸籍謄抄本）　代理権限証明情報（Cの委任状）
登録免許税　　金1,000円（＝甲土地1個×1,000円）
○2番目の申請
登記の目的　　所有権移転
原　　　因　　平成28年7月1日委任の終了
申　請　人　　権利者E　義務者亡B相続人C
添付情報　　登記原因証明情報（C作成の報告式）　登記識別情報（Bの甲区3番）
　　　　　　印鑑証明書（C）　住所証明情報（E）　一般承継証明情報（戸籍謄抄本）
　　　　　　代理権限証明情報（C，Eの委任状）
登録免許税　　金120万円（＝6,000万円×1,000分の20）

③　誤ってされた債権譲渡の抹消登記が必須となる連件申請

　債権二重譲渡の場合に，第三者対抗要件で劣後する取得者のために債権譲渡による抵当権移転登記がされている場合，登記名義人から第三者対抗要件で優越する債権取得者への真正な登記名義の回復による移転登記は許されず，必ず誤ってされた債権譲渡による抵当権移転登記を抹消登記しなければならない。

　この場合，1番目で錯誤による抵当権移転登記の抹消登記を，2番目で第三者対抗要件を優越する者への債権譲渡による抵当権の特定移転登記を連件申請するパターンとなる。

【事例123─債権二重譲渡の登記処理─】　連件

問　次の事実について，FコンStep1（法律構成の判断，原因関係の判断，登記の種類の判断），FコンStep2（申請の個数と申請順序の判断）の判断をしなさい。
（甲土地の登記記録）

118　中間省略登記禁止の原則からくる連件申請

> 甲区 2 番　所有権移転　所有者 A
> 乙区 1 番　抵当権設定　債権額　金 3,000 万円　債務者 A　抵当権者 X
> 　　付記 1 号　1 番抵当権移転　平成 28 年 6 月 1 日債権譲渡　抵当権者 Y
> (事実関係)
> 　1　X および Y は，平成 28 年 6 月 1 日，1 番抵当権の被担保債権全部を無償で移転する契約を締結し，同日，1 番付記 1 号の登記を完了させた。
> 　2　X および W は，同年 7 月 1 日，1 番抵当権の被担保債権全額を代金 500 万円で移転する契約を締結し，X は翌日到達の内容証明郵便で A に対して譲渡通知を行った。

順序	法律構成の判断	原因関係の判断		登記の種類の判断	物件
		民 177 の効果	法 3 の権利変動		
1	事 1―XY 債権譲渡	(対抗要件劣後・是正原因)(債権二重譲渡)	―	抹消登記	甲
2	事 2―XW 債権譲渡　▽W 第三者対抗要件具備	変更	移転	特定移転登記	甲

i　F コン Step 1 の判断

　事実 1 は，X から Y への 1 番抵当権の被担保債権の贈与契約の事実であるため**債権譲渡**を法律構成する。

　また，事実 2 は，X から W への 1 番抵当権の売買契約の事実であるため**債権譲渡**を法律構成する。

　これにより，1 番抵当権の被担保債権は，第 1 譲受人 Y と第 2 譲受人 W に二重譲渡されたことになる。この場合の優先劣後は，債権譲渡についての第三者対抗要件によって判断する（民 467 Ⅱ）。債権譲渡の第三者対抗要件は，譲渡人からの確定日付ある通知または債務者の確定日付ある承諾であり，事例では，事実 2 から第 2 譲受人 W のみが譲渡人 X から債務者 A に対する内容証明郵便（確定日付ある書面）による譲渡通知がされているため，1 番抵当権の被担保債権は，確定的に第 2 譲受人 W が取得し，随伴性により 1 番抵当権が W に移転する。この物権変動は**変更**であり（民 177），登記の対象となる権利変動は権利主体の変更として**移転**となり（法 3），登記の種類は，移転原因が相続または合併以外であるため**特定移転登記**となる（個別フレームは **36**〔82 頁〕参照）。

　その結果，第 1 譲受人 Y は，乙区 1 番付記 1 号で 1 番抵当権の移転登記を完了させているが，抵当権の移転登記は，債権譲渡の第三者対抗要件とはならず，Y ははじめから 1 番抵当権の被担保債権を取得しなかったことになる。したがって，事例の事実は，錯誤により乙区 1 番付記 1 号の抵当権移転登記がされ

たことを示す**是正登記の原因関係**となる。

是正登記の種類は，誤ってされている乙区1番付記1号のYへの抵当権移転登記は，債権譲渡の随伴性により1番抵当権を取得した真の権利者であるWにとってまったく無価値であり，更正前後における登記の同一性が認められず，原則どおり**抹消登記**となる（個別フレーム**54**〔132頁〕参照）。なお，抹消対象は移転登記であるため，抹消回復登記による代替の余地はない。

ⅱ　Fコン Step 2 の暫定個数の判断

事例では，甲土地について2つの登記の申請が問題となるため一申請の検討が必要となる。問題となる2つの登記は，登記の目的および登記原因が異なるため，一申請は許されず（規35⑨），原則どおり2つの申請をしなければならない。

ⅲ　Fコン Step 2 の暫定順序の判断および登記の連続性の判断

原因関係の発生順に申請を整理すれば，1番目に錯誤による抹消登記，2番目に債権譲渡による1番抵当権の移転登記の順となる。

前提として抹消登記をしなければ，登記義務者となるXが登記義務者の定義をみたせず申請が却下されるため（法25⑦），登記の連続性の観点からも上記の申請順序が妥当であることが検証できることになる。

【参考・答案例―事例 123（劣後した譲受人への抹消登記を含む債権譲渡による連件申請）】

○1番目の申請
登記の目的　　1番付記1号抵当権移転登記抹消
原　　因　　　錯誤
申　請　人　　権利者X　義務者Y
添　付　情　報　登記原因証明情報（Y作成の報告式）　登記識別情報（Yの乙区1番付記1号）　代理権限証明情報（XYの委任状）
登録免許税　　金1,000円（＝甲土地1個×1,000円）

○2番目の申請
登記の目的　　1番抵当権移転
原　　因　　　平成28年7月1日債権譲渡
申　請　人　　権利者W　義務者X
添　付　情　報　登記原因証明情報（X作成の報告式）　登記識別情報（Xの乙区1番）　代理権限証明情報（X，Wの委任状）
登録免許税　　金6万円（＝3,000万円×1,000分の2）

（7） 元本確定登記と元本確定後固有の変更・処分の登記の連件申請

元本確定後の根抵当権について確定後固有の変更・処分の登記をするには，前提として元本確定登記を申請することが必要となる。

この場合，1番目で元本確定による変更登記を，2番目で元本確定後に固有の変更・処分の登記を連件申請するパターンとなる（平8，平20，平26）。

なお，例外的に元本確定の登記を要しない場合については，事例58，事例59，事例60，事例61を参照せよ。

【事例124 ―第三者の差押えによる元本確定と債権譲渡―】 過問
（H 8，H 20，H 26） 連件

> 問　次の事実について，Fコン Step 1（法律構成の判断，原因関係の判断，登記の種類の判断），Fコン Step 2（申請の個数と申請順序の判断）の判断をしなさい。
>
> 　なお，1番抵当権者Xは，甲区3番の差押えを裁判所書記官からの平成27年12月2日到達の書面で知ったものとする。
>
> （甲土地の登記記録）
> 甲区 2番　所有権移転　所有者 A
> 　　 3番　差押　平成27年12月1日甲地方裁判所担保不動産競売開始決定
> 　　　　　　　　債権者 Y
> 乙区 1番　根抵当権設定　極度額 金3,000万円　債権の範囲 売買取引　債務者 A　根抵当権者 X
> 　　 2番　抵当権設定　債権額 金1,000万円　債務者 A　抵当権者 Y
>
> （事実関係）
> 1　XおよびWは，平成28年7月1日，1番根抵当権の被担保債権の全額を代金2,000万円で移転する旨を合意した。
> 2　同日，XおよびWは，Aの承諾を得て，1番根抵当権を移転する全部譲渡契約を締結した。

順序	法律構成の判断	原因関係の判断		登記の種類の判断	物件
		民177の効果	法3の権利変動		
2	事1―XW債権譲渡 事2―XW全部譲渡	変更 （無効）	移転	特定移転登記	甲
1	▲第三者差押・元本確定	変更	変更	変更登記	甲

i　Fコン Step 1の判断

事例の場合，甲区3番をみると差押えの登記が存在し，差押債権者Yが2番抵当権者Yと一致するため，1番根抵当権からすれば第三者による差押えであることが確認できる。この場合，1番根抵当権者Xが差押えを知った時から2

週間の経過により1番根抵当権の元本は確定する（民398の20Ⅰ③）。事例の1番根抵当権は，元本確定後の根抵当権と判断できることになる。また，第三者の差押えによる元本の確定は，それが登記記録から明らかではないため，当該事実は，**権利変動の登記の原因関係**となる。この物権変動は**変更**であり（民177），登記の対象となる権利変動は権利内容の変更として**変更**となり（法3），登記の種類は**変更登記**となる（個別フレームは**50**〔120頁〕参照）。

事実1は，1番根抵当権の被担保債権全額の売買契約の事実であり**債権譲渡**を法律構成する。元本確定後の根抵当権は附従性と随伴性が完全に回復されているため，これに随伴して1番根抵当権はXからWに移転する。この物権変動は**変更**であり（民177），登記の対象となる権利変動は権利主体の変更として**移転**となり（法3），登記の種類は，移転原因が相続または合併以外（法63Ⅱ）であるため**特定移転登記**となる（個別フレームは**36**〔82頁〕参照）。

事実2から**全部譲渡契約**を法律構成する。しかし，1番根抵当権の元本は確定しており，元本確定前にしかできない全部譲渡契約は無効であり，原因関係とはならない。

ii　Fコン Step 2 の暫定個数の判断

事例では，甲土地について2つの登記の申請が問題となるため一申請の検討が必要となる。問題となる2つの登記は，登記の目的および登記原因が異なるため，一申請は許されず（規35⑨），原則どおり2つの申請をしなければならない。

iii　Fコン Step 2 の暫定順序の判断および登記の連続性の判断

原因関係の発生順に申請を整理すれば，1番目に元本確定による変更登記，2番目に債権譲渡による1番根抵当権の移転登記の順となる。

前提として元本確定による変更登記をしなければ誤った登記原因を記載したという方式違反で申請は却下されるため（法25⑤），登記の連続性の観点からも上記の申請順序が妥当であることが検証できることになる。

【参考・答案例―事例124（元本確定登記を前提とした根抵当権の債権譲渡による移転の連件申請）】

○1番目の申請
登記の目的　　1番根抵当権元本確定
原　　因　　　平成27年12月17日確定
変更後の事項　なし

申　請　人	権利者 A　義務者 X
添 付 情 報	登記原因証明情報（X作成の報告式）　登記識別情報（Xの乙区1番） 代理権限証明情報（AXの委任状）
登録免許税	金1,000円（＝甲土地1個×1,000円）

○2番目の申請
登記の目的	1番根抵当権移転
原　　因	平成28年7月1日債権譲渡
申　請　人	権利者 W　義務者 X
添 付 情 報	登記原因証明情報（X作成の報告式）　登記識別情報（Xの乙区1番） 代理権限証明情報（XWの委任状）
登録免許税	金6万円（＝3,000万円×1,000分の2）

（8）　相続人の1人の債務引受による相続債務集中の連件申請
【事例37 ―相続債務の集中―】 連件

> 問　次の事実について，法律構成の判断，原因関係の判断，登記の種類の判断をしなさい。
> （甲土地の登記記録）
> 甲区2番　所有権移転　所有者 B
> 乙区1番　抵当権設定　債務者 A　抵当権者 X
> （事実関係）
> 1　Aは，平成28年2月1日に死亡した。Aの相続人は配偶者Bと子Cである。
> 2　Bは1番抵当権者Xとの間で，平成28年7月1日，相続人Cが相続した1番抵当権の被担保債務をBが代わって負担する旨を合意した。

順序	法律構成の判断	原因関係の判断		登記の種類の判断	物件
		民177の効果	法3の権利変動		
1	事1―法定相続	変更	変更	変更登記	甲
2	事2―免責的債務引受契約 （Cの債務引受）	変更	変更	変更登記	甲

　詳細は，**事例37**の説明を参照せよ。なお，平成15年は抵当債務の遺産分割について出題されている（詳細は**74（3）**，**事例38**参照）。

事項索引

い

遺言相続……………………………170,171
　　──の無効事由等…………………188
遺産共有………………………………190
遺産分割方法の指定……………172,174
意思主義……………………………24,33
「遺贈する」旨の遺言…………………177
一申請情報申請……………………60,343
　　──の判断…………………60,262
一不動産一登記記録主義………29,343
一件一申請情報主義……………60,343
一般承継証明情報……………………236
一般承継人による登記………………236
移転型契約……………………………83
移転主義………………………………194
印鑑証明書……………………………49

お

乙区……………………………………29
及ぼさない変更登記…………………224
及ぼす変更登記……………114,115

か

買戻権…………………………………341
架橋判断………………………9,57,61
仮登記…………………………………41
　　──に基づく本登記………………32

き

基準点…………………………………2
記入登記…………………………57,74
却下事由法定主義……………………37
共同申請………………………………44
共同根抵当権…………………………266
共有根抵当権…………………………266
共有物の不分割特約…………………315
共用根抵当権…………………………266
寄与分を定めた場合の法律効果……293

け

形式主義………………………………24

形式審査権限…………………………37
形式的確定力…………………………30
契約としての放棄……………………220
原因関係の判断……………………54,66
原始的不一致…………………………71
権利外観法理………………………25,35
権利に関する登記……………………28
権利の永続性…………………………21
権利の内容……………………………41
権利部…………………………………29
権利不変の公理（権利の永続性）……21,85
権利変動の登記………………………41

こ

合意解除………………………………138
合一確定の原則………………………266
更改契約………………………………123
甲区……………………………………29
公示制度……………………………22,25
公示の原則…………………………23,32
　　──の効力…………………………34
公示方法………………………………23
公信の原則…………………………25,34
公信力…………………………………25
更正登記……………………………58,139
構造……………………………………17
構造的理解……………………………17
後段事務……………………………6,11
合同申請………………………………44
効力要件主義………………………24,34
個別フレーム…………………………66

さ

再根拠事実……………………………69
暫定個数の判断………………………262
暫定順序………………………………368
暫定真実………………………………297

し

敷地権付き区分建物…………………366
事業譲渡………………………………92
事実上の推定力………………………31

476

実体判断 ································ 9,54,57
住所証明情報 ································ 49
主登記 ································ 31,46
順位番号 ································ 31
順位保全効 ································ 41,256
証券化 ································ 23
証拠主義 ································ 45
職権主義 ································ 32
処分禁止の仮処分 ································ 134
書面主義 ································ 37
申請書主義 ································ 4
申請手続の骨格 ································ 59
真正な登記名義の回復 ································ 131,149
申請方式 ································ 47
信託の登記 ································ 367
人的編成主義 ································ 29

す

推定相続人 ································ 172
数次相続 ································ 299

せ

清算型遺贈 ································ 182
静的安全の保護 ································ 25
設定登記 ································ 57
宣言主義 ································ 194
全体フレーム ································ 10,66
前段事務 ································ 6,11
全部包括遺贈 ································ 112,185
占有 ································ 23,27

そ

相続させる旨の遺言 ································ 171
相続人不存在 ································ 102
相続分の指定 ································ 185
相続分の譲渡の法律効果 ································ 281
相続放棄 ································ 145
遡及効 ································ 71
訴権 ································ 251
訴訟承継主義 ································ 255

た

代位原因証明情報 ································ 253
代位による登記 ································ 252
　　――の手続要件 ································ 252
対抗要件主義 ································ 24

第三者対抗力 ································ 33
第三者のための契約方式 ································ 314
代書論 ································ 6
代理権限証明情報 ································ 50
たすきがけ保存 ································ 99
他人物売買 ································ 310
短期取得時効 ································ 304
単件申請 ································ 6
単独行為としての放棄 ································ 220
単独申請 ································ 45

ち

中間省略登記禁止の原則 ································ 35
長期取得時効 ································ 302
直接移転取引 ································ 312

て

定額課税 ································ 50
ディテール・コントロール（Dコン） ······· 11,62
抵当権消滅請求 ································ 233
定率課税 ································ 50
適法申請の本質3要素 ································ 38
手続 ································ 36
手続判断 ································ 9,13,62
電子化 ································ 23
転抵当 ································ 128
添付情報 ································ 47

と

登記 ································ 23,27
　　――の更正 ································ 76
　　――の種類 ································ 58,73
　　――の種類の判断 ································ 59
　　――の申請 ································ 38
　　――の目的 ································ 41
　　――の連続性原則 ································ 31,60
　　――の連続性の判断 ································ 61
　　一般承継人による―― ································ 236
　　権利変動の―― ································ 41
　　信託の―― ································ 367
　　代位による―― ································ 252
　　代位による――の手続要件 ································ 252
　　判決による―― ································ 246
　　表示に関する―― ································ 28
登記官の審査 ································ 37
登記義務者 ································ 44

事項索引　477

登記原因‥‥‥‥‥‥‥‥‥‥‥‥‥‥‥‥41
　——についての第三者の許可、同意または
　　承諾証明情報‥‥‥‥‥‥‥‥‥‥‥48
　——の日付‥‥‥‥‥‥‥‥‥‥‥‥‥41
登記原因証明情報‥‥‥‥‥‥‥‥‥‥‥47
登記権利者‥‥‥‥‥‥‥‥‥‥‥‥‥‥44
登記根拠事実‥‥‥‥‥‥‥‥‥‥‥‥‥69
登記識別情報‥‥‥‥‥‥‥‥‥‥‥‥‥48
登記事項の真実性の立証‥‥‥‥‥‥‥‥43
登記事項法定主義‥‥‥‥‥‥‥‥‥‥‥39
登記実体法‥‥‥‥‥‥‥‥‥‥‥‥‥‥68
登記上の利害関係を有する第三者‥‥‥‥46
登記申請権‥‥‥‥‥‥‥‥‥‥‥‥‥251
登記請求権‥‥‥‥‥‥‥‥‥‥‥‥‥244
登記制度‥‥‥‥‥‥‥‥‥‥‥‥‥23,27
登記手続請求訴訟‥‥‥‥‥‥‥‥‥‥245
動産‥‥‥‥‥‥‥‥‥‥‥‥‥‥‥‥‥20
当事者主義‥‥‥‥‥‥‥‥‥‥‥‥32,33
当事者申請主義‥‥‥‥‥‥‥‥‥‥33,38
同時申請‥‥‥‥‥‥‥‥‥‥‥‥‥‥372
動的安全の保護‥‥‥‥‥‥‥‥‥‥‥‥25
登録‥‥‥‥‥‥‥‥‥‥‥‥‥‥‥‥‥23
登録免許税‥‥‥‥‥‥‥‥‥‥‥‥38,50
特定移転登記‥‥‥‥‥‥‥‥‥‥‥58,78

に

任意的承諾型‥‥‥‥‥‥‥‥‥‥‥‥‥47

ね

根抵当権の消滅請求‥‥‥‥‥‥‥‥‥233
年代順編成主義‥‥‥‥‥‥‥‥‥‥‥‥29

は

判決による登記‥‥‥‥‥‥‥‥‥‥‥246

ひ

引渡主義‥‥‥‥‥‥‥‥‥‥‥‥‥‥‥24
被担保債権の質入れ‥‥‥‥‥‥‥‥‥129
必要十分な登記事項の主張‥‥‥‥‥‥‥38
必要的承諾型‥‥‥‥‥‥‥‥‥‥‥‥‥46
否定事実‥‥‥‥‥‥‥‥‥‥‥‥‥‥‥69
表示に関する登記‥‥‥‥‥‥‥‥‥‥‥28
表題部‥‥‥‥‥‥‥‥‥‥‥‥‥‥‥‥29
表題部所有者‥‥‥‥‥‥‥‥‥‥‥‥105

ふ

付記登記‥‥‥‥‥‥‥‥‥‥‥‥‥31,46
物権共有‥‥‥‥‥‥‥‥‥‥‥‥‥‥190
物権法定主義‥‥‥‥‥‥‥‥‥‥‥‥‥39
物的編成主義‥‥‥‥‥‥‥‥‥‥‥‥‥28
不動産‥‥‥‥‥‥‥‥‥‥‥‥‥‥‥‥20
不動産登記‥‥‥‥‥‥‥‥‥‥‥‥‥‥27
フレーム・コントロール（Ｆコン）‥‥11,66

へ

変更登記‥‥‥‥‥‥‥‥‥‥‥58,74,119
　及ぼさない——‥‥‥‥‥‥‥‥‥‥224
　及ぼす——‥‥‥‥‥‥‥‥‥‥114,115

ほ

包括移転登記‥‥‥‥‥‥‥‥‥‥‥57,95
法定証拠主義‥‥‥‥‥‥‥‥‥‥‥‥‥37
法定相続‥‥‥‥‥‥‥‥‥‥‥‥‥‥170
法的判断‥‥‥‥‥‥‥‥‥‥‥‥11,21,55
冒頭省略保存登記‥‥‥‥‥‥‥‥‥‥107
法律関係‥‥‥‥‥‥‥‥‥‥‥‥‥‥‥21
法律効果‥‥‥‥‥‥‥‥‥‥‥‥‥‥‥20
法律構成の判断‥‥‥‥‥‥‥‥‥14,54,66
法律上の推定‥‥‥‥‥‥‥‥‥‥‥‥297
法律上の推定力‥‥‥‥‥‥‥‥‥‥‥‥31
法律要件‥‥‥‥‥‥‥‥‥‥‥‥‥‥‥21
保存登記‥‥‥‥‥‥‥‥‥‥‥‥‥57,104

ま

抹消回復登記‥‥‥‥‥‥‥‥‥‥‥58,76
抹消登記‥‥‥‥‥‥‥‥‥‥‥‥‥58,74
　——の前提となる各変登記の省略‥‥150

む

無権利の法理‥‥‥‥‥‥‥‥‥‥‥‥‥25

め

名変登記‥‥‥‥‥‥‥‥‥‥‥‥‥58,150
　——の要否判断‥‥‥‥‥‥‥‥‥‥150
免責的債務引受契約‥‥‥‥‥‥‥‥‥125

も

物‥‥‥‥‥‥‥‥‥‥‥‥‥‥‥‥‥‥20

ゆ

優先の定め……………………………………… 317

よ

要件事実……………………………………………21

れ

連件申請……………………………………… 6, 373

わ

割合的包括遺贈……………………………… 180

♠ **蛭町　浩**（ひるまち　ひろし）

伊藤塾司法書士試験科講師。
1984年，司法書士試験合格。2003年，第1回簡裁訴訟代理関係業務認定。
1985年より登記法を中心に受験指導にあたり，実務家向けの研修講座のほか，大学・法科大学院でも教鞭をとる。
1995年頃より，記述式試験のより実践的な解答方法を模索するなか，「不動産取引の決済立会いにより報酬を得ることの実質的な根拠」を突き詰めた結果，法的判断によって登記の対象となる権利変動の存在を確認するとともに，後日の紛争に備えての証拠確保にその根拠があることを確信し，要件事実論に基づく記述式対策を構築することを決意する。
その後，記述式試験の解答過程を「実体判断，架橋判断，手続判断」ととらえるプロセス重視の解答方法を確立し，多くの合格者を輩出している。
2002年の司法書士法改正により，司法書士に簡裁訴訟代理権が付与された後は，第1回認定考査により法務大臣認定を取得し，司法書士試験の合格者を対象に認定考査対策講座を担当している。

伊藤塾
〒150-0031　東京都渋谷区桜丘町17-5　03（3780）1717
http://www.itoujuku.co.jp

司法書士記述式対策 フレーム・コントロール 不動産登記法

2016（平成28）年2月29日　初版1刷発行

著　者　蛭町　浩
発行者　鯉渕友南
発行所　株式会社　弘文堂　　101-0062　東京都千代田区神田駿河台1の7
　　　　　　　　　　　　　　　TEL 03（3294）4801　　振替 00120-6-53909
　　　　　　　　　　　　　　　　　　　　http://www.koubundou.co.jp

装　丁　笠井亞子
印　刷　三報社印刷
製　本　井上製本所

©2016 Hiroshi Hirumachi. Printed in Japan
JCOPY〈（社）出版者著作権管理機構　委託出版物〉
本書の無断複写は著作権法上での例外を除き禁じられています。複写される場合は，そのつど事前に，（社）出版者著作権管理機構（電話 03-3513-6969，FAX 03-3513-6979，e-mail：info@jcopy.or.jp）の許諾を得てください。
また本書を代行業者等の第三者に依頼してスキャンやデジタル化することは，たとえ個人や家庭内での利用であっても一切認められておりません。
ISBN978-4-335-35667-4

――――好評発売中――――

認定司法書士への道〔第3版〕
要件事実最速攻略法

伊藤塾講師 **蛭町 浩**＝著

要件事実における蛭町式メソッドを初公開。バリエーション豊かな多数の事例（設例）と記載例（主張例）で、司法書士有資格者に限らず、実体法と手続法を関連づけて学べる。日常の業務にも活用できる簡裁代理権取得のための必修テキスト、最新版。　　A5判　472頁　4000円

- ●要件事実や事実認定の基本を自習できるように、できるだけわかりやすく、その内容を解説してあります。
- ●要件事実については、訴訟物、請求の趣旨、請求原因の説明をより丁寧にしてあります。
- ●認定司法書士が行える業務範囲、業務規制についても、「認定考査」対応レベルで、わかりやすい説明がしてあります。
- ●確認問題や「認定考査」の過去問を、項目ごとに配置し、本書の内容を確実に修得しているかがチェックできるだけでなく、「認定考査」の出題形式や解答形式にも慣れることができます。

　　はじめに―認定考査に対する試験戦略―
　　第1部　民事訴訟手続と要件事実の基礎
　　　第1章　裁判規範としての民法の特色
　　　第2章　民事訴訟手続の基本構造と基本原理
　　　第3章　民事訴訟手続の流れ
　　　第4章　訴え
　　　第5章　審理
　　　第6章　その他の論点
　　第2部　各種の訴訟における要件事実
　　　第1章　売買契約に基づく代金支払請求訴訟
　　　第2章　代理の場合の請求
　　　第3章　売買契約に基づく目的物引渡請求訴訟
　　　第4章　貸金返還請求訴訟
　　　第5章　保証契約に基づく保証債務履行請求訴訟
　　　第6章　賃貸借契約の終了に基づく建物明渡請求訴訟
　　　第7章　所有権に基づく建物明渡請求訴訟
　　　第8章　所有権に基づく動産引渡請求訴訟
　　　第9章　不動産登記手続請求訴訟
　　　第10章　譲受債権請求訴訟
　　　第11章　請負契約に基づく報酬請求訴訟
　　　第12章　債務不存在確認訴訟
　　　第13章　不法行為関係訴訟
　　　第14章　その他の訴訟
　　第3部　簡裁訴訟代理等関係業務の業務範囲と業務規制
　　　第1章　簡裁訴訟代理等関係業務の業務範囲
　　　第2章　簡裁訴訟代理等関係業務と業務規制

弘文堂

＊定価（税抜）は2016年2月現在

---- 好評の関連書 ----

要件事実論30講〔第3版〕

村田　渉・山野目章夫＝編著
後藤巻則・高橋文清・村上正敏・大塚直・三角比呂＝著

実務家裁判官（司法研修所教官経験者）と民法研究者（法科大学院教授）が討議を重ねて作り上げた要件事実の基礎教育と自己学修に最適のスタンダード・テキスト。設例の丁寧な解説とともに、事実摘示例やブロック・ダイアグラムを具体的に示し、暗記にたよらない要件事実の学修をめざす良きガイド。
「民法の学習と要件事実論」「主張自体失当とはなにか」など学修をより深めるコラムや補講「債権法改正の動向と訴訟の攻撃防御」および巻末に索引機能も兼ねた「記載例関係一覧表」を加え、さらに内容充実の最新版。　Ａ５判　並製　624頁　3800円

要件事実ドリル

伊藤塾＝監修
伊藤塾講師　坂本龍治＝著

要件事実論の修得に、「将棋」の世界を重ね合わせ、イメージをつかみやすくしたユニークな学習書。認定考査試験・司法試験対策に最適なアウトプット力をつけるための反復練習プログラムを提示。現場（＝試験・実務）で力を発揮するドリル型テキスト。
　　　　　　　　　Ａ５判　並製　400頁　3700円

　第１部「考え方」：要件事実の基本的な考え方と、要件事実論に
　　　　　　　　　おける基本概念を学習。
　第２部「書き方」：「訴訟物」「請求の趣旨」「主要事実」「認否」等
　　　　　　　　　の書き方のルールを確認。
　第３部「問題と解説」：実践の場（実務や試験）で「訴訟物」「請
　　　　　　　　　求の趣旨」「主要事実」を表現できるよう、
　　　　　　　　　書く＝アウトプットの訓練の場。

---- 弘 文 堂 ----

＊定価（税抜）は、2016年2月現在

伊藤真の全条解説 会社法

伊藤真のオールインワン全条文解説書!

平成26年改正をふまえた会社法の全条文をオールマイティに解説。全ての条文に、制度趣旨、定義、口語訳、論点、関連判例、重要度ランク、過去問番号が入り、さらに引用・読替条文の説明まで付記。実務書として学習書として、安心して利用できる便利な1冊。**6400円**

- ▶平成26年改正対応が一目でわかる**i**マーク
- ▶条文上定義づけされた用語に定マークと案内線
- ▶条文上の読替条文・引用条文の内容をダイレクトに記載
- ▶司法試験・予備試験、司法書士試験対策に有益な「重要度ランク」と「過去問番号」
- ▶初学者に便利な口語的条文訳
- ▶全条文1つ1つに詳細な制度趣旨
- ▶「条文クローズアップ」で条文内容をより深く理解
- ▶論点の所在がわかる論マーク
- ▶判例・裁判例の肝を抜粋した「判例セレクト」
- ▶実務に役立つ「条文用語索引」

弘文堂

＊定価（税別）は、2016年2月現在